U0416532

8/

4

LICENSE

法考一本通（2018年版）

刑法

编著 阮齐林 邓定永

编写说明

实行统一的国家法律职业资格考试,不仅是我国司法改革的一项重大举措,也是我国法学教育改革的突破口。从司考转变为法考后,使得更多适合条件的考生热衷于此,法律职业资格考试也逐渐形成了市场,辅导用书层出不穷。然而在众多的法考辅导用书当中,如何作出选择,便成了备考考生一个头痛的问题。

法考该用何种辅导书?我们认为,要用"看一本就能通"的书。为了达成此目的,我们努力使本书具备了如下特色:

特色一　名师编著、套书完整

本书由来胜全方位法律人培训力邀各科法考名师亲自执笔,集结了老师们多年的法考辅导经验和智慧。本书共分八小册,涵盖了最新考纲的重要考点。

特色二　内容精练、针对性强

本书强调内容的精练和实战性。针对重要的考点,我们结合历年考试的规律,对其进行精讲,并针对实际考查情况和精讲内容,提供例题以提高实战能力。

特色三　体例安排科学合理

根据考纲的要求及体系,我们选出了各科的重要考点并对其从以下三个方面为考生提供帮助。

一、精讲。对当前考点进行精当、有效的讲解,以帮助读者掌握当前考点的精要,具备解决问题的基本能力。

二、例题。针对当前考点,并结合精讲内容,使考生得到及时、有效的练习,提高应试能力,并在修正自己错误的过程中得到提高。

三、提示与预测。主要是针对一些应当特别注意的问题的提示,以及对 2018 年法考动向的预测。

业精于勤,荒于嬉;行成于思,毁于随。当您拥有了本书,您便得到了一片肥沃的黑土,若能加以勤耕,今日播下的种子,定能在那金秋结出胜利的果实!

编者

2018 年 5 月

目　录

总　则

第一章　刑法概说

考点 1　罪刑法定原则基本内容的理解

一、精讲

第3条①规定：法律明文规定为犯罪行为的，依照法律定罪处刑；法律没有明文规定为犯罪行为的，不得定罪处刑。其基本内容是（其中1—4点为“形式侧面”，5—7点为“实质侧面”）：

（1）成文法，反对习惯法。刑法涉及罪与罚，对法源的形式要求较高。故：① 通常要求是国家最高立法机关（民意机关：国外为议会，中国为全国人大及其常委会）制定的法律；② 根据第90条规定：民族自治地方不能全部适用本法规定的，可以由自治区或者省的人民代表大会根据当地民族的政治、经济、文化的特点和本法规定的基本原则，制定变通或者补充的规定，报请全国人民代表大会常务委员会批准施行。省级人大可根据《刑法》作出适应地方特殊情况的变通性规定，但即使是国家最高行政机关（国务院）也无此权限。

（2）禁止适用类推，严格解释法律。

（3）禁止重法有溯及既往的效力。

（4）禁止绝对不确定刑。

（5）规定犯罪及处罚必须明确。

（6）禁止处罚不当罚的行为。

（7）禁止不均衡、残酷的刑罚。

二、例题

1. 关于罪刑法定原则有以下观点：

① 罪刑法定只约束立法者，不约束司法者

② 罪刑法定只约束法官，不约束侦查人员

③ 罪刑法定只禁止类推适用刑法，不禁止适用习惯法

④ 罪刑法定只禁止不利于被告人的事后法，不禁止有利于被告人的事后法

下列哪一选项是正确的？（单选）

A. 第①句正确，第②③④句错误　　B. 第①②句正确，第③④句错误

C. 第④句正确，第①②③句错误　　D. 第①③句正确，第②④句错误

---

① 若无特备说明，本书中的“第×条”，特指《刑法》第×条。

[释疑]　罪刑法定原则既是司法原则也是立法原则,对立法者和司法者具有普遍约束力,第①、②句错。罪刑法定原则排斥习惯法,第③句错;允许适用有利于被告人的事后法(第12条从旧兼从轻),第④句正确。(答案:C)

2. "罪刑法定原则的要求是:(1)禁止溯及既往(______的罪刑法定);(2)排斥习惯法(______的罪刑法定);(3)禁止类推解释(______的罪刑法定);(4)刑罚法规的适当(______的罪刑法定)。"下列哪一选项与题干空格内容相匹配?(2010年真题,单选)

A. 事前——成文——确定——严格　　B. 事前——确定——成文——严格

C. 事前——严格——成文——确定　　D. 事前——成文——严格——确定

[释疑]　罪刑法定原则之"依法"要点:严格依照事前的、成文的、确定(罪刑法定的四个方面)的法律定罪判刑。D项是正选。(答案:D)

三、提示与预测

罪刑法定原则是刑法最重要的原则(现代刑法的基石),其内涵丰富、考查灵活,2006年和2008年卷四针对此原则两次出论述题,2010—2013年连续出选择题,其重要性怎样估计都不为过。

考点 2　罪刑法定原则的思想基础

一、精讲

罪刑法定原则的思想基础:现代一般认为是民主和人权(自由)两项。最初则为心理强制说、三权分立学说(仅具有历史价值,现代刑法已不采纳)。

二、例题

1. 关于社会主义法治理念与罪刑法定原则的关系有以下观点:(2013年真题,单选)

① 罪刑法定的思想基础是民主主义与尊重人权主义,具备社会主义法治理念的本质属性

② 罪刑法定既约束司法者,也约束立法者,符合依法治国理念的基本要求

③ 罪刑法定的核心是限制国家机关权力,保障国民自由,与执法为民的理念相一致

④ 罪刑法定是依法治国理念在刑法领域的具体表现

关于上述观点的正误,下列哪一选项是正确的?

A. 第①句正确,第②③④句错误　　B. 第①③句正确,第②④句错误

C. 第①②③句正确,第④句错误　　D. 第①②③④句均正确

[释疑]　罪刑法定原则的内容与价值基础。需要对罪刑法定原则的两个侧面(形式侧面与实质侧面)的内容及其两大价值基础(民主与自由)有深入理解。至于题中的"社会主义法治理念",则属于命题者的应景之举,具备基本的政治常识即可作出正确判断。(答案:D)

2. 关于社会主义法治理念与罪刑法定的表述,下列哪一理解是不准确的?(2011年真题,单选)

A. 依法治国是社会主义法治的核心内容,罪刑法定是依法治国在刑法领域的集中体现

B. 权力制约是依法治国的关键环节,罪刑法定充分体现了权力制约

C. 人民民主是依法治国的政治基础,罪刑法定同样以此为思想基础

D. 执法为民是社会主义法治的本质要求,网民对根据《刑法》规定作出的判决持异议时,应当根据民意判决

[释疑] A项,罪刑法定是刑法的法制原则。B项,依民主价值基础,刑法是代表民意的立法机关制定的,要求司法机关严格执行,不得以类推方式扩大刑事处罚范围,体现立法对司法的制约,对民意的尊重。C项,民主与自由是罪刑法定原则的两大核心价值。D项,执法为民是社会主义法治的本质要求,但不能以民意判决代替法律判决,网民的异议或舆论可以对判决起到监督作用,但不能影响判决,更不能简单地根据民意判决。D项是对罪刑法定原则民主精神的误解。(答案:D)

三、提示与预测

因近年考纲增加考查"社会主义法治理念",与这一内容最密切相关的就是罪刑法定原则,故试题往往将二者相结合,但考查重点仍然是罪刑法定原则,"法治理念"的考查更多属于应景之举,考生具备一般的政治常识和判断力即可做出正确选择。

考点 3 构成要件要素的概念、分类

一、精讲

根据构成要件要素是否包含价值内容(或是否要求作价值判断)分为:"记述的"(或"描述的")构成要件要素和"规范的"构成要件要素两种(注意:这种区分具有相对性)。

(1) 记述的构成要件要素,是指对实际存在的各种人、事、物所作的"事实性"描述,该要素不包含价值(规范)内容的要素,或(法官)不需要作价值判断即可认定,如杀人罪中的"人",盗窃、抢劫、诈骗、抢夺、贪污、职务侵占罪中的"财物",奸淫幼女行为中的"幼女",贩卖毒品罪中的"毒品"等客观的、无须价值判断就可确定其含义的"事实性"要素。因而,裁判者的不同价值观对判断结论基本无影响(放之四海而皆准)。

(2) 规范的构成要件要素,是指刑法规定的那些需要进行"价值"判断才能明确其含义的要素,如放火罪中的"公共安全",传播淫秽物品罪、传播淫秽物品牟利罪中的"淫秽"物品,强制猥亵、侮辱罪中的"侮辱""猥亵",聚众淫乱罪中的"淫乱"等与评价(是非善恶·对错)有关的概念。因而,裁判者基于不同价值观就可能得出不同的判断结论(仁者见仁,智者见智)。

二、例题

1. 关于构成要件要素,下列哪一选项是错误的?(2014年真题,单选)

A. 传播淫秽物品罪中的"淫秽物品"是规范的构成要件要素、客观的构成要件要素

B. 签订、履行合同失职被骗罪中的"签订、履行"是记述的构成要件要素、积极的构成要件要素

C. "被害人基于认识错误处分财产"是诈骗罪中的客观的构成要件要素、不成文的构成要件要素

D. "国家工作人员"是受贿罪的主体要素、规范的构成要件要素、主观的构成要件要素

[释疑] 构成要件要素的分类知识:① 客观要素·主观要素,② 记述要素·规范要素,③ 积极要素·消极要素,④ 成文要素·不成文要素。ABC符合构成要件要素分类的概念。

D“国家工作人员”是(客观要素中的)的主体要素,也是规范要素,不是“主观要素”,D错在“主观要素”上。(答案:D)

2.《刑法》第246条第1款规定:“以暴力或者其他方法公然侮辱他人或者捏造事实诽谤他人,情节严重的,处三年以下有期徒刑、拘役、管制或者剥夺政治权利。”关于本条的理解,下列哪些选项是正确的?(2012年真题,多选)

A. “以暴力或者其他方法”属于客观的构成要件要素

B. “他人”属于记述的构成要件要素

C. “侮辱”“诽谤”属于规范的构成要件要素

D. “三年以下有期徒刑、拘役、管制或者剥夺政治权利”属于相对确定的法定刑

[释疑] 构成要件要素分类:① 客观要素和主观要素。② 记述要素和规范要素。“他人”是描述事实性内容的要素;“侮辱”“诽谤”是规定规范内容的要素。中国刑法采取相对确定的法定刑模式(刑种、刑度都可选择),但也有极少数条文采取绝对确定的法定刑模式。(答案:ABCD)

3. 关于构成要件要素的分类,下列哪些选项是正确的?(2008年真题,多选)

A. 贩卖淫秽物品牟利罪中的“贩卖”是记述的构成要件要素,“淫秽物品”是规范的构成要件要素

B. 贩卖毒品罪中的“贩卖”是记述的构成要件要素,“毒品”是规范的构成要件要素

C. 强制猥亵妇女罪中的“妇女”是记述的构成要件要素,“猥亵”是规范的构成要件要素

D. 抢劫罪的客观构成要件要素是成文的构成要件要素,“非法占有目的”是不成文的构成要件要素

[释疑] 第263条(抢劫罪)规定:“以暴力、胁迫或者其他方法抢劫公私财物的,处……”其中,对客观要素作出了明文规定(描述),但是对“非法占有目的”未作明文规定(描述)。虽然法条中对“非法占有目的”未明文描述,但通说认为,抢劫罪应当以“非法占有目的”为要件。故D项说法正确。(答案:ACD)

4.《刑法》第389条第1款规定:“为谋取不正当利益,给予国家工作人员以财物的,是行贿罪。”同条第3款规定:“因被勒索给予国家工作人员以财物,没有获得不正当利益的,不是行贿。”关于上述规定,下列哪些选项是正确的?(2008年缓考真题,多选)

A. “为谋取不正当利益”是客观的构成要件要素

B. “不正当利益”是规范的构成要件要素

C. “给予国家工作人员以财物”是客观的构成要件要素、积极的构成要件要素

D. 第3款规定的内容,属于消极的构成要件要素

[释疑] “为谋取不正当利益”是主观的构成要件要素、规范的构成要件要素。积极的构成要件要素,指构成要件中从正面规定肯定犯罪的要素;消极的构成要件要素,指构成要件中从反面规定排除、否定犯罪的要素。(答案:BCD)

考点4 罪刑法定原则与刑法解释

一、精讲

刑法解释若不遵循一定的准则,则罪刑法定原则就是一句空话。在对刑法进行实质解释

时,要注重符合保护个人权利的目的。允许合理的扩张解释和缩小解释,但不允许类推解释。罪刑法定原则的价值取向在于保护个人权利免受国家滥用刑罚权的侵害,故在刑法用语语义难以确定时,采取对被告人(个人)有利的解释;禁止适用行为后(事后)重法,但不排斥事后轻法;禁止习惯法,但未必排斥有利于被告人的习惯法。

二、例题

1. 关于刑事司法解释的时间效力,下列哪一选项是正确的?(2017 年真题,单选)

A. 司法解释也是刑法的渊源,故其时间效力与《刑法》完全一样,适用从旧兼从轻原则

B. 行为时无相关司法解释,新司法解释实施时正在审理的案件,应当依新司法解释办理

C. 行为时有相关司法解释,新司法解释实施时正在审理的案件,仍须按旧司法解释办理

D. 依行为时司法解释已审结的案件,若适用新司法解释有利于被告人的,应依新司法解释改判

[**释疑**]　司法解释是对原有条文含义的一种说明,并非创设性规定,在刑法的整个有效期间都具有效力。A 错,司法解释并非刑法渊源,刑法渊源包括刑法典、单行刑法、附属刑法、变通规定。B 对 C 错,司法解释在刑法的整个有效期间都具有效力,即司法解释采用"从新原则"。D 错,时间效力仅针对未决案件,不适用于已决案件。(答案:B)

2. 关于罪刑法定原则与刑法解释,下列哪些选项是正确的?(2016 年真题,多选)

A. 对甲法条中的"暴力"作扩大解释时,就不可能同时再作限制解释,但这并不意味着对乙法条中的"暴力"也须作扩大解释

B.《刑法》第 237 条规定的强制猥亵、侮辱罪中的"侮辱",与《刑法》第 246 条规定的侮辱罪中的"侮辱",客观内容相同、主观内容不同

C. 当然解释是使刑法条文之间保持协调的解释方法,只要符合当然解释的原理,其解释结论就不会违反罪刑法定原则

D. 对刑法分则条文的解释,必须同时符合两个要求:一是不能超出刑法用语可能具有的含义,二是必须符合分则条文的目的

[**释疑**]　A 项,逻辑上对同一条文的"暴力"不可能同时作扩大和缩小解释。但是,此一条文"暴力"作扩大还是缩小解释,不影响彼一条文的解释。因为刑法中"暴力"一词在不同条文中含义不同,可以作不同解释。D 项,不能超出刑法用语可能具有的含义,是刑法解释的形式要求;符合分则条文的目的是刑法解释的实质要求。

B 项,同一词语"侮辱",在第 237 条中的与第 246 条中的客观、主观内容都不同。C 项,当然解释是根据逻辑、事理做出的解释。使刑法条文之间保持协调的解释方法是体系解释,不是当然解释。(答案:AD)

3. 关于刑法解释,下列哪些选项是错误的?(2015 年真题,多选)

A.《刑法》规定"以暴力、胁迫或者其他手段强奸妇女的"构成强奸罪。按照文理解释,可将丈夫强行与妻子性交的行为解释为"强奸妇女"

B.《刑法》对抢劫罪与强奸罪的手段行为均使用了"暴力、胁迫"的表述,且二罪的法定刑相同,故对二罪中的"暴力、胁迫"应作相同解释

C. 既然将为了自己饲养而抢劫他人宠物的行为认定为抢劫罪,那么,根据当然解释,对为了自己收养而抢劫他人婴儿的行为更应认定为抢劫罪,否则会导致罪刑不均衡

D. 对中止犯中的“自动有效地防止犯罪结果发生”,既可解释为自动采取措施使得犯罪结果未发生;也可解释为自动采取防止犯罪结果发生的有效措施,而不管犯罪结果是否发生

[释疑] A项,文理解释是指根据字面意思所作的解释。强奸罪的对象是“妇女”,条文字面上并未将“妻子”排除在“妇女”之外。至于通常并不将“婚内强奸”认定为强奸罪,是因为本罪的法益是妇女的性自主权,而夫妻之间有同居义务,但这一结论并非根据文理解释而得出。B项,两罪中的“暴力”内容大体相同,但“胁迫”则有较大差异。抢劫罪之“胁迫”是指以当场即将实施的暴力相威胁;强奸罪之“胁迫”则内容更为丰富,包括以揭发隐私相威胁、利用职权或从属关系相威胁等。C项,宠物属于财物,但婴儿不属于财物,所以并不适用当然解释。为自己收养而抢劫他人婴儿的行为应当解释为拐骗儿童罪。D项,“不管犯罪结果是否发生”显然不符合“有效性”的要求。“有效性”包括如下情形:采取合理措施防止结果发生(具有因果关系);采取合理措施,结果未发生,但不具有因果关系;采取合理措施,结果仍发生,但结果由其他因素独立引起(即不可将结果归属于中止者的前行为)。(答案:BCD)

4. 下列哪些选项不违反罪刑法定原则?(2014年真题,多选)

A. 将明知是痴呆女而与之发生性关系导致被害人怀孕的情形,认定为强奸“造成其他严重后果”

B. 将卡拉OK厅未经著作权人许可大量播放其音像制品的行为,认定为侵犯著作权罪中的“发行”

C. 将重度醉酒后在高速公路超速驾驶机动车的行为,认定为以危险方法危害公共安全罪

D.《刑法》规定了盗窃武装部队印章罪,未规定毁灭武装部队印章罪。为弥补处罚漏洞,将毁灭武装部队印章的行为认定为毁灭“国家机关”印章

[释疑] 对刑法条文的解释、适用是否违反罪刑法定原则,判断的标准是“是否明显超出法律用语可能具有的含义”,即“解释结论是否与一般人的理解存在重大偏离”。A、C、D项的解释、适用不违反罪刑法定原则。B项“播放”认定为侵犯著作权罪中的“发行”,超出词语含义,是类推解释。(答案:ACD)

5. 关于刑法用语的解释,下列哪一选项是正确的?(2014年真题,单选)

A. 按照体系解释,刑法分则中的“买卖”一词,均指购买并卖出;单纯的购买或者出售,不属于“买卖”

B. 按照同类解释规则,对于刑法分则条文在列举具体要素后使用的“等”“其他”用语,应按照所列举的内容、性质进行同类解释

C. 将明知是捏造的损害他人名誉的事实,在信息网络上散布的行为,认定为“捏造事实诽谤他人”,属于当然解释

D. 将盗窃骨灰的行为认定为盗窃“尸体”,属于扩大解释

[释疑] B项表述的“同类解释规则”正确。A项错,根据体系解释,对刑法条文中“买卖”可解释为单纯购买或者单纯出售行为,如非法买卖枪支罪之“买卖”有“出售”或“购买”行为之一就成立。C项错,用当然解释“入罪”的逻辑是:举轻行为X都应入罪以明较重行为Y更应当入罪。“捏造事实诽谤”Y不是比“散布”X轻,因此不是根据当然解释说明“散布”可定罪。C项是目的解释,诽谤罪侵害的法益是他人的名誉。单纯散布捏造的事实足以损害他人的名誉,因此无需本人捏造为必要。相反捏造而不散布的行为却不足以损害他人的名誉。D项错,将“骨灰”解释为“尸体”属于类推解释。另有司法批复明确指出盗窃骨灰的,不能认

定为盗窃尸体罪。(答案:B)

6. 关于刑法解释,下列哪一选项是错误的?(2013 年真题,单选)

A. 学理解释中的类推解释结论,纳入司法解释后不属于类推解释

B. 将大型拖拉机解释为《刑法》第 116 条破坏交通工具罪的“汽车”,至少是扩大解释乃至是类推解释

C.《刑法》分则有不少条文并列规定了“伪造”与“变造”,但不排除在其他一些条文中将“变造”解释为“伪造”的一种表现形式

D.《刑法》第 65 条规定,不满 18 周岁的人不成立累犯;《刑法》第 356 条规定,因走私、贩卖、运输、制造、非法持有毒品罪被判过刑,又犯本节规定之罪的,从重处罚。根据当然解释的原理,对不满 18 周岁的人不适用《刑法》第 356 条

[释疑]　司法解释和立法解释也应当遵循罪刑法定原则,禁止(不利被告人)类推解释。B 项错,扩张解释。C 项对,例如“第 227 条规定:伪造或者倒卖伪造的车票、船票、邮票或者其他有价票证”之“伪造”含“变造”。D 项对。(答案:B)

7. ① 对于同一刑法条文中的同一概念,既可以进行文理解释也可以进行论理解释

② 一个解释者对于同一刑法条文的同一概念,不可能同时既作扩大解释又作缩小解释

③ 刑法中类推解释被禁止,扩大解释被允许,但扩大解释的结论也可能是错误的

④ 当然解释追求结论的合理性,但并不必然符合罪刑法定原则

关于上述 4 句话的判断,下列哪些选项是错误的?(2011 年真题,多选)

A. 第①句正确,第②③④句错误　　　B. 第①②句正确,第③④句错误

C. 第①③句正确,第②④句错误　　　D. 第①③④句正确,第②句错误

[释疑]　① 解释可以采取多种理由,多多益善,理由充足。② 扩大与缩小(或限制)的“解释技巧”在同一点上不能并用,或者说“在同一条文对同一行为的适用上”不能既扩大又缩小。③ 采取何种方法、取向释法,不能保证结论当然正确。④ 追求结论的合理性,是当然解释的特点,“但并不必然符合罪刑法定原则”。④正确,道理同③,采取何种理由、技巧释法,不保证结论当然正确(即符合罪刑法原则)。(答案:ABCD)

8. 关于刑法解释的说法,下列哪一选项是正确的?(2009 年真题,单选)

A. 将盗窃罪对象的“公私财物”解释为“他人的财物”,属于缩小解释

B. 将《刑法》第 171 条出售假币罪中的“出售”解释为“购买和销售”,属于当然解释

C. 对随身携带枪支等国家禁止个人携带的器械以外的其他器械进行抢夺的,解释为以抢劫罪定罪,属于扩张解释

D. 将信用卡诈骗罪中的“信用卡”解释为“具有消费支付、信用贷款、转账结算、存取现金等全部功能或者部分功能的电子支付卡”,属于类推解释

[释疑]　(1) A 项,盗窃罪的对象是“他人占有的财物”,解释成“他人的财物”不妥。

(2) B 项,出售本身不应该包含购买,将出售解释为销售和购买属于扩大解释。因为第 171 条将假币的“出售”和“购买”行为并列,称为出售、购买假币罪,意味着该条中的出售不能包括“购买”,故确切地说应是类推解释。

(3) C 项,如果将“凶器”的文义理解为“国家禁止个人携带的器械”,还包含“其他器械”的解释是扩张解释。

(4) 立法解释对信用卡最重要的限定是“金融机构发行”的……电子支付卡。D 项却把

“金融机构发行”的限制去掉了,几乎包含所有的“电子支付卡”,该项存在瑕疵。(答案:C)

9. ① 立法解释是由立法机关作出的解释,既然立法机关在制定法律时可以规定“携带凶器抢夺的”以抢劫罪论处,立法解释也可以规定“携带凶器盗窃的,以抢劫罪论处”。② 当然,立法解释毕竟是解释,故立法解释不得进行类推解释。③ 司法解释也具有法律效力,当司法解释与立法解释相抵触时,应适用新解释优于旧解释的原则。④ 不过,司法解释的效力低于立法解释的效力,故立法解释可以进行扩大解释,司法解释不得进行扩大解释。关于上述四句话正误的判断,下列哪一选项是正确的?(2008 年真题,单选)

A. 第①句正确,其他错误

B. 第②句正确,其他错误

C. 第③句正确,其他错误

D. 第④句正确,其他错误

[释疑] 立法解释毕竟是一种“刑法解释”,立法机关也应遵循罪刑法定原则,故立法解释也不得进行类推解释(无论何种解释,都不可类推)。因为立法解释可随附于被解释法条适用于出台前的行为,若创制罪刑的新内容,可能违反公民可预知原则。如果需要创制新罪刑,则应采取“修正案”的立法形式。B 项对,自然 A 项错。只要符合罪刑法定原则,不论立法机关还是司法机关都可作扩张解释。(答案:B)

考点 5 罪刑相适应原则与罪刑法定原则在内容(或要求)上的差别

一、精讲

罪刑相适应原则,即第 5 条:“刑罚的轻重,应当与犯罪分子所犯罪行和承担的刑事责任相适应。”罪刑法定原则解决“处理的性质问题”,即何种行为是犯罪、适用何种刑罚必须有法律规定。而罪刑相适应原则解决“处理的轻重问题”,即处罚的程度或合理性问题。

二、例题

下列关于罪刑相适应原则的说法哪些是正确的?(2005 年真题,多选)

A. 罪刑相适应原则要求刑法不溯及既往

B. 罪刑相适应原则要求刑事立法制定合理的刑罚体系

C. 罪刑相适应原则要求刑罚与犯罪性质、犯罪情节和罪犯的人身危险性相适应

D. 罪刑相适应原则要求在行刑中合理地适用减刑、假释等制度

[释疑] B、C、D 项属于罪刑相适应原则方面的问题,正解。A 项属于罪刑法定原则的要求,故排除。(答案:BCD)

考点 6 社会主义法治理念与刑法基本原则

一、精讲

我国刑法作为社会主义法律体系的重要组成部分,是保护人民、惩罚犯罪的有力武器,其三大基本原则集中体现了社会主义法治理念。

1. 罪刑法定原则。依法治国是社会主义法治的核心内容,也是罪刑法定原则的题中应有之义。执法为民是社会主义法治的本质要求,罪刑法定原则是执法为民在司法实践中的具体体现。

2. 适用刑法平等原则。适用刑法平等原则是法律面前人人平等的宪法原则在刑法中的具体表现,是依法治国的重要原则,是社会主义法治追求公平正义价值的集中体现。

3. 罪刑相适应原则。第5条规定:"刑罚的轻重,应当与犯罪分子所犯罪行和承担的刑事责任相适应。"罪刑相适应原则要求做到罚当其罪、罪刑相称,正确处理全局利益与局部利益的关系;在分析罪重罪轻和刑事责任大小时,不仅要看犯罪的客观社会危害性,还应结合行为人的主观恶性和人身危险性,把握罪行和罪犯各方面因素综合体现出来的社会危害程度,从而确定刑事责任的大小,适用相应的刑罚。

根据量刑规范化指导意见,量刑应与被告人犯罪的"社会危害性"和"人身危险性"相适应,在刑法规定的法定刑幅度内进行。社会危害性要素是指由犯罪的客观危害性和犯罪人的主观恶性综合体现决定的因素;人身危险性要素是指反映犯罪人再次犯罪可能性的因素。简言之,处罚既对"事",也对"人"。

可以说,刑法每一项制度都体现了罪刑相适应原则,如:对未成年人、限制刑事责任能力人、又聋又哑的人犯罪,从轻处罚;对犯罪中止、未遂、预备、从犯、胁从犯、教唆未遂、自首、立功、防卫过当从轻处罚;对累犯、教唆未成年人犯从重处罚,都体现了罪刑相适应原则。

二、例题

1. 关于公平正义理念与罪刑相适应原则的关系,下列哪一选项是错误的?(2014年真题,单选)

A. 公平正义是人类社会的共同理想,罪刑相适应原则与公平正义相吻合

B. 公平正义与罪刑相适应原则都要求在法律实施中坚持以事实为根据、以法律为准绳

C. 根据案件特殊情况,为做到罪刑相适应,促进公平正义,可由最高法院授权下级法院,在法定刑以下判处刑罚

D. 公平正义的实现需要正确处理法理与情理的关系,罪刑相适应原则要求做到罪刑均衡与刑罚个别化,二者并不矛盾

[**释疑**]　追求公正合理不得违反刑法规定。第63条规定,对无法定减轻情节的罪犯"在法定刑以下判处刑罚"即减轻处罚,应逐级报最高法核准。C项违反此规定。第5条罪刑相适应原则的价值根基是公平正义(A项对),公平正义与情理法理公平报应刑罚个别预防目的一致(D对),通过以事实为根据,以法律为准绳实现(B项对)。(答案:C)

提示考试技巧:原则理念方面考题,正确的东西其精神往往是相通的,只要具备基本的政治判断能力,这类题都可以轻松搞定。罪刑相适应原则·以事实为根据,以法律为准绳·正确处理情理与法理·罪刑均衡与刑罚个别化,这些都是正确的东西。

2. 甲怀疑医院救治不力致其母死亡,遂在医院设灵堂、烧纸钱,向医院讨说法。结合社会主义法治理念和刑法规定,下列哪一看法是错误的?(2014年真题,单选)

A. 执法为民与服务大局的理念要求严厉打击涉医违法犯罪,对社会影响恶劣的涉医犯罪行为,要依法从严惩处

B. 甲属于起哄闹事,只有造成医院的秩序严重混乱的,才构成寻衅滋事罪

C. 如甲母的死亡确系医院救治不力所致,则不能轻易将甲的行为认定为寻衅滋事罪

D. 如以寻衅滋事罪判处甲有期徒刑3年、缓刑3年,为有效维护医疗秩序,法院可同时发布禁止令,禁止甲1年内出入医疗机构

[**释疑**]　禁止令内容错误。禁止甲去该医院闹事或接触有关医务人员即可,不必禁止其出入所有医疗机构,连去医院看病也禁止,既无必要,也不合理。其他各项都是适用刑法寻衅滋事规定处理"医闹"案件的正确观念。有关司法解释要求严惩医闹的违法犯罪行为,A项对。寻衅滋事"情节恶劣"才构成犯罪,B项对。医院方面存在过错,病患方面吵闹事出有因的,"不能轻易"定罪。根据最高人民法院、最高人民检察院《关于办理寻衅滋事刑事案件适用法律若干问题的解释》的规定,寻衅滋事一般是无事生非、借故生非,"有事生非"的,只有在经处理后仍无理纠缠的才考虑定性为寻衅滋事。故"不能轻易"定罪符合有关司法解释,C项对。(答案:D)

3. 甲给机场打电话谎称"3架飞机上有炸弹",机场立即紧急疏散乘客,对飞机进行地毯式安检,3小时后才恢复正常航班秩序。关于本案,下列哪一选项是正确的?(2013年真题,单选)

A. 为维护社会稳定,无论甲的行为是否严重扰乱社会秩序,都应追究甲的刑事责任

B. 为防范危害航空安全行为的发生,保护人民群众,应以危害公共安全相关犯罪判处甲死刑

C. 从事实和法律出发,甲的行为符合编造、故意传播虚假恐怖信息罪的犯罪构成,应追究其刑事责任

D. 对于散布虚假信息,危及航空安全,造成国内国际重大影响的案件,可突破司法程序规定,以高效办案取信社会

[**释疑**]　第291条规定之一编造、传播虚假恐怖信息罪以"严重扰乱社会秩序的"为要件,否则仅为治安违法行为。A项错。《治安管理处罚法》第25条规定,"散布谣言,谎报险情、疫情、警情或者以其他方法故意扰乱公共秩序的",处5日以上10日以下拘留。B项错。无真实公共危险,仅成立第291条之罪或治安违法行为。C项正确。D项违反罪刑法定原则。(答案:C)

4. 关于社会主义法治理念与罪刑法定原则的关系有以下观点:

① 罪刑法定的思想基础是民主主义与尊重人权主义,具备社会主义法治理念的本质属性

② 罪刑法定既约束司法者,也约束立法者,符合依法治国理念的基本要求

③ 罪刑法定的核心是限制国家机关权力,保障国民自由,与执法为民的理念相一致

④ 罪刑法定是依法治国理念在刑法领域的具体表现

关于上述观点的正误,下列哪一选项是正确的?(2013/二/2)

A. 第①句正确,第②③④句错误　　B. 第①③句正确,第②④句错误

C. 第①②③句正确,第④句错误　　D. 第①②③④句均正确

[**释疑**]　罪刑法定原则内容、价值基础。四个观点都符合官方说法。(答案:D)

5. 关于社会主义法治理念与罪刑法定的表述,下列哪一理解是不准确的?(2011年真题,单选)

A. 依法治国是社会主义法治的核心内容,罪刑法定是依法治国在刑法领域的集中体现

B. 权力制约是依法治国的关键环节,罪刑法定充分体现了权力制约

C. 人民民主是依法治国的政治基础,罪刑法定同样以此为思想基础

D. 执法为民是社会主义法治的本质要求,网民对根据《刑法》规定作出的判决持异议时,应根据民意判决

［释疑］　A、B、C 项都符合官方说法，D 项的前半句正确，但后半句认为判决应符合网民意见的说法明显不对。（答案：D）

考点 7　属地原则的适用

一、精讲

第 6 条规定：凡在中华人民共和国领域内犯罪的，除法律有特别规定的以外，都适用本法。凡在中华人民共和国船舶或者航空器内犯罪的，也适用本法。犯罪的行为或者结果有一项发生在中华人民共和国领域内的，就认为是在中华人民共和国领域内犯罪。

其要点是：

（1）行为或结果有一项发生在中国领域的，认为是在中国领域的犯罪。

（2）在共同犯罪的场合，共同犯罪之一人或共同犯罪行为之一部分发生在中国的，认为是在中国领域的犯罪。

（3）预备、实行行为之一部分或一环发生在中国的，认为是在中国领域的犯罪。

（4）在中国船舶或者航空器上犯罪的，认为是在中国领域的犯罪。如果在国际列车上犯罪，参照最高人民法院《关于适用〈中华人民共和国刑事诉讼法〉的解释》第 6 条规定处理：即按照我国与相关国家签订的有关管辖协定确定管辖；没有协定的，由该列车最初停靠的中国车站所在地或目的地铁路运输法院管辖。

（5）外国驻华使领馆内发生的犯罪，应当认为是域内犯罪。

二、例题

下列哪些犯罪行为应实行属地管辖原则？（2005 年真题，多选）

A. 外国人乘坐外国民航飞机进入中国领空后实施犯罪行为

B. 中国人乘坐外国船舶，当船舶行驶于公海上时实施犯罪行为

C. 外国人乘坐中国民航飞机进入法国领空后实施犯罪行为

D. 中国国家工作人员在外国实施我国刑法规定的犯罪行为

［释疑］　（1）A 项正确，因为犯罪发生在中国领域（领空），中国领域包括领土、领海和领空。依属地原则确定中国刑法的效力。

（2）C 项正确，在中国的航空器内犯罪视为域内犯罪。

（3）B 项和 D 项，均不属于在中国领域内犯罪，故不能依据第 6 条属地原则确立中国刑法的适用效力，但可依据属人原则确立中国刑法的适用效力。（答案：AC）

考点 8　属地、属人、保护、普遍管辖原则的综合考查

一、精讲

确立《刑法》对案件空间适用效力的思路：①“域内·域外两分”，域内发生的犯罪（国内犯），优先依据属地原则确立中国刑法适用（属地优先），我国以属地原则为基础，以其他原则为补充。但享有外交特权和豁免权的外国人的刑事责任和港澳特区发生的犯罪除外。②若是“域外”犯罪（国外犯），依次根据属人、保护、普遍管辖等原则确定刑法的适用。

(1) 属人原则:第 7 条规定:中华人民共和国公民在中华人民共和国领域外犯本法规定之罪的,适用本法,但是按本法规定的最高刑为 3 年以下有期徒刑的,可以不予追究。中华人民共和国国家工作人员和军人在中华人民共和国领域外犯本法规定之罪的,适用本法。其要点是:① 罪行较轻,法定最高刑在 3 年以下。② 可以不予追究,不是绝对不追究。③ 中国国家工作人员和军人不适用这个例外。

(2) 保护原则:第 8 条规定:外国人在中华人民共和国领域外对中华人民共和国国家或公民犯罪,而按本法规定的最低刑为 3 年以上有期徒刑的,可以适用本法,但是按照犯罪地的法律不受处罚的除外。其要点是:① 侵犯中国国家或公民的利益。② 罪行严重,法定最低刑为 3 年以上。常见的法定最低刑为 3 年以上有期徒刑的罪行有:盗窃、诈骗、抢夺、敲诈勒索、故意毁坏财物数额巨大的,故意伤害致人重伤、死亡的,故意杀人、抢劫、强奸、绑架等。③ 双方可罚原则,即该行为必须是中国刑法和犯罪地国家刑法中都认为是犯罪、应受刑罚处罚的行为。

(3) 普遍管辖原则:第 9 条规定:对于中华人民共和国缔结或者参加的国际条约所规定的罪行,中华人民共和国在所承担条约义务的范围内行使刑事管辖权的,适用本法。其要点是:① 适用对象:国际犯罪。② 处理原则:立即逮捕,或引渡,或起诉。

对案件的刑法适用效力与司法管辖权。我国司法机关只适用中国刑法起诉、审判刑事案件,故中国刑法的适用效力与司法当局确立管辖权二者存在必然联系。

二、例题

关于刑事管辖权,下列哪些选项是正确的?(2007 年真题,多选)

A. 甲在国外教唆陈某到中国境内实施绑架行为,中国司法机关对甲的教唆犯罪有刑事管辖权

B. 隶属于中国某边境城市旅游公司的长途汽车在从中国进入 E 国境内之后,因争抢座位,F 国的汤姆一怒之下杀死了 G 国的杰瑞。对汤姆的杀人行为不适用中国刑法

C. 中国法院适用普遍管辖原则对劫持航空器的丙行使管辖权时,定罪量刑的依据是中国缔结或者参加的国际条约

D. 外国人丁在中国领域外对中国公民犯罪的,即使按照中国刑法的规定,该罪的最低刑为 3 年以上有期徒刑,也可能不适用中国刑法

[**释疑**] (1) A 项共同犯罪之一部分或一环节发生在中国,认为是在中国领域犯罪。

(2) B 项不属于中国领域的犯罪,且犯罪人与被害人均不属于中国公民,属地、属人、保护原则均不适用,且杀人罪不属于中国参加的公约中规定的罪行,也不能按照中国承诺的条约义务行使管辖权。注意汽车不具有飞机、船舶的拟制领土的地位。

(3) C 项错在“定罪量刑的依据是……国际条约”。正确说法是中国司法当局根据中国刑法依据国际条约有权确立案件的刑事管辖权,并且应当适用“中国刑法”规定定罪量刑,而不是依据国际条约定罪量刑。第 9 条确立了中国刑法(实体法)对案件的适用效力。

(4) D 项正确。因为保护原则的适用以“犯罪地国法律也认为犯罪”为要件(“双方可罚”),若犯罪地国法律不认为是犯罪的,“也可能不适用中国刑法”。(答案:ABD)

三、提示与预测

刑法的空间效力考查灵活,重视对综合知识掌控能力的考查,一个题目中往往涉及多个知

识点，请考生予以注意。

考点 9 刑法的时间效力

一、精讲

（1）修订后的刑法典于1997年10月1日生效。

（2）行为时法与行为后法。行为时有效的法律简称“旧法”，行为后生效的法律简称“新法”或“事后法”“审判时法”。

（3）刑法溯及力原则：从旧兼从轻。要点：① 从旧，即对某行为应当依据该行为时有效的法律定罪判刑，该行为发生后才生效的法律（新法）对该行为无溯及既往的效力。② 兼从轻，适用新法，如果行为后生效的法律对被告人有利的（不认为犯罪或处罚较轻），应当适用“新法”。但仅限于“未决案”，包括未经审判和判决尚未确定的案件；不包括已决案，即判决已经确定的案件。③ 如果新旧刑法的规定完全相同，适用旧法。④ 对一人犯有数罪的，应按照各罪的发生时间根据从旧兼从轻原则分别确定刑法的适用。⑤ 犯罪行为由旧法时连续或继续到新法生效时，只要新旧刑法都认为是犯罪的，适用新法。

（4）刑法修正案。因为刑法修正案对刑法典有关条款的实体内容（犯罪构成或处罚）进行了改动，故属于新规定，同样遵从从旧兼从轻原则。

（5）司法解释。司法解释的时间效力与刑法不同，其要点是：自发布或规定之日起施行，其效力适用于法律的施行期间，即司法解释与被解释的法律在时间效力范围上是一致的。但对同一案件存在两个或以上司法解释的情况下，采取从旧兼从轻原则选择适用其中一个司法解释。对“已决案”不适用事后的司法解释。

（6）对立法解释的时间效力可参照司法解释。

二、例题

1.《刑法修正案（八）》于2011年5月1日起施行。根据《刑法》第12条关于时间效力的规定，下列哪一选项是错误的？（2013年真题，单选）

A. 2011年4月30日前犯罪，犯罪后自首又有重大立功表现的，适用修正前的刑法条文，应当减轻或者免除处罚

B. 2011年4月30日前拖欠劳动者报酬，2011年5月1日后以转移财产方式拒不支付劳动者报酬的，适用修正后的刑法条文

C. 2011年4月30日前组织出卖人体器官的，适用修正后的刑法条文

D. 2011年4月30日前扒窃财物数额未达到较大标准的，不得以盗窃罪论处

[释疑] A项对，修正前规定“应当减轻或者免除处罚”，对罪犯有利。B项对，犯罪行为发生于2011年5月1日生效后。C项错误，第225条（行为时）比第234条之一（行为后法）法定刑轻，适用行为时法。D项对，对于“扒窃”，行为时法也以数额较大为要件，未达到较大标准的，不认为犯罪。（答案：C）

2. 2009年1月，甲（1993年4月生）因抢劫罪被判处有期徒刑1年。2011年3月20日，甲以特别残忍手段故意杀人后逃跑，6月被抓获。关于本案，下列哪一选项是正确的？（2011年真题，单选）

A. 根据从旧兼从轻原则,本案不适用《刑法修正案(八)》

B. 对甲故意杀人的行为,应当从轻或者减轻处罚

C. 甲在审判时已满18周岁,可以适用死刑

D. 甲构成累犯,应当从重处罚

[释疑] B项,第17条第3款规定:“已满十四周岁不满十八周岁的人犯罪,应当从轻或者减轻处罚。”C项,第49条规定:“犯罪的时候不满十八周岁的人和审判的时候怀孕的妇女,不适用死刑。”D项,根据《刑法修正案(八)》的新规定,未成年人不成立累犯。A项,对于未成年人来说,在累犯问题上,《刑法修正案(八)》的新规定比过去轻了,故根据从旧兼从轻原则,本案适用《刑法修正案(八)》,A项错误。(答案:B)

第二章 犯罪概说

考点 第13条犯罪的概念及“但书”的适用

一、精讲

第13条规定:“一切……危害社会的行为,依照法律应当受刑罚处罚的,都是犯罪,但是情节显著轻微危害不大的,不认为是犯罪。”其要点是:

(1) 犯罪的本质特征是社会危害性。

(2) 社会危害性与客体的关系,如追问犯罪危害什么?回答是侵害社会关系(即客体)。

(3) 社会危害性与危害结果的关系:危害结果是危害性的具体体现。

(4) 犯罪的中心要素是行为。

(5) “但书”表明犯罪有“程度”或“量”的问题。

二、例题

甲女得知男友乙移情,怨恨中送其一双滚轴旱冰鞋,企盼其运动时摔伤。乙穿此鞋运动时,果真摔成重伤。关于本案的分析,下列哪一选项是正确的?(2013年真题,单选)

A. 甲的行为属于作为的危害行为

B. 甲的行为与乙的重伤之间存在刑法上的因果关系

C. 甲具有伤害乙的故意,但不构成故意伤害罪

D. 甲的行为构成过失致人重伤罪

[释疑] 主观上虽有伤害的意思,但赠鞋行为并不能一般性(类型性)地引起伤害结果,故并无实行行为,因而也就不存在刑法上的因果关系。注意刑法中的“行为”的认定(除本题中的赠鞋行为,还有劝人坐高铁、劝人雨天在林中散步、采用迷信巫术手段而希望发生损害结果的,都不存在刑法上的实行行为)。(答案:C)

三、提示与预测

犯罪的危害性包括实害和“危险”,如果行为既无实害也无危险的,因不可能侵害法益(不能犯),不为罪。如“稻草人”事件,即错把稻草人当做仇人(真人)开枪射击,属于对象不能犯;“保健品”事件,为了杀人,错把保健品当做毒药投放到仇人的食物中,属于工具不能犯。

第三章　犯罪构成

考点 1 不作为行为成立犯罪的一般条件(或原理)

一、精讲

不作为构成犯罪需要具备以下条件:

(1) 行为人负有某种特定的义务。通常情况下,一个人对人或对事如果采取不作为的方式,不会产生危害,也不会构成犯罪,如果成立不作为犯罪必须有一个特定的前提,就是负有某种"义务",或者说是作出某种积极行为避免危害结果发生的义务。不作为构成犯罪的义务来源:① 法律规定的;② 职务上或业务上要求的;③ 法律行为引起的;④ 先前行为引起的。

(2) 行为人能够履行义务。

(3) 履行义务可避免危害结果。

(4) 行为人不履行特定义务,造成或可能造成危害结果。

二、例题

1. 关于不作为犯罪,下列哪一选项是正确的?(2016 年真题,单选)

A. "法无明文规定不为罪"的原则当然适用于不作为犯罪,不真正不作为犯的作为义务必须源于法律的明文规定

B. 在特殊情况下,不真正不作为犯的成立不需要行为人具有作为可能性

C. 不真正不作为犯属于行为犯,危害结果并非不真正不作为犯的构成要件要素

D. 危害公共安全罪、侵犯公民人身权利罪、侵犯财产罪中均存在不作为犯

[释疑]　D 项正确在于第二章危害公共安全罪章中至少有不报安全事故罪、丢失枪支不报罪,侵犯人身罪章中至少有遗弃罪,侵犯财产罪中有拒不支付劳动报酬罪。因此对"不作为犯"无论理解为不真正不作为犯还是真正不作为犯,D 项都正确。

A 项不作为犯义务来源不限于法定的,A 项错。B 项具有作为可能性是不作为犯的四要件之一,B 项错在"不需要行为人具有作为可能性"。C 项主要错在"不真正不作为犯属于行为犯"。一是因不作为而未导致危害结果发生的,通常不成立犯罪;二是有学者认为"行为犯"概念自身存疑问,不符合犯罪应当具有法益侵害性或社会危害性的犯罪本质观。(答案:D)

2. 关于不作为犯罪,下列哪些选项是正确的?(2015 年真题,多选)

A. 儿童在公共游泳池溺水时,其父甲、救生员乙均故意不救助。甲、乙均成立不作为犯罪

B. 在离婚诉讼期间,丈夫误认为自己无义务救助落水的妻子,致妻子溺水身亡的,成立过失的不作为犯罪

C. 甲在火灾之际,能救出母亲,但为救出女友而未救出母亲。如无排除犯罪的事由,甲构成不作为犯罪

D. 甲向乙的咖啡投毒,看到乙喝了几口后将咖啡递给丙,因担心罪行败露,甲未阻止丙喝咖啡,导致乙、丙均死亡。甲对乙是作为犯罪,对丙是不作为犯罪

[释疑]　不作为即"当为而不为",以具有作为义务为前提。A 项,父亲有法定义务,救生

员有业务上的义务。B项,法律认识错误,不影响其故意的成立。C项,甲对母亲(近亲属)有法定的救助义务,但对女友(并非近亲属)则并无法定救助义务,且“无排除犯罪的事由”,故构成不作为犯。特别提醒:此时并非“义务冲突”!因对女友并无法定义务。倘若将“女友”改为“妻子”,则为义务冲突,救出任何一人皆可阻却违法性而不成立犯罪。D项,甲以投毒方式杀乙,成立作为犯(直接故意杀人);甲有阻止丙饮用有毒咖啡的义务而未阻止,成立不作为犯(间接故意杀人)。当然,对甲最终仅需认定一个故意杀人罪即可。(答案:ACD)

3. 关于不作为犯罪的判断,下列哪一选项是错误的?(2014年真题,单选)

A. 小偷翻墙入院行窃,被护院的藏獒围攻。主人甲认为小偷活该,任凭藏獒撕咬,小偷被咬死。甲成立不作为犯罪

B. 乙杀丙,见丙痛苦不堪,心生悔意,欲将丙送医。路人甲劝阻乙救助丙,乙遂离开,丙死亡。甲成立不作为犯罪的教唆犯

C. 甲看见儿子乙(8周岁)正掐住丙(3周岁)的脖子,因忙于炒菜,便未理会。等炒完菜,甲发现丙已窒息死亡。甲不成立不作为犯罪

D. 甲见有人掉入偏僻之地的深井,找来绳子救人,将绳子的一头扔至井底后,发现井下的是仇人乙,便放弃拉绳子,乙因无人救助死亡。甲不成立不作为犯罪

[释疑] C项,甲对幼子乙有监护责任与阻止乙侵害行为的义务,应成立不作为犯罪。D项,甲无救助乙的义务,且甲放绳不拉与坐视不管无差别,并未恶化乙的处境,不成立不作为犯罪。A、B项正确,均成立不作为犯罪。(答案:C)

4. 关于不作为犯罪,下列哪些选项是正确的?(2013年真题,多选)

A. 船工甲见乙落水,救其上船后发现其是仇人,又将其推到水中,致其溺亡。甲的行为成立不作为犯罪

B. 甲为县公安局长,妻子乙为县税务局副局长。乙在家收受贿赂时,甲知情却不予制止。甲的行为不属于不作为的帮助,不成立受贿罪共犯

C. 甲意外将6岁幼童撞入河中。甲欲施救,乙劝阻,甲便未救助,致幼童溺亡。因只有甲有救助义务,乙的行为不成立犯罪

D. 甲将弃婴乙抱回家中,抚养多日后感觉麻烦,便于夜间将乙放到菜市场门口,期待次日晨被人抱走抚养,但乙被冻死。甲成立不作为犯罪

[释疑] A项错,将仇人从船上推入水中淹死是作为的故意杀人。B项对,夫妻之间无阻止对方受贿的义务。C项错,教唆有作为义务者不作为,也可成立教唆犯。D项对,将弃婴抱回家,属于因“先行行为”而产生的作为(抚养)义务。(答案:BD)

5. 下列哪一选项构成不作为犯罪?(2012年真题,单选)

A. 甲到湖中游泳,见武某也在游泳。武某突然腿抽筋,向唯一在场的甲呼救。甲未予理睬,武某溺亡

B. 乙女拒绝周某求爱,周某说“如不答应,我就跳河自杀”。乙明知周某可能跳河,仍不同意。周某跳河后,乙未呼救,周某溺亡

C. 丙与贺某到水库游泳。丙为显示泳技,将不善游泳的贺某拉到深水区教其游泳。贺某忽然沉没,丙有点害怕,忙游上岸,贺某溺亡

D. 丁邀秦某到风景区漂流,在漂流筏转弯时,秦某的安全带突然松开致其摔落河中。丁未下河救人,秦某溺亡

[**释疑**]　A项甲无救助(阻止危害结果)的义务,B项乙恋人间无保证对方不因失恋自杀的义务,均不成立不作为犯罪。D项秦某自愿参加漂流与其他参与漂流者一样自担相应风险,丁并未使秦某蒙受额外风险,故即使不救助不至于构成犯罪。C项将他人带至险境有义务、有能力救助而不救助,发生危害结果,其不作为可构成犯罪。(答案:C)

6. 关于不作为犯罪,下列哪些选项是正确的?(2011年真题,多选)

A. 宠物饲养人在宠物撕咬儿童时故意不制止,导致儿童被咬死的,成立不作为的故意杀人罪

B. 一般公民发现他人建筑物发生火灾故意不报警的,成立不作为的放火罪

C. 父母能制止而故意不制止未成年子女侵害行为的,可能成立不作为犯罪

D. 荒山狩猎人发现弃婴后不救助的,不成立不作为犯罪

[**释疑**]　不具有(被害人财产、生命免受侵害的)保证人地位,其不作为不可能构成犯罪,B项错误,D项正确。A、C项,具有(被害人财产、生命免受侵害的)保证人地位,其不作为不可能构成犯罪,A、C项正确。(答案:ACD)

7. 关于不作为犯罪,下列哪些选项是正确的?(2010年真题,多选)

A. 甲在车间工作时,不小心将一根铁钻刺入乙的心脏,甲没有立即将乙送往医院而是逃往外地。医院证明,即使将乙送往医院,乙也不可能得到救治。甲不送乙就医的行为构成不作为犯罪

B. 甲盗伐树木时砸中他人,明知不立即救治将致人死亡,仍有意不救。甲不救助伤者的行为构成不作为犯罪

C. 甲带邻居小孩出门,小孩失足跌入粪塘,甲嫌脏不愿施救,就大声呼救,待乙闻声赶来救出小孩时,小孩已死亡。甲不及时救助的行为构成不作为犯罪

D. 甲乱扔烟头导致所看守的仓库起火,能够扑救而不救,迅速逃离现场,导致火势蔓延,财产损失巨大。甲不扑救的行为构成不作为犯罪

[**释疑**]　A项,即使甲救助了乙,乙也必死,乙死亡是不可避免的,缺乏不作为犯罪的危害结果可避免的要件,甲的不作为不构成犯罪。乙死亡只能归咎于甲"不小心将一根铁钻刺入乙的心脏"的"作为"行为,可追究甲该"作为"重大责任事故罪。B、C、D项均满足有义务、有能力、有可能阻止危害结果却不阻止,以致危害结果发生的条件,可追究不作为的罪责。(答案:BCD)

8. 甲、乙夫妇因8岁的儿子严重残疾,生活完全不能自理而非常痛苦。一天,甲往儿子要喝的牛奶里放入"毒鼠强"时被乙看到,乙说:"这是毒药吧,你给他喝呀?"见甲不说话,乙叹了口气后就走开了。毒死儿子后,甲、乙二人一起掩埋尸体并对外人说儿子因病而死。关于甲、乙行为的定性,下列哪一选项是正确的?(2008年真题,单选)

A. 甲与乙构成故意杀人的共同犯罪　　B. 甲构成故意杀人罪,乙构成包庇罪

C. 甲构成故意杀人罪,乙构成遗弃罪　　D. 甲构成故意杀人罪,乙无罪

[**释疑**]　不作为行为成立共犯的认定。甲毫无疑问成立故意杀人罪,乙作为母亲对阻止危害结果,有作为义务、可能,且危害结果(儿子被害)可避免,足以认定乙不作为行为构成甲故意杀人罪的共犯。(答案:A)

9. 下列哪些选项成立不作为犯罪?(2008年缓考真题,多选)

A. 过路人甲看见某公寓发生火灾而不报警,导致公寓全部被烧毁

B. 成年人乙带邻居小孩出去游玩,小孩溺水,乙发现后能够救助而不及时抢救,致使小孩被淹死

C. 丙重男轻女,认为女儿不能延续香火,将年仅1岁的女儿抱到火车站,放在长椅上后匆匆离开。因为天冷,等警察发现女孩将其送到医院时,女孩已经死亡

D. 司机丁意外撞倒负完全责任的行人刘某后,没有立即将刘某送往医院,刘某死亡。事后查明,即使司机丁将刘某送往医院,也不可能挽救刘某的生命

[释疑]　B、C项,有义务且履行义务可阻止危害结果的发生,成立犯罪。A项,发现火灾应报警不属于刑法规定的义务,甚至不能认为是一项法律义务。只有与火灾有关的人,如放火者、失火者或其他有特定义务者不报火警才涉及刑事责任。故"过路人"未报警,不成立不作为犯罪,因为其无义务。D项:① 不成立交通肇事罪;② 即使履行(救助)义务也不能阻止危害结果,结果不可避免,不作为无责。(答案:BC)

三、提示与预测

从近几年命题趋势来看,判断是否具有作为义务进而成立不作为犯是常考题,故对作为义务的来源问题要深入理解和掌握。

考点 2　不纯正不作为犯的理解

一、精讲

以不作为形式构成"作为犯",即构成法律设置作为的方式为其构成要件的犯罪,必须确认该不作为行为与作为行为构成该犯罪具有"相当性"。刑法维护的规范(或规矩)分两种,其一是义务规范,比如公民有纳税义务、服兵役义务等;其二是禁止规范,比如不可杀人、不可放火、不可偷盗等。违反义务规范的行为是"不作为犯",即有义务(当为)而不为,法律惩罚的是"不为",即不作为。违反禁止规范的犯罪是"作为犯",即不当为而为之,法律惩罚的是"为之",即作为行为。可见,刑法为维护义务规范所规定的罪行是不作为犯,比如遗弃罪;维护禁止规范所规定的罪行是作为犯,比如故意杀人罪。

(1) 纯正的不作为犯。当行为人以不作为行为构成"不作为犯",叫做"纯正不作为犯"(或真正不作为犯)。因为行为人的行为形式是不作为,刑法规制的犯罪行为形式也是不作为,人的行为和法律惩罚的行为二者在"行为形式上一致",属于依法定罪的"常态"问题。

(2) 纯正的作为犯。当行为人以作为行为构成一个"作为犯",叫做"纯正的作为犯"(或真正的作为犯)。因为行为人的行为形式是作为,刑法规制的犯罪行为形式也是作为,人的行为和法律惩罚的行为二者在"行为形式上一致",也属于依法定罪的"常态"问题。

(3) 不纯正不作为犯。当行为人以不作为行为构成一个"作为犯",或者说以不作为行为构成一个"非不作为犯",叫做"不纯正不作为犯"(或不真正不作为犯)。因为行为人的行为形式是不作为,刑法规制的犯罪行为形式却是作为,人的行为和法律惩罚的行为二者在"行为形式上不一致",属于依法定罪的"非常态"问题,需要特别考虑。特别考虑的要点是:"相当性",即该"不作为行为"构成"作为犯"应当与作为行为构成作为犯相当。

二、例题

1. 甲因家中停电而点燃蜡烛时,意识到蜡烛没有放稳,有可能倾倒引起火灾,但想到如果

就此引起火灾,反而可以获得高额的保险赔偿,于是外出吃饭,后果然引起火灾,并将邻居家的房屋烧毁。甲以失火为由向保险公司索赔,获得赔偿。对于此案,下列哪一选项是正确的?(2008 年缓考真题,单选)

A. 就放火罪而言,甲的行为属于不作为犯

B. 就放火罪而言,甲的行为属于作为与不作为的结合

C. 就保险诈骗罪而言,甲的行为属于不作为犯

D. 就保险诈骗罪而言,甲的行为属于作为与不作为的结合

[**释疑**]　甲点燃蜡烛为照明,无放火的意思。发现未放稳会引起火灾却不管,对火灾而言是间接故意不作为放火,是不纯正不作为犯。保险诈骗行为是作为。(答案:A)

2. 梁某与好友强某深夜在酒吧喝酒。强某醉酒后,钱包从裤袋里掉到地上,梁某拾后,见钱包里有 5 000 元现金就将其隐匿。强某要梁某送其回家,梁某怕钱包之事被发现,托辞拒绝。强某在回家途中醉倒在地,被人发现时已冻死。关于本案,下列哪些选项是正确的?(2007 年真题,多选)

A. 梁某占有财物的行为构成盗窃罪

B. 梁某占有财物的行为构成侵占罪

C. 梁某对强某的死亡构成不作为的故意杀人罪

D. 梁某对强某的死亡不构成不作为的故意杀人罪

[**释疑**]　不作为行为构成故意杀人罪的认定以及盗窃与侵占的区别。

(1) 强某钱包掉到地上仍在强某占有下,梁某有照看强某之责却占有钱包,是窃取。

(2) 梁某未尽照看之责(不作为行为)与故意杀人不具有相当性,不构成故意杀人罪。另外,不足以认定梁某具有杀人的故意。不过,不排除梁某的行为可以构成过失致人死亡罪。(答案:AD)

考点 3　犯罪客观要件之"危害结果""严重后果"的理解

一、精讲

广义的"危害结果"包含实际损害(实害)和可能损害(危险),基本等同于犯罪的"社会危害性"。"危害后果"不是成熟规范的刑法学术语,含义不明确。有的场合,被等同于危害结果;有的场合,似乎特指实际损害结果,范围略窄于危害结果。

二、例题

1. 关于危害结果,下列哪一选项是正确的?(2017 年真题,单选)

A. 危害结果是所有具体犯罪的构成要件要素

B. 抽象危险是具体犯罪构成要件的危害结果

C. 以杀死被害人的方法当场劫取财物的,构成抢劫罪的结果加重犯

D. 骗取他人财物致使被害人自杀身亡的,成立诈骗罪的结果加重犯

[**释疑**]　A 项错,危害结果并非所有具体犯罪的构成要件要素。B 项错,抽象危险并非危害结果,但具体危险可视为危害结果。C 项对 D 项错,结果加重犯具有法定性(须刑法条文明文规定),抢劫杀人属于刑法明文规定的抢劫罪的结果加重犯;犯罪行为导致被害人自杀的一

般不将自杀结果归属于前行为。(答案:C)

2. 关于危害结果的相关说法,下列哪一选项是错误的?(2008年真题,单选)

A. 甲男(25岁)明知孙某(女)只有13岁而追求她,在征得孙某同意后,与其发生性行为。甲的行为没有造成危害后果

B. 警察乙丢失枪支后未及时报告,清洁工王某捡拾该枪支后立即上交。乙的行为没有造成严重后果

C. 丙诱骗5岁的孤儿离开福利院后,将其作为养子,使之过上了丰衣足食的生活。丙的行为造成了危害后果

D. 丁恶意透支3万元,但经发卡银行催收后立即归还。丁的行为没有造成危害后果

[释疑] 题干中使用“危害结果”一词,选项中使用“危害后果”或“严重后果”,二者不一致,这本身就暴露出“结果”概念的不统一。

(1) A项,既然与幼女性交,就对其身心构成侵害,说“未造成危害后果”是错误的。

(2) B项,第129条规定之要件,丢失枪支不报告罪的“严重后果”,特指枪支丢失后被他人利用制造恶性案件或过失造成人身伤亡事故。

(3) C项,拐骗儿童罪之“危害后果”是儿童的受养育的权利和身心健康遭到损害。

(4) D项,信用卡诈骗罪的恶意透支之“危害结果”是“经发卡银行催收后仍不归还的行为”(第196条第2款之要件)。(答案:A)

考点4 偶然现象的因果关系的判断和因果关系中断

一、精讲

(1) 条件说,无A行为便不会有B结果,A与B有因果关系。令人对结果承担刑事责任,至少要有这一因果关系。

(2) 多因一果与“近因阻断远因”。在结果之前存在“多因”时,若近因独立造成了结果,近因为原因且能阻断其他条件与结果的因果关系(也称因果关系中断)。

(3) 因果关系的客观性。判断因果关系的有无,只要危害行为与危害结果存在客观上的联系即可,不受行为人主观上能否预见的影响。

(4) 因果关系与刑事责任的关系。因果关系是承担刑事责任的客观性基础,存在因果关系并不必然承担刑事责任,还要考虑主观要件(有无故意、过失)以及主体资格(责任年龄、责任能力)。

(5) 实行行为与犯罪结果的因果关系(具体犯罪之特殊因果关系),如故意杀人行为与死亡结果之间,伤害行为与伤害、死亡结果之间,抢劫行为与占有财物结果之间,诈骗行为与他人交付财物结果之间,敲诈勒索与他人交付财物之间等。

二、例题

1. 关于因果关系,下列哪些选项是正确的?(2017年真题,多选)

A. 甲以杀人故意用铁棒将刘某打昏后,以为刘某已死亡,为隐藏尸体将刘某埋入雪沟,致其被冻死。甲的前行为与刘某的死亡有因果关系

B. 乙夜间驾车撞倒李某后逃逸,李某被随后驶过的多辆汽车辗轧,但不能查明是哪辆车

造成李某死亡。乙的行为与李某的死亡有因果关系

C. 丙将海洛因送给13周岁的王某吸食,造成王某吸毒过量身亡。丙的行为与王某的死亡有因果关系

D. 丁以杀害故意开车撞向周某,周某为避免被撞跳入河中,不幸溺亡。丁的行为与周某的死亡有因果关系

[释疑] A项对,因果关系认识错误,结果推迟不影响因果关系的认定,甲成立故意杀人罪的既遂。B项对,乙的行为与李某的死亡存在条件关系,李某虽被后面的车辆轧死,但这一介入因素并不异常,不会导致因果关系中断。C、D项对,虽介入被害人的行为,但该介入因素并不异常,不会导致因果关系中断。(答案:ABCD)

2. 关于因果关系的认定,下列哪一选项是正确的?(2016年真题,单选)

A. 甲重伤王某致其昏迷。乞丐目睹一切,在甲离开后取走王某财物。甲的行为与王某的财产损失有因果关系

B. 乙纠集他人持凶器砍杀李某,将李某逼至江边,李某无奈跳江被淹死。乙的行为与李某的死亡无因果关系

C. 丙酒后开车被查。交警指挥丙停车不当,致石某的车撞上丙车,石某身亡。丙的行为与石某死亡无因果关系

D. 丁敲诈勒索陈某。陈某给丁汇款时,误将3万元汇到另一诈骗犯账户中。丁的行为与陈某的财产损失无因果关系

[释疑] C项对。交警依职权接管了丙驾驶活动,对此后丙在其支配下的驾驶活动及结果负责。

A项,刑法“因果关系”是构成要件行为与构成要件结果之关系,甲故意伤害王某作为故意伤害行为之构成要件结果是人身伤害,不能逾越构成要件行为范围归责自然意义的结果。甲走后,乞丐乘王某昏迷取走王某财物,王某财产损失结果只能归责于乞丐的窃取行为。其实,因果关系有两层意义:第一层自然意义的条件关系,本案甲的行为事实上为乞丐提供了便利;第二层法律上可归责于构成要件行为,显然王某财产损失结果不在甲故意伤害行为的“射程”内,不能归责于甲的行为,A项错。B项、D项错,凭常识可判断有因果关系。B项分歧至多存在于是故意伤害罪(致死)还是过失致人死亡罪。D项分歧至多存在于既遂还是未遂。(答案:C)

3. 关于因果关系,下列哪一选项是正确的?(2015年真题,单选)

A. 甲跳楼自杀,砸死行人乙。这属于低概率事件,甲的行为与乙的死亡之间无因果关系

B. 集资诈骗案中,如出资人有明显的贪利动机,就不能认定非法集资行为与资金被骗结果之间有因果关系

C. 甲驾车将乙撞死后逃逸,第三人丙拿走乙包中贵重财物。甲的肇事行为与乙的财产损失之间有因果关系

D. 司法解释规定,虽交通肇事重伤3人以上但负事故次要责任的,不构成交通肇事罪。这说明即使有条件关系,也不一定能将结果归责于行为

[释疑] A项,因果关系是一种客观的引起与被引起的关系,独立存在,与概率高低无关。另需注意,有因果关系并不意味着必然承担刑事责任;B项,因果关系是客观的,被害人的贪利动机是主观的,后者对前者并无影响;C项,第三人的行为属于介入因素,在本案中独立引

起财产损失的结果,不能将结果归属于甲的肇事行为;D项,条件说(a是b的条件,则a、b存在因果关系)有时会导致因果关系认定过于宽泛,需要适当限制,肇事者负次要责任,说明介入了被害人或第三人的行为,且介入行为对结果的发生所起的作用更大,应将结果归责于介入因素。(答案:D)

4. 关于因果关系,下列哪些选项是正确的?(2015年真题,多选)

A. 甲驾车经过十字路口右拐时,被行人乙扔出的烟头击中面部,导致车辆失控撞死丙。只要肯定甲的行为与丙的死亡之间有因果关系,甲就应当承担交通肇事罪的刑事责任

B. 甲强奸乙后,威胁不得报警,否则杀害乙。乙报警后担心被甲杀害,便自杀身亡。如无甲的威胁乙就不会自杀,故甲的威胁行为与乙的死亡之间有因果关系

C. 甲夜晚驾车经过无照明路段时,不小心撞倒丙后继续前行,随后的乙未注意,驾车从丙身上轧过。即使不能证明是甲直接轧死丙,也必须肯定甲的行为与丙的死亡之间有因果关系

D. 甲、乙等人因琐事与丙发生争执,进而在电梯口相互厮打,电梯门受外力挤压变形开启,致丙掉入电梯通道内摔死。虽然介入了电梯门非正常开启这一因素,也应肯定甲、乙等人的行为与丙的死亡之间有因果关系

[释疑] 因果关系,是指危害行为与危害结果之间存在的引起与被引起的关系。条件说主张,一切条件共同作用导致危害结果,如果缺少其中一项,就不会发生危害结果。该说将一切对危害结果的产生起到不可缺少作用的因素均视为危害结果产生的原因,有利于人们寻找确定因果关系的链条。但是,该说在过于宽泛的范围内推求因果关系,导致无限地扩大刑事责任的认定范围。相当因果关系说认为,根据日常生活经验,在危害行为与危害结果之间存在基于某种危害行为一般就会发生某种危害结果的相当关系时,即认为存在因果关系。相当因果关系说以行为时客观存在的一切事实为基础判断因果关系,强调借助"相当性"判断来确认因果关系是否存在。关于A项,甲的行为成立意外事件,乙的行为与丙的死亡之间存在因果关系,乙应当承担交通肇事罪的刑事责任。因此,A项错误,不选。关于B项,乙的死亡是其自己选择的结果,与甲的威胁行为并不存在因果关系。因此,B项错误,当选。甲不小心撞倒丙,即使不能证明是甲直接轧死丙,也应当肯定甲的行为与丙的死亡之间有因果关系(这一客观事实不能否认)。因此,C项正确,当选。虽然电梯门非正常开启属于异常因素,但是甲、乙二人的相互厮打仍然对于危害结果的发生具有直接决定性意义。因此,D项正确,当选。

5. 关于因果关系的判断,下列哪一选项是正确的?(2014年真题,单选)

A. 甲伤害乙后,警察赶到。在警察将乙送医途中,车辆出现故障,致乙长时间得不到救助而亡。甲的行为与乙的死亡具有因果关系

B. 甲违规将行人丙撞成轻伤,丙昏倒在路中央,甲驾车逃窜。1分钟后,超速驾驶的乙发现丙时已来不及刹车,将丙轧死。甲的行为与丙的死亡没有因果关系

C. 甲以杀人故意向乙开枪,但由于不可预见的原因导致丙中弹身亡。甲的行为与丙的死亡没有因果关系

D. 甲向乙的茶水投毒,重病的乙喝了茶水后感觉更加难受,自杀身亡。甲的行为与乙的死亡没有因果关系

[释疑] 自杀通常由被害人自我答责。毒药只是"让重病的乙感觉更加难受",总体评价乙还是因病痛而自杀,不足以将死亡结果归责于甲。甲成立故意杀人罪未遂。A项,公务机关严重过错(责任事故)的影响。甲伤害行为与丙死亡结果之间的因果关系因警方送医"车辆出

现故障”长时间耽搁而中断。因伤者丙上了“警方”车辆后救助责任即由公务机关接管,警车出故障是非正常事由或警方事故,故不能归责于甲。B项甲撞丙昏倒在路中央具有被后车再撞的极高风险,与后车撞死丙有因果关系。这属于多因一果,即甲乙都有因果关系,甲是“因逃逸致人死亡”。从不作为角度讲,甲对丙有救助义务且能够救助(1分钟后才被后车撞死)而不救助,致丙被后车撞死,有因果关系可归责。C项,因果关系是客观的,丙事实上被甲射出的子弹致死,不受行为人甲主观认识的影响。(答案:D)

6. 关于因果关系的认定,下列哪些选项是正确的?(2013年真题,多选)

A. 甲、乙无意思联络,同时分别向丙开枪,均未击中要害,因两个伤口同时出血,丙失血过多死亡。甲、乙的行为与丙的死亡之间具有因果关系

B. 甲等多人深夜追杀乙,乙被追跑到高速公路上时被汽车撞死。甲等多人的行为与乙的死亡之间具有因果关系

C. 甲将妇女乙强拉上车,在高速公路上欲猥亵乙,乙在挣扎中被甩出车外,后车躲闪不及将乙轧死。甲的行为与乙的死亡之间具有因果关系

D. 甲对乙的住宅放火,乙为救出婴儿冲入住宅被烧死。乙的死亡由其冒险行为造成,与甲的放火行为之间没有因果关系

[**释疑**]　A项对,二原因共同作用导致结果,缺一不可,依条件说均是原因。类似情形如在未约定的情况下,各自投放致死量一半的毒药将被害人毒死,二人的投毒行为与死亡结果都有因果关系,都构成故意杀人罪的既遂。B、C项对,虽分别介入被害人的行为与第三人的行为,但介入行为并不异常,不足以中断前行为与结果的因果关系。D项错,虽介入被害人行为,但该行为并不异常(人之常情),不中断犯罪行为与结果的因果关系。(答案:ABC)

7. 司机谢某见甲、乙打人后驾车逃离,对乙车紧追。甲让乙提高车速并走“蛇形”,以防谢某超车。汽车开出2公里后,乙慌乱中操作不当,车辆失控撞向路中间的水泥隔离墩。谢某刹车不及撞上乙车受重伤。赶来的警察将甲、乙抓获。(事实三)(2013年真题,案例分析)

就事实三,甲、乙是否应当对谢某重伤的结果负责?理由是什么?

答案:在被告人高速驾车走蛇形和被害人重伤之间,介入被害人的过失行为(如对车速的控制不当等)。谢某的重伤与甲、乙的行为之间,仅有条件关系,从规范判断的角度看,是谢某自己驾驶的汽车对乙车追尾所造成,该结果不应当由甲、乙负责。

8. 甲与素不相识的崔某发生口角,推了他肩部一下,踢了他屁股一脚。崔某忽觉胸部不适继而倒地,在医院就医时死亡。经鉴定,崔某因患冠状粥样硬化性心脏病,致急性心力衰竭死亡。关于本案,下列哪一选项是正确的?(2012年真题,单选)

A. 甲成立故意伤害罪,属于故意伤害致人死亡

B. 甲的行为既不能认定为故意犯罪,也不能认定为意外事件

C. 甲的行为与崔某死亡结果之间有因果关系,这是客观事实

D. 甲主观上对崔某死亡具有预见可能性,成立过失致人死亡罪

[**释疑**]　依“条件说”,行为与被害人病态体质遭遇偶然导致死伤结果的,符合“无A便无B”的条件关系,C项正确。但有因果关系只是对危害结果承担罪责的“客观前提”,还需主观有故意过失。甲不可能预见自己行为会导致崔某之死,不认为是犯罪。A、B、D项不正确。(答案:C)

9. 因乙移情别恋,甲将硫酸倒入水杯带到学校欲报复乙。课间,甲、乙激烈争吵,甲欲以

硫酸泼乙,但情急之下未能拧开杯盖,后甲因追乙离开教室。丙到教室,误将甲的水杯当作自己的杯子,拧开杯盖时硫酸淋洒一身,灼成重伤。关于本案,下列哪些选项是错误的?(2012年真题,多选)

A. 甲未能拧开杯盖,其行为属于不可罚的不能犯

B. 对丙的重伤,甲构成过失致人重伤罪

C. 甲的行为和丙的重伤之间没有因果关系

D. 甲对丙的重伤没有故意、过失,不需要承担刑事责任

[**释疑**] A项有致伤危险是能犯未遂,即可罚的未遂。C项存在条件关系可认为有因果关系。D项饮水杯装硫酸放于教室,应当预见其危险性,故有过失。B项客观上有因果关系、主观上有过失,是过失致人重伤罪。B项正确,则A、C、D项错误。(答案:ACD)

10. 关于因果关系,下列哪一选项是错误的?(2011年真题,单选)

A. 甲将被害人衣服点燃,被害人跳河灭火而溺亡。甲行为与被害人死亡具有因果关系

B. 乙在被害人住宅放火,被害人为救婴儿冲入宅内被烧死。乙行为与被害人死亡具有因果关系

C. 丙在高速路将被害人推下车,被害人被后面车辆轧死。丙行为与被害人死亡具有因果关系

D. 丁毁坏被害人面容,被害人感觉无法见人而自杀。丁行为与被害人死亡具有因果关系

[**释疑**] 伤害行为直接造成的死亡结果,才能成立故意伤害致人死亡的结果加重犯。死亡不是毁容(伤害)行为造成的,无因果关系,D项错误。A、B、C三项均具有因果关系,由于被害人行为的被迫性和从属性,不影响因果关系的成立。(答案:D)

11. 关于刑法上的因果关系,下列哪一判断是正确的?(2010年真题,单选)

A. 甲开枪射击乙,乙迅速躲闪,子弹击中乙身后的丙。甲的行为与丙的死亡之间不具有因果关系

B. 甲追赶小偷乙,乙慌忙中撞上疾驶的汽车身亡。甲的行为与乙的死亡之间具有因果关系

C. 甲、乙无意思联络,碰巧同时向丙开枪,且均打中了丙的心脏。甲、乙的行为与丙的死亡之间不具有因果关系

D. 甲以杀人故意向乙的食物中投放了足以致死的毒药,但在该毒药起作用前,丙开枪杀死了乙。甲的行为与乙的死亡之间不具有因果关系

[**释疑**] (1) A项,甲欲射乙却射中丙致死,有因果关系,打击错误、具体事实错误。

(2) B项,抓小偷是法允许行为且未制造过分的风险,无因果不应归咎。

(3) C项,甲、乙的行为均是丙死亡的充足条件,即无甲的行为仍有丙死的结果,无乙的行为也有丙死的结果,甲、乙皆为丙死亡的原因(二重的因果关系)。

(4) D项,因果关系不可假设、推想,既然事实上是丙开枪杀死了乙,故丙的行为与乙的死亡有因果关系。甲的投毒行为无因果关系,且与丙致死乙的行为无关。(答案:D)

12. 关于因果关系,下列哪些选项是错误的?(2008年真题,多选)

A. 甲乘坐公交车时和司机章某发生争吵,狠狠踹了章某后背一脚。章某返身打甲时,公交车失控,冲向自行车道,撞死了骑车人程某。甲的行为与程某的死亡之间存在因果关系

B. 乙以杀人故意瞄准李某的头部开枪,但打中了李某的胸部(未打中心脏)。由于李某

是血友病患者，最后流血不止而死亡。乙的行为与李某的死亡之间没有因果关系

C. 丙与同伙经预谋后同时向王某开枪，同伙射击的子弹打中王某的心脏，致王某死亡。由于丙射击的子弹没有打中王某，故丙的行为与王某的死亡之间没有因果关系

D. 丁以杀人故意对赵某实施暴力，导致赵某遭受濒临死亡的重伤。赵某在医院接受治疗时，医生存在一定过失，未能挽救赵某的生命。丁的行为与赵某的死亡之间没有因果关系

[释疑]　(1) A 项，多因一果，甲和司机章某与程某死亡之间存在因果关系，章某近因不阻断远因。

(2) B 项，行为与被害人特异体质(血友病)共同导致结果发生，特异体质不阻断行为与结果的因果关系。

(3) C 项，共同犯罪中共犯人之一的行为造成危害结果的，其他共犯人应承担共犯责任。说丙未击中王某就对王某之死不承担罪责肯定是错误的。就事实关系而言，王某之死与"丙与同伙共谋"的行为存在因果关系，但是与丙的射击行为事实上无因果关系。就如同甲教唆乙杀丙，乙将丙射杀。甲根本就未实施射击行为，但也认为甲的行为与丙的死亡结果有因果关系，其实是指甲"教唆行为"的作用。

(4) D 项，医疗瑕疵通常不中断因果关系。(答案：BCD)

三、提示与预测

因果关系的判断也属于近几年的必考题。考生往往觉得很难把握，除了要知道因果关系的客观性、因果关系和刑事责任的关系、因果关系的中断理论外，记住因果关系的特殊情形和考试中出现的典型例子，也是把握因果关系的有效途径。

考点 5　相对刑事责任年龄人的刑事责任

一、精讲

相对刑事责任年龄人对法定"八种"性质的"行为"负刑事责任，而不是具体的罪名。

第 17 条第 2 款规定："已满十四周岁不满十六周岁的人，犯故意杀人、故意伤害致人重伤或者死亡、强奸、抢劫、贩卖毒品、放火、爆炸、投毒罪的，应当负刑事责任。"

二、例题

1. (刑事责任年龄)甲(15 周岁)的下列哪一行为成立犯罪？(2010 年真题，单选)

A. 春节期间放鞭炮，导致邻居失火，造成十多万元财产损失

B. 骗取他人数额巨大财物，为抗拒抓捕，当场使用暴力将他人打成重伤

C. 受意图骗取保险金的张某指使，将张某的汽车推到悬崖下毁坏

D. 因偷拿苹果遭摊主喝骂，遂掏出水果刀将其刺成轻伤

[释疑]　B 项故意伤害罪(重伤)属于第 17 条第 2 款"相对负刑事责任"的行为。C 项故意毁坏财物罪、D 项故意伤害罪(轻伤)、A 项失火罪均要求已满 16 周岁才负刑事责任。(答案：B)

2. 关于犯罪主体，下列哪一选项是正确的？(2009 年真题，单选)

A. 甲(女，43 岁)吸毒后强制猥亵、侮辱孙某(智障女，19 岁)，因强制猥亵、侮辱妇女罪的主体只能是男性，故甲无罪

B. 乙(15岁)携带自制火药枪夺取妇女张某的挎包,因乙未使用该火药枪,故应当构成抢夺罪

C. 丙(15岁)在帮助李某扣押被害人王某索取债务时致王某死亡,丙不应当负刑事责任

D. 丁是司法工作人员,也可构成放纵走私罪

[释疑] A项,强制猥亵、侮辱妇女罪是普通主体,包括男性和女性。B项,携带凶器抢夺的以抢劫论,刑事责任年龄为已满14岁。C项,非法拘禁致人死亡,是过失致人死亡,刑事责任年龄为已满16岁。D项,放纵走私罪的主体应为"海关工作人员"(第411条)。(答案:C)

3.《刑法》规定,在拐卖妇女、儿童过程中奸淫被拐卖的妇女的,仅定拐卖妇女、儿童罪。15周岁的甲在拐卖幼女的过程中,强行奸淫幼女。对此,下列哪些选项是错误的?(2008年真题,多选)

A.《刑法》第17条第2款没有规定15周岁的人对拐卖妇女、儿童罪负刑事责任,故甲不负刑事责任

B. 拐卖妇女、儿童罪包含了强奸罪,15周岁的人应对强奸罪承担刑事责任,故对甲应认定为拐卖妇女、儿童罪

C. 15周岁的人犯强奸罪的应当负刑事责任,故对甲应认定为强奸罪

D. 拐卖妇女、儿童罪重于强奸罪,既然15周岁的人应对强奸罪承担刑事责任,就应对拐卖妇女、儿童罪承担刑事责任,故对甲应以拐卖妇女、儿童罪与强奸罪实行并罚

[释疑] 15周岁的甲在拐卖幼女的过程中,强行奸淫幼女,对甲应认定为强奸罪。(答案:ABD)

三、提示与预测

相对刑事责任年龄即第17条第2款之规定,是历年必考之点。其中,对法定"八种"性质的"行为"负刑事责任,而不是具体的罪名。

考点 6 刑事责任能力的认定

一、精讲

(1) 精神病人是否具有刑事责任能力的认定标准:① 医学标准(生理标准):指患有医学上的精神病;② 心理学标准:是指行为人行为当时不能够辨认、控制自己的所作所为,完全丧失了辨认和控制能力。两个标准必须同时具备。

(2) 精神病人在不能辨认或不能控制自己行为的时候造成危害结果,经法定程序鉴定确认的,不负刑事责任;间歇性的精神病人在精神正常的时候犯罪,应当负刑事责任;尚未完全丧失辨认或控制自己行为能力的精神病人犯罪的,应当负刑事责任,但是可以从轻或减轻处罚。

二、例题

1. 关于刑事责任能力的认定,下列哪一选项是正确的?(2017年真题,单选)

A. 甲先天双目失明,在大学读书期间因琐事致室友重伤。甲具有限定刑事责任能力

B. 乙是聋哑人,长期组织数名聋哑人在公共场所扒窃。乙属于相对有刑事责任能力

C. 丙服用安眠药陷入熟睡,致同床的婴儿被压迫窒息死亡。丙不具有刑事责任能力

D. 丁大醉后步行回家，嫌他人小汽车挡路，将车砸坏，事后毫无记忆。丁具有完全刑事责任能力

[**释疑**] A、B项错，限定刑事责任能力人是指"尚未完全丧失辨认或者控制能力的精神病人"，相对有刑事责任能力人是指已满14周岁未满16周岁的人，聋哑人和盲人一方面属于完全刑事责任能力人，但另一方面在处罚上可以从轻、减轻或者免除，理论上称之为"减轻责任能力人"。C项错D项对，原因自由行为（醉酒、吸毒、服用安眠药后……）的情形下，行为人仍具有刑事责任能力。（答案：D）

2. 关于刑事责任能力，下列哪一选项是正确的？（2016年真题，单选）

A. 甲第一次吸毒产生幻觉，误以为伍某在追杀自己，用木棒将伍某打成重伤。甲的行为成立过失致人重伤罪

B. 乙以杀人故意刀砍陆某时突发精神病，继续猛砍致陆某死亡。不管采取何种学说，乙都成立故意杀人罪未遂

C. 丙因实施爆炸被抓，相关证据足以证明丙已满15周岁，但无法查明具体出生日期。不能追究丙的刑事责任

D. 丁在14周岁生日当晚故意砍杀张某，后心生悔意将其送往医院抢救，张某仍于次日死亡。应追究丁的刑事责任

[**释疑**] A项正确，甲假想防卫致人死伤，排除故意，通常成立过失罪。

B项，"不管采取何种学说"，张明楷《刑法学》（第5版）第306页，三种学说：① 原因上的自由行为；② 行为一体；③ 因果关系的错误。三说结论乙都成立故意杀人罪既遂。C项，足以证明已满14周岁即可，既然足以证明已满15周岁显然可以确认已满14周岁，不以查清具体出生日期为必要。D项，责任年龄以行为时为准。行为时14周岁生日当晚不满14周岁依法不承担刑事责任。简单推理：假如被害人当即死亡，丁未达责任年龄不负刑事责任，被害人在丁满14周岁后后死亡，丁达到责任年龄要负刑事责任，等于说被害人死得慢反倒比死得快导致行为人责任更重，不合事理。（答案：A）

3. 关于责任年龄与责任能力，下列哪一选项是正确的？（2015年真题，单选）

A. 甲在不满14周岁时安放定时炸弹，炸弹于甲已满14周岁后爆炸，导致多人伤亡。甲对此不负刑事责任

B. 乙在精神正常时着手实行故意伤害犯罪，伤害过程中精神病突然发作，在丧失责任能力时抢走被害人财物。对乙应以抢劫罪论处

C. 丙将毒药投入丁的茶杯后精神病突然发作，丁在丙丧失责任能力时喝下毒药死亡。对丙应以故意杀人罪既遂论处

D. 戊为给自己杀人壮胆而喝酒，大醉后杀害他人。戊不承担故意杀人罪的刑事责任

[**释疑**] A项，甲安放炸弹时未达刑责年龄，因而无责任，但炸弹爆炸时已达刑事责任年龄，对其先行行为负有防止结果发生的义务，故构成不作为的爆炸罪；B项，根据"责任（能力与心理）与行为同时存在"的原理，行为人对丧失责任能力后的行为不承担刑事责任，但应对此前的行为负责，故构成故意伤害罪；C项，丙已完成投毒行为，其后精神病发作，对责任没有影响，属于（投毒）杀人既遂；D项，（生理性）醉酒者应当承担刑事责任，无需考虑其是否实际丧失辨认控制能力。（答案：C）

4. 甲患抑郁症欲自杀，但无自杀勇气。某晚，甲用事前准备的刀猛刺路人乙胸部，致乙当

场死亡。随后,甲向司法机关自首,要求司法机关判处其死刑立即执行。对于甲责任能力的认定,下列哪一选项是正确的?(2011年真题,单选)

A. 抑郁症属于严重精神病,甲没有责任能力,不承担故意杀人罪的责任

B. 抑郁症不是严重精神病,但甲的想法表明其没有责任能力,不承担故意杀人罪的责任

C. 甲虽患有抑郁症,但具有责任能力,应当承担故意杀人罪的责任

D. 甲具有责任能力,但患有抑郁症,应当对其从轻或者减轻处罚

[**释疑**] A项错,抑郁症不属于严重精神病。B项错,无责任能力须同时具备患有精神病和完全丧失辨认、控制能力两个条件。D项错,限制责任能力精神病人"可以"从轻或者减轻处罚,并非"应当"。实际上甲也不符合可以从轻、减轻的条件。(答案:C)

考点7 特殊主体(身份犯)

一、精讲

关于特殊主体的掌握包括以下方面:

1. 对特殊主体(或称身份限制)应当作广义理解。即某一个条文对某个罪的主体,除了责任年龄、责任能力之外,又附加了某种限制的,就认为是特殊主体。特殊主体常见的是职务或者职业身份,比如渎职罪主体要求是国家机关工作人员;贪污、受贿罪要求是国家工作人员;刑讯逼供罪、暴力取证罪、徇私枉法罪要求是司法工作人员,也包括医疗事故罪中的医务人员,都属于特殊主体。再如脱逃罪的主体,要求三种人:依法被关押的罪犯、犯罪嫌疑人、被告人;背叛国家罪,主体只能是中国人,这就是对国籍的要求;传播性病罪,要求主体是患有严重性病的人,这是对主体健康状况的要求,都属于特殊主体。

2. 特殊主体要求是在犯罪之前、之际就具有的身份,不包括通过犯罪行为形成或获得的地位或身份。比如共同犯罪中的主犯、从犯、胁从犯、教唆犯,还有聚众犯罪中的首要分子、其他参加者,都不是特殊主体。

3. 特殊主体属于刑法分则个罪的特殊规定,要领是熟悉法条规定或具体犯罪的特殊主体。

二、例题

① 特殊身份是指行为人在身份上的特殊资格,以及其他与一定的犯罪行为有关的、行为人在社会关系上的特殊地位或者状态。② 由于特殊身份必须与一定的犯罪行为有关,故性别、国籍等不可能成为特殊身份,首要分子则属于特殊身份。③ 挪用公款罪是真正身份犯,只有国家工作人员可以构成挪用公款罪,但非国家工作人员可以成为挪用公款罪的共犯。④ 根据《刑法》第307条的规定,司法工作人员犯帮助毁灭、伪造证据罪的,从重处罚。这种情形称为不真正身份犯。关于上段话正误的判断,下列哪一选项是正确的?(2008年缓考真题,单选)

A. 第①句错误,其他正确　　B. 第②句错误,其他正确

C. 第③句错误,其他正确　　D. 第④句错误,其他正确

[**释疑**] 第①、③、④句正确。第②句错误。性别、国籍也能成为特殊身份,例如妇女(单独)不能成为强奸罪正犯,外国人不能成为中国刑法上背叛国家罪的正犯。首要分子不属于

特殊身份。(答案:B)

三、提示与预测

对特殊主体着重掌握:

(1) 不包含自然人主体的情形。

(2) 包含单位主体的情形。

(3) 特殊主体。

而这三种情形都需要用个案的方法掌握,即一个罪一个罪地记忆,非常麻烦,而且不值得。故只能大致了解,然后结合推理。通常自然犯(伦理犯)不包含单位主体,如杀人、抢劫、盗窃等;反之,涉及经济、环境等法定犯(行政犯)包含单位主体的可能性较大。特殊主体主要记住常见罪的主体,尤其是侵犯公民人身权利、民主权利罪一章中的特殊主体的犯罪。因为这涉及案件的侦查管辖归属于检察院还是公安机关。此外,渎职罪、贪污贿赂罪绝大多数是特殊主体,只要记住这两章的罪名中哪几个不是特殊主体就可以了。

考点 8　构成要件故意的认定

一、精讲

1. “一般故意”的概念规定于第 14 条:明知自己的行为会发生危害社会的结果,并且希望或者放任这种结果发生的心态。分为直接故意和间接故意。这对于构成要件故意的认定具有指导意义。

2. “构成要件故意”,即分则具体罪之特有故意 = 明知“第 XX 条之罪之客观要素”,对自己实施该条客观违法事实承担故意罪责的要件。例如第 259 条(破坏军婚罪)明知是现役军人的配偶而与之同居或者结婚的,处 3 年以下……该罪(破坏军婚罪)之构成要件故意是对该罪之客观要件的明知。

3. 故意的认定主要是“构成要件故意”的认定而非犯罪“一般故意”。

二、例题

1. 吴某被甲、乙合法追捕。吴某的枪中只有一发子弹,认识到开枪既可能打死甲也可能打死乙。设定吴某对甲、乙均有杀人故意,下列哪一分析是正确的?(2016 年真题,单选)

A. 如吴某一枪没有打中甲和乙,子弹从甲与乙的中间穿过,则对甲、乙均成立故意杀人罪未遂

B. 如吴某一枪打中了甲,致甲死亡,则对甲成立故意杀人罪既遂,对乙成立故意杀人罪未遂,实行数罪并罚

C. 如吴某一枪同时打中甲和乙,致甲死亡、乙重伤,则对甲成立故意杀人罪既遂,对乙仅成立故意伤害罪

D. 如吴某一枪同时打中甲和乙,致甲、乙死亡,则对甲、乙均成立故意杀人罪既遂,实行数罪并罚

[释疑]　A 项直接故意杀人,成立故意杀人罪未遂。放任击中甲或乙,对二人均成立杀人未遂。根据构成要件符合说,成立故意只需要在构成要件范围一致,不必具体一致,因此不

论对杀害甲还是乙有故意,都是一个杀人故意。

B、D项错在"数罪并罚"。一行为造成数结果犯数罪是典型想象竞合犯,不数罪并罚。C项错在对乙仅成立故意伤害罪。对甲乙都是故意杀人罪,一个故意杀人行为造成一死一伤结果,属于同种想象竞合犯。(答案:A)

2. 关于犯罪故意、过失与认识错误的认定,下列哪些选项是错误的?(2013年真题,多选)

A. 甲、乙是马戏团演员,甲表演飞刀精准,从未出错。某日甲表演时,乙突然移动身体位置,飞刀掷进乙胸部致其死亡。甲的行为属于意外事件

B. 甲、乙在路边争执,甲推乙一掌,致其被路过车辆轧死。甲的行为构成故意伤害(致死)罪

C. 甲见楼下没人,将家中一块木板扔下,不料砸死躲在楼下玩耍的小孩乙。甲的行为属于意外事件

D. 甲本欲用斧子砍死乙,事实上却拿了铁锤砸死乙。甲的错误属于方法错误,根据法定符合说,应认定为故意杀人既遂

[释疑]　A项对,专业表演"从未出错",属于法律所能容忍的风险,且"乙突然移动身体"违反信赖原则,甲无过错,该行为为意外事件。B项错,"推一掌"通常不具有故意伤害罪性质,应为过失致人死亡。C项错,自高楼抛物本属过错行为,"见楼下没人""不料砸死",反映出过于自信的心态,应构成(过于自信的)过失致人死亡。D项错,用斧砍还是拿铁锤砸,甲对所用工具没有误认,不存在事实认识错误。(答案:BCD)

3. 下列哪一行为构成故意犯罪?(2012年真题,单选)

A. 他人欲跳楼自杀,围观者大喊"怎么还不跳",他人跳楼而亡

B. 司机急于回家,行驶时闯红灯,把马路上的行人撞死

C. 误将熟睡的孪生妻妹当成妻子,与其发生性关系

D. 作客的朋友在家中吸毒,主人装作没看见

[释疑]　A项教唆"他人犯罪"成立教唆犯。他人跳楼"自杀"不是犯罪,故教唆其跳楼(自杀),不成其为教唆犯。是否"杀人"正犯行为?也不成立。"喊跳"不足以致人死亡,客观不是杀人行为;喊跳者主观未必明知喊跳会导致他人死亡,不足以认定有杀人犯罪故意。B项犯罪故意的内容,是对刑法惩治之犯罪行为及其结果的追求或明知。"闯红灯"是违反交通法规的故意,不是犯罪故意。在此场合,"撞死人"才是犯罪故意(刑法第232条故意杀人行为·死亡结果)认知的内容。无事实证据表明该司机追求或放任"撞死"该行人,不构成故意犯罪。是典型交通肇事,过失犯。C项因事实认识错误以致无强奸故意。客观上违背妻妹意志性交具有强奸性质,但主观上误认为是妻子,缺乏违背妇女意志强奸的明知。未经妻子同意与其性交不是强奸故意。D项主人事实上已经知道,装不知道不影响故意成立。(答案:D)

4. 关于故意的认识内容,下列哪一选项是错误的?(2011年真题,单选)

A. 成立故意犯罪,不要求行为人认识到自己行为的违法性

B. 成立贩卖淫秽物品牟利罪,要求行为人认识到物品的淫秽性

C. 成立嫖宿幼女罪,要求行为人认识到卖淫的是幼女

D. 成立为境外非法提供国家秘密罪,要求行为人认识到对方是境外的机构、组织或者个人,没有认识到而非法提供国家秘密的,不成立任何犯罪

［**释疑**］　A项正确,成立故意犯罪是否以认知行为“违法性”为必要？外国学说有:“不要说”“认识可能性说”“必要说”,通说认为,有认识行为违法的可能性即可,不以认识到违法性为必要。B项正确,贩卖淫秽物品牟利罪,以明知是淫秽物品为必要,对淫秽物品的事实层面的明知即认定为明知。C项正确,成立嫖宿幼女罪,以明知对方是幼女而嫖宿为必要。D项错误,可以成立故意泄露国家秘密罪。(答案:D)

注意:嫖宿幼女罪已被《刑法修正案(九)》删除。

5. 关于故意的认识内容,下列哪一选项是正确的？(2008年真题,单选)

A. 甲明知自己的财物处于国家机关管理之中,但不知此时的个人财物应以公共财产论而窃回。甲缺乏成立盗窃罪所必需的对客观事实的认识,故不成立盗窃罪

B. 乙以非法占有财物的目的窃取军人的手提包时,明知手提包内可能有枪支仍然窃取,该手提包中果然有一支手枪。乙没有非法占有枪支的目的,故不成立盗窃枪支罪

C. 成立猥亵儿童罪,要求行为人知道被害人是或者可能是不满14周岁的儿童

D. 成立贩卖毒品罪,不仅要求行为人认识到自己贩卖的是毒品,而且要求行为人认识到所贩卖的毒品种类

［**释疑**］　(1) A项,盗窃(构成要件)故意的认知内容:“明知他人占有的财物而非法取得”,甲主观具有这种认识,具备盗窃的故意;甲“不知此时的个人财物应以公共财产论”,这属于法律认识错误,不排除责任。

(2) B项,行为人“明知提包内可能有枪支仍然窃取”,具备盗窃枪支罪之故意,对盗窃枪支事实承担故意罪责。

(3) C项,猥亵儿童罪之主观构成要件故意认知内容:明知对方是儿童,认定这种情形的“明知”,指“知道”是儿童或“可能”“应当”知道是儿童。类似情形如奸淫幼女构成强奸罪,须主观上“知道”或“可能知道”“应当知道”对方是幼女。

(4) D项,贩卖毒品罪故意,仅要求认识到是毒品即可,不必要求认识到明知毒品种类的程度。(答案:C)

三、提示与预测

对故意的认定还涉及一个基本原理,就是犯罪故意指的是“犯罪行为时”的心理,以“行为时”的心理为准,行为后才有的认识,不能涉及行为时。比如窃取提包时不知提包内有枪,对于窃包行为仅成立盗窃罪;如果已经预见到包内可能有枪仍然窃取,说明行为时已经有盗窃枪支的故意,是间接故意,则成立盗窃枪支罪。

考点 *9*　过失犯罪的认定

一、精讲

(1) 成立过失犯罪,以危害结果的实际发生为必要,否则没有犯罪的问题。

(2) 过失犯罪对危害结果无犯罪故意。犯罪过失是以对特定的危害结果不具有犯罪故意为前提的。如果具有犯罪故意,则成立故意犯罪,排斥成立过失犯罪。

(3) 行为人或未尽到注意义务,即应当预见自己的行为可能造成危害结果但却因疏忽而没有预见;或未尽到回避义务,即已经预见自己的行为可能造成危害结果,却因轻信能够避免

而未能避免。

(4) 行为人有能力预见或有能力避免危害结果发生。

(5) 结果的发生并非行为人所期望或者放任,是违背行为人意志的。

注意:过失犯罪是针对结果的"过失",而非针对行为的"过失",最典型的是交通肇事罪,行为人往往是有意违章,但对于危害结果的发生,心态是"过失的"。

二、例题

1. 甲架好枪支准备杀乙,见已患绝症的乙踉跄走来,顿觉可怜,认为已无杀害必要。甲收起枪支,但不小心触动扳机,乙中弹死亡。关于甲的行为定性,下列哪一选项是正确的?(2014年真题,单选)

A. 仅构成故意杀人罪(既遂)

B. 仅构成过失致人死亡罪

C. 构成故意杀人罪(中止)、过失致人死亡罪

D. 构成故意杀人罪(未遂)、过失致人死亡罪

[释疑] 依行为客观要素与主观心理要素的"同时性"原理,甲致死乙实因枪支"走火",此时心态不是故意而是过失,故为过失致人(乙)死亡。之前甲有故意杀人罪中止行为,应数罪并罚。(答案:C)

【特别注意】先前虽有某种犯罪故意,但若该犯罪中止或未遂,则不应将此犯罪故意延伸至下一行为。

2. 下列哪些案件不构成过失犯罪?(2012年真题,多选)

A. 老师因学生不守课堂纪律,将其赶出教室,学生跳楼自杀

B. 汽车修理工恶作剧,将高压气泵塞入同事肛门充气,致其肠道、内脏严重破损

C. 路人见义勇为追赶小偷,小偷跳河游往对岸,路人见状离去,小偷突然抽筋溺毙

D. 邻居看见6楼儿童马上要从阳台摔下,遂伸手去接,因未能接牢,儿童摔成重伤

[释疑] A项行为自身在客观上不会导致自杀死亡,主观上也不可能预见学生会因为这样的小事而自杀,不成立过失犯罪。C项抓小偷行为自身正当,客观上不是过失犯罪行为,且小偷貌似有水性游往对岸,只是途中因抽筋而溺亡,连小偷自己都未预见,路人也不可能预见。D项具有减少危险作用,不成立过失犯罪。也可认为A、C、D项行为自身并未逾越社会常规、不具有造成死亡结果的危险性,不成立过失犯罪。B项一般认为是间接故意致人重伤,故意伤害罪。(答案:ABCD)

3. 关于过失犯的论述,下列哪一选项是错误的?(2011年真题,单选)

A. 只有实际发生危害结果时,才成立过失犯

B. 认识到可能发生危害结果,但结果的发生违背行为人意志的,成立过失犯

C. 过失犯罪,法律有规定的才负刑事责任。这里的"法律"不限于刑事法律

D. 过失犯的刑事责任一般轻于与之对应的故意犯的刑事责任

[释疑] C项错误,过失犯罪,法律有规定的才负刑事责任,限于刑事法律(见第15条第2款)。A、B、D项表述正确。(答案:C)

4. 甲到本村乙家买柴油时,因屋内光线昏暗,甲欲点燃打火机看油量。乙担心引起火灾,上前阻止。但甲坚持说柴油见火不会燃烧,仍然点燃了打火机,结果引起油桶燃烧,造成火灾,

导致甲、乙及一旁观看的丙被火烧伤,乙、丙经抢救无效死亡。后经检测,乙储存的柴油闪点不符合标准。甲的行为构成何罪?(2008 年真题,单选)

A. 危险物品肇事罪　　B. 失火罪

C. 放火罪　　D. 重大责任事故罪

[释疑] 甲对自己的行为引起火灾是过失,属于一般过失。打火照看油量,虽然打火是有意的,但是对于发生的火灾后果心态是过失的,不能认定甲对火灾后果存在故意,故排除C项。本题甲属于"日常生活中"用火不慎引起的灾害,是普通过失,故为失火罪。排除A、D项。(答案:B)

考点 10 间接故意与过于自信过失的区分

一、精讲

(1) 意志因素上有差别:过于自信的过失对结果持否定、排斥的态度,往往采取一定的措施避免危害结果的发生。间接故意对结果的态度是放任的,不是否定、排斥的态度。

(2) 认识因素有差别:间接故意明知危害结果可能发生,过于自信的过失是预见到危害结果可能发生,间接故意认识的程度较高。

(3) 二者区分更大程度上是一种经验问题,即除了需要知道区分二者的理论要点之外,还应当知道司法实践中常见的认定为间接故意的情形。① 追求一个犯罪的结果而放任另一个犯罪结果的情况。例如为杀妻在饭菜中投毒,放任孩子食用。② 追求一个非犯罪化的结果而放任另一个犯罪结果的发生。例如在自家果园私设电网,毫不顾忌众人安危并造成人身伤亡的场合,较多被认定为间接故意。但是,如果采取了确实、可靠的防范措施的,往往认定为过于自信的过失。

(4) 在分析案例时着重看:① 对结果发生是否持否定态度;② 是否有避免结果发生根据和采取了积极避免的措施。

二、例题

1. 甲、乙预谋修车后以假币骗付。某日,甲、乙在某汽修厂修车后应付款 4 850 元,按照预谋甲将 4 900 元假币递给乙清点后交给修理厂职工丙,乙说:"修得不错,零钱不用找了",甲、乙随即上车。丙发现货币有假大叫"别走",甲迅即启动汽车驶向厂门,丙扑向甲车前风挡,抓住雨刮器。乙对甲说:"太危险,快停车",甲仍然加速,致丙摔成重伤。(2010 年真题,不定项)

问题:(1) 甲、乙用假币支付修车费被识破后开车逃跑的行为应定的罪名是:

A. 持有、使用假币罪　　B. 诈骗罪

C. 抢夺罪　　D. 抢劫罪

(答案:A)

(2) 对于丙的重伤,甲的罪过形式是:

A. 故意　　B. 有目的的故意　　C. 过失　　D. 无认识的过失

(答案:A)间接故意。

(3) 关于致丙重伤的行为,下列选项错误的是:

A. 乙明确叫甲停车,可以成立犯罪中止

B. 甲、乙构成故意伤害的共同犯罪

C. 甲的行为超出了共同犯罪故意,对于丙的重伤后果,乙不应当负责

D. 乙没有实施共同伤害行为,不构成犯罪。

(答案:AB)

(4) 对甲的定罪,下列选项错误的是:

A. 抢夺罪、故意伤害罪　　B. 诈骗罪、以危险方法危害公共安全罪

C. 持有、使用假币罪,交通肇事罪　　D. 抢劫罪、故意伤害罪

(答案:ABCD)

2. 甲贩运假烟,驾车路过某检查站时,被工商执法部门拦住检查。检查人员乙正登车检查时,甲突然发动汽车夺路而逃。乙抓住汽车车门的把手不放,甲为摆脱乙,在疾驶时突然急刹车,导致乙头部着地身亡。甲对乙死亡的心理态度属于下列哪一选项?(2006年真题,单选)

A. 直接故意　　B. 间接故意

C. 过于自信的过失　　D. 疏忽大意的过失

[**释疑**] 此种情形在司法实务中较多认为对死亡结果是间接故意。因为有意将人从疾驶的汽车上甩下,行为高度冒险,常人能认识到会造成非死即伤的结果,事实上发生了死亡结果,可认为具有放任的态度。这与违章开车撞死路上行人不同,故排除C、D项。根据案情不能确证甲希望乙死亡,排除A项。(答案:B)

考点11 事实认识错误的分类及评价标准

一、精讲

事实认识错误指在犯罪过程中行为人的主观认识与客观实际不一致。

对事实认识错误可以从两个角度进行分类。

1. 从发生事实认识错误“表象上”的分类

(1) 对象错误,即行为人预定指向或加害的对象与实际加害或指向的对象不一致。比如甲本想杀害张三却错把李四当做张三杀害,甲本欲加害张三却实际加害了李四,犯了“张冠李戴”的错误;再如甲本欲偷盗财物却误盗枪支。

(2) 打击错误,又称“行为误差”“目标(打击)错误”“对象打击错误”,指行为人对对象没有误认,因为行为发生误差导致预定加害的对象与实际加害的对象不一致,比如,甲看见乙殴打自己老父,从地上拾起一砖块朝乙猛砸过去,不料未击中乙,却击中了自己的老父并致其死亡。甲没有认错人(不是“张冠李戴”的错误),只是因行为误差打击错了对象。

(3) 因果关系认识错误,指行为人对结果的发生认识正确,但对造成结果发生的因果进程有误认,比如,甲投毒杀乙后,将乙抛入河中。经法医鉴定,乙死于溺水而非中毒。而甲以为乙死于中毒。这种错误,不影响甲罪责的承担。

(4) 工具或方法错误,指行为人对所使用的犯罪工具或方法发生错误,比如,甲买来“毒鼠强”(一种剧毒的灭鼠药)投放到乙的水杯中,乙饮用后安然无恙。事后才知甲买的“毒鼠强”是假的,根本无毒性。这种情形往往因工具错误而导致未造成预定的危害结果,故按照犯

罪未遂认定处罚即可。

2. 根据错误的事实(主要是对象)是否属于同一犯罪构成要件(或同一法律性质)作出的分类

(1) 同一犯罪构成的事实错误,即预想加害的对象与实际加害的对象属于同一犯罪构成要件范围,比如甲本欲加害张三却实际加害了李四("张冠李戴"的错误),因为张三、李四都是"人",同属于故意杀人罪犯罪构成的对象"人",就是同一犯罪构成的事实错误。这种错误也称为"具体事实错误",或称为"对象认识错误"(狭义),也可简称为"同质错误"。

(2) 不同犯罪构成的事实错误,即预想加害的对象与实际加害的对象不属于同一犯罪构成要件范围。比如甲本欲偷盗财物却误盗枪支,在我国刑法中,"财物"是盗窃罪对象;"枪支"是盗窃枪支罪对象,二者不属于同一犯罪构成的对象,或二者属于不同犯罪构成的对象。这也被称为"抽象事实错误""客体错误"(不单纯是对象不同,而是涉及侵犯的客体不同),或者简称为"非同质错误"。

从表象的分类上讲,不论是客体错误还是对象错误,都是认错或打错了对象,都是在对象上出错。该对象错误的范围是广义的,含客体错误。

从法律评价标准的分类上讲,同一犯罪构成范围内的对象错误,是"对象错误";不同犯罪构成的对象错误,叫客体错误。在这种分类标准下对象错误是狭义的,不包含"客体错误"。

3. 认定构成要件故意的通说:"法定符合说"

根据"法定符合说",认定构成要件故意只需要行为人主观认识与客观实际在法定范围内一致,不必要求具体一致,故行为人发生具体事实认识错误即同一构成要件范围内(同质错误),不阻却故意罪责(不阻却行为人对因错误而造成的犯罪结果的故意罪责);如果这种错误超出了同一构成要件范围的(非同质错误),则阻却故意罪责(阻却行为人对因错误而造成的犯罪结果的故意罪责)。

二、例题

1. 甲、乙合谋杀害丙,计划由甲对丙实施砍杀,乙持枪埋伏于远方暗处,若丙逃跑则伺机射杀。案发时,丙不知道乙的存在。为防止甲的不法侵害,丙开枪射杀甲,子弹与甲擦肩而过,击中远处的乙,致乙死亡。关于本案,下列哪些选项是正确的?(2017 年真题,多选)

A. 丙的行为属于打击错误,依具体符合说,丙对乙的死亡结果没有故意

B. 丙的行为属于对象错误,依法定符合说,丙对乙的死亡结果具有故意

C. 不论采取何种学说,丙对乙都不能构成正当防卫

D. 不论采用何种学说,丙对甲都不构成故意杀人罪未遂

[**释疑**]　A 项对 B 项错,丙并未认错人,只是因打偏而射杀乙,属于打击错误。依具体符合说,丙对乙的死亡结果没有故意;若依法定符合说,丙对乙的死亡结果具有故意。C 项错,若依防卫意思必要说(行为无价值论),丙对乙不能构成正当防卫;若依防卫意思不要说(结果无价值论),丙对乙可以构成正当防卫。D 项对,丙为防止甲的不法侵害而开枪,属于正当防卫。(答案:AD)

2. 甲、乙共同对丙实施严重伤害行为时,甲误打中乙致乙重伤,丙乘机逃走。关于本案,下列哪些选项是正确的?(2016 年真题,多选)

A. 甲的行为属打击错误,按照具体符合说,成立故意伤害罪既遂

B. 甲的行为属对象错误,按照法定符合说,成立故意伤害罪既遂

C. 甲误打中乙属偶然防卫,但对丙成立故意伤害罪未遂

D. 不管甲是打击错误、对象错误还是偶然防卫,乙都不可能成立故意伤害罪既遂

[**释疑**] C项甲以犯罪故意却客观上打击不法侵害人乙救助了丙(坏心办好事·出于犯罪动机的行为意外地具有制止不法侵害的"防卫"效果),属"偶然防卫"。偶然防卫致正在进行故意致人重伤的不法侵害人乙重伤,没有超过必要限度,对乙不成立故意伤害罪。对丙虽然有伤害故意但事实上没有造成丙重伤,仅成立故意伤害罪未遂。D正确,参见张明楷《刑法学》(第5版)第206—208页。第一,"打击错误"或"对象错误",均属于主观认识问题,而本案要点是客观上没有造成危害结果。一是重伤乙与乙进行重伤害的不法侵害相当,没有造成不应有损害;二是对丙没有造成损害且阻止了可能致丙重伤的结果,客观有益而无害。客观上没有造成危害结果,不能因其有恶意就认为故意伤害罪既遂。第二,偶然防卫的核心就是主观怀犯罪意图、客观阻止了不法侵害保护了法益,客观没有造成危害结果,故不可能犯罪既遂。

A项错,因为对于"打击错误"按照具体符合说,对于欲打击的对象丙没有造成重伤结果,成立故意伤害罪未遂;对于错误打击的乙成立过失重伤罪,不成立故意伤害罪既遂。B项错,因为"甲误打中乙致乙重伤",是"打击错误",而非"对象错误"。至少存在认识错误种类的误判。(答案:CD)

3. 警察带着警犬(价值3万元)追捕逃犯甲。甲枪中只有一发子弹,认识到开枪既可能只打死警察(希望打死警察),也可能只打死警犬,但一枪同时打中二者,导致警察受伤、警犬死亡。关于甲的行为定性,下列哪一选项是错误的?(2015年真题,单选)

A. 如认为甲只有一个故意,成立故意杀人罪未遂

B. 如认为甲有数个故意,成立故意杀人罪未遂与故意毁坏财物罪,数罪并罚

C. 如甲仅打中警犬,应以故意杀人罪未遂论处

D. 如甲未打中任何目标,应以故意杀人罪未遂论处

[**释疑**] A项,"认为甲只有一个故意",且题中明确交代"希望打死警察",所以成立故意杀人罪未遂。B项,"认为甲有数个故意",意味着甲有打死警察和警犬的两个故意,故其行为成立故意杀人罪未遂与故意毁坏财物罪,但因甲只有一个开枪行为,属于想象竞合,应择一重罪(故意杀人罪未遂)处断而非数罪并罚。C项,若丙对打死警犬持故意心态,则为故意杀人罪未遂与故意毁坏财物罪的想象竞合,择一重罪处断,应以故意杀人罪未遂论处;若丙对打死警犬持过失心态,则仅构成故意杀人罪未遂(过失毁坏财物不为罪)。D项,未打中任何目标,但因有杀人的故意和杀人的实行行为,所以构成故意杀人罪未遂。(答案:B)

4. 甲在乙骑摩托车必经的偏僻路段精心设置路障,欲让乙摔死。丙得知甲的杀人计划后,诱骗仇人丁骑车经过该路段,丁果真摔死。关于本案,下列哪些选项是正确的?(2015年真题,多选)

A. 甲的行为和丁死亡之间有因果关系,甲有罪

B. 甲的行为属对象错误,构成故意杀人罪既遂

C. 丙对自己的行为无认识错误,构成故意杀人罪既遂

D. 丙利用甲的行为造成丁死亡,可能成立间接正犯

[**释疑**] A项,B项,丁确实死于甲所设置的路障,存在客观的因果联系;甲欲杀乙,但最终致丁死亡,属于具体的对象认识错误,不影响其成立犯罪;无论根据法定符合说还是修正的

具体符合说,具体的对象认识错误不影响故意犯罪的既遂的认定。C项,丙并无认识错误,构成故意犯罪的既遂。D项,丙以他人的行为实现自己的犯罪目的,相当于将他人作为犯罪工具,可能成立间接正犯。(答案:ABCD)

5. 关于事实认识错误,下列哪一选项是正确的?(2014年真题,单选)

A. 甲本欲电话诈骗乙,但拨错了号码,对接听电话的丙实施了诈骗,骗取丙大量财物。甲的行为属于对象错误,成立诈骗既遂

B. 甲本欲枪杀乙,但由于未能瞄准,将乙身旁的丙杀死。无论根据什么学说,甲的行为都成立故意杀人既遂

C. 事前的故意属于抽象的事实认识错误,按照法定符合说,应按犯罪既遂处理

D. 甲将吴某的照片交给乙,让乙杀吴,但乙误将王某当成吴某予以杀害。乙是对象错误,按照教唆犯从属于实行犯的原理,甲也是对象错误

[释疑] 典型对象错误,符合"骗取他人财物"的法定要件,成立诈骗罪既遂。B项错,打击(方法)错误,依法定符合说是故意杀人既遂,而依具体符合说则是故意杀人未遂和过失致人死亡的想象竞合,择一重罪定故意杀人未遂。C项错,事前的故意的处理结果有四种意见,一般视同因果关系错误处理。但C项中,既说"抽象的事实认识错误",又说"按法定符合说应按犯罪既遂处理",自相矛盾。因为依法定符合说,如果是"具体事实错误"不影响故意罪责是既遂,如果是"抽象事实错误"则影响故意罪责,意味着对死亡结果不成立故意,不是故意杀人罪既遂。D项错在"按照教唆犯从属于实行犯的原理,甲也是对象错误"。依共犯从属性原理,教唆犯从属于正犯的实行行为而非认识错误。有无对象错误是共犯人各自的主观认识问题,不存在从属性问题。(答案:A)

6. 关于认识错误的判断,下列哪些选项是错误的?(2011年真题,多选)

A. 甲为使被害人溺死而将被害人推入井中,但井中没有水,被害人被摔死。这是方法错误,甲行为成立故意杀人既遂

B. 乙准备使被害人吃安眠药熟睡后将其勒死,但未待实施勒杀行为,被害人因吃了乙投放的安眠药死亡。这是构成要件提前实现,乙行为成立故意杀人既遂

C. 丙打算将含有毒药的巧克力寄给王某,但因写错地址而寄给了汪某,汪某吃后死亡。这既不是对象错误,也不是方法错误,丙的行为成立过失致人死亡罪

D. 丁误将生父当作仇人杀害。具体符合说与法定符合说都认为丁的行为成立故意杀人既遂

[释疑] A项,应为因果关系错误。C项,具体事实错误,依法定符合说不影响故意罪责,丙应对汪某之死成立故意杀人罪。D项,具体符合说对故意成立要求犯罪人主观认识到的与实际发生的"具体"一致(或符合)方对实际发生的(危害结果)成立故意。但在D项这样的对象(辨认)错误上,具体符合说也同意不影响故意罪责,与法定符合说结论一致。只是在对象打击错误上与法定符合说存在分歧,如甲看见仇人乙(看得真切,仇人相见,分外眼红)即朝乙开枪欲将乙击毙,不料枪法大失水准却击毙了站在附近的父亲,依具体符合说对父亲之死是过失(致人死亡)。在中国学界,未曾发生过法定符合说与具体符合说的争议,考生对于外国故意学说发展史上如此细致的问题大多不了解。(答案:AC)

7. 甲与乙因情生仇。一日黄昏,甲持锄头路过乙家院子,见甲妻正在院内与一男子说话,以为是乙举锄就打,对方重伤倒地后遂发现是乙的哥哥。甲心想,打伤乙的哥哥也算解恨。关

于甲的行为,下列哪些选项是错误的?(2010年真题,多选)

A. 甲的行为属于对象错误,成立过失致人重伤罪

B. 甲的行为属于方法错误,成立故意伤害罪

C. 根据法定符合说,甲对乙成立故意伤害(未遂)罪,对乙的哥哥成立过失致人重伤罪

D. 甲的行为不存在任何认识错误,理所当然成立故意伤害罪

[释疑] (1)A项,具体事实错误,按照法定符合说应成立故意伤害罪。

(2)B项,错在"方法错误",应为"对象错误"。

(3)C项,是具体符合说的结论,已经遭到否定。

(4)D项,甲实际打击的对象与预想打击的"不一致",发生了错误(不一致)。(答案:ABCD)

8. 甲欲杀乙,便向乙开枪,但开枪的结果是将乙和丙都打死。关于本案,下列哪些选项是正确的?(2008年真题,多选)

A. 根据具体符合说,甲对乙成立故意杀人既遂,对丙成立过失致人死亡罪

B. 根据法定符合说,甲对乙与丙均成立故意杀人既遂

C. 不管是根据具体符合说,还是根据法定符合说,甲对乙与丙均成立故意杀人既遂

D. 不管是根据具体符合说,还是根据法定符合说,甲对乙成立故意杀人既遂,对丙成立过失致人死亡罪

[释疑] 一故意杀人行为同时造成多个结果(乙、丙二人死亡),属于想象竞合犯。根据法定符合说,丙是人,"致丙死亡"并未超出"故意致人死亡"的范围。(答案:AB)

9. 甲欲杀乙,向乙开枪,但未瞄准,子弹从乙身边穿过打中丙,致丙死亡。关于本案,下列哪些说法是正确的?(2008年缓考真题,多选)

A. 根据具体符合说,甲对乙成立故意杀人(未遂)罪,对丙成立过失致人死亡罪

B. 根据法定符合说,甲对乙成立故意杀人(未遂)罪,对丙成立故意杀人(既遂)罪

C. 具体符合说与法定符合说均认为,甲对乙成立故意杀人(未遂)罪,对丙成立故意杀人(既遂)罪

D. 具体符合说与法定符合说均认为,甲对乙成立过失致人重伤罪,对丙成立过失致人死亡罪

[释疑] 本案属于"打击错误",按照具体符合说,甲意欲的(乙死)与实际发生的(丙死)具体不一致,阻却甲对丙死承担故意罪责,故杀乙是未遂,丙死是过失。按照法定符合说,尽管具体不一致但在法定范围内一致,不影响罪责。(答案:AB)

三、提示与预测

从近几年的考题看,司法考试的理论性逐步增强,考点也越来越深入和细致,不仅要求大家知道事实认识错误作为通说的评价标准——法定符合说,也要对具体符合说得出的结论有一定的了解。

考点12 违法性认识错误及其处理原则:不免罪责

一、精讲

违法性认识错误,也叫法律认识错误,是指对自己某种行为是否违法有误解,也即对行为

在法律上是否被禁止有误解。简单地说,就是不懂法的错误。包括三种情况:假想无罪、假想有罪和误解处罚。其中假想的无罪是法律认识错误最主要的一种情况,这种法律认识错误原则上不免罪责;假想的有罪,对行为是否构成犯罪不发生影响;对处罚有误解,也不影响定罪处罚。

二、例题

1. 农民甲醉酒在道路上驾驶拖拉机,其认为拖拉机不属于《刑法》第133条之一规定的机动车。关于本案的分析,下列哪一选项是正确的?(2016年真题,单选)

A. 甲未能正确评价自身的行为,存在事实认识错误

B. 甲欠缺违法性认识的可能性,其行为不构成犯罪

C. 甲对危险驾驶事实有认识,具有危险驾驶的故意

D. 甲受认识水平所限,不能要求其对自身行为负责

[释疑] C项正解,危险驾驶罪之"机动车"属于法律概念,法律概念的认识不属于构成要件故意的认识范围,因此甲对危险驾驶事实有认识,具有危险驾驶的故意,正确。

A项未能正确评价自身的行为,是法律认识错误而非事实认识错误。B、D项本案具体场合足以认定甲具有违法性认识的可能性,不阻却责任。另外,对法律概念的误解属于法律认识错误,不影响构成要件故意成立,也不阻却责任故意。中国学说简单化结论:法律认识错误不免责。(答案:C)

2. 关于故意与违法性的认识,下列哪些选项是正确的?(2015年真题,多选)

A. 甲误以为买卖黄金的行为构成非法经营罪,仍买卖黄金,但事实上该行为不违反《刑法》。甲有犯罪故意,成立犯罪未遂

B. 甲误以为自己盗窃枪支的行为仅成立盗窃罪。甲对《刑法》规定存在认识错误,因而无盗窃枪支罪的犯罪故意,对甲的量刑不能重于盗窃罪

C. 甲拘禁吸毒的陈某数日。甲认识到其行为剥夺了陈某的自由,但误以为《刑法》不禁止普通公民实施强制戒毒行为。甲有犯罪故意,应以非法拘禁罪追究刑事责任

D. 甲知道自己的行为有害,但不知是否违反《刑法》,遂请教中学语文教师乙,被告知不违法后,甲实施了该行为。但事实上《刑法》禁止该行为。乙的回答不影响甲成立故意犯罪

[释疑] A项,积极的法律认识错误,根据罪刑法定原则,甲的行为未触犯刑法,根本不构成犯罪,无需考察犯罪故意,更谈不上犯罪未遂。B项,甲明知是枪支而盗窃,因而具有盗窃枪支罪的故意。甲的错误属于法律认识错误,对犯罪故意没有影响。C项,法律认识错误,对犯罪故意没有影响。D项,甲对其行为的实质违法性(有害)具有明确认识,且所请教的并非专业人士,因此其法律认识错误具有避免的可能性,对其犯罪故意并无影响。(答案:CD)

3. 甲男明知乙女只有13周岁,误以为法律并不禁止征得幼女同意后的性交行为,于是在征得乙女的同意后与乙女发生了性交。甲的行为属于下列何种情形?(2002年真题,单选)

A. 幻觉犯,不构成奸淫幼女罪

B. 法律认识错误,构成奸淫幼女罪

C. 对象认识错误,构成奸淫幼女罪

D. 客体认识错误,不构成奸淫幼女罪

[释疑] 就本案而言,甲误以为只要得到同意即使与幼女发生性关系也不犯法,而实际上法律禁止并惩罚任何形式与幼女发生性交的行为,其行为是犯法的。甲属于法律认识错误。法律认识错误原则上不阻碍追究刑事责任。就本案而言,甲对奸淫幼女不违法的误解,不阻碍

追究其奸淫幼女罪的刑事责任。当然,如果甲知道法律禁止奸淫幼女的行为,可能就不会那么做了。这比起明知不可为而为之的情况,主观恶性较轻,可以酌情从宽处罚。故法律认识错误虽然不是免责的事由却可以成为减轻责任的事由。不过,这是一个很难证明的问题。故实践中通常不问行为人是否有法律认识错误,也不接受这种辩解。

如果是不知对方(乙)的年龄不满14周岁,则属于事实认识错误,即对事实有误解,具体说是事实错误中的客体错误。(答案:B)

第四章　排除犯罪的事由

考点1　正当防卫的起因条件

一、精讲

现实的不法侵害是正当防卫的起因,其特点具有攻击性、破坏性、紧迫性。不法侵害包括犯罪行为和其他违法行为。不法侵害应是人实施的不法侵害,人既包括达到责任年龄、具有责任能力的人也包括未达责任年龄、不具有责任能力的人。故对于未达责任年龄、不具有责任能力的人的侵害行为,可以实施正当防卫。

二、例题

1. 严重精神病患者乙正在对多名儿童实施重大暴力侵害,甲明知乙是严重精神病患者,仍使用暴力制止了乙的侵害行为,虽然造成乙重伤,但保护了多名儿童的生命。(2014年真题,多选)

观点:

① 正当防卫针对的"不法侵害"不以侵害者具有责任能力为前提

② 正当防卫针对的"不法侵害"以侵害者具有责任能力为前提

③ 正当防卫针对的"不法侵害"不以防卫人是否明知侵害者具有责任能力为前提

④ 正当防卫针对的"不法侵害"以防卫人明知侵害者具有责任能力为前提

结论:

a. 甲成立正当防卫　　b. 甲不成立正当防卫

就上述案情,观点与结论对应错误的是下列哪些选项?

A. 观点①②与a结论对应;观点③④与b结论对应

B. 观点①③与a结论对应;观点②④与b结论对应

C. 观点②③与a结论对应;观点①④与b结论对应

D. 观点①④与a结论对应;观点②③与b结论对应

[释疑]　正当防卫适用的不同观点。正确对应关系:成立正当防卫,对不法侵害人责任能力以及防卫人是否认知不法侵害人责任能力,主张一概不问的(①、③),更多支持a成立正当防卫。与之相反,主张需要考虑的(②、④),则倾向于b不成立正当防卫。简单的知识、复杂的考法。就算不懂也可推出:考虑得越少(限制越少)越支持a成立正当防卫,考虑得越多(限制越多)越支持b不成立正当防卫。本题考查的是理论上如何争议,若需要考生就具体案

件作出是否成立正当防卫的定性，则应知道，根据通说，正当防卫是违法层面的问题，所针对的是“不法侵害”，而“不法”（危害）是客观的，与被防卫者的责任能力与责任心理无关。（答案：ACD）

2. 逃跑中，因身上有血迹，甲被便衣警察程某盘查。程某上前拽住甲的衣领，试图将其带走。甲怀疑遇上劫匪，与程某扭打。甲的朋友乙开黑车经过此地，见状停车，和甲一起殴打程某。程某边退边说：“你们不要乱来，我是警察。”甲对乙说：“别听他的，假警察该打。”程某被打倒摔成轻伤。（事实二）（2013 年真题，案例分析）

就事实二，对甲、乙的行为应当如何定性？理由是什么？

答案：甲、乙的行为系假想防卫。假想防卫视情况成立过失犯罪或意外事件。在本案中，甲、乙在程某明确告知是警察的情况下，仍然对被害人使用暴力，主观上有过失。但是，过失行为只有在造成重伤结果的场合，才构成犯罪。甲、乙仅造成轻伤结果，故对于事实二，甲、乙均无罪。

3. 关于正当防卫的论述，下列哪一选项是正确的？（2012 年真题，单选）

A. 甲将罪犯顾某扭送派出所途中，在汽车后座上死死摁住激烈反抗的顾某头部，到派出所时发现其已窒息死亡。甲成立正当防卫

B. 乙发现齐某驾驶摩托车抢劫财物即驾车追赶，两车并行时摩托车撞到护栏，弹回与乙车碰撞后侧翻，齐某死亡。乙不成立正当防卫

C. 丙发现邻居刘某（女）正在家中卖淫，即将刘家价值 6 000 元的防盗门砸坏，阻止其卖淫。丙成立正当防卫

D. 丁开枪将正在偷越国（边）境的何某打成重伤。丁成立正当防卫

［释疑］　A 项，致人死亡防卫过当，不是正当防卫。B 项，齐某抢劫财物逃离现场时自己驾驶失误撞到护栏，责任自负。乙追击行为与齐某死亡无因果关系。无需适用正当防卫排除、减轻违法性。C、D 项，对于无攻击性、破坏性、紧迫性的犯罪行为，不能也不必以猛烈方式实行正当防卫。（答案：B）

4. 甲手持匕首寻找抢劫目标时，突遇精神病人丙持刀袭击。丙追赶甲至一死胡同，甲迫于无奈，与丙搏斗，将其打成重伤。此后，甲继续寻找目标，见到丁后便实施暴力，用匕首将其刺成重伤，使之丧失反抗能力，此时甲的朋友乙驾车正好经过此地，见状后下车和甲一起取走丁的财物（约 2 万元），然后逃跑，丁因伤势过重不治身亡。（2008 年真题，不定项）

关于甲将精神病人丙打成重伤的行为，下列选项正确的是：

A. 甲的行为属于正当防卫，因为对精神病人的不法侵害也可以进行正当防卫

B. 甲的行为属于紧急避险，因为“不法”必须是主客观相统一的行为，而精神病人没有责任能力，其客观侵害行为不属于“不法”侵害，故只能进行紧急避险

C. 甲的行为属于自救行为，因为甲当时只能依靠自己的力量救济自己的法益

D. 甲的行为既不是正当防卫，也不是紧急避险，因为甲当时正在进行不法侵害，精神病人丙的行为客观上阻止了甲的不法行为，甲不得针对丙再进行正当防卫与紧急避险

［释疑］　（1）B 项错在对“不法侵害”的理解。通说认为不法侵害由客观性质决定，不受实施者精神状态的影响。

（2）C 项错，对“正在进行”的不法侵害实施的抵抗（对正在受害法益的保护行为），是防卫性质；对已受害法益的恢复行为，是自救行为。

(3) D项错在“甲当时正在进行不法侵害”,甲当时正在寻机作案(预备行为),并且丙的不法侵害与阻止甲欲实施的犯罪无关。(答案:A)

考点2 正当防卫的时间条件

一、精讲

正当防卫的时间条件限定为不法侵害已经开始而尚未结束,事先防卫和事后防卫不是正当防卫和防卫过当。

二、例题

关于正当防卫,下列哪一选项是错误的?(2009年真题,不定项)

A. 制服不法侵害人后,又对其实施加害行为,成立故意犯罪

B. 抢劫犯使用暴力取得财物后,对抢劫犯立即进行追击的,由于不法侵害尚未结束,属于合法行为

C. 动物被饲主唆使侵害他人的,其侵害属于不法侵害;但动物对人的自发侵害,不是不法侵害

D. 基于过失而实施的侵害行为,不是不法侵害

[释疑] 不法侵害的客观性,不受主观影响。如精神病人、未达刑事责任年龄人的侵害同样属于不法侵害。A项属于“事后防卫”。(答案:D)

考点3 正当防卫的主观要件

一、精讲

正当防卫的主观要件是具有防卫意识,包括防卫认识和防卫意志两个方面。防卫认识,指认识到不法侵害正在进行;防卫意志,指为了保护本人利益、公共利益、他人利益免受不法侵害。以下两种情况因不符合正当防卫的主观要件,不成立正当防卫:

(1) 互相斗殴。因斗殴双方都有加害对方的故意,缺乏防卫意识,不成立正当防卫。

(2) 防卫挑拨,是指本来有加害对方的故意,但却故意挑逗、刺激对方先加害自己,然后借口遭到不法侵害而加害对方。防卫挑拨因本有加害意思不成立正当防卫。

二、例题

1. 甲深夜盗窃5万元财物,在离现场1公里的偏僻路段遇到乙。乙见甲形迹可疑,紧拽住甲,要甲给5000元才能走,否则就报警。甲见无法脱身,顺手一拳打中乙左眼,致其眼部受到轻伤,甲乘机离去。关于甲伤害乙的行为定性,下列哪一选项是正确的?(2014年真题,单选)

A. 构成转化型抢劫罪　　B. 构成故意伤害罪

C. 属于正当防卫,不构成犯罪　　D. 系过失致人轻伤,不构成犯罪

[释疑] 正当防卫主观要素的把握,认识到对抗不法侵害即可。乙于深夜在荒僻处紧拽他人以报警相要挟强要5000元,属于敲诈勒索性质的不法侵害,甲反击造成其轻伤成立正当

防卫,理由如下:(1) 属于制止不法侵害;(2) 针对不法侵害防卫造成“轻伤”不认为过当。至于甲刚窃得5万元在心虚中、害怕乙报警,是否影响正当防卫成立?这涉及防卫主观要素的把握。按照重视客观的取向,认为:“现实的不法侵害正在进行时,就可以行正当防卫”[张明楷:《刑法学》(第4版),第197页],不以有防卫正当权益的意识为必要。即使考虑防卫意识其重点也是在防卫认识上,即“行为人认识到自己的行为与正在进行的不法侵害相对抗时,就应认为具有防卫意识”(上书第197页)。本案甲拳击乙致轻伤显然具有这种程度的防卫意识,不影响成立正当防卫。C项正确,则A、B、D项错误。A项,“构成转化型抢劫罪”干扰最大。提示:“离现场1公里处”甲乙相遇,明显不具备“当场”条件。(答案:C)

2. 乙基于强奸故意正在对妇女实施暴力,甲出于义愤对乙进行攻击,客观上阻止了乙的强奸行为。(2011年真题,单选)

观点:

① 正当防卫不需要有防卫认识

② 正当防卫只需要防卫认识,即只要求防卫人认识到不法侵害正在进行

③ 正当防卫只需要防卫意志,即只要求防卫人具有保护合法权益的意图

④ 正当防卫既需要有防卫认识,也需要有防卫意志

结论:

a. 甲成立正当防卫　　　　b. 甲不成立正当防卫

A. 观点①观点②与a结论对应;观点③观点④与b结论对应

B. 观点①观点③与a结论对应;观点②观点④与b结论对应

C. 观点②观点③与a结论对应;观点①观点④与b结论对应

D. 观点①观点④与a结论对应;观点②观点③与b结论对应

[释疑]　对于防卫意志是否必要的问题,有两种学说的争论:防卫意志“不要说”和“必要说”。按照“不要说”,只要认识到“发生不法侵害”即可,不必深究防卫人有无保护合法权益、制止不法侵害的意愿。按照必要说,则还需要防卫意志。本题甲主观上除了见“乙攻击妇女”感到气愤外,无“保护合法权益”或“制止不法侵害”意志。如果持①和②不要“防卫意志”的观点,不影响成立正当防卫;如果采“防卫意志必要说”的观点,则影响正当防卫成立。由于争议的存在,“通说”也尚不明朗,本题采取“(立场)观点对应结论”的方式进行考察。(答案:A)

3. 甲、乙两家有仇。某晚,两拨人在歌厅发生斗殴,甲、乙恰巧在场并各属一方。打斗中乙持刀砍伤甲小臂,甲用木棒击中乙头部,致乙死亡。关于甲的行为,下列哪一选项是正确的?(2010年真题,单选)

A. 属于正当防卫　B. 属于紧急避险　C. 属于防卫过当　D. 属于故意杀人

[释疑]　“互殴”双方皆违法,皆不成立自卫或避险。根据第292条,聚众斗殴致人死亡,定故意杀人罪。(答案:D)

三、提示与预测

近年来,刑法试题理论性越来越强,涉及的学说、理论争议也越来越广,故例题2这种“(立场)观点对应结论”的试题模式由于既能提高试题的理论性,又能有效回避争议问题,将在今后的试题中有所增加,考生应尽快适应这种题型。

考点4 防卫过当及其刑事责任

一、精讲

防卫过当本身也是正当防卫,只不过在防卫过程中超越了正当防卫的必要限度,如果行为本身不符合正当防卫的其他要求(防卫意图、防卫对象、防卫起因和防卫时间),就不是正当防卫,也不是防卫过当。防卫过当本身不是罪名,应当根据具体情况确定罪名,防卫过当的罪过形式一般是过失,但不排除认定为故意犯罪的可能性。对于防卫过当,应当酌情减轻或者免除处罚。

二、例题

1. 甲对正在实施一般伤害的乙进行正当防卫,致乙重伤(仍在防卫限度之内)。乙已无侵害能力,求甲将其送往医院,但甲不理会而离去。乙因流血过多死亡。关于本案,下列哪一选项是正确的?(2013年真题,单选)

A. 甲的不救助行为独立构成不作为的故意杀人罪

B. 甲的不救助行为独立构成不作为的过失致人死亡罪

C. 甲的行为属于防卫过当

D. 甲的行为仅成立正当防卫

[释疑] 甲针对乙的“一般伤害”行为防卫造成“乙死亡”结果,是防卫过当,故C项对,D项错。要点:“乙死亡”结果应当纳入甲防卫行为内评价。不应切割出来另行评价其是否成立不作为犯罪,故A、B项错。注意:防卫行为(正当防卫、防卫过当)无需考察防卫者的作为义务。(答案:C)

2. 根据第20条前两款的规定,(　　)行为不负刑事责任;但(　　)必须符合一定条件,否则就会造成新的不法侵害。误认为存在不法侵害,进行“防卫”的,属于(　　);不法侵害已经结束后,进行“防卫”的,属于(　　)。防卫行为明显超过必要限度造成重大损害的,属于(　　);关于(　　)的罪过形式,刑法理论上存在争议,但可以肯定的是,(　　)不是独立罪名,应根据其符合的犯罪构成确定罪名;对于(　　),应当酌情减轻或者免除处罚。在这段话的空格中:(2004年真题,单选)

A. 2处填写“正当防卫”,5处填写“防卫过当”,1处填写“假想防卫”

B. 2处填写“正当防卫”,4处填写“防卫过当”,1处填写“假想防卫”

C. 3处填写“正当防卫”,5处填写“防卫过当”

D. 3处填写“正当防卫”,4处填写“防卫过当”,1处填写“假想防卫”

[释疑] 以选择题的方式做填空题。根据第20条前两款的规定,正当防卫行为不负刑事责任;但正当防卫必须符合一定条件,否则就会造成新的不法侵害。误认为存在不法侵害,进行“防卫”的,属于假想防卫;不法侵害已经结束后,进行“防卫”的,属于事后防卫。防卫行为明显超过必要限度造成重大损害的,属于防卫过当;关于防卫过当的罪过形式,刑法理论上存在争议,但可以肯定的是,防卫过当不是独立罪名,应根据其符合的犯罪构成确定罪名;对于防卫过当,应当酌情减轻或者免除处罚。(答案:B)

考点 5 特殊正当防卫的“特殊性”

一、精讲

特殊防卫即第 20 条第 3 款的规定:“对正在进行行凶、杀人、抢劫、强奸、绑架以及其他严重危及人身安全的暴力犯罪,采取防卫行为,造成不法侵害人伤亡的,不属于防卫过当,不负刑事责任。”特殊正当防卫的“特殊性”在于不必考虑打击强度过当,但是仍应注意防卫时间的适当性。

(1) 特殊防卫对象:对正在进行行凶、杀人、抢劫、强奸、绑架以及其他严重危及人身安全的暴力犯罪,采取防卫行为的。犯罪人“作案方式实际具有”暴力性而非“罪名”的暴力性,构成故意杀人罪未必都是暴力性的,如毒杀他人。

(2) 特殊正当防卫是正当防卫的特殊类型,其仍须满足正当防卫的成立条件,只不过不存在过当的问题。

(3) 允许打击强度无过当,但不允许时间无过当。

二、例题

1. 关于排除犯罪的事由,下列哪一选项是正确的?(2006 年真题,单选)

A. 对于严重危及人身安全的暴力犯罪以外的不法侵害进行防卫,造成不法侵害人死亡的,均属防卫过当

B. 由于武装叛乱、暴乱罪属于危害国家安全罪,而非危害人身安全犯罪,故对于武装叛乱、暴乱犯罪,不可能实行特殊正当防卫

C. 放火毁损自己所有的财物但危害公共安全的,不属于排除犯罪的事由

D. 律师在法庭上为了维护被告人的合法权益,不得已泄露他人隐私的,属于紧急避险

[**释疑**] (1) A 项错,因为不属于特殊防卫未必不属于普通防卫的正当防卫(第 20 条第 1 款的情形)。

(2) B 项错,因为特殊防卫适用的实质条件是“严重危及人身安全的暴力犯罪”,不限于法律列举的“行凶、杀人、抢劫、强奸、绑架”情形,还包括“以及其他严重危及人身安全的暴力犯罪”。武装叛乱、暴乱中发生严重危及人身安全的暴力犯罪的,对其当然可以行使特殊防卫权。

(3) C 项正确,毁损自己的财物(自损行为)通常不具有犯罪性,但是“自损”行为严重违法或损害他人、社会的利益的,不排除犯罪性。

(4) D 项错在不符合紧急避险的适用条件,是滥用错用紧急避险,因为 D 项的情形不能认为属于紧急的危险,谈不上适用紧急避险制度排除其行为的犯罪性。这似乎属于义务冲突问题,依法不得泄露他人隐私的义务与维护委托人合法利益的职业义务发生冲突,需根据义务冲突的原理权衡利弊得失考虑,是否排除犯罪性。(答案:C)

2.《刑法》第 20 条第 3 款规定:“造成不法侵害人伤亡的,不属于防卫过当,不负刑事责任。”关于刑法对特殊正当防卫的规定,下列哪些理解是错误的?(2005 年真题,多选)

A. 对于正在进行杀人等严重危及人身安全的暴力犯罪,采取防卫行为,没有造成不法侵害人伤亡的,不能称为正当防卫

B. “其他严重危及人身安全的暴力犯罪”的表述,不仅说明其前面列举的抢劫、强奸、绑

架必须达到严重危及人身安全的程度,而且说明只要列举之外的暴力犯罪达到严重危及人身安全的程度,也应适用特殊正当防卫的规定

C. 由于特殊正当防卫针对的是严重危及人身安全的暴力犯罪,而这种犯罪一旦着手实行便会造成严重后果,故应当允许防卫时间适当提前,即严重危及人身安全的暴力犯罪处于预备阶段时,也应允许进行特殊正当防卫

D. 由于针对严重危及人身安全的暴力犯罪进行防卫时可以杀死不法侵害人,故在严重危及人身安全的暴力犯罪结束后,当场杀死不法侵害人的,也属于特殊正当防卫

[释疑] (1) A项,既然造成伤亡的都成立正当防卫,未造成伤亡的,更能成立正当防卫,故A项是错误的。

(2) B项,第20条第3款规定:"……以及其他……"表明不限于该条列举的几个罪名,故B项是正确的。

(3) C、D项,第20条第3款规定的特殊正当防卫仍须遵守正当防卫的时间条件,事先防卫和事后防卫,均不成立正当防卫。故C、D项是错误的。(答案:ACD)

考点6 正当防卫与紧急避险的区分

一、精讲

正当防卫与紧急避险的区别:故意致损的对象不同,前者为不法侵害,后者为紧急的危险。这个危险的来源包括人的不法侵害,也可以是自然灾害、动物的侵袭等。在遭遇到不法侵害时,如果行为人针对不法侵害人进行反击,属于正当防卫的范畴;如果为了躲避不法侵害,不得已而损害第三人的利益的,就是紧急避险的范畴。

二、例题

1. 关于正当防卫与紧急避险的比较,下列哪一选项是正确的?(2017年真题,单选)

A. 正当防卫中的不法"侵害"的范围,与紧急避险中的"危险"相同

B. 对正当防卫中不法侵害是否"正在进行"的认定,与紧急避险中危险是否"正在发生"的认定相同

C. 对正当防卫中防卫行为"必要限度"的认定,与紧急避险中避险行为"必要限度"的认定相同

D. 若正当防卫需具有防卫意图,则紧急避险也须具有避险意图

[释疑] A、B项错,"危险"的范围宽于"侵害":侵害仅限于人的行为;危险还包括自然力、动物侵袭等。因二者的范围不同,在认定"正在进行"和"正在发生"上标准也有所不同,侵害具有现实性,而危险则可以只是可能性。C项错,正当防卫是"以正对不正",紧急避险是"以正对正",所以后者的限度条件要远比前者严格。D项对,防卫意图与避险意图被称为"主观的正当化要素",若强调正当防卫需具有防卫意图,则紧急避险也须具有避险意图。(答案:D)

2. 关于正当防卫与紧急避险,下列哪一选项是正确的?(2016年真题,单选)

A. 为保护国家利益实施的防卫行为,只有当防卫人是国家工作人员时,才成立正当防卫

B. 为制止正在进行的不法侵害,使用第三者的财物反击不法侵害人,导致该财物被毁坏的,对不法侵害人不可能成立正当防卫

C. 为摆脱合法追捕而侵入他人住宅的,考虑到人性弱点,可认定为紧急避险

D. 为保护个人利益免受正在发生的危险,不得已也可通过损害公共利益的方法进行紧急避险

[释疑]　D项,紧急避险对于不得已牺牲的利益并没有性质、种类限制,只有利益轻重大小的权衡,为保护个人大利益比如生命,牺牲公共财产利益,可以成立紧急避险。

A项,对正当防卫人没有身份限制。B项,正当防卫阻却对不法侵害人损害的违法性,与制止不法侵害中本人或第三人利益是否遭受损害无关。导致第三人利益损害的属于避险行为。C项,对合法追捕本来就不应当逃避,因此不得作为紧急避险的事由。(答案:D)

3. 鱼塘边工厂仓库着火,甲用水泵从乙的鱼塘抽水救火,致鱼塘中价值2万元的鱼苗死亡。仓库中价值2万元的商品因灭火及时未被烧毁。甲承认仓库边还有其他几家鱼塘,为报复才从乙的鱼塘抽水。关于本案,下列哪一选项是正确的?(2015年真题,单选)

A. 甲出于报复动机损害乙的财产,缺乏避险意图

B. 甲从乙的鱼塘抽水,是不得已采取的避险行为

C. 甲未能保全更大的权益,不符合避险限度要件

D. 对2万元鱼苗的死亡,甲成立故意毁坏财物罪

[释疑]　A项,动机与意图(目的)是两个不同层面的问题,恶意动机并不意味着缺乏避险意图。B项,在当时的条件下,除了抽水灭火别无选择,尽管有多个鱼塘可供抽水,但不管在哪个鱼塘抽水,都是不得已的避险行为。C项,尽管通说要求保全的利益大于损害的利益,但命题者认为两种利益相当时仍符合避险限度条件,并非避险过当。D项,因甲的行为属于紧急避险,排除行为的违法性。(答案:B)

4. 甲遭乙追杀,情急之下夺过丙的摩托车骑上就跑,丙被摔骨折。乙开车继续追杀甲,甲为逃命,飞身跳下疾驶的摩托车奔入树林,丙1万元的摩托车被毁。关于甲行为的说法,下列哪一选项是正确的?(2009年真题,单选)

A. 属于正当防卫　　B. 属于紧急避险

C. 构成抢夺罪　　D. 构成故意伤害罪、故意毁坏财物罪

[释疑]　对不法侵害人之外的人造成损害的,适用紧急避险排除违法性。(答案:B)

考点 7　正当防卫与自救行为的区分

一、精讲

“正当防卫”“自救行为”均属于“紧急行为”。二者的区别在于:正当防卫针对法益“正在受侵害之际”来不及获取公权力保护的紧急情况下的保护合法权益的行为;自救行为是法益“已经受侵害”时,运用自己的力量“恢复”其权益的行为。

二、例题

陈某抢劫出租车司机甲,用匕首刺甲一刀,强行抢走财物后下车逃跑。甲发动汽车追赶,在陈某往前跑了40米处,甲将陈某撞成重伤并夺回财物。关于甲的行为性质,下列哪一选项是正确的?(2007年真题,单选)

A. 法令行为　　B. 紧急避险　　C. 正当防卫　　D. 自救行为

[释疑]　本题主要是C项与D项之间的选择难判断,关键在于对法益的侵害是正在进行

中还是已经过去。若认为针对正在进行的不法侵害实施"保护权利的行为",应当适用正当防卫;若认为不法侵害已经结束之后的"自力恢复"权利的行为,应当适用自救行为。不法侵害已经结束还是正在进行,原则上可根据是否既遂判断,但是不法侵害人盗窃、抢夺、抢劫已取得财物但尚未脱离作案现场时,"尽管盗窃已经既遂,但尚未确定对财物的完全占有,并不属于过去的侵害"。据此,"追赶上去夺回财物的行为可以构成正当防卫"。根据这样的观点,C项正确。如果是在事后因情况紧急自力恢复被侵害法益的行为,属于自救行为。(答案:C)

考点8 被害人承诺等其他排除犯罪性事由

一、精讲

(1) 被害人承诺的行为排除犯罪性的要件:① 对被害法益有处分权,不得侵犯公共利益。如果不是被害人有权处理的权益或者损害公共利益,则不排除犯罪性;② 对所承诺事项的意义、范围有理解能力;③ 出于被害人的真实意志;④ 有现实的承诺。事后承诺不影响犯罪的成立。

(2) 其他排除犯罪性事由还包括:执行法令行为、正当业务行为、自损行为、自救行为、义务冲突等。

二、例题

1. 经被害人承诺的行为要排除犯罪的成立,至少符合下列4个条件:(2011年真题,单选)

① 被害人对被侵害的________具有处分权限

② 被害人对所承诺的________的意义、范围具有理解能力

③ 承诺出于被害人________的意志

④ 被害人必须有________的承诺

下列哪一选项与题干空格内容相匹配?

A. 法益——事项——现实——真实　　B. 事项——法益——现实——真实

C. 事项——法益——真实——现实　　D. 法益——事项——真实——现实

(答案:D)

2. 关于被害人承诺,下列哪一选项是正确的?(2008年真题,单选)

A. 儿童赵某生活在贫困家庭,甲征得赵某父母的同意,将赵某卖至富贵人家。甲的行为得到了赵某父母的有效承诺,并有利于儿童的成长,故不构成拐卖儿童罪

B. 在钱某家发生火灾之际,乙独自闯入钱某的住宅搬出贵重物品。由于乙的行为事后并未得到钱某的认可,故应当成立非法侵入住宅罪

C. 孙某为戒掉网瘾,让其妻子丙将其反锁在没有电脑的房间一星期。孙某对放弃自己人身自由的承诺是无效的,丙的行为依然成立非法拘禁罪

D. 李某同意丁砍掉自己的一个小手指,而丁却砍掉了李某的大拇指。丁的行为成立故意伤害罪

[释疑] (1) A项,拐卖儿童的行为严重违反人类基本价值准则,儿童父母的同意(承诺)严重违反法律,不能排除犯罪性。

(2) B项,推定被害人承诺,且动机正当、效果良好,即使被害人事后不认可的,仍可排除犯罪性。"行为时"推定被害人承诺,其正当性依据行为时的情形判断,不以被害人事后认可为必要。

(3) C项,被害人的承诺可排除丙拘禁行为的犯罪性。

(4) D项,被害人同意砍掉一个小手指,行为人却砍掉被害人一个大拇指,超出被害人承诺的范围造成的损害,对该超出承诺范围的损害,不排除犯罪性。另外,砍掉一个大拇指是"重伤",即使被害人同意砍掉大拇指,损害未超出承诺范围,也不能排除犯罪性。因被害人同意"重伤",严重超出社会可容忍的范围,不能排除按承诺实施重伤行为的犯罪性。这就与"安乐死"(经被害人同意、出于人道考虑使用人道方式对濒死的人实施的提前结束生命的行为)不能排除犯罪性的道理相同。(答案:D)

第五章　犯罪的未完成形态

考点 1　未遂犯与预备犯的区别

一、精讲

二者的主要区别是:是否"着手"实行犯罪。

(1) 预备犯是进行了犯罪的准备行为,因意志以外的因素未能开始着手实行犯罪。而未遂犯是已经着手实行犯罪,由于意志以外的原因未将犯罪进行到既遂。

(2) 着手的含义,是指已经开始实行符合构成要件的行为或分则各条中所规定的某种犯罪行为。

(3) 预备行为包括准备工具和制造条件,在分则中未具体规定,了解常见预备行为,对区别预备犯与未遂犯具有重要意义。所谓准备工具,指准备为实行犯罪使用的各种物品,如为杀人而购买刀、枪、毒药。所谓制造条件,指为实行犯罪制造机会或创造条件,如:① 进行犯罪前的调查;② 排除实行犯罪的障碍;③ 前往犯罪现场或者诱骗被害人赴犯罪地点;④ 跟踪或者守候被害人;⑤ 勾引共同犯罪人;⑥ 商议或者拟定实施犯罪的计划等。从某种意义上讲,准备工具也属于制造条件的一种方式。

二、例题

1. 甲想杀害身材高大的乙,打算先用安眠药使乙昏迷,然后勒乙的脖子,致其窒息死亡。由于甲投放的安眠药较多,乙吞服安眠药后死亡。对此,下列哪一选项是正确的?(2008年真题,单选)

A. 甲的预备行为导致了乙死亡,仅成立故意杀人预备

B. 甲虽已着手实行杀人行为,但所预定的实行行为(勒乙的脖子)并未实施完毕,故只能认定为未实行终了的未遂

C. 甲已着手实行杀人行为,应认定为故意杀人既遂

D. 甲的行为是故意杀人预备与过失致人死亡罪的想象竞合犯,应从一重罪论处

[释疑]　本题考查的是对"着手"的理解和构成要件事实的提前实现。虽然甲预定的杀人计划是"先麻翻、再勒死",但其麻翻被害人乙的预备行为提前实现了预期的构成要件结果

(杀死),应当认定为故意杀人罪既遂。从情理上讲,甲杀害人的作案过程中出现了小小的意外(死亡结果提前发生),这种小小的意外不妨害成立故意杀人罪的既遂。因为行为人有杀害乙的意思并实施了相应的行为,最终造成了死亡结果,且该死亡结果与其行为有因果关系。根据法定符合说和因果关系错误不影响罪责的通说,衡量本案,C项结论最为妥当。

"着手"把握的客观性,杀人罪的"着手"是"开始实施剥夺生命的行为",甲"主观"预定是"勒死";但是,甲主观预定先"麻翻"的准备行为事实上(客观上)已经剥夺了人的生命,表明该行为"客观上足以"剥夺人的生命,且事实上剥夺了人的生命,故应当判断甲的"麻翻"行为是杀害乙的实行行为。

提示:考生不一定懂"构成要件事实的提前实现"的理论,但根据常识、情理,可"自发"找到正解。可见,在遇到"疑难"问题时,遵循"法律不悖情理"往往能求得正解。其次是"平衡",C项故意杀人罪既遂,与"法定符合说"和"因果关系错误"不影响罪责的通说,在结论的合理性上保持一致。(答案:C)

2. 下列哪些选项是错误的?(2006年真题,多选)

A. 甲、乙二人合谋抢劫出租车,准备凶器和绳索后拦住一辆出租车,谎称去郊区某地。出租车行驶到检查站,检查人员见甲、乙二人神色慌张便进一步检查,在检查时,甲、乙意图逃离出租车被抓获。甲、乙二人的行为构成抢劫(未遂)罪

B. 甲深夜潜入某银行储蓄所行窃,正在撬保险柜时,听到窗外有响动,以为有人来了,因害怕被抓就悄悄逃离。甲的行为构成盗窃(未遂)罪

C. 甲意图杀害乙,经过跟踪,掌握了乙每天上下班的路线。某日,甲准备了凶器,来到乙必经的路口等候。在乙经过的时间快要到时,甲因口渴到旁边的小卖部买饮料。待甲返回时,乙因提前下班已经过了路口。甲等了一阵儿不见乙经过,就准备回家,在回家路上因凶器暴露被抓获。甲的行为构成故意杀人(未遂)罪

D. 甲意图陷害乙,遂捏造了乙受贿10万元并与他人通奸的所谓犯罪事实,写了一封匿名信给检察院反贪局。检察机关经初查发现根本不存在受贿事实,对乙未追究刑事责任。甲欲使乙受到刑事追究的意图未能得逞。甲的行为构成诬告陷害(未遂)罪

[释疑] (1)A项,因为尚未着手实行抢劫,是抢劫罪预备犯。抢劫罪的"着手"指为强取财物而开始了暴力、胁迫行为,A项中的甲和乙图谋抢劫,但尚未进展到开始暴力胁迫行为而被迫停止,属于预备犯。

(2)C项中的甲也是预备犯。因为甲尚未开始着手实行杀人行为就被查获,处在预备形态。故意杀人罪的"着手",指开始了剥夺生命的行为,在用刀杀人的场合通常到对被害人举刀欲砍或持刀欲刺的程度,或者持刀紧追的程度。

(3)D项的情形应属诬告陷害(既遂)罪。通常捏造犯罪事实作虚假告发,司法机关知悉告发为诬告陷害既遂,不以实际使他人受到刑事追究为必要。

(4)B项,已经着手实行盗窃(正在撬保险柜),因为意志以外的原因未能既遂,属于盗窃未遂,正确。(答案:ACD)

考点2 未遂的分类,能犯的未遂与不能犯未遂

一、精讲

理论上讲,不能犯既然不可能侵犯法益应当无罪,故"稻草人事件""保健品事件",这样极

端的情形应无罪。但是,鉴于法益侵害危险认定的模糊性,对于上述“绝对”不能犯情形外的,我国通说按照未遂犯处罚,如不知不是毒品,把假毒品当做真毒品贩卖的;或者被公安特情“钓鱼”的贩毒者。

二、例题

1. 关于犯罪未遂的认定,下列哪些选项是正确的?(2016 年真题,多选)

A. 甲以杀人故意将郝某推下过街天桥,见郝某十分痛苦,便拦下出租车将郝某送往医院。但郝某未受致命伤,即便不送医院也不会死亡。甲属于犯罪未遂

B. 乙持刀拦路抢劫周某。周某说“把刀放下,我给你钱”。乙信以为真,收起刀子,伸手要钱。周某乘乙不备,一脚踢倒乙后逃跑。乙属于犯罪未遂

C. 丙见商场橱柜展示有几枚金锭(30 万元/枚),打开玻璃门拿起一枚就跑,其实是值 300 元的仿制品,真金锭仍在。丙属于犯罪未遂

D. 丁资助林某从事危害国家安全的犯罪活动,但林某尚未实施相关犯罪活动即被抓获。丁属于资助危害国家安全犯罪活动罪未遂

[释疑]　B 项对,乙已着手抢劫,意志以外原因未得逞(未抢取财物),是抢劫未遂。C 项对,以珍宝、古董、玉石、黄金等贵重物品为目标盗窃、抢夺,因为意志以外的原因实际只取得价值不够“数额较大”的赝品的,属于(目标)未遂情形。第一,因为实际取得数额不够较大,一般不成立盗窃、抢夺罪既遂;第二,根据司法解释,盗窃未遂情节严重的应当定罪处罚。情节严重主要是以巨大财产为目标盗窃。

A 项错,犯罪过程中自动阻止犯罪(既遂)结果发生、且犯罪(既遂)结果实际没有发生的,应当成立犯罪中止。不必中止行为与犯罪结果不发生有因果关系。D 项错,资助危害国家安全犯罪活动罪是帮助行为犯罪化的罪名,其既遂以“资助行为”完成为准,不以被资助行为既遂为必要。(答案:BC)

2. 下列哪一行为成立犯罪未遂?(2015 年真题,单选)

A. 以贩卖为目的,在网上订购毒品,付款后尚未取得毒品即被查获

B. 国家工作人员非法收受他人给予的现金支票后,未到银行提取现金即被查获

C. 为谋取不正当利益,将价值 5 万元的财物送给国家工作人员,但第二天被退回

D. 发送诈骗短信,受骗人上当后汇出 5 万元,但因误操作汇到无关第三人的账户

[释疑]　A 项,为贩卖而订购毒品,这是贩卖的预备行为,所以成立贩卖毒品罪的犯罪预备。B 项,收受现金支票即为受贿罪的既遂。C 项,完成财物交付即为行贿罪的既遂。D 项,实际取得财物才是诈骗的既遂。(答案:D)

3. 甲欲枪杀仇人乙,但早有防备的乙当天穿着防弹背心,甲的子弹刚好打在防弹背心上,乙毫发无损。甲见状一边逃离现场,一边气呼呼地大声说:“我就不信你天天穿防弹背心,看我改天不收拾你!”关于本案,下列哪些选项是正确的?(2009 年真题,多选)

A. 甲构成故意杀人中止

B. 甲构成故意杀人未遂

C. 甲的行为具有导致乙死亡的危险,应当成立犯罪

D. 甲不构成犯罪

[释疑]　犯罪已经着手遭遇意志以外因素没有既遂的,是未遂。属于能犯的未遂。

(答案:BC)

4. 甲深夜潜入乙家行窃,发现留长发穿花布睡衣的乙正在睡觉,意图奸淫,便扑在乙身上强脱其衣。乙惊醒后大声喝问,甲发现乙是男人,慌忙逃跑时被抓获。甲的行为:(2005年真题,单选)

A. 属于强奸预备　B. 属于强奸未遂　C. 属于强奸中止　D. 不构成强奸罪

[释疑] 该行为属对象不能犯未遂。(答案:B)

考点3 犯罪中止的时间性

一、精讲

犯罪中止的时间性,是指发生在犯罪过程中。在犯罪中止时间性的具体认定上,掌握以下要点:

1. 当犯罪过程结束、犯罪既遂的,返还原物、赔偿损失的,不成立犯罪中止。

2. 犯罪明显告一段落归于未遂后,有抢救被害人的表现或者放弃新一轮加害行为的,不成立犯罪中止。

3. 在犯罪过程中,自动放弃重复加害行为的,可成立中止。

二、例题

1. 下列哪些选项中的甲属于犯罪未遂?(2014年真题,多选)

A. 甲让行贿人乙以乙的名义办理银行卡,存入50万元,乙将银行卡及密码交给甲。甲用该卡时,忘记密码,不好意思再问乙。后乙得知甲被免职,将该卡挂失取回50万元

B. 甲、乙共谋傍晚杀丙,甲向乙讲解了杀害丙的具体方法。傍晚乙如约到达现场,但甲却未去。乙按照甲的方法杀死丙

C. 乙欲盗窃汽车,让甲将用于盗窃汽车的钥匙放在乙的信箱。甲同意,但错将钥匙放入丙的信箱,后乙用其他方法将车盗走

D. 甲、乙共同杀害丙,以为丙已死,甲随即离开现场。一个小时后,乙在清理现场时发现丙未死,持刀杀死丙

[解析] (1) C项,甲提供钥匙的帮助行为对乙窃取汽车未发挥物理或心理作用,该帮助行为未遂。D项,乙一小时后清理现场"补刀"杀丙,属于独自行为单独负责,甲对乙事后"补刀"行为结果不承担共犯责任。故甲未遂。乙后一补刀既遂吸收前一未遂行为。(2) A项,甲收到银行卡及密码时受贿罪既遂。B项,甲虽未到现场实行,但"乙按甲的方法杀死丙",说明甲的帮助一直作用到乙杀死丙,甲帮助既遂。注意:甲未到现场实行故甲不是实行犯而是帮助犯,通常认定为从犯。(答案:CD)

2. 甲欲杀乙,将乙打倒在地,掐住脖子致乙深度昏迷。30分钟后,甲发现乙未死,便举刀刺乙,第一刀刺中乙腹,第二刀扎在乙的皮带上,刺第三刀时刀柄折断。甲长叹"你命太大,整不死你,我服气了",遂将乙送医,乙得以保命。经查,第一刀已致乙重伤。关于甲犯罪形态的认定,下列哪一选项是正确的?(2012年真题,单选)

A. 故意杀人罪的未遂犯　B. 故意杀人罪的中止犯

C. 故意伤害罪的既遂犯　D. 故意杀人罪的不能犯

[释疑] 犯罪中止时间条件是在"在犯罪过程中",犯罪过程结束因意志以外原因归于未

遂的,是未遂。掐脖致"乙深度昏迷"(以为乙已经死亡)达"30 分钟",似表明犯罪过程已告一段落因误以为死亡结果已经发生而归于未遂,按未遂论。"30 分钟"之后的刀刺、送医院抢救疑似与答案(结论)无关。

异议:不过,如果把 30 分钟前后视为一个故意杀人犯罪过程,则认定为中止未尝不可。本题"犯罪过程中"时间条件把握过严,答案招来不少异议。未来取向本案情形应认定为中止。我国刑法规定"犯罪中止造成损害的,应当减轻处罚",适用于本案并无不当。(答案:A)

3. 下列哪些选项不构成犯罪中止?(2011 年真题,多选)

A. 甲收买 1 名儿童打算日后卖出。次日,看到拐卖儿童犯罪分子被判处死刑的新闻,偷偷将儿童送回家

B. 乙使用暴力绑架被害人后,被害人反复向乙求情,乙释放了被害人

C. 丙加入某恐怖组织并参与了一次恐怖活动,后经家人规劝退出该组织

D. 丁为国家工作人员,挪用公款 3 万元用于孩子学费,4 个月后主动归还

[**释疑**]　A、B、C、D 项的犯罪都已经既遂,不能成立中止,仅是犯罪后的悔罪表现而已。(答案:ABCD)

4. 关于犯罪中止,下列哪些选项是正确的?(2010 年真题,多选)

A. 甲欲杀乙,埋伏在路旁开枪射击但未打中乙。甲枪内尚有子弹,但担心杀人后被判处死刑,遂停止射击。甲成立犯罪中止

B. 甲入户抢劫时,看到客厅电视正在播放庭审纪实片,意识到犯罪要受刑罚处罚,于是向被害人赔礼道歉后离开。甲成立犯罪中止

C. 甲潜入乙家原打算盗窃巨额现金,入室后发现大量珠宝,便放弃盗窃现金的意思,仅窃取了珠宝。对于盗窃现金,甲成立犯罪中止

D. 甲向乙的饮食投放毒药后,乙呕吐不止,甲顿生悔意急忙开车送乙去医院,但由于交通事故耽误一小时,乙被送往医院时已死亡。医生证明,早半小时送到医院乙就不会死亡。甲的行为仍然成立犯罪中止

[**释疑**]　(1) A 项,自动放弃可重复加害行为,成立中止。

(2) B 项,电视唤醒了对法律的敬畏因而放弃犯罪,属于抽象害怕,具有自动性,成立中止。

(3) C 项,盗窃已经既遂,不再有中止,同一盗窃过程,盗窃金额以实际窃取的为准,也不必考虑中止。

(4) D 项,虽有阻止结果的积极行为,但未能有效阻止结果发生,不成立中止。(答案:AB)

5. 甲与一女子有染,其妻乙生怨。某日,乙将毒药拌入菜中意图杀甲。因久等甲未归且又惧怕法律制裁,乙遂打消杀人恶念,将菜倒掉。关于乙的行为,下列哪一选项是正确的?(2010 年真题,单选)

A. 犯罪预备　　B. 犯罪预备阶段的犯罪中止

C. 犯罪未遂　　D. 犯罪实行阶段的犯罪中止

[**释疑**]　乙"将毒药拌入菜中"之后,需待丈夫甲归家吃饭时,才能直接威胁到甲的生命(着手),乙在此之前自动放弃,属于预备过程中的中止。(答案:B)

6. 甲乘在路上行走的妇女乙不注意之际,将乙价值 12 000 元的项链一把抓走,然后逃跑。跑了 50 米之后,甲以为乙的项链根本不值钱,就转身回来,跑到乙跟前,打了乙两个耳光,并

说:“出来混,也不知道戴条好项链”,然后将项链扔给乙。对甲的行为,应当如何定性?(2008年真题,单选)

A. 抢夺罪(未遂)　　B. 抢夺罪(中止)

C. 抢夺罪(既遂)　　D. 抢劫罪(转化型抢劫)

[释疑]　因为已经“跑出50米之后”,大体可认为抢夺已经既遂。其要点是:

(1) 项链实际价值12000元,甲误认为不值钱,该“误认”一般不影响犯罪金额的认定故不成立(对象不能犯)未遂,排除A项。

(2) 嫌弃“项链不值钱”而退还,对“战利品”(赃物)不感兴趣,不认为是犯罪中止,排除B项。

(3) 转化型抢劫是为了“窝藏赃物、抗拒抓捕、毁灭罪证”而施暴,甲对乙施暴,是为了泄愤,不可能是转化型抢劫。(答案:C)

三、提示与预测

犯罪既遂、未遂、中止、预备的认定问题,必须因罪而异,具体掌握。切记不可一概而论,不可指望记住既遂、未遂的概念就能正确认定案件中的既遂、未遂等问题。

考点4　犯罪中止的有效性

一、精讲

犯罪中止的有效性是指客观上的中止行为,必须在事实上阻止了犯罪结果的发生,如果犯罪既遂,犯罪结果实际发生了,则无成立犯罪中止的余地。

二、例题

1. 甲以杀人故意放毒蛇咬乙,后见乙痛苦不堪,心生悔意,便开车送乙前往医院。途中等红灯时,乙声称其实自己一直想死,突然跳车逃走,三小时后死亡。后查明,只要当时送医院就不会死亡。关于本案,下列哪一选项是正确的?(2015年真题,单选)

A. 甲不对乙的死亡负责,成立犯罪中止

B. 甲未能有效防止死亡结果发生,成立犯罪既遂

C. 死亡结果不能归责于甲的行为,甲成立犯罪未遂

D. 甲未能阻止乙跳车逃走,应以不作为的故意杀人罪论处

[释疑]　甲实施了中止行为,但介入了被害人的异常行为而独立引起死亡结果,应将这一结果归属于被害人的行为,甲仍然成立犯罪中止。所以,中止的有效性包括两种情况:结果未发生;结果虽发生但不可归属于行为人。A项正确,B、C项错误。D项,甲没有阻止乙跳车的可能性,不构成不作为的犯罪。(答案:A)

2. 甲为杀乙,对乙下毒。甲见乙中毒后极度痛苦,顿生怜意,开车带乙前往医院。但因车速过快,车右侧撞上电线杆,坐在副驾驶位的乙被撞死。关于本案的分析,下列哪些选项是正确的?(2014年真题,多选)

A. 如认为乙的死亡结果应归责于驾车行为,则甲的行为成立故意杀人中止

B. 如认为乙的死亡结果应归责于投毒行为,则甲的行为成立故意杀人既遂

C. 只要发生了构成要件的结果,无论如何都不可能成立中止犯,故甲不成立中止犯

D. 只要行为人真挚地防止结果发生,即使未能防止犯罪结果发生的,也应认定为中止犯,故甲成立中止犯

[释疑]　(1)C项错。若遇到A项情形,构成要件结果(死亡)发生与犯罪行为(杀人)无因果关系的,则能成立犯罪中止。A项对,则C项错。(2)D项错,成立积极中止还要具备"有效性",即"有效防止犯罪结果发生"。提示:D项与A项似乎冲突,理解要领是:成立积极中止需要两个要件:① 行为人有防止结果发生行为;且②防止了犯罪结果发生(包括两种情况:绝对型——客观上结果未发生;相对型——结果虽发生但因其他行为引起)。即犯罪(既遂)结果不发生的原则不可动摇!但要特别注意:这里的不发生包括前述两种情况。本案情况极其特殊,乙死亡结果究竟归责于甲"杀人"(犯罪)行为还是"驾车"(中止)行为?有A、B项两种观点。命题人似乎更倾向于A项。但为了避免争议所以也给出了B项,且在假定的前提成立时B正确。(答案:AB)

3. 关于犯罪停止形态的论述,下列哪些选项是正确的?(2012年真题,多选)

A. 甲(总经理)召开公司会议,商定逃税。甲指使财务人员黄某将1笔500万元的收入在申报时予以隐瞒,但后来黄某又向税务机关如实申报,缴纳应缴税款。单位属于犯罪未遂,黄某属于犯罪中止

B. 乙抢夺邹某现金20万元,后发现全部是假币。乙构成抢夺罪既遂

C. 丙以出卖为目的,偷盗婴儿后,惧怕承担刑事责任,又将婴儿送回原处。丙构成拐卖儿童罪既遂,不构成犯罪中止

D. 丁对仇人胡某连开数枪均未打中,胡某受惊心脏病突发死亡。丁成立故意杀人罪既遂

[释疑]　A项黄某自动有效防止犯罪结果发生,成立中止。其效力不及于甲,故甲成立未遂。甲代表单位行为,故甲未遂单位也未遂。单位犯罪尽管只有一个主体,但各责任人之"责任"是个体的。换言之,责任年龄、责任能力、责任意思总是犯罪人"各自"的,即使单位犯罪也不例外。B项假币也是抢夺对象之"财物",只是无真币相等的价值而已,同一构成要件事实错误。C项根据第240条规定:以出卖为目的,客观上有拐骗、绑架、收买、贩卖、接送、中转等6种行为之一即构成犯罪既遂。丙以出卖为目的偷盗婴幼儿到手,即既遂。既遂以后又送回是犯罪既遂后的悔罪表现,不是中止。D项按照条件说,枪击行为与被害人病态体质遭遇引起死亡,枪击与死亡有因果关系。(答案:ABCD)

考点5　中止犯与预备犯、未遂犯的区别:是否具有自动性

一、精讲

犯罪中止的"自动性"是指,在犯罪过程中,犯罪人自主地放弃犯罪或主动地阻止危害结果的发生。

犯罪中止的自动性是中止犯与预备犯和未遂犯区别的本质特征。

1. 常见自动中止犯罪的原因如:(1) 出于真诚的悔悟;(2) 对被害人的怜悯;(3) 受到他人的规劝;(4) 害怕受到刑法的惩罚;等等。

2. 认定自动性需注意:

(1) 在未遭遇外界阻碍的情况下放弃犯罪,通常认为具有自动性,不以罪犯有悔悟动机为

必要。

(2) 从行为人"主观认识"角度把握"能犯而不欲"和"欲犯而不能"。在犯罪实际上不可能进行到底而行为人自认为能够把犯罪进行到底的情况下,行为人自动停止犯罪,或者自动防止犯罪结果发生的,可以成立中止。在犯罪实际上能够进行到底而犯罪人自认为遭遇客观障碍不可能进行到底的情况下,犯罪人撤离犯罪,不成立犯罪中止。

(3) 担心、害怕因犯罪被抓捕、被惩罚而停止犯罪。在犯罪时因为有"要想人不知,除非己莫为""犯罪将来要受报应"等害怕心理而停止犯罪的,认为是自动放弃。这也被称为"抽象"或一般性的害怕被抓、被惩罚。在犯罪时因为遭遇具体的不利情况,比如夜晚小偷潜入办公室正在翻找财物时,忽然听到急促的脚步声或钥匙开门的响动声,害怕被发现或偶然遭遇来人被抓获而逃离,不是自动放弃。即使事实上是风吹草动根本无来人,不过是错觉、幻觉,仍属于"欲犯而不能",不是自动放弃。这种行为人在作案现场遭遇的会被发现、被抓获的具体情况,被称为具体害怕。

(4) 担心、害怕事后被告发而停止犯罪的,是否具有自动性需视情形而定。如果实施抢劫、强奸、故意伤害、绑架等暴力犯罪,因遭到被害人斥责、受到被害人要告发的警告而停止犯罪的,应属自动放弃,因为这类暴力犯罪本身就具有公然性,不避讳被害人告发。如果是盗窃、诈骗、职务侵占一类的犯罪,则被害人的发现、识破、告发,可能成为阻碍犯罪进行的意志以外的原因。

二、例题

1. 甲因父仇欲重伤乙,将乙推倒在地举刀便砍,乙慌忙抵挡喊着说:"是丙逼我把你家老汉推下粪池的,不信去问丁。"甲信以为真,遂松开乙,乙趁机逃走。关于本案,下列哪一选项是正确的?(2009年真题,单选)

A. 甲不成立故意伤害罪　　　　B. 甲成立故意伤害罪中止

C. 甲的行为具有正当性　　　　D. 甲成立故意伤害罪未遂(不能犯)

[**释疑**]　听被害人辩解而停止犯罪,应属于具有自动性。注意:甲砍乙的起因是乙"把老汉推下粪池",乙辩解并非否认这一事实,故无疑具有自动性,成立犯罪中止。(答案:B)

2. 下列案例中哪一项成立犯罪未遂?(2004年真题,单选)

A. 甲对胡某实施诈骗行为,被胡某识破骗局。但胡某觉得甲穷困潦倒,实在可怜,就给其3000元钱,甲得款后离开现场

B. 乙为了杀死刘某,持枪尾随刘某,行至偏僻处时,乙向刘某开了一枪,没有打中;在还可以继续开枪的情况下,乙害怕受刑罚处罚,没有继续开枪

C. 丙绑架赵某,并要求其亲属交付100万元。在提出勒索要求后,丙害怕受刑罚处罚,将赵某释放

D. 丁抓住妇女李某的手腕,欲绑架李某然后出卖。李为脱身,便假装说:"我有性病,不会有人要。"丁信以为真,于是垂头丧气地离开现场

[**释疑**]　考查犯罪形态(与具体犯罪特点结合对诈骗、故意杀人罪、绑架、拐卖妇女等罪既遂、未遂、中止的认定)。

(1) A项,诈骗未遂的认定。诈骗罪既遂必须符合:"欺骗行为→(被害人)误解→交付财物→罪犯得到→被害人失去"这样的因果关系。假如交付财物与欺骗行为、被害人误解无因

果关系,不是诈骗既遂而是未遂。本题中甲的骗局被识破,胡某交付财物出于对甲的怜悯而非因为上当受骗,交付与欺骗无关,故不成立诈骗既遂。

(2) B项,乙自动放弃可重复加害行为,成立中止。

(3) C项,绑架罪扣住人质就已经既遂,不以实际勒索到财物为必要。故扣人质后未勒索到财物的或主动释放人质的,我国通说认为是既遂,不是未遂或中止。

(4) D项,成立中止。丁犯拐卖妇女罪过程中,因为妇女有性病而放弃拐卖,认为是自动放弃犯罪较合情理。因为妇女有性病对将其拐卖而言算不上多大的障碍。这样认定也符合中国对中止认定较为宽松的司法习惯。(答案:A)

考点 6　部分共犯人的中止

一、精讲

部分共犯人可单独成立中止,但必须具备有效性,即有效地阻止了犯罪结果的发生。部分共犯人单独成立中止的,其中止的效力不及于其他共犯人。

二、例题

甲(15周岁)求乙(16周岁)为其抢夺作接应,乙同意。某夜,甲抢夺被害人的手提包(内有1万元现金),将包扔给乙,然后吸引被害人跑开。乙害怕坐牢,将包扔在草丛中,独自离去。关于本案,下列哪一选项是错误的?(2012年真题,单选)

A. 甲不满16周岁,不构成抢夺罪　　B. 甲与乙构成抢夺罪的共犯

C. 乙不构成抢夺罪的间接正犯　　D. 乙成立抢夺罪的中止犯

[释疑]　D项甲乙抢夺既遂,不成立犯罪中止。既遂后返还原物、赔偿损失、抛弃赃物等,是犯罪后悔罪的表现不是犯罪中止。乙无阻止结果发生的行为也不具备阻止结果的效果,更不符合部分共犯单独中止的条件。D项明显错误。

A项按三要件说,构成犯罪须具备三要件:行为(1)该当构成要件,(2)违法,(3)有责,A项甲未达抢夺罪16岁的刑事责任年龄,不具备"(3)有责"要件,不构成抢夺罪,A项正确。B、C项,成立"共犯"只需具备"(1)该当构成要件,(2)违法"二要件共同即可,不必在"有责"(刑事责任能力·年龄)上共同。故甲未达刑事责任年龄不影响甲乙二人构成抢夺罪共犯,B、C项正确。注意,仍需要甲乙二人对作案有基本的认知能力,如果其中一人是3岁小孩或精神病人对作案无起码认知能力的,不是共犯。(答案:D)

三、提示与预测

共同犯罪中部分共犯人的中止涉及共犯制度与犯罪形态的交叉,是犯罪论中最复杂的问题之一,故该考点在案例题中常有涉及,考生要特别注意。

考点 7　貌似未遂实为既遂的犯罪形态

一、精讲

既遂的认定标准因罪而异,某些犯罪,表面看来"没有得逞",似乎是未遂形态,但根据分

则条文规定,这些犯罪应属于既遂形态。

二、例题

关于故意犯罪形态的认定,下列哪些选项是正确的?(2013年真题,多选)

A. 甲绑架幼女乙后,向其父勒索财物。乙父佯装不管乙安危,甲只好将乙送回。甲虽未能成功勒索财物,但仍成立绑架罪既遂

B. 甲抢夺乙价值1万元项链时,乙紧抓不放,甲只抢得半条项链。甲逃走60余米后,觉得半条项链无用而扔掉。甲的行为未得逞,成立抢夺罪未遂

C. 乙欲盗汽车,向甲借得盗车钥匙。乙盗车时发现该钥匙不管用,遂用其他工具盗得汽车。乙属于盗窃罪既遂,甲属于盗窃罪未遂

D. 甲在珠宝柜台偷拿一枚钻戒后迅速逃离,慌乱中在商场内摔倒。保安扶起甲后发现其盗窃行为并将其控制。甲未能离开商场,属于盗窃罪未遂

[**释疑**] A项对,绑架罪既遂不以勒索到赎金为必要,只要基于勒索的意思实际控制了人质,就是既遂。B项错,盗窃、抢夺、抢劫罪,取得他人占有的(一定价值)财物即为既遂,即使未能完整取得目标物,也是既遂;行为人是否保留赃物属于既遂后对赃物的处置,不影响犯罪既遂。C项对,帮助犯的行为包括心理帮助和物理帮助,无论哪种帮助,都需要实际对被帮助行为发生功用,否则,即使被帮助者既遂,帮助者也只能是未遂。本案中,甲的钥匙"不管用"对乙窃取车子未发挥实际的物理作用,是帮助犯未遂。D项错,在商场等公共场所窃取"钻戒"之类小物件,握于手中即为既遂。(答案:AC)

第六章 共同犯罪

考点1 认定共犯的标准

一、精讲

二人以上共同作案在哪点上共同才能成立共同犯罪?目前司法考试采取"部分共同说"。其要点是:

1. 如果犯罪性质完全相同,成立共犯;
2. 如果部分相同,就部分相同的部分也能成立共犯;
3. 但犯罪性质不共同的部分不能成立共犯,最终定罪依个人行为而有所不同。即"一个共犯,各自定罪"。

二、例题

1. 甲知道乙计划前往丙家抢劫,为帮助乙取得财物,便暗中先赶到丙家,将丙打昏后离去(丙受轻伤)。乙来到丙家时,发现丙已昏迷,以为是丙疾病发作晕倒,遂从丙家取走价值5万元的财物。关于本案的分析,下列哪些选项是正确的?(2017年真题,多选)

A. 若承认片面共同正犯,甲对乙的行为负责,对甲应以抢劫罪论处,对乙以盗窃罪论处

B. 若承认片面共同正犯,根据部分实行全部责任原则,对甲、乙二人均应以抢劫罪论处

C. 若否定片面共同正犯,甲既构成故意伤害罪,又构成盗窃罪,应从一重罪论处

D. 若否定片面共同正犯,乙无须对甲的故意伤害行为负责,对乙应以盗窃罪论处

[**释疑**]　A项对,甲将丙打昏的行为,属于抢劫罪实行(正犯)行为的一部分,但乙对此并不知情(无犯意联络),故属于"片面共同正犯"。乙的行为属于犯意转化,按转化后的犯意(盗窃)定罪,甲构成抢劫罪的片面共同正犯。B项对,部分实行全部责任原则不适用于片面共同正犯。C、D项对,若否定片面共同正犯,则甲打伤丙的行为属于针对乙的盗窃行为的片面帮助犯,同时也构成伤害罪,择一重罪论处。(答案:ACD)

2. 15周岁的甲非法侵入某尖端科技研究所的计算机信息系统,18周岁的乙对此知情,仍应甲的要求为其编写侵入程序。关于本案,下列哪一选项是错误的?(2015年真题,单选)

A. 如认为责任年龄、责任能力不是共同犯罪的成立条件,则甲、乙成立共犯

B. 如认为甲、乙成立共犯,则乙成立非法侵入计算机信息系统罪的从犯

C. 不管甲、乙是否成立共犯,都不能认为乙成立非法侵入计算机信息系统罪的间接正犯

D. 由于甲不负刑事责任,对乙应按非法侵入计算机信息系统罪的片面共犯论处

[**释疑**]　A项,根据阶层的犯罪理论,共犯是"违法"层面的问题,与责任(年龄、能力)无关。B项,乙实施了帮助行为,起辅助作用,应认定为从犯。C项,间接正犯与被利用者之间应当存在着支配关系,而乙显然没有支配甲。D项,甲乙存在犯意的沟通与联络,乙并非片面共犯。(答案:D)

3. 关于共同犯罪的论述,下列哪一选项是正确的?(2014年真题,单选)

A. 无责任能力者与有责任能力者共同实施危害行为的,有责任能力者均为间接正犯

B. 持不同犯罪故意的人共同实施危害行为的,不可能成立共同犯罪

C. 在片面的对向犯中,双方都成立共同犯罪

D. 共同犯罪是指二人以上共同故意犯罪,但不能据此否认片面的共犯

[**释疑**]　"共同故意犯罪",通过"物理"和"心理"二途促成犯罪实行和犯罪结果发生。"片面共犯"则仅通过"物理"一途促成之。若承认:即使无心理作用,仅有物理作用"一途"也能促成犯罪实行和犯罪结果发生,则无犯意联络(共犯人"相互"的心理作用)即无心理作用的,也可成立共犯[参见张明楷:《刑法学》(第4版),第392页]。A项,"间接正犯",指"利用"他人代自己实行犯罪。无责能者与有责能者共同犯罪可分两种情况:(1)无责能者因年幼或精神病无辨认控制能力,如成人甲指使7岁女童乙盗窃手机,甲无论是否亲自动手偷都是正犯。(2)无责能者对所为之犯罪有规范意识(辨控能力),如15岁的甲与16岁的乙共同盗窃。甲不够岁数不成立盗窃罪只是法律的规定,事实上甲乙对所为之盗窃的辨认控制能力无异。认为乙是利用甲作其盗窃工具代其实行盗窃行为,不符合事实。不排除甲犯罪能力、作用甚至大于乙,这时说乙利用甲犯罪违背事实。过去有教科书认为:成立共犯需两个以上的犯罪适格主体,若一个适格另一个不适格不成立共犯,如成人甲教唆15岁乙盗窃,二人不成立共犯。对此案有将甲解说成间接正犯的观点。本题答案有批评该观点之意。B项,共同为"不法行为"(该当构成要件且违法行为或危害社会行为)即可成立共同犯罪(限制的共犯论·部分犯罪共同说),不需要具有相同犯罪性质(或同种罪)的犯罪故意。C项,"对向犯"指互为前提的(犯罪)行为,包括两种:① 双方行为都是罪,如拐卖妇女罪与收买被拐卖妇女罪,出售假币罪与购买假币罪;②单方行为是犯罪即片面对向犯,如贩卖毒品罪和购买毒品(自吸)行为,贩卖传播淫秽物品与购买自用行为。因"对向行为"互为前提依存,故哪方行为有罪需刑法明文

规定,未超出"对合"范围的,不能以共犯论处,如甲出售假币乙购买假币,各定其罪。立法上把双方行为都规定为罪的,各定其罪,(虽是自然意义共犯)不以共犯论处。只规定单方行为是犯罪的即"片面对向犯",只处罚规定为罪那方的行为,对另一方不以共犯论处。如瘾君子甲向毒贩乙处购得海洛因,乙为贩卖毒品罪,甲不成立其共犯。(答案:D)

4. 关于共同犯罪,下列哪些选项是正确的?(2013年真题,多选)

A. 乙因妻丙外遇而决意杀之。甲对此不知晓,出于其他原因怂恿乙杀丙。后乙杀害丙。甲不构成故意杀人罪的教唆犯

B. 乙基于敲诈勒索的故意恐吓丙,在丙交付财物时,知情的甲中途加入帮乙取得财物。甲构成敲诈勒索罪的共犯

C. 乙、丙在五金店门前互殴,店员甲旁观。乙边打边掏钱向甲买一羊角锤。甲递锤时对乙说"你打伤人可与我无关"。乙用该锤将丙打成重伤。卖羊角锤是甲的正常经营行为,甲不构成故意伤害罪的共犯

D. 甲极力劝说丈夫乙(国家工作人员)接受丙的贿赂,乙坚决反对,甲自作主张接受该笔贿赂。甲构成受贿罪的间接正犯

[释疑] A项对,甲教唆与乙杀丙犯意形成无关。B项对,承继的共犯。C项错,甲确知所售物品用于犯罪且实际用于犯罪,应当成立共犯。D项错,受贿罪是身份犯(国家工作人员),无该身份者不可构成正犯(包括间接正犯)。乙若知情成立受贿罪,受贿罪正犯仍然为乙,甲是帮助犯。乙若不知情则不成立受贿罪,甲也不可能成立受贿罪。(答案:AB)

5. 关于共同犯罪的判断,下列哪些选项是正确的?(2011年真题,多选)

A. 甲教唆赵某入户抢劫,但赵某接受教唆后实施拦路抢劫。甲是抢劫罪的共犯

B. 乙为吴某入户盗窃望风,但吴某入户后实施抢劫行为。乙是盗窃罪的共犯

C. 丙以为钱某要杀害他人为其提供了杀人凶器,但钱某仅欲伤害他人而使用了丙提供的凶器。丙对钱某造成的伤害结果不承担责任

D. 丁知道孙某想偷车,便将盗车钥匙给孙某,后又在孙某盗车前要回钥匙,但孙某用其他方法盗窃了轿车。丁对孙某的盗车结果不承担责任

[释疑] (1) A项,被教唆人接受教唆后实施了教唆的抢劫罪,只存在场所或方式方法的出入不影响教唆犯成立。

(2) B项,抢劫含盗窃并重于盗窃,可视为吴某的行为是抢劫,当然也含盗窃,乙无抢劫的明知,故不承担帮助抢劫的罪责,只承担帮助盗窃的罪责。注意:乙是盗窃共犯是以吴某的行为中含盗窃内容为前提的,同时鉴于乙只有盗窃故意,就主客观一致部分承担故意罪责。

(3) C项,杀人含伤害且重于伤害,帮助杀人自然含伤害。B、C项的共性,B项,帮助人犯轻罪被帮助人犯重罪(含轻罪)的,"实行过限",帮助犯对过限部分不承担故意共犯罪责。C项,帮助犯重罪被帮助人却实施轻罪的,因为只发生了轻罪事实未发生重罪事实,故对帮助犯以轻罪共犯论处。

(4) D项,共犯退出。丁要回钥匙,其一,抵消了当初参与犯罪对孙某的精神鼓励;其二,收回了对孙某未来犯罪的帮助。孙某是用其他方法盗窃,与丁帮助无关。故"丁对孙某的盗车结果不承担责任"。(答案:ABD)

6. 甲、乙共谋行抢。甲在偏僻巷道的出口望风,乙将路人丙的书包(内有现金1万元)一把夺下转身奔逃,丙随后追赶,欲夺回书包。甲在丙跑过巷道口时突然伸腿将丙绊倒,丙倒地

后摔成轻伤,甲、乙乘机逃脱。甲、乙的行为构成何罪?(2009年真题,单选)

A. 甲、乙均构成抢夺罪 B. 甲、乙均构成抢劫罪

C. 甲构成抢劫罪,乙构成抢夺罪 D. 甲构成故意伤害罪,乙构成抢夺罪

[释疑] 甲在抢夺中以暴力抗拒抓捕,以抢劫论。甲若与乙事先无通谋,属于共同犯罪中的过限行为,对于过限行为,乙不承担刑事责任,仍是抢夺。(答案:C)

7. 甲、乙、丙共谋要“狠狠教训一下”他们共同的仇人丁。到丁家后,甲在门外望风,乙、丙进屋打丁。但当时只有丁的好友田某在家,乙、丙误把体貌特征和丁极为相似的田某当做是丁进行殴打,遭到田某强烈抵抗和辱骂,二人分别举起板凳和花瓶向田某头部猛击,将其当场打死。关于本案的处理,下列哪些判断是正确的?(2008年缓考真题,多选)

A. 甲、乙、丙构成共同犯罪 B. 甲、乙、丙均成立故意杀人罪

C. 甲不需要对丁的死亡后果负责 D. 甲成立故意伤害罪

[释疑] 甲、乙、丙成立故意伤害罪共犯。甲作为共犯之一,“部分行为全部责任”,承担故意伤害致人死亡的责任。(答案:AD)

8. 下列哪些情形成立共同犯罪?(2008年缓考真题,多选)

A. 甲与赵某共谋共同杀害苏某,但赵某因病没有前往犯罪地点,由甲一人杀死了苏某

B. 乙在境外购买了毒品,钱某在境外购买了淫秽物品,二人共谋同雇一条走私船回到内地,后被海关查获

C. 丙发现某商店失火,立即叫孙某:“现在是趁火打劫的好时机,我们一起去吧”,孙某便和丙一起到失火地点窃取商品后各自回家

D. 医生丁为杀害仇人王某,故意将药量加大10倍,护士李某发现后请丁改正,丁说:“那个家伙太坏了,让他死了算了。”李某没再吭声,按丁所开处方用药,导致王某死亡

[释疑] (1) A项,“共谋”认为有共犯行为,单独退出共犯不影响共犯的成立,也不成立犯罪中止。

(2) B项,因“共谋”同雇一船,可认为共犯。

(3) C项,认为已经形成意思联络(共犯故意),成立共犯。

(4) D项,可认定形成共犯故意,成立共犯。(答案:ABCD)

9. 甲、乙共谋教训其共同的仇人丙。由于乙对丙有夺妻之恨,暗藏杀丙之心,但未将此意告诉甲。某日,甲、乙二人共同去丙处。为确保万无一失,甲、乙以入室盗窃为由邀请不知情的丁在楼下望风。进入丙的房间后,甲、乙同时对丙拳打脚踢,致丙受伤死亡。甲、乙二人旋即逃离现场。在逃离现场前甲在乙不知情的情况下从丙家的箱子里拿走人民币5万元。出门后,甲背着乙向丁谎称从丙家窃取现金3万元,分给丁1万元,然后一起潜逃。潜逃期间,甲窃得一张信用卡,向乙谎称该卡是从街上捡的,让乙到银行柜台取出了信用卡中的3万元现金。犯罪所得财物挥霍一空后,丁因生活无着,向公安机关投案,交代了自己和甲共同盗窃的事实,但隐瞒了事后知道的甲、乙致丙死亡的事实。(2006年真题,不定选)

(1) 就被害人丙的死亡而言,下列对甲、乙所应成立犯罪的何种判断是错误的?

A. 甲、乙均成立故意杀人(既遂)罪,属于共同犯罪

B. 甲、乙均成立故意伤害(致人死亡)罪,属于共同犯罪

C. 甲成立故意伤害(致人死亡)罪,乙成立故意杀人(既遂)罪,不属于共同犯罪

D. 甲成立故意伤害(致人死亡)罪,乙成立故意杀人(既遂)罪,在故意伤害罪的范围内成

立共同犯罪

[释疑] 采“部分共同说”。(答案:ABC)

(2) 就被害人丙死亡这一情节,下列对与丁有关行为的何种判断是错误的?

A. 丁成立故意杀人罪的共犯　　B. 丁成立故意伤害罪的共犯

C. 丁成立抢劫罪(致人死亡)的共犯　　D. 丁对丙的死亡不承担刑事责任

[释疑] 在犯罪性质上无共同部分,不成立共犯。(答案:ABC)

三、提示与预测

1. 共犯认定标准,每年必考。

2. 主客观相一致原理:共同作案人只就共同故意范围内的共犯行为承担罪责。

3. 常见情形如:(1) 共同伤害中有共犯人过限杀人的;(2) 盗窃中,有共犯人使用暴力转化为抢劫的;(3) 绑架人质勒索财物向他人谎称索债的等。

考点 2 共犯的责任

一、精讲

共犯的责任:“部分实行全部责任”或“按照全部罪行处罚”。

(1) 对集团首要分子,按照集团所犯的全部罪行处罚;

(2) 对于其他共犯人,按照其所参与的全部犯罪处罚。

二、例题

1. 甲、乙、丙共同故意伤害丁,丁死亡。经查明,甲、乙都使用铁棒,丙未使用任何凶器;尸体上除一处致命伤外,再无其他伤害;可以肯定致命伤不是丙造成的,但不能确定是甲造成还是乙造成的。关于本案,下列哪一选项是正确的?(2016年真题,单选)

A. 因致命伤不是丙造成的,尸体上也没有其他伤害,故丙不成立故意伤害罪

B. 对甲与乙虽能认定为故意伤害罪,但不能认定为故意伤害(致死)罪

C. 甲、乙成立故意伤害(致死)罪,丙成立故意伤害罪但不属于伤害致死

D. 认定甲、乙、丙均成立故意伤害(致死)罪,与存疑时有利于被告的原则并不矛盾

[释疑] D项对,共同正犯采取“部分实行全部责任”的处理原则,甲、乙、丙均对丁死亡结果起作用,均成立故意伤害(致死)罪,均应对丁死亡结果承担故意伤害罪结果加重犯罪责。至于拿铁棒还是没有拿铁棒,拿铁棒打中还是没有打中,是共犯人甲、乙、丙中哪个人致死不能确定,不影响三人均成立故意伤害罪(致人死亡)。另,故意伤害罪之加重结果“致人死亡”,不以故意为必要,因此行为人在实施故意伤害行为时对该死亡结果没有故意,照样承担罪责。共犯人甲、乙中哪个人致死不能确定(存疑),仅仅在量刑时适当考虑。甲、乙、丙对丁死亡结果的作用大小,在认定主从犯时考量。

D项对,与D项对立的A、B、C项错。根据共犯责任理论简单推论:即使查明致命伤是甲造成不是乙、丙造成的,乙、丙同样成立甲故意伤害罪致人死亡的共犯,同样应当适用伤害致死加重的法定刑,查不明的当然也难逃伤害致死罪责。(答案:D)

2. 甲欲去乙的别墅盗窃,担心乙别墅结构复杂难以找到贵重财物,就请熟悉乙家的丙为

其标图。甲入室后未使用丙提供的图纸就找到乙价值100万元的珠宝,即携珠宝逃离现场。关于本案,下列哪些说法是正确的?(2009年真题,多选)

A. 甲构成盗窃罪,入户盗窃是法定的从重处罚情节

B. 丙不构成犯罪,因为客观上没能为甲提供实质的帮助

C. 即便甲未使用丙提供的图纸,丙也构成盗窃罪的共犯

D. 甲、丙构成盗窃罪的共犯,甲是主犯,丙是帮助犯

[释疑] 为他人盗窃提供图纸帮助,既具有便利他人犯罪的可能性,也具有精神鼓励作用,成立共犯。构成帮助犯,只要行为足以帮助实行犯便利实行犯罪即可,不以该帮助实际被利用为必要。提供了帮助,是否参与实行不影响犯罪成立。实行犯尤其是唯一的实行犯应是主犯,帮助犯为从犯。(答案:CD)

3. 某国有银行行长甲指使负责贷款业务的科长乙向申请贷款的丙单位索要财物。乙将索要所获15万元中的9万元交给甲,其余6万元自己留下。后来,甲、乙均明知丙单位不具备贷款条件,仍然向丙单位贷款1 000万元,使银行遭受800万元损失。对于本案,下列哪些选项是正确的?(2008年真题,多选)

A. 甲的受贿数额是9万元

B. 乙的受贿数额是15万元

C. 甲、乙均构成违法发放贷款罪

D. 对于甲、乙的违法发放贷款罪和受贿罪,应当数罪并罚

[释疑] 考点:① 共犯犯罪金额的计算;② 违法发放贷款罪认定;③ 数罪并罚。

(1) A、B项,共同受贿按照总额计算犯罪金额。

(2) C项,第186条违法发放贷款罪规定:"银行或者其他金融机构的工作人员违反国家规定发放贷款,数额巨大或者造成重大损失的,处……"

(3) D项,因受贿为他人谋取"不正当利益"构成违法发放贷款罪,应当与受贿罪数罪并罚。(答案:BCD)

4. 甲、乙共谋伤害丙,进而共同对丙实施伤害行为,导致丙身受重伤,但不能查明该重伤由谁的行为引起。对此,下列哪些说法是错误的?(2002年真题,多选)

A. 由于证据不足,甲、乙均无罪

B. 由于证据不足,甲、乙成立故意伤害(轻伤)罪的共犯,但都不对丙的重伤负责

C. 由于证据不足,认定甲、乙成立过失致人重伤罪较为合适

D. 甲、乙成立故意伤害(重伤)罪的共犯

[释疑] 共犯责任。共犯人应对共犯行为(包括自己的和其他共犯的行为)所造成的共同犯罪故意范围内的结果负担刑事责任。甲、乙共谋伤害丙,其故意的内容包含轻伤、重伤、死亡这三种可能的结果。甲、乙的行为事实上也造成了故意范围内的重伤,自然应当负重伤的刑事责任。(答案:ABC)

三、提示与预测

认定共犯的实质在于共犯人承担"全部责任",故共犯人承担共犯责任每年必考。注意,若缺乏共同故意或犯意联络,不成立共犯。

考点3 成立共同犯罪,必须具有共同故意

一、精讲

共同故意包括:(1)故意性质相同;(2)具有意思联络。

二、例题

1. 关于共同犯罪的论述,下列哪一选项是正确的?(2012年真题,单选)

A. 甲为劫财将陶某打成重伤,陶某拼死反抗。张某路过,帮甲掏出陶某随身财物。2人构成共犯,均须对陶某的重伤结果负责

B. 乙明知黄某非法种植毒品原植物,仍按黄某要求为其收取毒品原植物的种子。2人构成非法种植毒品原植物罪的共犯

C. 丙明知李某低价销售的汽车系盗窃所得,仍向李某购买该汽车。2人之间存在共犯关系

D. 丁系国家机关负责人,召集领导层开会,决定以单位名义将国有资产私分给全体职工。丁和职工之间存在共犯关系

[释疑] A项"承继共犯"对加入前其他共犯人造成的加重结果、情节等,不承担共犯责任。B项"收种子"对种植有帮助,可成立共犯。C项事先无通谋,不成立共犯,仅成立掩饰隐瞒犯罪所得罪。D项私分国有资产罪是单位犯罪,① 只有直接负责的主管和责任人涉嫌犯罪;② 一个单位主体,同一单位犯罪事实,犯罪单位与员工之间不是共犯。(答案:B)

2. 看守所值班武警甲擅离职守,在押的犯罪嫌疑人乙趁机逃走,但刚跑到监狱外的树林即被抓回。关于本案,下列哪一选项是正确的?(2010年真题,单选)

A. 甲主观上是过失,乙是故意　　B. 甲、乙是事前无通谋的共犯

C. 甲构成私放在押人员罪　　D. 乙不构成脱逃罪

[释疑] 对"脱逃"行为,乙明知且希望,是(直接)故意;甲不知情与乙不成立共犯,也不构成私放在押人员罪。乙构成脱逃罪,甲对乙脱逃后果,有失职,A项是正选。(答案:A)

3. 甲、乙上山打猎,在一茅屋旁的草丛中,见有动静,以为是兔子,于是一起开枪,不料将在此玩耍的小孩打死。在小孩身上,只有一个弹孔,甲、乙所使用的枪支、弹药型号完全一样,无法区分到底是谁所为。对于甲、乙的行为,应当如何定性?(2008年缓考真题,单选)

A. 甲、乙分别构成过失致人死亡罪　　B. 甲、乙构成过失致人死亡罪的共同犯罪

C. 甲、乙构成故意杀人罪的共同犯罪　　D. 甲、乙不构成犯罪

[释疑] 责任的认定。

(1)甲、乙致小孩死亡不是故意的,不成立共同犯罪,不适用"部分行为,全部责任"的原则。

(2)既然是过失犯,在不能认定究竟是谁(甲还是乙)造成死亡结果的情况下,死亡结果既不能归责于甲也不能归责于乙,甲、乙不构成犯罪。

(3)要点,过失责任与故意共同犯罪责任的差异:假如甲乙共同故意杀害该小孩,则即使"无法区分到底是谁所为",甲、乙仍应当成立故意杀人罪既遂。(答案:D)

三、提示与预测

(1)二人形成共同犯罪故意,是犯罪性质共同或部分共同的前提。故意内容上无共同性,

或未形成犯意联络,自然不可能有犯罪性质共同或部分共同。

（2）共同犯罪中的共同故意,必须是事前或者事中形成的故意,不能是事后故意。

考点 4　分则已经规定为犯罪的"帮助""教唆""组织"等行为,不适用共犯规定

一、例题

1. 关于共同犯罪,下列哪一选项是正确的?（2010年真题,单选）

A. 甲、乙应当预见但没有预见山下有人,共同推下山上一块石头砸死丙。只有认定甲、乙成立共同过失犯罪,才能对甲、乙以过失致人死亡罪论处

B. 甲明知乙犯故意杀人罪而为乙提供隐藏处和财物。甲、乙构成共同犯罪

C. 交警甲故意为乙实施保险诈骗提供虚假鉴定结论。甲、乙构成共同犯罪

D. 公安人员甲向犯罪分子乙通风报信助其逃避处罚。甲、乙成立共同犯罪

[释疑]　第198条:故意提供虚假的证明文件为他人诈骗提供条件的,以共犯论。

（1）A项,根据第25条第2款的规定:"二人以上共同过失犯罪,不以共同犯罪论处;应当负刑事责任的,按照他们所犯的罪分别处罚。"

（2）B项,事后帮助犯罪人逃匿的,构成第310条规定窝藏罪,若事先通谋的,以共犯论。

（3）D项,构成第417条规定帮助犯罪分子逃避处罚罪。（答案:C）

2. 关于共犯,下列哪一选项是正确的?（2007年真题,单选）

A. 为他人组织卖淫提供帮助的,以组织卖淫罪的帮助犯论处

B. 以出卖为目的,为拐卖妇女的犯罪分子接送、中转被拐卖的妇女的,以拐卖妇女罪的帮助犯论处

C. 应走私罪犯的要求,为其提供资金、账号的,以走私罪的共犯论处

D. 为他人偷越国(边)境提供伪造的护照的,以偷越国(边)境罪的共犯论处

[释疑]　A、B、D项是已被分则独立规定为犯罪的情形,不适用共犯规定。（答案:C）

二、提示与预测

这种问题实际是分则特别规定与总则共犯规定竞合的问题,特别规定(分则)优先适用。掌握要领是熟悉分则有关规定。

考点 5　承继的共犯

一、精讲

承继的共犯指的是先行为人已经实施了一部分行为,后行为人以共同犯罪的意思参与实行或者提供帮助。这时,后行为人就其参与后的行为与先行为人构成共同犯罪。考生特别注意:

（1）如果不是中途加入,而是在"事后帮助"的,如他人盗窃、抢劫犯罪既遂后,为他人掩饰隐瞒犯罪所得的(窝赃),不是共犯。但是"事先通谋"承诺事后帮助的,如窝藏包庇,以共犯论处。

（2）加入者对加入前其他共犯人造成的额外结果不负刑事责任,例如甲意欲抢劫并致被

害人重伤,这时乙加入到犯罪中来,乙虽然与甲成立抢劫罪的共犯,但乙不对被害人的重伤承担刑事责任。

二、例题

1. 甲和女友乙在网吧上网时,捡到一张背后写有密码的银行卡。甲持卡去ATM机取款,前两次取出5000元。在准备再次取款时,乙走过来说:"注意,别出事",甲答:"马上就好。"甲又分两次取出6000元,并将该6000元递给乙。乙接过钱后站了一会儿说:"我走了,小心点。"甲接着又取出7000元。关于本案,下列哪些选项是正确的?(2015年真题,多选)

A. 甲拾得他人银行卡并在ATM机上使用,根据司法解释,成立信用卡诈骗罪

B. 对甲前两次取出5000元的行为,乙不负刑事责任

C. 乙接过甲取出的6000元,构成掩饰、隐瞒犯罪所得罪

D. 乙虽未持银行卡取款,也构成犯罪,犯罪数额是1.3万元

[**释疑**] 承继的共犯。A项,最高人民检察院司法解释对此有明确规定,此种情形属于"冒用他人信用卡",成立信用卡诈骗罪。B项,承继的共犯对加入前的正犯行为无需承担刑责,但需注意,若前行为对后行为的完成有实质作用(例如抢劫罪之暴力行为对取财行为的完成就具有实质作用)。C项,甲乙有犯意联络(事先有通谋),乙的行为属于帮助行为,因而不构成掩饰、隐瞒犯罪所得罪(赃物犯罪)。D项,乙作为承继的共犯,对加入后的行为和结果承担责任。(答案:ABD)

2. 甲手持匕首寻找抢劫目标时,突遇精神病人丙持刀袭击。丙追赶甲至一死胡同,甲迫于无奈,与丙搏斗,将其打成重伤。此后,甲继续寻找目标,见到丁后便实施暴力,用匕首将其刺成重伤,使之丧失反抗能力,此时甲的朋友乙驾车正好经过此地,见状后下车和甲一起取走丁的财物(约2万元),然后逃跑,丁因伤势过重不治身亡。(2008年真题,不定项)

关于乙与甲一起取走丁的财物的行为,下列选项正确的是:

A. 乙与甲成立抢劫罪的共同犯罪

B. 甲的行为构成抢劫罪,乙的行为属于抢夺罪,两者在抢夺罪这一重合犯罪之内成立共同犯罪,即成立抢夺罪的共同犯罪

C. 乙既不对丁的重伤承担刑事责任,也不对丁的死亡承担刑事责任

D. 乙不对丁的死亡承担刑事责任,但应对丁的重伤承担刑事责任

[**释疑**] 略。(答案:AC)

3. 周某为抢劫财物在某昏暗场所将王某打昏。周某的朋友高某正好经过此地,高某得知真相后应周某的要求提供照明,使周某顺利地将王某钱包拿走。关于本案,下列哪些选项是正确的?(2007年真题,多选)

A. 高某与周某构成抢劫罪的共同犯罪

B. 周某构成抢劫罪,高某构成盗窃罪,属于共同犯罪

C. 周某是共同犯罪中的主犯

D. 高某是共同犯罪中的从犯

[**释疑**] (1)共犯认定,高某在周某抢劫中中途加入,成立共犯,为"承继的共犯"。必须是"中途加入",即在他人犯罪既遂之前加入犯罪。

(2)主从犯认定,周某是主要实行犯,作用较大应认定为主犯;高某明显起次要作用,是从

犯。(答案:ACD)

考点 6 主犯、从犯、胁从犯、首要分子的种类或范围

一、精讲

1. 主犯:第 26 条第 1 款规定:“组织、领导犯罪集团进行犯罪活动的或者在共同犯罪中起主要作用的,是主犯。”主犯包括两类人:(1) 集团首要分子;(2) 其他起主要作用的犯罪分子。

2. 首要分子:第 97 条规定:“本法所称首要分子,是指在犯罪集团或者聚众犯罪中起组织、策划、指挥作用的犯罪分子。”也包括两类人:(1) 集团首要分子;(2) 聚众犯罪首要分子。

3. 比较主犯与首要分子范围的异同:相同点为都包括集团首要分子;不同点在于首要分子不等同于主犯,如聚众犯罪中的首要分子就不属于主犯。

二、例题

4 位学生在课堂上讨论共同犯罪时先后发表了以下观点,其中正确的选项是:(2008 年真题,不定项)

A. 甲:对于犯罪集团的首要分子,应当按照集团所犯的全部罪行处罚,即应当对集团成员所实施的全部犯罪承担刑事责任

B. 乙:在共同犯罪中起主要作用的是主犯,对于犯罪集团首要分子以外的主犯,应当按照其所参与的或者组织、指挥的全部犯罪处罚;对从犯的处罚应当轻于主犯,故对于从犯不得按照其所参与的全部犯罪处罚

C. 丙:犯罪集团的首要分子都是主犯,但聚众犯罪的首要分子不一定是主犯,因为聚众犯罪不一定成立共同犯罪

D. 丁:一开始被犯罪集团胁迫参加犯罪,但在着手实行后,非常积极,成为主要的实行人之一,在共同犯罪中起主要作用的,应认定为主犯

[**释疑**]　(1) A 项,错在不严谨。正确的说法是:集团首要分子,只对成员实施的“集团组织、策划范围内”的全部犯罪承担刑事责任。

(2) B 项,错在“对于从犯不得按照其所参与的全部犯罪处罚”。此说法不符合共犯“部分行为,全部责任”的原理。① 各共犯人不论作用大小,都应当对共同犯罪的结果承担罪责。② 对于作用小的,通过处罚原则(如对于从犯,应当从轻、减轻或者免除处罚)体现公平处罚。

(3) D 项,胁从犯的要点:① 被暴力胁迫参加犯罪;② 犯罪中作用不大。(答案:CD)

考点 7 实行犯和主犯、从犯的关系

一、精讲

我国《刑法》对共同犯罪人不是按照“是否实行行为”(正犯行为)分类,而是根据作用大小进行分类。实行犯未必都是主犯,作用大的是主犯,作用小的也可以是主犯。

二、例题

1. 关于实行犯的说法,下列哪一选项是正确的?(2008 年缓考真题,单选)

A. 按照我国《刑法》总则的规定,有的教唆犯也是实行犯

B. 在共同犯罪中,实行犯就是在犯罪中起主要作用的犯罪分子

C. 在对简单共同犯罪中的各实行犯进行处罚时,要遵循"部分实行全部责任"的原则

D. 间接正犯是共同犯罪中的一种特殊类型的实行犯

[**释疑**]　(1) A 项,适用"教唆犯"的前提,是行为人不属于任何正犯。若行为人有正犯行为(实行犯)则排斥教唆的适用。案件中,行为人有既进行教唆也参与实行的情况,如甲花 10 万元雇乙一同绑架丙,甲既有教唆也参与绑架实行,是所谓教唆·实行竞合。对此,因有正犯行为,排斥教唆犯适用。注意题中给的前提,按"总则"规定,显然就是指这种法律的适用规则。"分则"正条中把教唆规定为犯罪的,则属于正犯(实行犯)。

(2) B 项错误,实行犯不一定都是主犯。

(3) D 项,间接正犯,双方是利用与被利用的关系,不是共犯。利用人是单独犯·正犯,被利用人视同工具。(答案:C)

2. 关于共同犯罪的说法,下列选项正确的是:(2008 年缓考真题,不定项)

A. 甲一开始被恐怖组织胁迫参加犯罪,但在着手实行后,其非常积极,成为主要的实行人之一,甲在共同犯罪中可以成为主犯

B. 乙是共同贪污犯罪中的实行犯,但其可能不是主犯

C. 丙为勒索财物绑架王某,在控制人质之后,丙将真相告诉好友高某,并委托高某去找王某的父母要钱,高同意并实施了勒索行为。丙成立绑架罪,高某成立敲诈勒索罪

D. 丁与成某经共谋后,共同伤害被害人汪某,丁的木棒击中了汪某的腹部,成某的短刀刺中了汪某的肺部,汪某因为成某的致命伤害在送到医院 10 小时后死亡。丁需要对死亡结果负责

[**释疑**]　(1) 被胁迫参加犯罪若作用大的不排除主犯,"胁从犯"以作用不大为前提,A 项正确。

(2) B 项,实行犯既可能是主犯,也可能是从犯。

(3) C 项错,高某中途加入犯罪,成立绑架罪共犯。

(4) D 项,共犯人"部分行为,全部责任",丁需要对死亡结果负责。(答案:ABD)

三、提示与预测

(1) 我国《刑法》对共同犯罪人分类的主要根据是犯罪嫌疑人在共犯中的"作用"和"地位"。

(2) 第 27 条规定,在共同犯罪中起次要或者辅助作用的,是从犯。对于从犯,应当从轻、减轻处罚或者免除处罚。

(3) 主犯、从犯的简单判断:① 实行犯,尤其造成犯罪结果的实行犯,通常是主犯,只是在明显起次要作用的情况下,被认定为从犯;② 教唆犯通常是主犯,只是在作用明显小的情况下被认定为从犯;③ 帮助犯,通常是从犯。

(4) "从犯"意味着具有一个法定的量刑情节。

（5）从犯与胁从犯的异同：共同点，只起到了较小的作用；不同点，从犯是自愿、主动参加犯罪的，而胁从犯是不自愿或不完全自愿参加犯罪的，具有一定的被动性。

考点 8 教唆犯及其刑事责任

一、精讲

1. 根据第29条的规定，教唆他人犯罪的，应当按照他在共同犯罪中所起的作用处罚。

2. 教唆不满18周岁的人犯罪的，应当从重处罚。

3. 如果被教唆的人没有犯被教唆的罪，对于教唆犯，可以从轻或者减轻处罚。

（1）如果被教唆人没有犯被教唆的罪，这种教唆失败的情形被称为“教唆未遂”，包括以下几种情况：① 教唆被他人拒绝。② 他人接受了教唆，但未进行预备、实行等任何犯罪活动。③ 被教唆人所犯的罪与教唆的罪在性质上根本不同。比如甲教唆乙盗窃丙女家，乙却将丙女强奸，未实施盗窃行为。但若犯罪之间存在密切关联的，则不属于教唆未遂，比如甲教唆乙盗窃丙女家，乙被丙女发现进而使用暴力进行抢劫，甲应成立盗窃罪（教唆）既遂。④ 教唆犯对被教唆人进行教唆时，被教唆人已有实施该种犯罪的故意，即被教唆人实施犯罪不是教唆犯的教唆所引起的。

（2）即使被教唆的人没有犯被教唆的罪，教唆犯也成立犯罪，但可以从轻或者减轻处罚，这意味着教唆犯具有独立的犯罪性。

4. 教唆犯不是独立的罪名，应根据教唆的内容确定适用的法条和罪名，比如教唆他人盗窃的，对教唆犯适用盗窃罪定罪处罚。

二、例题

1.《刑法》第29条第1款规定：“教唆他人犯罪的，应当按照他在共同犯罪中所起的作用处罚。教唆不满十八周岁的人犯罪的，应当从重处罚。”对于本规定的理解，下列哪一选项是错误的？（2013年真题，单选）

A. 无论是被教唆人接受教唆实施了犯罪，还是二人以上共同故意教唆他人犯罪，都能适用该款前段的规定

B. 该款规定意味着教唆犯也可能是从犯

C. 唆使不满14周岁的人犯罪因而属于间接正犯的情形时，也应适用该款后段的规定

D. 该款中的“犯罪”并无限定，既包括一般犯罪，也包括特殊身份的犯罪，既包括故意犯罪，也包括过失犯罪

［**释疑**］ D项错在“也包括过失犯罪”，因共同犯罪是二人以上共同“故意”犯罪。A项对，数人共同教唆也可成立教唆犯。B项对，教唆犯既可起主要作用定主犯也可其次要作用定从犯。特别注意：教唆犯并非与主犯、从犯相并列的共犯人。C项对，因教唆小的比大的危害更大，当然（解释）适用从重处罚。注意犯罪概念的层次性，不满14周岁者的侵害行为也可看做一种“犯罪”行为，只是与通常需要承担刑事责任的“犯罪”不属于同一层次而已。（答案：D）

2. 甲雇凶手乙杀丙，言明不要造成其他后果。乙几次杀丙均未成功，后来采取爆炸方法，对丙的住宅（周边没有其他人与物）进行爆炸，结果将丙的妻子丁炸死，但丙安然无恙。关于

本案,下列哪些说法是错误的?(2008年真题,多选)

A. 甲与乙构成共同犯罪

B. 甲成立故意杀人罪(未遂)

C. 乙对丙成立故意杀人未遂,对丁成立过失致人死亡罪

D. 乙对丙成立爆炸罪,对丁成立过失致人死亡罪

[**释疑**] (1) A项,甲教唆乙杀丙(故意杀人罪),乙也实施了杀丙的故意杀人行为,故甲与乙构成共同犯罪,即使乙后来用爆炸方式杀丙可能涉嫌爆炸罪,因为爆炸罪与杀人罪有竞合关系,在重合范围内(故意杀人)仍成立共犯。

(2) B项,乙在实施犯罪时发生对象错误,按照法定符合说,丁也属于杀人罪对象的"人",故甲照样对丁的死亡结果负责,应定性故意杀人罪既遂。B项错在"(未遂)"。

(3) C项是具体符合说的结论,不是通说。

(4) D项,无论如何都是错。如果成立爆炸罪,则丁的死亡结果作为爆炸罪的加重结果,无成立数罪的余地。注意,本题中乙使用爆炸方式杀人是否成立爆炸罪并不明确,根据本题给出的案情不能确定是否构成爆炸罪,但不影响本题的正确解答。(答案:BCD)

3. 根据《刑法》规定,关于教唆犯的表述,下列哪一选项是正确的?(2008年缓考真题,单选)

A. 教唆未成年人贩卖毒品的,成立贩卖毒品罪,应当从重处罚

B. 教唆犯都是主犯

C. 教唆他人吸食、注射毒品的,成立引诱他人吸毒罪的教唆犯

D. 传授犯罪方法的行为,一律不成立教唆犯

[**释疑**] (1) A项,教唆行为成立贩卖毒品罪的共犯,依据第347条第6款的规定:利用、教唆未成年人走私、贩卖、运输、制造毒品,或者向未成年人出售毒品的,从重处罚。

(2) C项是第353条规定之引诱、教唆、欺骗他人吸食、注射毒品罪的正犯行为。且吸食、注射毒品不是犯罪行为,不可能成立该行为之教唆犯。传授犯罪方法时可能同时有教唆行为,发生竞合,原则上择一重罪论处。

(3) B项,主犯、从犯的区分根据作用大小,教唆犯、实行犯作用大的是主犯,作用小的可能是从犯。(答案:A)

4. 丁某教唆17岁的肖某抢夺他人手机,肖某在抢夺得手后,为抗拒抓捕将追赶来的被害人打成重伤。关于本案,下列哪些选项是正确的?(2007年真题,多选)

A. 丁某构成抢夺罪的教唆既遂

B. 肖某构成转化型抢劫

C. 对丁某教唆肖某犯罪的行为应当从重处罚

D. 丁某与肖某之间不构成共同犯罪

[**释疑**] (1) 教唆既遂与未遂的认定,丁某教唆肖某抢夺,肖某也实施了抢夺行为,尽管因为当场使用暴力构成抢劫罪,但两罪密切关联,应认为丁某构成抢夺罪的教唆既遂。

(2) 主犯认定,教唆犯一般作用较大,一般认定为主犯,只是在作用明显小的情况下被认定为从犯。

(3) 按"部分共同说",肖某和丁某构成共同犯罪。肖某构成抢劫罪,丁某构成抢夺罪(教唆),肖某和丁某在抢夺上重合,部分犯罪具有共同性,就抢夺部分成立共犯。

(4) 通过“共犯中过限行为”能得出与“部分共同说”同样的结论:① 丁教唆肖抢夺,肖实施了抢夺行为,二人成立抢夺共犯。肖某当场使用暴力转化抢劫,是“实行过限”。② 就过限的部分(抢劫),丁不成立共犯,不负刑事责任。③ 就不过限或共同的部分(抢夺),肖、丁成立共犯。(答案:ABC)

考点 9 身份不同不影响共犯的成立

一、精讲

无身份者与有身份者勾结利用其身份共同犯罪的,可以构成身份犯的共犯,例如内外勾结共同贪污的,以(贪污罪)共犯论。不同身份者勾结各自利用本人的职务便利共同犯罪的,可以成立共犯,以主犯的身份定罪。

二、例题

甲为非国家工作人员,是某国有公司控股的股份有限公司主管财务的副总经理;乙为国家工作人员,是该公司财务部主管。甲与乙勾结,分别利用各自的职务便利,共同侵吞了本单位的财物100万元。对甲、乙两人应当如何定性?(2005年真题,单选)

A. 甲定职务侵占罪,乙定贪污罪,两人不是共同犯罪

B. 甲定职务侵占罪,乙定贪污罪,但两人是共同犯罪

C. 甲定职务侵占罪,乙是共犯,也定职务侵占罪

D. 乙定贪污罪,甲是共犯,也定贪污罪

[释疑] 不同身份的人共同犯罪的定性。单位中非国家工作人员与国家工作人员勾结,分别利用各自的职务便利,共同将本单位财物非法占为已有的,按照主犯的犯罪性质定罪。就本案而言,甲的职务较高,一般认为甲是主犯,对甲、乙二人以职务侵占罪的共犯论处。(答案:C)

考点 10 对向行为不适用共犯:对合行为也称对向行为,指互为前提的行为,如买卖枪支、行贿受贿

一、精讲

向贩卖毒品者、拐卖妇女者、贩卖淫秽物品者“求购”“购买”的行为,不成立共犯。若这种购买行为未被专门规定为犯罪的,不成立犯罪,如向毒贩子购买毒品自吸,其行为不是犯罪。数量较大的,成立非法持有毒品罪。理由是:

(1) 贩卖毒品者、拐卖妇女者、贩卖淫秽物品者本有贩卖的故意,且以需求群体的需求为存在的基础,这种需求对贩卖者不构成教唆(共犯)。

(2) 这种需求行为单独被规定为犯罪的,依法定罪处罚;未被规定为犯罪的,认为是刑法有意不作为犯罪处罚。如果法律专门规定为犯罪的,依照专门规定处罚。如例题中从拐卖妇女者手中购买被拐卖妇女的,刑法专门规定有收买被拐卖的妇女罪,就以收买被拐卖的妇女罪处罚。

二、例题

1. 下列哪些选项中的双方行为人构成共同犯罪?(2012年真题,多选)

A. 甲见卖淫秽影碟的小贩可怜,给小贩1000元,买下200张淫秽影碟

B. 乙明知赵某已结婚,仍与其领取结婚证

C. 丙送给国家工作人员10万元钱,托其将儿子录用为公务员

D. 丁帮助组织卖淫的王某招募、运送卖淫女

[释疑] A项对合行为另一方购买自用不为罪,不是共同犯罪。B、C项仅仅是共犯形式上相对于任意共犯而言的“必要的共犯”,但不以共犯论处或不适用共犯规定。D项组织卖淫与协助组织卖淫是共同犯罪,只是罪名不同。(答案:BCD)

2. 甲得知乙一直在拐卖妇女,便对乙说:“我的表弟丙没有老婆,你有合适的就告诉我一下”。不久,乙将拐骗的两名妇女带到甲家,甲与丙将其中一名妇女买下给丙做妻子。关于本案,下列哪一选项是错误的?(2008年真题,单选)

A. 乙构成拐卖妇女罪

B. 甲构成拐卖妇女罪的共犯

C. 甲构成收买被拐卖的妇女罪

D. 丙构成收买被拐卖的妇女罪

[释疑] 略。(答案:B)

考点11 部分共犯人的“中途退出”

一、精讲

部分共犯人“中途退出”,未自动有效阻止共犯结果发生的,不能单独成立中止。

二、例题

甲与乙共谋盗窃汽车,甲将盗车所需的钥匙交给乙。但甲后来向乙表明放弃犯罪之意,让乙还回钥匙。乙对甲说:“你等几分钟,我用你的钥匙配制一把钥匙后再还给你”,甲要回了自己原来提供的钥匙。后乙利用自己配制的钥匙盗窃了汽车(价值5万元)。关于本案,下列哪一选项是正确的?(2008年真题,单选)

A. 甲的行为属于盗窃中止

B. 甲的行为属于盗窃预备

C. 甲的行为属于盗窃未遂

D. 甲与乙构成盗窃罪(既遂)的共犯

[释疑] 部分共犯人退出共同犯罪,未能有效阻止犯罪结果发生,不成立犯罪中止。可理解为乙在甲的帮助下盗窃既遂,故甲与乙构成盗窃罪(既遂)的共犯。(答案:D)

考点12 共同犯罪及其刑事责任

一、精讲

共犯问题是不定项选择题与案例分析题的常考点,分析共犯综合题的要领在于:

(1) 共犯成立标准:部分犯罪共同说。

(2) 共犯责任:部分行为,全部责任。

(3) 主客观一致,各共同作案人仅对自己存在故意的共犯结果承担刑事责任。

(4) 区别对待,根据作用大小区别主犯、从犯、胁从犯,对于从犯应当从轻、减轻或者免除处罚;对于胁从犯应当酌情减轻或者免除处罚。

(5) 教唆犯教唆未遂,可以从轻或者减轻处罚,教唆不满 18 周岁的人犯罪,应当从重处罚。

(6) 身份不同不妨碍成立共犯。

(7) 把他人的行为当工具利用的,通说认为是间接正犯,不是共犯,具体包括:① 利用不知情人的行为;② 利用无责任能力的精神病人的行为;③ 利用"不懂事"儿童的行为。

(8) 部分共犯人中途退出的,不能单独成立犯罪中止;单独成立中止必须具备有效性。

(9) 在他人实行犯罪后"中途加入"的,可成立共犯。自动投案后,如实供述本人罪行并同时供述出同案犯、共犯的,属于自首后如实供述的行为,不属于揭发他人的立功。

二、例题

1. 甲欲杀丙,假意与乙商议去丙家"盗窃",由乙在室外望风,乙照办。甲进入丙家将丙杀害,出来后骗乙说未窃得财物。乙信以为真,悻然离去。关于本案的分析,下列哪一选项是正确的?(2017 年真题,单选)

A. 甲欺骗乙望风,构成间接正犯。间接正犯不影响对共同犯罪的认定,甲、乙构成故意杀人罪的共犯

B. 乙企图帮助甲实施盗窃行为,却因意志以外的原因未能得逞,故对乙应以盗窃罪的帮助犯未遂论处

C. 对甲应以故意杀人罪论处,对乙以非法侵入住宅罪论处。两人虽然罪名不同,但仍然构成共同犯罪

D. 乙客观上构成故意杀人罪的帮助犯,但因其仅有盗窃故意,故应在盗窃罪法定刑的范围内对其量刑

[**释疑**]　成立共同的犯罪,不要求各共犯人所欲犯之罪完全相同,只要构成要件有部分相同即可(部分犯罪共同说),甚至只要有犯意联络并有共同行为即可(行为共同说)。A 项错,"望风"是帮助行为并非正犯(实行)行为,故甲并不构成间接正犯。B 项错,甲自始就没有盗窃的故意,乙欲帮助甲盗窃,一开始就不可能既遂,故属于"未遂的帮助犯"而非"帮助犯未遂"。C 项对,甲构成故意杀人罪,乙本欲帮助甲实施入户盗窃行为,但甲仅"入户"而未盗窃,乙只能构成非法侵入住宅罪。罪名不同,不影响共同犯罪成立。D 项错,甲乙并未就故意杀人行为形成犯意联络,故乙不成立故意杀人罪的帮助犯。(答案:C)

2. 案情:陈某见熟人赵某做生意赚了不少钱便产生歹意,勾结高某,谎称赵某欠自己 10 万元货款未还,请高某协助索要,并承诺要回款项后给高某 1 万元作为酬谢。高某同意。某日,陈某和高某以谈生意为名把赵某诱骗到稻香楼宾馆某房间,共同将赵扣押,并由高某对赵某进行看管。次日,陈某和高某对赵某拳打脚踢,强迫赵某拿钱。赵某迫于无奈给其公司出纳李某打电话,以谈成一笔生意急需 10 万元现金为由,让李某将现金送到宾馆附近一公园交给陈某。陈某指派高某到公园取钱。

李某来到约定地点,见来人不认识,就不肯把钱交给高某。高某威胁李某说:"赵某已被我们扣押,不把钱给我,我们就把赵某给杀了。"李某不得已将 10 万元现金交给高某。高某回到宾馆房间,发现陈某不在,赵某倒在窗前已经断气。见此情形,高某到公安机关投案,并协助

司法机关将陈某抓获归案。事后查明,赵某因爬窗逃跑被陈某用木棒猛击脑部,致赵某身亡。(2007年真题,分析题)

问题:

(1) 陈某将赵某扣押向其索要10万元的行为构成何种犯罪?为什么?

[答案] 构成抢劫罪而非绑架罪,因为陈某是直接向赵某索取财物,而非向第三者索取财物。

(2) 高某将赵某扣押向其索要10万元的行为构成何种犯罪?为什么?

[答案] 构成非法拘禁罪,因为高某并无绑架的故意,而以为是索要债务。

(3) 陈某与高某是否构成共同犯罪?为什么?

[答案] 构成共同犯罪。因为根据部分犯罪共同说,陈某的抢劫罪与高某的非法拘禁罪之间成立共同犯罪。

(4) 高某在公园取得李某10万元的行为是否另行构成敲诈勒索罪?为什么?

[答案] 不另外构成敲诈勒索罪,因为高某的行为属于拘禁他人之后,索取债务的行为,缺乏非法占有的目的。

(5) 陈某对赵某的死亡,应当如何承担刑事责任?为什么?

[答案] 不另定故意杀人罪,因为陈某的故意杀人行为包含在抢劫罪当中。

(6) 高某对赵某的死亡后果是否承担刑事责任?为什么?

[答案] 不负刑事责任,因为陈某的杀人行为超出了高某的故意范围。

(7) 高某的投案行为是否成立自首与立功?为什么?

[答案] 成立自首与重大立功,因为被检举人有可能被判处无期徒刑以上的刑罚。

3. 甲系某国有公司经理。生意人乙见甲掌管巨额资金,就以小恩小惠拉拢甲。后乙以做生意需要资金为由,劝诱甲出借公款,并与甲共同策划了挪用的方式,还送给甲好处费5万元。甲未经公司董事会决定就将100万元资金借给乙。乙得到巨款以后,告知银行职员丙该款的真实来源,丙为乙提供资金账户,乙随时提款用于贩卖毒品。在甲的催促下,1年后,乙归还30万元,后来就拒绝和甲见面。甲见追回剩余70万元无望,就携带乙归还的30万元潜逃。甲半年内将30万元挥霍一空,走投无路后向司法机关投案,并交代了借公款给乙、接受乙贿赂和携款潜逃的事实,并提供线索协助司法机关将乙捉拿归案。乙归案后主动交代了行贿和司法机关尚未掌握的贩卖毒品的犯罪事实。请回答(1)—(4)题。(2007年真题,不定选)

(1) 关于甲的犯罪行为,下列说法正确的是:

A. 甲将公款挪用给乙使用的行为属于挪用公款进行营利活动

B. 甲不知道乙将公款用于犯罪活动,所以甲与乙不构成挪用公款罪的共犯

C. 甲携带30万元公款潜逃的行为构成贪污罪

D. 对甲的行为应以挪用公款罪、受贿罪、贪污罪实行并罚

[释疑] 关于A、B项:① 乙无国家工作人员身份,不妨碍其成立甲身份犯的共犯;② 挪用公款给他人使用,使用人与挪用人共谋,指使或者参与策划取得挪用款的,以挪用公款罪的共犯定罪处罚;③ 甲乙双方只要具有“挪用公款归个人使用”的故意,即可成立共犯;④ 甲只在本人认识到的限度内承担罪责,故“甲不知道乙将公款用于犯罪活动”,甲只在挪用公款从事营利活动限度内承担罪责。

C、D项:携带挪用公款潜逃的,以贪污论;因受贿而挪用公款的,数罪并罚。(答案:ACD)

(2) 关于乙的犯罪行为,下列说法正确的是:

A. 乙的行为属于挪用公款进行非法活动

B. 乙与甲不构成挪用公款罪的共犯

C. 乙归还30万元公款的行为导致甲犯贪污罪,故乙成立贪污罪的帮助犯

D. 对乙的行为应以挪用公款罪、行贿罪、贩卖毒品罪实行并罚

[释疑] 乙构成甲挪用公款罪的共犯,并且属于挪用公款进行非法活动,故A项对,B项错。关于C项,甲携款潜逃属于甲单独决定的行为,不涉及乙的行为性质,故C项错。乙构成挪用公款罪(共犯)、行贿罪和贩卖毒品罪,应当实行并罚,D项对。(答案:AD)

(3) 关于甲投案以及乙归案后的行为,下列说法正确的是:

A. 甲在走投无路的情况下被迫投案,不应认定为自首

B. 甲提供线索致使乙被抓获的行为属于立功

C. 乙对贩卖毒品罪成立自首

D. 乙对行贿罪不成立自首

[释疑] 自首立功的认定。

关于A项,甲仍属于自动投案,如实供述的情形,成立自首,故A项错。

B项,协助抓获同案犯,应能成立立功。乙是因涉嫌行贿罪、挪用公款罪被抓获归案的,其供述行贿罪行属于司法机关已经掌握的罪行,行贿罪和挪用公款罪不成立自首。乙在被司法机关审查期间主动交代的贩卖毒品罪行,属于主动交代司法机关尚未掌握的不同种罪行,其贩卖毒品罪成立自首。故C、D项对。(答案:BCD)

(4) 银行职员丙的行为构成:

A. 挪用公款罪的共犯　　B. 贩卖毒品罪的共犯

C. 洗钱罪　　D. 赃物犯罪

[释疑] 洗钱罪认定。银行职员丙明知乙的100万元款项来源于挪用公款罪,为乙提供资金账户,构成洗钱罪。丙仅有为非法资金提供银行账户存款的行为,对乙贩卖毒品犯罪行为、挪用公款的罪行不成立共犯。另洗钱罪属于特别规定,排斥赃物罪的适用。故只有C项正确。(答案:C)

4. 案情:甲男与乙男于2004年7月28日共谋入室抢劫某中学暑假留守女教师丙的财物。7月30日晚,乙在该中学校园外望风,甲翻院墙进入校园内。甲持水果刀闯入丙居住的房间后,发现房间内除有简易书桌、单人床、炊具、餐具外,没有其他贵重财物,便以水果刀相威胁,喝令丙摘下手表(价值2 100元)给自己。丙一边摘手表一边说:"我是老师,不能没有手表。你拿走其他东西都可以,只要不抢走我的手表就行。"甲立即将刀装入自己的口袋,然后对丙说:"好吧,我不抢你的手表,也不拿走其他东西,让我看看你脱光衣服的样子我就走。"丙不同意,甲又以刀相威胁,逼迫丙脱光衣服,丙一边顺手将已摘下的手表放在桌子上,一边流着泪脱完衣服。甲不顾丙的反抗强行摸了丙的乳房后对丙说:"好吧,你可以穿上衣服了。"在丙背对着甲穿衣服时,甲乘机将丙放在桌上的手表拿走。甲逃出校园后与乙碰头,乙问抢了什么东西,甲说就抢了一只手表。甲将手表交给乙出卖,乙以1 000元价格卖给他人后,甲与乙各分得500元。(2004年真题,分析题)

问题:请根据刑法规定与刑法原理,对本案进行全面分析。

[**参考答案**]

(一) 关于甲和乙的行为

1. 甲、乙构成抢劫罪共犯(1分)。因二人有抢劫的共同故意和抢劫的共同行为(1分)。甲、乙的抢劫属于入户抢劫(1分),因为丙的房间属于其生活的与外界相对隔离的住所(1分);由于乙与甲共谋入户,甲事实上也实施了入户抢劫行为,故乙虽未入户,对乙也应适用入户抢劫的法定刑(1分)。

综合本案主客观方面的事实,可以认定甲为主犯,乙为从犯(1分),对于从犯乙应当从轻、减轻或者免除处罚(1分)。

2. 甲、乙虽构成抢劫罪共犯,但二人的犯罪形态不同(1分):

(1) 甲的抢劫属于犯罪中止(1分)。因为在当时的情况下,甲完全能够达到抢劫既遂,但他自动放弃了抢劫行为(1分);由于抢劫中止行为没有造成任何损害,故对于甲的抢劫中止,应当免除处罚(1分)。

(2) 乙的抢劫属于犯罪未遂(1分)。一方面,不能因为甲事实上取得了手表,就认定乙抢劫既遂,因为该手表并非甲抢劫既遂所得的财物(1分);另一方面,乙并没有自动放弃自己的抢劫行为,甲的中止行为对于乙来说,属于意志以外的原因(1分)。根据刑法规定,对于未遂犯乙,可以比照既遂犯从轻或者减轻处罚(1分)。

(二) 关于甲的行为

1. 甲逼迫丙脱光衣服并猥亵丙的行为,成立强制猥亵妇女罪(1分)。

2. 甲乘机拿走丙手表的行为,成立盗窃罪(1分)。因为拿走手表的行为完全符合盗窃罪的构成要件(1分)。拿走手表已不属于抢劫罪中的强取财物的行为,即不属于因暴力、胁迫或其他方法压制或足以压制了被害人反抗而取得手表的情形。故不能将取得手表的事实评价在抢劫罪中,而应另认定为盗窃罪(1分)。

(三) 关于乙的行为

1. 乙的行为不成立盗窃罪(1分)。乙虽客观上为甲盗窃手表起到了一定作用(望风),但乙并不明知甲会盗窃财物,故乙并不与甲构成盗窃罪的共犯(1分)。

2. 基于同样的理由,乙的行为也不成立强制猥亵妇女罪的共犯(1分)。

3. 乙将手表卖予他人的行为不成立销售赃物罪(1分)。销售赃物罪是指代为销售他人犯罪所得的赃物,对于销售自己犯罪所得的赃物的行为并不成立销售赃物罪(1分)。乙虽在事实上销售了甲盗窃所得的财物,但乙误以为该手表为与甲共谋抢劫所得的财物,并不知道手表是甲单独犯罪所得的财物,故乙没有代为销售他人犯罪所得赃物的故意,不成立销售赃物罪(1分)。

[**释疑**]　案例分析因为题大分值高,历来被考生所关注。考生在答题时要注意答题技巧。例如,2004年卷四案例分析第六题的提问非常简略,仅指示“对本案进行全面分析”,但标准答案的要求非常详细,得分点有25个之多,即有25个要点,一点一分。故得分多少首先取决于回答是否“全面”。而能否作出全面解答,取决于两点:

(1) 有无全面细致解答的意识。从答题技巧讲,对于案例分析题最基本的方法是“看分答题”,即分值越高需答得越详细;反之,分值越低,回答得越简略,而不论其提问的方式如何。分值高即使问得简单,也要往复杂的方向解答,即所谓小题大做、面面俱到;分值不高,即使问得仔细,也只需择要回答,即所谓大题小做。因为从出题、制定评分标准方面讲,一个得分点通常不会小于1分,也不会大到5分、10分。如果一个得分点的分值过高或过低,在得分难度上会与其他考题失去平衡,选择题一般是1分或2分,案例分析题的得分点一般也就在2分左右。照此计算,一个25分的案例分析题,得分点至少在10个以上,需要考虑全面、回答周详,切不可择其要点三言两语了事。

(2) 如何全面回答?这既是水平问题,也是技巧(方法)问题。从方法上讲,刑法的案例分析,核心无非是"罪和责",故需回答一切与"罪和责"有关的问题,包括:① 罪,被告人涉嫌或构成的犯罪(包括单独或共同犯罪,一罪或数罪)。② 责,包括:第一,对犯罪结果(事实)是否应承担刑事责任、承担何种责任(故意、过失);第二,应当适用的法定刑幅度或法定量刑情节(主要是加重的抢劫、强奸、拐卖等分则量刑情节);第三,总则的法定量刑情节,如未成年、聋哑人、限制刑事责任年龄人、防卫过当、避险过当、预备、未遂、中止、从犯、胁从犯、教唆未遂、累犯、自首、立功等;第四,特殊刑种或刑罚的具体运用,如死刑、罚金刑、剥夺政治权利刑、没收财产刑、缓刑、假释的适用;第五,数罪并罚等。甚至于犯罪工具、违法所得的追缴、没收等程序性措施也应当想到。换一个角度讲,可以想象自己是法官,在对案件作出完整的处理,凡对被告人定罪处罚(处理)有关的问题都应当给以解决(判决)。通过阅读真实的判决书,了解法官如何完整处理案件(给案件"画句号"),可以养成好的思维习惯。

三、提示与预测

共犯问题历来是案例分析的主要考点之一,也是选择题的重要考点,属于绝对必考点。其要点是:(1) 共犯的成立:部分共同说;(2) 共犯的罪责:"部分行为,全部责任";(3) 按照共犯人在共犯中作用的大小,区分主犯、从犯、胁从犯,并适用相应的处罚原则。

考点 13　共犯关系的脱离

一、精讲

1. 因共犯人成立犯罪中止的条件较为严格,对客观上脱离共犯关系(主动退出或客观上未发生实质作用)的共犯人也按既遂处理,失之严苛。只有当共犯的行为与结果之间具有因果联系时,才可将结果归属于共犯的行为。行为人虽实施了教唆或帮助行为,但后来又消除了该行为对犯罪的促进作用,导致先前的共犯行为与结果之间不具有因果性时,就属于共犯关系的脱离。这种脱离,要求同时消除已实施的共犯行为与结果之间的物理的因果性与心理的因果性。但这种脱离并不以脱离者的自动性为前提。

2. 着手前的脱离

若脱离者在正犯着手之前脱离,则仅对预备行为负责。(1) 教唆行为与正犯的行为结果之间是一种心理的因果性。故教唆者引起他人犯意后,只有消除教唆行为所产生的心理的因果性,才能承认教唆犯的脱离。消除心理的因果性,是指教唆者使被教唆者放弃犯意。被教唆者放弃犯意后,自己再起犯意实行犯罪的,教唆者不对正犯的行为结果承担刑事责任。但若教唆者努力劝说被教唆者,被教唆者执意不放弃犯意,造成法益侵害结果的,教唆者仍应承担既遂责任。(2) 帮助行为与正犯的行为结果之间既可能是物理的因果性,也可能是心理的因果性,还可能两种因果性都有(此时只有两种因果性都消除,才能承认帮助犯的脱离)。例如,将凶器提供给正犯后,在正犯着手之前取回凶器的,或答应按时望风者,在正犯着手之前告诉对方自己不实施望风行为,就是共犯关系的脱离。正犯仍着手犯罪的,帮助者不承担未遂与既遂的责任。(3)(预备阶段的)共同正犯的脱离,按帮助犯的脱离条件予以判断即可。

3. 着手后的脱离

若脱离者在正犯着手之后结果发生之前脱离,即使正犯既遂,脱离者也仅在未遂限度内承担共犯责任。

二、例题

1. 甲欲前往张某家中盗窃。乙送甲一把擅自配制的张家房门钥匙,并告甲说,张家装有防盗设备,若钥匙打不开就必须放弃盗窃,不可入室。甲用钥匙开张家房门,无法打开,本欲依乙告诫离去,但又不甘心,思量后破窗进入张家窃走数额巨大的财物。关于本案的分析,下列哪一选项是正确的?(2017年真题,单选)

A. 乙提供钥匙的行为对甲成功实施盗窃起到了促进作用,构成盗窃罪既遂的帮助犯

B. 乙提供的钥匙虽未起作用,但对甲实施了心理上的帮助,构成盗窃罪既遂的帮助犯

C. 乙欲帮助甲实施盗窃行为,因意志以外的原因未能得逞,构成盗窃罪的帮助犯未遂

D. 乙的帮助行为的影响仅延续至甲着手开门盗窃时,故乙成立盗窃罪未遂的帮助犯

[**释疑**] 甲用乙提供的钥匙并未打开张家房门,乙的帮助行为并未能使甲的盗窃行为既遂,故A、B项错。心理帮助虽对于犯罪的完成起到一定的促进作用,但若与犯罪的完成并无因果关系,不能认定为既遂的帮助犯。“帮助犯的未遂”是指帮助行为有促使正犯结果实现的可能性,但因客观障碍正犯结果未能实现的情形,“未遂的帮助犯”是指帮助行为不可能促使结果发生,结果的发生与帮助行为无关的情形。本案中,乙提供的钥匙根本不可能打开张家房门,即帮助行为不可能既遂,故C项错D项对。(答案:D)

2. 乙欲盗汽车,向甲借得盗车钥匙。乙盗车时发现该钥匙不管用,遂用其他工具盗得汽车。乙属于盗窃罪既遂,甲属于盗窃罪未遂。(2013年卷二第54题,多选,C选项)

[**释疑**] 此说法正确。帮助犯既遂需至少对正犯之既遂结果发挥“物理”或“心理”作用之一。甲提供的钥匙“不管用”对乙窃车既遂未发挥物理作用,同时因乙发现该钥匙“不管用”,也消解了甲提供该钥匙对乙的心理支持作用,故为帮助犯未遂。注意,甲仍是乙的共犯,只是对窃取车子既遂的结果没有作用(未遂)而已。此为共犯关系的脱离,且这种脱离并不以脱离者的自动性为前提(中止则必须具备自动性)。

第七章 单位犯罪

考点 1 单位犯罪与个人犯罪的区别

一、精讲

根据司法解释,下列四种情况不以单位犯罪论处,以自然人犯罪论处:

1. 无法人资格的独资、合伙企业犯罪的。

2. 个人为进行违法犯罪活动而设立的公司、企业、事业单位实施犯罪的。

3. 公司、企业、事业单位设立后,以实施犯罪为主要活动的。

4. 盗用单位名义实施犯罪,违法所得由实施犯罪的个人私分的。

二、例题

1. 关于单位犯罪,下列哪些选项是正确的?(2015 年真题,多选)

A. 就同一犯罪而言,单位犯罪与自然人犯罪的既遂标准完全相同

B.《刑法》第一百七十条未将单位规定为伪造货币罪的主体,故单位伪造货币的,相关自然人不构成犯罪

C. 经理赵某为维护公司利益,召集单位员工殴打法院执行工作人员,拒不执行生效判决的,成立单位犯罪

D. 公司被吊销营业执照后,发现其曾销售伪劣产品 20 万元。对此,应追究相关自然人销售伪劣产品罪的刑事责任

[释疑]　单位犯罪具有法定性(只有明文规定才能由单位构成)。A 项,二者的既遂标准完全相同。B 项,未规定单位犯罪,直接按自然人犯罪处理。C 项,《刑法修正案(九)》之前,拒不执行生效裁判罪并无单位犯罪。D 项,单位被吊销,如同自然人死亡,客观上无法追究单位的刑事责任,但对相关自然人仍然应当追究刑责。(答案:AD)

特别提醒:《刑法修正案(九)》已为拒不执行生效裁判罪设置单位犯罪,但因其生效时间为 2015 年 11 月 1 日,晚于考试时间,故 C 项错。此后正确答案应当是 ACD。

2. 关于单位犯罪,下列选项错误的是:(2008 年缓考真题,不定项)

A. 甲注册某咨询公司后一直亏损,后发现为他人虚开增值税专用发票可以盈利,即以此为主要业务,该行为属于咨询公司单位犯罪

B. 乙公司在实施保险诈骗罪以后,因为没有年检而被工商管理局吊销营业执照。案发后对该公司不再追诉,只能对原公司中的直接负责的主管人员和其他直接责任人员追究刑事责任

C. 丙虚报注册资本成立进出口公司,主要从事正当业务经营,后经公司股东集体讨论,以公司的名义走私汽车,利益均分。由于该进出口公司成立时不符合法律规定,该走私行为属于个人犯罪

D. 丁等 5 名房地产公司领导以公司名义非法经营烟草业务,所得利益归 5 人均分。该行为属于单位犯罪

[释疑]　A 项,甲单位以违法犯罪为主业的,以个人犯罪论。B 项,乙单位被吊销营业执照,意味着法人死亡,仅追究责任人的责任。C 项,丙单位成立的瑕疵,不影响其具有法人资格,可按照单位对待。D 项,违法利益归个人的,以个人犯罪论。(答案:ACD)

3. 关于单位犯罪的主体,下列哪一选项是错误的?(2006 年真题,单选)

A. 不具有法人资格的私营企业,也可以成为单位犯罪的主体

B. 刑法分则规定的只能由单位构成的犯罪,不可能由自然人单独实施

C. 单位的分支机构或者内设机构,可以成为单位犯罪的主体

D. 为进行违法犯罪活动而设立的公司、企业、事业单位,或者公司、企业、事业单位设立后,以实施犯罪为主要活动的,不能成为单位犯罪的主体

[释疑]　单位犯罪主体的有关规定。参见最高人民法院《关于审理单位犯罪案件具体应用法律有关问题的解释》。

(1) C 项,根据司法解释,以单位的分支机构或者内设机构、部门的名义实施犯罪,违法所得亦归分支机构或者内设机构、部门所有的,应认定为单位犯罪。

(2) B 项,单位犯罪分为纯正的单位犯罪和不纯正的单位犯罪,本项所称“只能由单位构成的犯罪”指的就是纯正的单位犯罪,不可能由自然人单独实施。(答案:A)

考点 2 单位负刑事责任以分则条文有明文规定的为限

一、精讲

根据第 30 条的规定,公司、企业、事业单位、机关、团体实施的危害社会的行为,法律规定为单位犯罪的,应当负刑事责任。对于法律没有明文规定单位是犯罪主体的,不能成立单位犯罪。

二、例题

某孤儿院为谋取单位福利,分两次将 38 名孤儿交给国外从事孤儿收养的中介组织,共收取 30 余万美元的“中介费”“劳务费”。关于本案,下列哪一选项符合依法治国的要求?(2011 年真题,单选)

A. 因《刑法》未将此行为规定为犯罪,便不能由于本案社会影响重大,就以刑事案件查处

B. 本案可追究孤儿院及其主管人员、直接责任人的刑事责任,以利于促进政治效果与社会效果的统一

C. 报请全国人大常委会核准后,本案可作为单位拐卖儿童犯罪处理,以利于进一步发挥法律维护社会稳定的作用

D. 可追究主管人员与其他直接责任人的刑事责任,以利于促进法律效果、政治效果与社会效果的统一

[**释疑**] A 项错,第 240 条规定有拐卖儿童罪,出卖儿童是犯罪行为。B 项错,根据第 240 条的规定,拐卖儿童罪的犯罪主体不包括单位,不能追究单位的刑事责任。C 项错,立法机关也要遵循罪刑法定原则,立法机关无权对个案进行核准作出违背法律的判决。D 项,本案虽然不成立单位犯罪,但不影响追究自然人的刑事责任。(答案:D)

考点 3 单位犯罪的处罚:一般双罚,例外单罚

一、精讲

第 31 条规定:“单位犯罪的,对单位判处罚金,并对其直接负责的主管人员和其他直接责任人员判处刑罚。本法分则和其他法律另有规定的,依照规定。”

(1) 一般双罚:① 对单位判处罚金;② 对其直接负责的主管人员和其他直接责任人员判处刑罚。

(2) 个别单罚:只处罚单位犯罪的责任人。这些罪名集中在:重大劳动安全事故罪,违规披露重要信息罪,妨害清算罪,虚假破产罪,私分国有资产罪,涉嫌单位犯罪被撤销、注销、吊销营业执照或者宣告破产的。

二、例题

关于单位犯罪,下列哪些选项是错误的?(2010年真题,多选)

A. 单位只能成为故意犯罪的主体,不能成为过失犯罪的主体

B. 单位犯罪时,单位本身与直接负责的主管人员、直接责任人员构成共同犯罪

C. 对单位犯罪一般实行双罚制,但在实行单罚制时,只对单位处以罚金,不处罚直接负责的主管人员与直接责任人员

D. 对单位犯罪只能适用财产刑,既可能判处罚金,也可能判处没收财产

[释疑] (1) A项,刑法中规定有单位过失犯罪,如工程重大责任事故罪。

(2) B项,单位犯罪是一个犯罪主体,单位内部成员体现的是单位的意志,不构成共同犯罪。

(3) C项,单罚时,只罚责任人不罚单位,如第396条私分国有资产罪。

(4) D项,刑法对单位犯罪无没收财产刑。(答案:ABCD)

第八章 罪 数

考点 1 数行为犯数罪的应当实行数罪并罚

例题

1. 关于罪数的判断,下列哪一选项是正确的?(2017年真题,单选)

A. 甲为冒充国家机关工作人员招摇撞骗而盗窃国家机关证件,并持该证件招摇撞骗。甲成立盗窃国家机关证件罪和招摇撞骗罪,数罪并罚

B. 乙在道路上醉酒驾驶机动车,行驶20公里后,不慎撞死路人张某。因已发生实害结果,乙不构成危险驾驶罪,仅构成交通肇事罪

C. 丙以欺诈手段骗取李某的名画。李某发觉受骗,要求丙返还,丙施以暴力迫使李某放弃。丙构成诈骗罪与抢劫罪,数罪并罚

D. 已婚的丁明知杨某是现役军人的配偶,却仍然与之结婚。丁构成重婚罪与破坏军婚罪的想象竞合犯

[释疑] A项对,盗窃国家机关证件和招摇撞骗行为虽具有手段行为和目的行为的关系,但不宜认定为牵连犯,因为两个行为若按牵连犯从一重罪处断,不利于法益保护,故应严格限制其适用范围,只有当手段行为和目的行为具有高度的伴随性时才可认定为牵连犯。B项错,危险驾驶罪和交通肇事罪并非对立关系,交通肇事行为往往是危险驾驶的结果加重犯。C项错,丙的行为虽构成诈骗罪与抢劫罪,但不宜并罚。因丙只侵害了一个财产权和一个人身权,以一个抢劫罪足以评价,数罪并罚则对于侵害财产权进行了重复评价。D项错,重婚罪与破坏军婚罪属于法条竞合(交叉竞合)而非想象竞合。(答案:A)

2. 甲在一豪宅院外将一个正在玩耍的男孩(3岁)骗走,意图勒索钱财,但孩子说不清自己家里的联系方式,无法进行勒索。甲怕时间长了被发现,于是将孩子带到异地以4 000元卖掉。对甲应当如何处理?(2005年真题,单选)

A. 以绑架罪与拐卖儿童罪的牵连犯从一重处断

B. 以绑架罪一罪处罚

C. 以拐卖儿童罪一罪处罚

D. 以绑架罪与拐卖儿童罪并罚

[释疑] 罪数与数罪并罚。行为人有两个故意和行为,具备两个犯罪构成,故应当数罪并罚。(答案:D)

考点 2 想象竞合犯及其处理原则

一、精讲

想象竞合犯及其处理原则是:从一重罪处罚(酌情不数罪并罚)。

二、例题

1. 关于罪数,下列哪些选项是正确的(不考虑数额或情节)?(2016年真题,多选)

A. 甲使用变造的货币购买商品,触犯使用假币罪与诈骗罪,构成想象竞合犯

B. 乙走私毒品,又走私假币构成犯罪的,以走私毒品罪和走私假币罪实行数罪并罚

C. 丙先后三次侵入军人家中盗窃军人制服,后身穿军人制服招摇撞骗。对丙应按牵连犯从一重罪处罚

D. 丁明知黄某在网上开设赌场,仍为其提供互联网接入服务。丁触犯开设赌场罪与帮助信息网络犯罪活动罪,构成想象竞合犯

[释疑] B项正确,走私毒品罪(第347条)与走私假币罪(第151条)是不同种罪,数罪并罚。D项正确,第287条之二规定:(帮助信息网络犯罪活动罪)"明知他人利用信息网络实施犯罪,为其犯罪提供互联网接入……等帮助,情节严重的……"《关于办理网络赌博犯罪案件适用法律若干问题的意见》规定:"明知是赌博网站,而为其提供下列服务或者帮助的,属于开设赌场罪的共同犯罪,依照刑法第三百零三条第二款的规定处罚:(一) 为赌博网站提供互联网接入……"第287条之二第3款规定:"有前两款行为,同时构成其他犯罪的,依照处罚较重的规定定罪处罚。"一个为网络赌场提供互联网接入的行为同时触犯二罪,择一重罪定罪处罚,典型想象竞合犯。

A项错,因为使用假币罪不包含使用"变造的货币",所以使用变造的货币不成立使用假币罪,可能触犯诈骗罪。C项错,牵连犯之牵连关系,指两种犯罪行为之间存在着手段行为与目的行为关系,二者关联如此密切、如此常见以至于刑法将其规定为该罪的行为方式,如第194条之票据诈骗罪规定,"使用伪造的票据"进行诈骗,第196条规定适用伪造的信用卡进行诈骗,伪造货币后又使用、贩卖、运输的,等等。学说对牵连关系掌握的尺度虽然存在分歧,但是应当是犯罪行为法律上的关联性。犯罪人在犯一罪后偶然地引起另一犯意或者用于另一犯罪,而这不是牵连关系。本案丙盗窃时窃得军服,"偶然"地引起招摇撞骗犯意或用于招摇撞骗,不是牵连犯,属于应当数罪并罚的数罪。(答案:BD)

2. 关于想象竞合犯的认定,下列哪些选项是错误的?(2013年真题,多选)

A. 甲向乙购买危险物质,商定4000元成交。甲先后将2000元现金和4克海洛因(折抵现金2000元)交乙后收货。甲的行为成立非法买卖危险物质罪与贩卖毒品罪的想象竞合犯,

从一重罪论处

B. 甲女、乙男分手后,甲向乙索要青春补偿费未果,将其骗至别墅,让人看住乙。甲给乙母打电话,声称如不给30万元就准备收尸。甲成立非法拘禁罪和绑架罪的想象竞合犯,应以绑架罪论处

C. 甲为劫财在乙的茶水中投放2小时后起作用的麻醉药,随后离开乙家。2小时后甲回来,见乙不在(乙喝下该茶水后因事外出),便取走乙2万元现金。甲的行为成立抢劫罪与盗窃罪的想象竞合犯

D. 国家工作人员甲收受境外组织的3万美元后,将国家秘密非法提供给该组织。甲的行为成立受贿罪与为境外非法提供国家秘密罪的想象竞合犯

[**释疑**]　A项错,甲有两个行为,侵害两个不同法益,分别构成非法买卖危险物质罪和贩卖毒品罪二罪,且不存在竞合关系,故应数罪并罚。注意:本案表面上只有一个交易行为,似乎是"一行为触犯数罪名",但实际上有两个行为,即购买危险物质和出售毒品,因而不符合想象竞合犯的条件。另外,若甲全部以现金交易,则只有一个行为,且触犯一个罪名,也谈不上想象竞合犯的问题。当然,若甲全部用毒品买进危险物质,同样是两个行为,应数罪并罚。B项错,绑架罪是非法拘禁和敲诈勒索的结合,绑架当然包含拘禁内容,故不是想象竞合犯。甲只有一个单纯的绑架行为,不另评价为非法拘禁罪或敲诈勒索罪。C项错,甲是抢劫罪预备和盗窃罪既遂二罪。D项错,甲有两个行为,分别构成受贿罪和为境外非法提供国家秘密罪,应数罪并罚。(答案:ABCD)

3. 关于罪数判断,下列哪一选项是正确的?

A. 冒充警察招摇撞骗,骗取他人财物的,适用特别法条以招摇撞骗罪论处

B. 冒充警察实施抢劫,同时构成抢劫罪与招摇撞骗罪,属于想象竞合犯,从一重罪论处

C. 冒充军人进行诈骗,同时构成诈骗罪与冒充军人招摇撞骗罪的,从一重罪论处

D. 冒充军人劫持航空器的,成立冒充军人招摇撞骗罪与劫持航空器罪,实行数罪并罚

[**释疑**]　C项对,想象竞合犯从一重罪论处。A项错,A项同C项是想象竞合犯应从一重论处,"适用特别法条"是法条竞合犯处理规则。B项是第263条第(七)项规定的"持枪抢劫的"加重犯,不存在"从一重论处"的问题。D项"冒充军人"作为劫机手段应是一行为一罪,不数罪并罚。(答案:C)

4. 个体工商户乙欠缴营业税15万元,当税务人员上门征收税款时,乙组织甲等多人进行暴力围攻,殴打税务人员,抗拒缴纳,其中甲出手最狠,将一名税务人员打成重伤。甲的行为构成何罪?(2008年缓考真题,单选)

A. 逃税罪　　　　B. 抗税罪

C. 故意伤害罪　　　　D. 抗税罪与故意伤害罪实行并罚

[**释疑**]　抗税中使用暴力致人重伤的,同时触犯抗税罪和故意伤害罪,属于想象竞合犯,择一重罪处罚。其中以故意伤害致人重伤为重(3年以上10年以下)。注意,若仅致轻伤的,(3年以下),应按照抗税罪情节严重定罪处罚(3年以上7年以下)。参见第202条。

本题中,仅说"欠缴营业税15万元",不能断定成立逃税罪。既然认为是抗税性质,就不必再考虑逃税罪或逃避追缴欠税罪了。(答案:C)

5. 甲盗割正在使用中的铁路专用电话线,在构成犯罪的情况下,对甲应按照下列哪一选项处理?(2006年真题,单选)

A. 破坏公用电信设施罪

B. 破坏交通设施罪

C. 盗窃罪与破坏交通设施罪中处罚较重的犯罪

D. 盗窃罪与破坏公用电信设施罪中处罚较重的犯罪

[**释疑**] 破坏特定公共设施的公共安全犯罪的认定和想象竞合犯处罚原则。难点之一在于破坏“铁路专用电话线”究竟算是破坏“交通设施”还是破坏“公用电信设施”?一般认为是交通设施。

(1)铁路专用电话线属于铁路设施的一部分,涉及铁路运输安全。

(2)从罪名的字面看,破坏公用电信设施罪是“公用”的,不含“专用”的。因盗窃而破坏了有关公共设施危害公共安全的,属于典型想象竞合犯,以处罚较重的罪定罪处罚,不数罪并罚。难点之二在于选B项还是C项,题中给出:“甲盗割……在构成犯罪的情况下”似乎指盗窃行为已构成犯罪,选C项更妥。(答案:C)

考点3 法条竞合犯的处理原则

一、精讲

法条竞合犯的处理原则是:特别法优先适用,不排除例外优先适用重法。

二、例题

1. 关于法条关系,下列哪一选项是正确的(不考虑数额)?(2016年真题,单选)

A. 即使认为盗窃与诈骗是对立关系,一行为针对同一具体对象(同一具体结果)也完全可能同时触犯盗窃罪与诈骗罪

B. 即使认为故意杀人与故意伤害是对立关系,故意杀人罪与故意伤害罪也存在法条竞合关系

C. 如认为法条竞合仅限于侵害一犯罪客体的情形,冒充警察骗取数额巨大的财物时,就会形成招摇撞骗罪与诈骗罪的法条竞合

D. 即使认为贪污罪和挪用公款罪是对立关系,若行为人使用公款赌博,在不能查明其是否具有归还公款的意思时,也能认定构成挪用公款罪

[**释疑**] D项,行为人用公款赌博,在不能证明“非法占有目的”时只能退而求其次认定挪用公款罪。贪污罪和挪用公款罪是高度罪与低度罪关系,类似于贷款诈骗罪与骗取贷款罪关系。不能证明非法占有目的,只能退而定轻罪。

A项,诈骗与盗窃自法律上是排斥关系,违背被害人意志夺取占有物的,是窃取;基于被害人意思处分取得占有物的是骗取,非此即彼。B项,故意杀人罪与故意伤害罪是高度罪与低度罪关系,理同D项。C项,冒充警察骗取数额巨大的财物时,侵害两个客体而非同一客体,其一为财产;其二为国家机关声誉。(答案:D)

2. 下列说法不正确的是:(2004年真题,不定选)

A.《刑法》第266条规定的诈骗罪的法定最高刑为无期徒刑,而第198条规定保险诈骗罪的法定最高刑为15年有期徒刑。为了保持刑法的协调和实现罪刑相适应原则,对保险诈骗数额特别巨大的,应以诈骗罪论处

B. 根据《刑法》第358条的规定,“强奸后迫使卖淫的”成立强迫卖淫罪,不实行数罪并罚。已满14周岁不满16周岁的人,伙同他人强奸妇女后迫使卖淫的,不负刑事责任;因为《刑法》第17条没有规定已满14周岁不满16周岁的人应对强迫卖淫罪承担刑事责任

C.《刑法》第382条明文规定,一般公民与国家工作人员勾结伙同贪污的,以共犯论处,故一般公民可以与国家工作人员构成贪污罪的共犯;《刑法》第385条对于受贿罪没有类似规定,故一般公民不可能与国家工作人员构成受贿罪的共犯

D.《刑法》第399条第4款规定,“司法工作人员收受贿赂”有徇私枉法等行为的,依照处罚较重的规定定罪处罚。但是,司法工作人员索取贿赂并有徇私枉法等行为的,则应对其实行数罪并罚

[**释疑**] 法条竞合犯的认定及其处理原则、相对刑事责任年龄、特殊主体的常识。

(1) A项,法条竞合的适用原则一般是特别法优先,排斥一般法适用,保险诈骗罪与诈骗罪是典型的法条竞合关系,故一行为同时触犯保险诈骗罪和诈骗罪两个条文的,只能按照保险诈骗罪定罪处罚,不适用诈骗罪条文。这是法条竞合犯与想象竞合犯处理原则的重大差别。想象竞合犯从一重罪处罚,“唯重是从”。法条竞合犯一般是特别规定优先,但是,法律特别规定重法条优先的例外,如第149条规定行为同时触犯第140条(生产、销售伪劣产品罪)和第141条至第148条(生产销售假药罪等)的,依照处罚较重的规定处罚。对法条竞合犯“择重法条”适用属于特殊情况。

(2) B项属于对第17条第2款相对刑事责任年龄规定的理解。正确理解是对该款规定的“行为”负责,而不受罪名的约束。已满14周岁不满16周岁的人既然有强奸性质的行为,就应当负刑事责任。

(3) C项,第382条第3款规定:“与前两款所列人员勾结,伙同贪污的,以共犯论处。”属于提示(或注意)规定,故受贿罪没有相同规定并不意味不能以共犯论。另外,根据没有身份的人可以构成身份犯的共犯这一刑法原理,也可得出正解。

(4) D项,第399条第4款的特别规定:司法工作人员收受贿赂,有前3款行为的(即徇私枉法等行为),同时又构成本法第385条规定之受贿罪的,依照处罚较重的规定定罪处罚。(答案:ABCD)

三、提示与预测

注意争议的问题:

(1) 对于第149条规定的情况,究竟属于法条竞合还是想象竞合存在争议,一种观点认为,既然是择重罪处罚,就应当是想象竞合而不是法条竞合;另一种观点认为,该规定是法条竞合中重法优先的例外情况。前一种观点即想象竞合的观点现在是通说。

(2) 对于第279条(招摇撞骗罪,法定最高刑10年有期徒刑)与第266条(诈骗罪,法定最高刑无期徒刑)竞合时,通说认为是重法条优先。也因为如此,有学者认为是想象竞合而非法条竞合。这涉及对法条竞合范围的不同理解,有观点认为,只有“包容竞合”才是法条竞合,而“交叉竞合”不是法条竞合。按照这种观点,第279条与第266条不是法条竞合关系,但这种观点好像不是通说。按照通说,第279条与第266条仍属法条竞合,只是司法时为了避免明显荒谬的判决结果而例外地重法条优先。

考点 4 想象竞合犯与法条竞合犯的区别

一、精讲

两者非常相近,都是只有一行为;都会涉及数罪名或数法条。区别的要领是:

(1) 一行为触犯的数罪名所在数法条之间是否存在某种内容上的重合,如果不存在任何重合,属于想象竞合犯;如果存在某种重合,是法条竞合犯。

(2) 触犯的数罪名在数法条之中,能否有一个法条完整地评价该犯罪行为。如果不能完整评价,是想象竞合犯;如果能完整评价,是法条竞合犯。

二、例题

下列哪些情形属于想象竞合犯?(2000年真题,多选)

A. 盗窃数额较大的、正在使用中的通信设备的

B. 窃取国家所有的、具有历史价值的档案的

C. 行为人在缴纳10万元税款后,一次性假报出口骗取国家20万元退税款的

D. 对正在执行国家安全工作任务的警察实施暴力,使之受轻伤的

[释疑] 根据想象竞合犯与法条竞合犯的区别,判断:

(1) A项:① 盗窃罪与破坏广播电视公用电信设施罪两罪的法条内容上没有重合或交叉现象;② 对该盗窃行为,适用所触犯的任一法条评价都有不完整之感。如果定盗窃罪,该盗窃行为破坏通信设备、危害公共安全的一面没有被包括进去;如果定破坏广播电视公用电信设施罪,该盗窃行为侵犯财产的一面没有被包括进去。既然对该盗窃行为适用所触犯的数法条中任一法条都不能完整评价,说明是想象竞合犯,因为想象竞合犯往往造成数结果或侵害数法益,适用哪一个条文自然总是有所遗漏。D项也具有上述两个特点,触犯妨害公务罪和故意伤害罪,属于想象竞合犯。

(2) B项:① 窃取国有档案与盗窃罪法条之间在手段即“盗窃”行为上存在重合,属于因为对象不同而形成的法条竞合;② 适用其中的一个法条即窃取国有档案罪可以完整评价该犯罪行为。无论从手段(窃取)、对象(档案),还是客体(文物管理)、犯罪故意的方面衡量,都非常完整地包含了该窃取国有档案的行为。故为法条竞合犯。

(3) C项,“行为人在缴纳10万元税款后,一次性假报出口骗取国家20万元退税款的”,应当属于第204条第2款明确规定的“纳税人缴纳税款后,采取前款规定的欺骗方法,骗取所缴纳的税款的,依照本法第二百零一条的规定(逃税)定罪处罚;骗取税款超过所缴纳的税款部分,依照前款的规定处罚”。这种情况下,法律有特别规定,实行数罪并罚。(答案:AD)

三、提示与预测

对想象竞合犯与法条竞合犯的区别,还有一个掌握的要领:

(1) 具体掌握想象竞合犯的类型和法条规定。想象竞合犯的类型常见的就是在盗窃犯罪同时又触犯其他罪的情况。如盗窃通信设备、交通工具、交通设施、电力设备、易燃易爆设备等同时又危害公共安全的情形。其他如暴力妨害公务致公务员伤亡同时触犯杀人伤害罪,制售假烟的行为同时触犯非法经营罪和生产销售伪劣商品罪。记住这些常见类型,判断起来就简单了。

(2) 掌握法条规定中常见的竞合现象,如在盗窃手段上竞合的法条有盗窃罪,盗窃枪支、弹药、爆炸物、有害物质罪,窃取国有档案罪,非法获取国家秘密罪(使用窃取手段的),盗窃公文、证件、印章罪等。掌握这些具体法条竞合现象,认定法条竞合犯如例题中B选项就很简单,是一目了然的问题。在应试上,具体掌握比通过理论概念、标准进行推理判断更为有效。因为这个推理过程别人已经完成了,是大家公认的了,既不用自己费力耗时去分析,也不会出错。

考点 5 结果加重犯

一、精讲

结果加重犯是依据分则条文规定确定的,具有法定性。

所谓结果加重犯,通常认为是在一行为已经实现了基本罪的基础上,又引起了法定的更为严重的结果,因而加重其法定刑的情况。结果加重犯是依据分则条文规定确定的。基本罪引起某种严重结果,是否作为加重法定刑的结果,即是否作为结果加重犯,取决于法律有无明文规定。有明文规定的才作为结果加重犯。

二、例题

1. 关于结果加重犯,下列哪一选项是正确的?(2015年真题,单选)

A. 故意杀人包含了故意伤害,故意杀人罪实际上是故意伤害罪的结果加重犯

B. 强奸罪、强制猥亵妇女罪的犯罪客体相同,强奸、强制猥亵行为致妇女重伤的,均成立结果加重犯

C. 甲将乙拘禁在宾馆20楼,声称只要乙还债就放人。乙无力还债,深夜跳楼身亡。甲的行为不成立非法拘禁罪的结果加重犯

D. 甲以胁迫手段抢劫乙时,发现仇人丙路过,于是立即杀害丙。甲在抢劫过程中杀害他人,因抢劫致人死亡包括故意致人死亡,故甲成立抢劫致人死亡的结果加重犯

[**释疑**] A项,结果加重犯是指原本只有实施基本犯罪的意思,但却过失地造成加重结果的情形。杀人和伤害的犯意不同,杀人不是伤害的结果加重犯,故意伤害的结果加重犯是故意伤害致人死亡罪。B项,结果加重犯具有法定性(需法律明文规定),刑法规定了强奸的结果加重犯,但未规定强制猥亵的结果加重犯。C项,甲对于乙死亡的加重结果并无故意和过失,故不构成结果加重犯。D项,抢劫致死是指抢劫行为直接导致死亡结果,甲杀死丙属于抢劫之外另起犯意,以故意杀人的行为杀死丙,应在抢劫之外另行定罪(故意杀人罪)。(答案:C)

2. 律师赵某接受律师事务所指派,为某公司股票上市提供法律意见。赵某在接受该公司的10万元财物之后,提供了虚假的法律意见书,导致不具备上市条件的该公司取得上市资格,严重损害了股东利益。赵某的行为构成何罪?(2008年缓考真题,单选)

A. 受贿罪

B.《刑法》第163条规定的公司、企业、其他单位人员受贿罪

C. 提供虚假证明文件罪

D.《刑法》第163条规定的公司、企业、其他单位人员受贿罪和提供虚假证明文件罪,应当数罪并罚

[释疑] 第229条对加重犯规定:“……中介组织的人员故意提供虚假证明文件,情节严重的,处五年以下有期徒刑或者拘役,并处罚金。……索取他人财物或者非法收受他人财物,犯前款罪的,处五年以上十年以下有期徒刑,并处罚金。”(答案:C)

3. 下列哪些情形不属于结果加重犯?(2002年真题,多选)

A. 侮辱他人,导致他人自杀身亡

B. 监管人员对被监管人进行殴打与体罚,虐待致人死亡

C. 强制猥亵妇女,致人死亡

D. 遗弃没有独立生活能力的人,致其死亡

[释疑] 结果加重犯的理解和法条熟悉程度。与本题罪名有关的第246条、第248条、第237条和第261条,均无结果加重犯罪的规定,故A、B、C、D均为正确选项。常见的结果加重犯有:抢劫致人重伤、死亡的;强奸致人重伤、死亡的;非法行医致人重伤、死亡的;非法拘禁致人重伤、死亡的;虐待致人重伤、死亡的;暴力干涉婚姻自由致人死亡的;绑架致人死亡的;等等。结果加重犯的法定性决定了选择出正确的答案实际上是熟知法律条文的问题,也就是说,要知道哪个罪在引起死亡结果时,法律规定为加重结果,就可以找到答案。(答案:ABCD)

考点6 吸收犯、牵连犯及其处理原则

一、精讲

1. 吸收犯,是指一个犯罪行为作为另一个犯罪行为的必经阶段、组成部分、当然结果而被吸收的情况。这种情况下,只以吸收的行为论罪。作为犯罪的必经阶段、组成部分、当然结果触犯其他罪,而被主罪吸收。

2. 牵连犯,是指以实施某一犯罪为目的,其犯罪的方法或者结果行为又触犯其他罪名的犯罪形态。有两种牵连关系:① 手段行为与目的行为的牵连;② 原因行为与结果行为的牵连。

3. 吸收犯和牵连犯的处理原则:都不实行数罪并罚,以一罪论处。

二、例题

1. 甲窃得一包冰毒后交乙代为销售,乙销售后得款3万元与甲平分。关于本案,下列哪一选项是错误的?(2015年真题,单选)

A. 甲的行为触犯盗窃罪与贩卖毒品罪

B. 甲贩卖毒品的行为侵害了新的法益,应与盗窃罪实行并罚

C. 乙的行为触犯贩卖毒品罪、非法持有毒品罪、转移毒品罪与掩饰、隐瞒犯罪所得罪

D. 对乙应以贩卖毒品罪一罪论处

[释疑] A项,违禁品也可成为财产罪(盗窃、抢劫等)的对象。B项,甲的贩毒行为侵害了新的法益(毒品管理制度),并非“不可罚(共罚)的事后行为”,故应数罪并罚。C项,乙的非法持有毒品、转移毒品与掩饰、隐瞒行为都属于贩卖毒品行为的组成部分,无需单独评价。D项,乙并未参与此前的盗窃行为,故无需对此负责。(答案:C)

2. 下列哪些情形属于吸收犯?(2010年真题,多选)

A. 制造枪支、弹药后又持有、私藏所制造的枪支、弹药的

B. 盗窃他人汽车后，谎称所盗汽车为自己的汽车出卖他人的

C. 套取金融机构信贷资金后又高利转贷他人的

D. 制造毒品后又持有该毒品的

［释疑］　(1) 吸收犯，指实施某罪时（如制造枪弹、毒品）其“必经过程”或“当然结果”（如非法持有所造之枪弹、毒品）行为又触犯另一罪（非法持有枪支罪、非法持有毒品罪），A、D项符合。

(2) B项因“谎称所盗汽车为自己的”，具有欺诈性，已经超出单纯的销赃范围，为牵连犯或数罪（盗窃罪和诈骗罪）。换言之，诈骗不是盗窃的当然结果行为，不是吸收犯。另外盗窃后销赃属于盗窃之“不可罚事后行为”，一般不认为是吸收犯。

(3) C项，第175条规定的“套取金融机构信贷资金”是高利转贷罪的构成要素，只成立一个高利转贷罪，没有触犯另外的罪。（答案：AD）

3. 甲承租乙的房屋后，伪造身份证与房产证交与中介公司，中介公司不知有假，为其售房给不知情的丙，甲获款300万元。关于本案，下列哪一选项是错误的？（2010年真题，单选）

A. 甲的行为触犯了伪造居民身份证罪与伪造国家机关证件罪，同时是诈骗罪的教唆犯

B. 甲是诈骗罪、伪造居民身份证罪与伪造国家机关证件罪的正犯

C. 伪造居民身份证罪、伪造国家机关证件罪与诈骗罪之间具有牵连关系

D. 由于存在牵连关系，对甲的行为应以诈骗罪从重处罚

［释疑］　A项错在“诈骗罪的教唆犯”，甲是诈骗的间接正犯。本案结论：甲犯有伪造居民身份证罪、伪造国家机关证件罪、诈骗罪，三罪是牵连关系（牵连犯），应择一重罪（诈骗罪）从重处罚。（答案：A）

考点7　法定的数罪并罚或以一罪从重处罚的特殊情形

一、精讲

法定的数罪并罚或以一罪从重处罚的特殊情形，掌握的要点是立法中的特别规定。属于法定的特殊的罪数问题，只有通过死记硬背法条来解决。

二、例题

1. 关于罪数的认定，下列哪些选项是错误的？（2011年真题，多选）

A. 引诱幼女卖淫后，又容留该幼女卖淫的，应认定为引诱、容留卖淫罪

B. 既然对绑架他人后故意杀害他人的不实行数罪并罚，对绑架他人后伤害他人的就更不能实行数罪并罚

C. 发现盗得的汽车质量有问题而将汽车推下山崖的，成立盗窃罪与故意毁坏财物罪，应当实行并罚

D. 明知在押犯脱逃后去杀害证人而私放，该犯果真将证人杀害的，成立私放在押人员罪与故意杀人罪，应当实行并罚。

［释疑］　(1) A项，引诱幼女卖淫罪与引诱、容留、介绍卖淫罪是不同种罪，应成立引诱幼女卖淫罪和容留卖淫罪，数罪并罚。

(2) B项，第239条第2款规定：犯绑架罪“杀害被绑架人的，或者故意伤害被绑架人，致

人重伤、死亡的,处无期徒刑或者死刑",处罚最为严厉,只包括两种情形:①"杀害被绑架人";②"故意伤害被绑架人,致人重伤、死亡",此"杀害"指第232条之故意杀人罪。故意伤害被绑架人但没有致人重伤、死亡的,不属于上述绑架罪加重犯的情形,故只能数罪并罚。

(3) C项,盗窃之后对赃物的持有、销售、毁损一般认为是事后不可罚的行为,只以盗窃罪一罪论处。

(4) D项,只有"私放"一行为,只能论以一罪。似可认为一行为同时触犯私放在押人员罪(正犯)和故意杀人罪(帮助犯),择一重罪处断。(答案:ABCD)

2. 下列哪些情形不能数罪并罚?(2010年真题,多选)

A. 投保人甲,为了骗取保险金杀害被保险人

B. 15周岁的甲,盗窃时杀死被害人

C. 司法工作人员甲,刑讯逼供致被害人死亡

D. 运送他人偷越边境的甲,遇到检查将被运送人推进大海溺死

[**释疑**] (1) B项,第17条第2款,只能追究甲故意杀人罪的罪责。

(2) C项,第247条以故意杀人罪从重处罚。

(3) A项,第198条保险诈骗罪,数罪并罚。

(4) D项,第318条第2款,数罪并罚。(答案:BC)

考点 8 在犯某罪时又使用暴力抗拒检查行为的处罚

一、精讲

在犯某罪时又使用暴力抗拒检查构成妨害公务罪的,应当数罪并罚,但分则将该暴力抗拒公务检查特别规定为某罪的加重犯的,不实行数罪并罚。

二、例题

对下列哪一情形应当实行数罪并罚?(2006年真题,单选)

A. 在走私普通货物、物品过程中,以暴力、威胁方法抗拒缉私的

B. 在走私毒品过程中,以暴力方法抗拒检查,情节严重的

C. 在组织他人偷越国(边)境过程中,以暴力方法抗拒检查的

D. 在运送他人偷越国(边)境过程中,以暴力方法抗拒检查的

[**释疑**] (1) A项,第157条第2款规定:"以暴力、威胁方法抗拒缉私的,以走私罪和本法第二百七十七条规定的阻碍国家机关工作人员依法执行职务罪,依照数罪并罚的规定处罚。"

(2) B项,第347条第2款规定:"走私、贩卖、运输、制造毒品,有下列情形之一的,处十五年……(四) 以暴力抗拒检查、拘留、逮捕,情节严重的……"

(3) C项,第318条规定:"组织他人偷越国(边)境的……有下列情形之一的,处七年以上……(五) 以暴力、威胁方法抗拒检查的……"

(4) D项,第321条第2款规定:"在运送他人偷越国(边)境中造成被运送人重伤、死亡,或者以暴力、威胁方法抗拒检查的,处七年以上有期徒刑,并处罚金。"(答案:A)

考点 9　实施某个犯罪中，又实施强奸、杀人、受贿、行贿等犯罪行为的处罚

一、精讲

实施某个犯罪中，又实施强奸、杀人、受贿、行贿等犯罪行为的，应当数罪并罚，但是分则对其特别规定按一罪处罚或将其作为法定加重犯的，依分则特别规定处罚，不实行数罪并罚。

二、例题

1. 关于罪数的说法，下列哪一选项是错误的？（2008 年真题，单选）

A. 甲在车站行窃时盗得一提包，回家一看才发现提包内仅有一支手枪。因为担心被人发现，甲便将手枪藏在浴缸下面。甲非法持有枪支的行为，不属于不可罚的事后行为

B. 乙抢夺他人手机，并将该手机变卖，乙的行为构成抢夺罪和掩饰、隐瞒犯罪所得罪，应当数罪并罚

C. 丙非法行医 3 年多，导致 1 人死亡、1 人身体残疾。丙的行为既是职业犯，也是结果加重犯

D. 丁在绑架过程中，因被害人反抗而将其杀死，对丁不应当以绑架罪和故意杀人罪实行并罚

[释疑]　(1) A 项，甲将手枪藏在浴缸下面，属于非法持有枪支。甲以盗窃的故意误得枪支，仍属于盗窃性质，盗窃(财物)罪不能包容非法持有枪支的行为，故不属于事后不可罚行为。盗窃后对(纯财产性)“赃物”的占有、处分行为属于“事后不可罚行为”，因为它能被盗窃罪所包容。

(2) B 项，抢夺后对(纯财产性)“赃物”的处分属于事后不可罚行为，故 B 项“错误”。

(3) C 项，非法行医罪是营业犯，根据第 335 条规定，非法行医致人死亡的，处 10 年以上有期徒刑，据此是结果加重犯。

(4) D 项，根据第 239 条规定，绑架杀害人质的，是加重犯。(答案：B)

2. 下列哪些犯罪行为，应按数罪并罚的原则处理？（2003 年真题，多选）

A. 拐卖妇女又奸淫被拐卖妇女

B. 司法工作人员枉法裁判又构成受贿罪

C. 参加黑社会性质组织又杀人

D. 组织他人偷越国(边)境又强奸被组织人

[释疑]　纯属法律条文的记忆问题。

(1) 拐卖妇女又奸淫被拐卖妇女的，以拐卖妇女罪一罪论处，法定刑升格。

(2) 司法工作人员枉法裁判又构成受贿的，依照处罚较重的规定定罪处罚。

(3) 参加黑社会性质组织又有其他犯罪行为的，数罪并罚。

(4) 组织他人偷越国(边)境，对被组织人有杀害、伤害、强奸、拐卖等犯罪行为，或者对检查人员有杀害、伤害等犯罪行为的，数罪并罚[参见第 240 条第 1 款第(3)项、第 399 条第 2 款、第 294 条、第 318 条第 2 款]。(答案：CD)

三、提示与预测

考试中罪数与数罪并罚的重点是：

1. 对数罪应当实行数罪并罚,其方法是:(1)对数罪分别定罪判刑;(2)将数罪判处的数刑按照第69、70、71条的规定合并决定执行的刑罚。

2. 司法习惯对“一并审理的同种数罪”不实行数罪并罚。这意味着:(1)对异种数罪实行数罪并罚;(2)对同种数罪只是在“不一并审理时”才实行数罪并罚。

3. 分则条款法定的加重犯、转化犯,如结果加重、情节加重、罪行加重等依分则规定处罚,不实行数罪并罚。

4. 一行为同时触犯数罪(想象竞合犯)或者其方法行为(牵连犯)或者其结果行为(牵连犯或吸收犯)又犯其他罪的,“酌情”不数罪并罚。

5. 犯盗窃、抢劫等罪,本人事后“持有”“处分”赃物行为,均不单独评价处罚;但是盗窃、抢劫违禁品,本人事后的“处分”行为又构成其他罪,如贩卖毒品、传播淫秽物品的,应当数罪并罚;事后仅仅有持有违禁品的行为,也不单独评价处罚。

第九章 刑罚的种类

考点1 死刑与死缓的适用

一、精讲

1. “死缓”不是独立刑种而是死刑的执行制度,适用“死缓”也是适用死刑。

2. 死刑适用的条件之一为“罪行极其严重”,在条件上“死刑立即执行”与“死缓”是一致的,都是“罪行极其严重”。两者的差别在于“是否必须立即执行”,不是必须立即执行的,可以缓期两年执行。

3. 判处死刑缓期执行的,在死刑缓期执行期间,如果没有故意犯罪,两年期满以后,减为无期徒刑;如果确有重大立功表现,两年期满以后,减为25年有期徒刑;如果故意犯罪,查证属实的,由最高人民法院核准,执行死刑。

4. 对死缓犯限制减刑的对象:对被判处死刑缓期执行的累犯以及因故意杀人、强奸、抢劫、绑架、放火、爆炸、投放危险物质或者有组织的暴力性犯罪被判处死刑缓期执行的犯罪分子,人民法院根据犯罪情节等情况可以同时决定对其限制减刑。

二、例题

1. 甲与乙女恋爱。乙因甲伤残提出分手,甲不同意,拉住乙不许离开,遭乙痛骂拒绝。甲绝望大喊:“我得不到你,别人也休想”,连捅十几刀,致乙当场惨死。甲逃跑数日后,投案自首,有悔罪表现。关于本案的死刑适用,下列哪一说法符合法律实施中的公平正义理念?(2012年真题,单选)

A. 根据《刑法》规定,当甲的杀人行为被评价为“罪行极其严重”时,可判处甲死刑

B. 从维护《刑法》权威考虑,无论甲是否存在从轻情节,均应判处甲死刑

C. 甲轻率杀人,为严防效尤,即使甲自首悔罪,也应判处死刑立即执行

D. 应当充分考虑并尊重网民呼声,以此决定是否判处甲死刑立即执行

[释疑] 第48条:“死刑只适用于罪行极其严重的犯罪分子”,“罪行极其严重”是死刑

适用的法定依据,A 项对。在《刑法修正案(八)》增加"限制减刑的死缓"之后,有尽量以特别死缓取代死刑(立即执行)之意,尽量控制死刑适用。对于因婚恋矛盾激化而发生故意杀人的案件,目前司法尺度通常不判处死刑。对本案,B 项不问情节"均应判处死刑"不符合死刑尺度和政策;C 项"轻率杀人"属于杀人罪中恶性较轻的情形也"应判处死刑",显然也不符合死刑尺度和政策。D 项网民呼声决定个案死刑适用,明显错误。

故意杀人案较轻的情形如家庭、邻里之类"民间矛盾"激化引起的杀人,非预谋杀人,可以宽恕的理由常有:被害人过错、被害人谅解、赔偿被害人、有法定减轻处罚的情节。

故意杀人案严重可适用死刑的理由:致死多人的,手段残忍(刻意折磨被害人)的,雇凶杀人、受雇杀人的,为争权或夺利而谋杀对手的等。(答案:A)

2. 关于犯罪分子可以适用死刑缓期执行限制减刑的案件,下列选项正确的是:(2011 年真题,不定选)

A. 绑架案件　　　　B. 抢劫案件

C. 爆炸案件　　　　D. 有组织的暴力性案件

[释疑] 此规定为《刑法修正案(八)》修订。

(答案:ABCD)

考点 2 法定不适用死刑的情形

一、精讲

1. 犯罪时不满 18 周岁的人和审判时怀孕的妇女不适用死刑,注意两点:

(1) 审判时怀孕的妇女如果发生人工流产或自然流产的,仍视同孕妇。

(2) "审判时",是指从司法机关立案侦查后发现犯罪嫌疑人时起直至刑事诉讼全过程。

2. 审判的时候已满 75 周岁的人,不适用死刑,但以特别残忍手段致人死亡的除外。这是《刑法修正案(八)》的规定,要予以特别注意,审判时已满 75 周岁的人原则上不适用死刑,但如果以特别残忍手段致人死亡的,不完全排除适用死刑的可能性。

二、例题

1. 《刑法》第 49 条规定:______的时候不满 18 周岁的人和______的时候怀孕的妇女,不适用死刑。______的时候已满 75 周岁的人,不适用死刑,但______的除外。下列哪一选项与题干空格内容相匹配?(2012 年真题,单选)

A. 犯罪——审判——犯罪——故意犯罪致人死亡

B. 审判——审判——犯罪——故意犯罪致人死亡

C. 审判——审判——审判——以特别残忍手段致人死亡

D. 犯罪——审判——审判——以特别残忍手段致人死亡

[释疑] 第 49 条:"犯罪的时候不满十八周岁的人和审判的时候怀孕的妇女,不适用死刑。审判的时候已满七十五周岁的人,不适用死刑,但以特别残忍手段致人死亡的除外。"(答案:D)

2. 甲女因抢劫杀人被逮捕,羁押期间不慎摔伤流产。一月后,甲被提起公诉。对甲的处理,下列哪一选项是正确的?(2010 年真题,单选)

A. 应当视为“审判时怀孕的妇女”,不适用死刑

B. 应当视为“审判时怀孕的妇女”,可适用死刑缓期二年执行

C. 不应当视为“审判时怀孕的妇女”,因甲并非被强制流产

D. 不应当视为“审判时怀孕的妇女”,因甲并非在审判时摔伤流产

[释疑] (1) 被羁押的孕妇,期间即使发生流产、分娩的,不问因何原因流产仍视为“审判时怀孕的妇女”。

(2) B项,适用“死缓”也是适用死刑。

(3) D项,此处之“审判时”,指被司法机关立案后监控时起。(答案:A)

考点3 各刑种刑期的起算

例题

下列关于刑期起算的哪些选项是正确的?(2006年真题,多选)

A. 管制、拘役的刑期,从判决执行之日起计算

B. 有期徒刑的刑期,从判决确定之日起计算

C. 死刑缓期执行减为有期徒刑的刑期,从死刑缓期执行期满之日起计算

D. 附加剥夺政治权利的刑期,从徒刑、拘役执行完毕之日或者从假释期满之日起计算

[释疑] 本题考查的是刑期起算的规定。

(1) 第41条规定,管制的刑期,从判决执行之日起计算;第44条规定,拘役的刑期,从判决执行之日起计算,A项正确。

(2) 第47条规定:“有期徒刑的刑期,从判决执行之日起计算……”从判决“确定”之日起计算,B项错误。

(3) 第51条规定:“……死刑缓期执行减为有期徒刑的刑期,从死刑缓期执行期满之日起计算。”C项正确。

(4) 第58条规定:“附加剥夺政治权利的刑期,从徒刑、拘役执行完毕之日或者从假释之日起计算……”D项中的从假释“期满”之日起计算不符合从“假释之日”起计算的规定,D项错误。(答案:AC)

考点4 管制刑的刑期和执行制度

例题

依据法律规定,在管制的判决和执行方面,下列说法哪些是不正确的?(2003年真题,多选)

A. 管制的期限为3个月以上2年以下,数罪并罚时不得超过3年

B. 被判处管制的犯罪分子,依法实行社区矫正

C. 对于被判处管制的犯罪分子,在劳动中应酌量发给报酬

D. 管制的刑期从判决执行之日起计算,判决执行以前先行羁押的,羁押1日折抵刑期1日

[释疑]　本题考查法律关于刑种的规定。

(1) C项,正确说法是:管制是"同工同酬";拘役是"劳动中应酌量发给报酬"。

(2) D项,正确说法是:管制刑"羁押1日折抵刑期2日";对有期徒刑、拘役才是"羁押1日折抵刑期1日"。(答案:CD)

考点5　剥夺政治权利刑的刑期及其刑期的起算

一、精讲

1. 第58条第1款规定:"附加剥夺政治权利的刑期,从徒刑、拘役执行完毕之日或者从假释之日起计算;剥夺政治权利的效力当然施用于主刑执行期间。"

2. 第55条第2款规定:"判处管制附加剥夺政治权利的,剥夺政治权利的期限与管制的期限相等,同时执行。"

二、例题

下列关于剥夺政治权利附加刑如何执行问题的说法哪些是正确的?(2005年真题,多选)

A. 被判处无期徒刑的罪犯,一般要剥夺政治权利,其刑期与主刑一样,同时执行

B. 被判处有期徒刑的罪犯,被剥夺政治权利的,从有期徒刑执行完毕或假释之日起,执行剥夺政治权利附加刑

C. 被判处拘役的罪犯,被剥夺政治权利的,从拘役执行完毕或假释之日起,执行剥夺政治权利附加刑

D. 被判处管制的罪犯,被剥夺政治权利的,附加刑与主刑刑期相等,同时执行

[释疑]　本题考查的是剥夺政治权利刑的执行。C项这一命题本身存在问题,因为根据第81条的规定,假释的对象为无期徒刑和有期徒刑的罪犯,被判处拘役刑的罪犯不属于假释的范围,不可能存在假释的问题。(答案:BCD)

考点6　剥夺政治权利刑的附加适用

一、精讲

剥夺政治权利刑的附加适用分为"应当"附加适用和"可以"附加适用两种。

第56条第1款规定:"对于危害国家安全的犯罪分子应当附加剥夺政治权利;对于故意杀人、强奸、放火、爆炸、投毒、抢劫等严重破坏社会秩序的犯罪分子,可以附加剥夺政治权利。"附加剥夺政治权利的适用有三种情况:

(1) 判处死刑、无期徒刑的,应当附加剥夺政治权利。

(2) 对危害国家安全的犯罪分子,应当附加剥夺政治权利。

(3) 严重破坏社会秩序的犯罪分子(比如严重盗窃和伤害),可以附加剥夺政治权利。

二、例题

罗某犯放火罪应被判处10年有期徒刑,此时人民法院对罗某还可以适用的附加刑是:(2004年真题,单选)

A. 罚金　　B. 剥夺政治权利　　C. 没收财产　　D. 赔偿经济损失

[**释疑**] 可以附加剥夺政治权利的适用及其与财产刑适用的界限。罗某犯放火罪,属于严重破坏社会秩序的犯罪,可以附加剥夺政治权利。注意:

(1) 需“严重”的才适用附加剥夺政治权利,司法实务中,“严重”的尺度为至少被判处5年以上有期徒刑。

(2) 罚金和没收财产,属于财产刑,通常适用于贪利型犯罪,放火不属于贪利型犯罪,故凭猜测也可选中,应选B项。赔偿经济损失,不是附加刑,可被排除。(答案:B)

三、提示与预测

(1) 附加剥夺政治权利刑的适用及其刑期计算是历来考试的重点,应当掌握。

(2) 剥夺政治权利刑中止执行。如果罪犯在剥夺政治权利刑执行期间,再次犯罪被判刑入狱的,其剥夺政治权利刑自立案侦查被羁押之日起暂时中止执行,待刑满释放之日起继续执行剩余的剥夺政治权利刑刑期。比如,甲因为盗窃数额巨大被判处5年有期徒刑,附加剥夺政治权利刑3年,甲在刑满释放后执行剥夺政治权利刑刑期刚满1年,又因为犯抢劫罪被逮捕羁押,尚余2年剥夺政治权利刑没有执行,暂时中止执行,待抢劫罪服刑完毕,继续执行该2年剥夺政治权利刑。

考点 7 民事赔偿优先于财产刑执行

一、精讲

第36条第2款规定:“承担民事赔偿责任的犯罪分子,同时被判处罚金,其财产不足以全部支付的,或者被判处没收财产的,应当先承担对被害人的民事赔偿责任。”

二、例题

甲在一刑事附带民事诉讼中,被法院依法判处罚金并赔偿被害人损失,但甲的财产不足以全部支付罚金和承担民事赔偿。下列关于如何执行本案判决的表述哪一项是正确的?(2005年真题,单选)

A. 刑事优先,应当先执行罚金　　B. 应当先承担民事赔偿责任

C. 按比例执行罚金和承担民事赔偿责任　　D. 承担民事赔偿责任后减免罚金

[**释疑**] 略。(答案:B)

考点 8 核准“死缓”犯执行死刑的条件

一、精讲

核准“死缓”犯执行死刑的条件是:在死刑缓期执行期间“故意犯罪”。

二、例题

孙某因犯抢劫罪被判处死刑,缓期2年执行。在死刑缓期执行期间,孙某在劳动时由于不服管理,违反规章制度,造成重大伤亡事故。对孙某应当如何处理?(2004年真题,单选)

A. 其所犯之罪查证属实的,由最高人民法院核准,立即执行死刑

B. 其所犯之罪查证属实的,由最高人民法院核准,2年期满后执行死刑

C. 2年期满后减为无期徒刑

D. 2年期满后减为25年有期徒刑

[释疑]　死缓核准执行死刑的条件为“故意犯罪”。重大责任事故是过失犯罪,不构成核准执行死刑的事由。故A、B项错。D项,需要重大立功表现,也不是正确选项。(答案:C)

考点9　刑法规定“并处”没收财产或者罚金的,在判决中必须并处

一、精讲

刑法规定“并处”没收财产或者罚金的犯罪,人民法院在对犯罪分子判处主刑的同时,必须依法判处相应的财产刑。

二、例题

《刑法》分则某条文规定:犯A罪的,“处3年以下有期徒刑,并处或者单处罚金”。被告人犯A罪,但情节较轻,且其身无分文。对此,下列哪一项判决符合该条规定?(2002年真题,单选)

A. 甲法官以被告人身无分文为由,判处有期徒刑6个月

B. 乙法官以被告人身无分文且犯罪情节较轻为由,判处有期徒刑1年,缓期2年执行

C. 丙法官以被告人的犯罪情节较轻为由,判处拘役3个月

D. 丁法官以被告人的犯罪情节较轻为由,判处罚金1000元

[释疑]　(1) 根据题中所给法条,判决中必须处罚金。符合该法条的判决只能有两种:① 判主刑并处罚金;② 单处罚金。A、B、C三选项均未处罚金,故不符合“并处或者单处罚金”的规定。

(2) 依据最高人民法院《关于适用财产刑若干问题的规定》第2条规定:“人民法院应当根据犯罪情节,如违法所得数额、造成损失的大小等,并综合考虑犯罪分子缴纳罚金的能力,依法判处罚金。刑法没有明确规定罚金数额标准的,罚金的最低数额不能少于一千元……”第4条规定:“犯罪情节较轻,适用单处罚金不致再危害社会并具有下列情形之一的,可以依法单处罚金……”D项符合法律和司法解释的规定:① 判处了罚金;② 数额不少于1000元;③ 属于情节较轻可以单处罚金刑的情形。

(3) 判处罚金刑的依据主要是“法律规定”和“犯罪情节”。法律规定“并处”罚金的,指“必须并处”罚金,不问犯罪人经济状况。况且,罚金刑可以分期、延期缴纳,还可以执行其财产。故“身无分文”不是排除适用罚金刑的理由。(答案:D)

考点10　没收财产刑的适用

一、精讲

1. 没收财产刑针对的是犯罪人个人所有的合法财产,对违法所得、犯罪工具和违禁品,应予追缴,但不是没收财产刑的范围,适用的是第64条的规定。

2. 没收全部财产的,应当对犯罪分子个人及其扶养的家属保留必需的生活费用。在判处没收财产的时候,不得没收属于犯罪分子家属所有或者应有的财产。

3. 没收财产以前犯罪分子所负的正当债务,需要以没收的财产偿还的,经债权人请求,应当偿还。

二、例题

1.《刑法》第64条前段规定:"犯罪分子违法所得的一切财物,应当予以追缴或者责令退赔"。关于该规定的适用,下列哪一选项是正确的?(2016年真题,单选)

A. 甲以赌博为业,但手气欠佳输掉200万元。输掉的200万元属于赌资,应责令甲全额退赔

B. 乙挪用公款炒股获利500万元用于购买房产(案发时贬值为300万元),应责令乙退赔500万元

C. 丙向国家工作人员李某行贿100万元。除向李某追缴100万元外,还应责令丙退赔100万元

D. 丁与王某共同窃取他人财物30万元。因二人均应对30万元负责,故应向二人各追缴30万元

[释疑] B项,根据司法解释,挪用公款获利属于违法所得应当予以没收、追缴,追缴金额以挪用公款违法所得为准。

A项,赌资属于用于犯罪之物,应当从持有人处没收、追缴。甲输掉的赌资已经不在甲占有下,应当从赢家处追缴。C项与A项同理,贿赂物属于用于犯罪之物应从占有人处追缴。退赔限于违法所得或造成损失的场合。D项应按照个人实际违法所得追缴。(答案:B)

2. 关于没收财产,下列哪些选项是错误的?(2010年真题,多选)

A. 甲受贿100万元,巨额财产来源不明200万元,甲被判处死刑并处没收财产。甲被没收财产的总额至少应为300万元

B. 甲抢劫他人汽车被判处死刑并处没收财产。该汽车应上缴国库

C. 甲因走私罪被判处无期徒刑并处没收财产。此前所负赌债,经债权人请求应予偿还

D. 甲因受贿罪被判有期徒刑10年并处没收财产30万元,因妨害清算罪被判有期徒刑3年并处罚金2万元。没收财产和罚金应当合并执行

[释疑] (1) A项,第59条规定,没收财产刑的范围是犯罪人的合法财产,对于违法所得,应予追缴,但不是没收财产刑的对象。

(2) B项,被害人所有财物,应返还。

(3) C项,第60条规定,需"正当债务",赌债不是正当债务。

(4) D项,最高人民法院《关于适用财产刑若干问题的规定》第3条规定,没收部分财产同时并科罚金的,相加执行。(答案:ABC)

3. 关于没收财产,下列哪一选项是正确的?(2009年真题,单选)

A. 甲抢劫数额巨大,对其可以判处罚金1万元并处没收财产

B. 乙犯诈骗罪被判处没收全部财产时,法院对乙未满18周岁的子女应当保留必需的生活费用,对乙的成年家属不必考虑

C. 丙盗窃珍贵文物情节严重,即便其没有可供执行的财产,亦应当判处没收财产

D. 丁为治病向李某借款5万元,1年后,丁因犯罪被判处没收财产。无论李某是否提出请求,一旦法院发现该债务存在,就应当判决以没收的财产偿还

[**释疑**] (1) A项,第263条规定:“……并处罚金或者没收财产”,二者选择其一。

(2) B项,第59条规定,没收全部财产的,应当对犯罪分子个人及其扶养的家属保留必需的生活费用。既包括未成年家属,也包括成年家属。

(3) C项,盗窃珍贵文物,情节严重的,第264条明文规定处无期徒刑或者死刑,并处没收财产。

(4) D项,第60条规定,没收财产以前犯罪分子所负的正当债务,需要以没收的财产偿还的,经债权人请求,应当偿还。(答案:C)

考点11 附加刑的执行

一、精讲

数罪中有判处附加刑的,附加刑仍须执行,其中附加刑种类相同的,合并执行,种类不同的,分别执行。

二、例题

1. 判决宣告以前一人犯数罪,数罪中有判处(1)和(2)的,执行(3);数罪中所判处的(4),仍须执行。将下列哪些选项内容填入以上相应括号内是正确的?(2016年真题,多选)

A. (1)死刑 (2)有期徒刑 (3)死刑 (4)罚金

B. (1)无期徒刑 (2)拘役 (3)无期徒刑 (4)没收财产

C. (1)有期徒刑 (2)拘役 (3)有期徒刑 (4)附加刑

D. (1)拘役 (2)管制 (3)拘役 (4)剥夺政治权利

[**释疑**] A项,判处(1)死刑、(2)有期徒刑的,执行(3)死刑,(4)罚金附加刑仍须执行;B项,判处(1)无期徒刑、(2)拘役的,执行(3)无期徒刑,(4)没收财产附加刑仍须执行;C项,判处(1)有期徒刑、(2)拘役的,执行(3)有期徒刑,(4)附加刑仍须执行。

D项错。判处(1)拘役、(2)管制的,并科或分别执行原则,(3)拘役执行完毕,还要执行管制。拘役不能吸收管制刑。(答案:ABC)

2. 甲因走私武器被判处15年有期徒刑,剥夺政治权利5年;因组织他人偷越国境被判处14年有期徒刑,并处没收财产5万元,剥夺政治权利3年;因骗取出口退税被判处10年有期徒刑,并处罚金20万元。关于数罪并罚,下列哪一选项符合《刑法》规定?(2012年真题,单选)

A. 决定判处甲有期徒刑35年,没收财产25万元,剥夺政治权利8年

B. 决定判处甲有期徒刑20年,罚金25万元,剥夺政治权利8年

C. 决定判处甲有期徒刑25年,没收财产5万元,罚金20万元,剥夺政治权利6年

D. 决定判处甲有期徒刑23年,没收财产5万元,罚金20万元,剥夺政治权利8年

[**释疑**] 第69条规定,有期徒刑总和刑期不满35年的,最高不能超过20年,总和刑期在35年以上的,最高不能超过25年。A项超过25年,错。B项没收财产5万与罚金20万元合

并为罚金25万元,错。附加刑种类不同应"分别执行"。C项剥夺政治权利6年,既不是限制加重(超5年)也不是并科。D项附加刑种类相同的"合并执行"一般指相加(并科)执行,D项对。(答案:D)

考点12 最高人民法院和最高人民检察院核准的事项

一、精讲

(1)需最高人民法院核准的事项有三项:①死刑复核案件;②酌情减轻处罚核准;③破格假释核准。

(2)需最高人民检察院核准的事项只有一项,即超过了法定的最长追诉时效,犯罪经过20年以后,仍认为必须追诉的案件。

二、例题

1. 犯罪分子没有法定减轻处罚情节,但根据案件特殊情况,经________核准,可在法定刑以下判处刑罚;被判处无期徒刑的犯人,如有特殊情况,经________核准,实际执行未达13年的,可以假释;在死刑缓期执行期间,如故意犯罪,查证属实,由________核准,执行死刑;犯罪已经经过20年,如果认为必须追诉的,须报________核准。(2012年真题,单选)

下列哪一选项与题干空格内容相匹配?

A. 最高人民法院—最高人民法院—最高人民法院—最高人民法院

B. 最高人民法院—最高人民检察院—最高人民法院—最高人民法院

C. 最高人民法院—最高人民检察院—最高人民法院—最高人民检察院

D. 最高人民法院—最高人民法院—最高人民法院—最高人民检察院

[**释疑**] (1)第63条规定,犯罪分子虽然不具有本法规定的减轻处罚情节,但是根据案件的特殊情况,经最高人民法院核准,也可以在法定刑以下判处刑罚。(2)第81条规定,被判处无期徒刑的犯罪分子,实际执行13年以上……可以假释。如果有特殊情况,经最高人民法院核准,可以不受上述执行刑期的限制。(3)第50条规定,判处死刑缓期执行的,在死刑缓期执行期间……如果故意犯罪,查证属实的,由最高人民法院核准,执行死刑。(4)第87条规定,如果20年以后认为必须追诉的,须报请最高人民检察院核准。(答案:D)

2. 下列哪些情形依法须报经最高人民法院核准?(2008年缓考真题,多选)

A. 判处死刑立即执行的死刑复核案件

B. 犯罪分子没有法定减轻处罚情节,但可以在法定刑以下判处刑罚的案件

C. 因有特殊情况,可以不受实际执行刑期的限制决定假释的案件

D. 追诉时效经过20年以后,仍有必要追诉的案件

[**释疑**] D项为最高人民检察院核准事项。(答案:ABC)

考点13 死缓犯、管制犯的执行,缓刑、假释的考验

一、精讲

1. 被判处有期徒刑、无期徒刑的犯罪分子,在监狱或者其他执行场所执行。

2. 被判处拘役的犯罪分子,由公安机关就近执行。

3. 被判处管制的犯罪分子,依法实行社区矫正。

4. 财产刑由法院执行。

5. 剥夺政治权利刑由公安机关执行。

6. 根据《刑法修正案(八)》的新规定,缓刑和假释的考察机关不再交由公安机关,而是依法实行社区矫正。

7.《刑法修正案(九)》第2条:"将刑法第50条第一款修改为:'判处死刑缓期执行的,在死刑缓期执行期间,如果没有故意犯罪,二年期满以后,减为无期徒刑;如果确有重大立功表现,二年期满以后,减为二十五年有期徒刑;如果故意犯罪,情节恶劣的,报请最高人民法院核准后执行死刑;对于故意犯罪未执行死刑的,死刑缓期执行的期间重新计算,并报最高人民法院备案。'"

8.《刑法修正案(九)》第3条:"……由于遭遇不能抗拒的灾祸等原因缴纳确实有困难的,经人民法院裁定,可以延期缴纳、酌情减少或者免除。"

二、例题

1. 关于缓刑的适用,下列哪些选项是正确的?(2015年真题,多选)

A. 甲犯重婚罪和虐待罪,数罪并罚后也可能适用缓刑

B. 乙犯遗弃罪被判处管制1年,即使犯罪情节轻微,也不能宣告缓刑

C. 丙犯绑架罪但有立功情节,即使该罪的法定最低刑为5年有期徒刑,也可能适用缓刑

D. 丁17岁时因犯放火罪被判处有期徒刑5年,23岁时又犯伪证罪,仍有可能适用缓刑

[**释疑**] A项,数罪并罚的刑期也可能在3年以下,若同时符合缓刑的其他条件,仍可适用缓刑。B项,管制无需关押,并无缓刑之必要。C项,注意法定刑与宣告刑的区别。因立功这一法定从宽情节可能导致减轻处罚,宣告刑仍有可能在3年以下,若同时符合缓刑的其他条件,仍可适用缓刑。D项,虽然累犯不适用缓刑,但因丁犯前一罪时未满18周岁,不构成累犯,若同时符合缓刑的其他条件,仍可适用缓刑。(答案:ABCD)

2. 被宣告________的犯罪分子,在________考验期内犯新罪或者发现判决宣告以前还有其他罪没有判决的,应当撤销________,对新犯的罪或者新发现的罪作出判决,把前罪和后罪所判处的刑罚,依照《刑法》第69条的规定,决定执行的刑罚。

关于三个空格的填充内容,下列哪一选项是正确的?(2013年真题,单选)

A. 均应填"假释"　　B. 均应填"缓刑"

C. 既可均填"假释",也可均填"缓刑"　　D. 既不能均填"假释",也不能均填"缓刑"

[**释疑**] 缓刑假释题。第77条规定,被宣告缓刑的犯罪分子,在缓刑考验期限内犯新罪或者发现判决宣告以前还有其他罪没有判决的,应当撤销缓刑,依第69条规定并罚。第86条规定,被假释的犯罪分子,在假释考验期限内犯新罪,应当撤销假释……,依第71条规定并罚。(答案:B)

3. 关于缓刑的适用,下列哪一选项是错误的?(2011年真题,单选)

A. 被宣告缓刑的犯罪分子,在考验期内再犯罪的,应当数罪并罚,且不得再次宣告缓刑

B. 对于被宣告缓刑的犯罪分子,可以同时禁止其从事特定活动,进入特定区域、场所,接触特定的人

C. 对于黑社会性质组织的首要分子,不得适用缓刑

D. 被宣告缓刑的犯罪分子,在考验期内由公安机关考察,所在单位或者基层组织予以配合

[释疑] 《刑法修正案(八)》规定:对缓刑、管制、假释犯"实行社区矫正",D项错。(答案:D)

4. 被告人王某故意杀人案经某市中级法院审理,认为案件事实清楚,证据确实、充分。请根据下列条件,回答(1)—(3)题。(2010年真题,不定选)

(1) 如王某被判处死刑立即执行,下列选项正确的是:

A. 核准死刑立即执行的机关是最高法院

B. 签发死刑立即执行命令的是最高法院审判委员会

C. 王某由作出一审判决的法院执行

D. 王某由法院交由监狱或指定的羁押场所执行

[释疑] 考察死刑的核准和执行机关。(答案:AC)

(2) 如王某被判处无期徒刑,附加剥夺政治权利,下列选项正确的是:

A. 无期徒刑的执行机关是监狱

B. 剥夺政治权利的执行机关是公安机关

C. 对王某应当剥夺政治权利终身

D. 如王某减刑为有期徒刑,剥夺政治权利的期限应改为15年

[释疑] A项,第46条规定:"被判处有期徒刑、无期徒刑的犯罪分子,在监狱或者其他执行场所执行……"

C、D项,第57条规定:"对于被判处死刑、无期徒刑的犯罪分子,应当剥夺政治权利终身。在死刑缓期执行减为有期徒刑或者无期徒刑减为有期徒刑的时候,应当把附加剥夺政治权利的期限改为三年以上十年以下。"

B项,第58条规定:"……被剥夺政治权利的犯罪分子,在执行期间,应当遵守法律、行政法规和国务院公安部门有关监督管理的规定……"(答案:ABC)

(3) 如王某被并处没收个人财产,关于本案财产刑的执行及赔偿、债务偿还,下列说法正确的是:

A. 财产刑由公安机关执行

B. 王某应先履行对提起附带民事诉讼的被害人的民事赔偿责任

C. 案外人对执行标的物提出异议的,法院应当裁定中止执行

D. 王某在案发前所负所有债务,经债权人请求先行予以偿还

[释疑] 第36条第2款规定:"承担民事赔偿责任的犯罪分子,同时被判处罚金,其财产不足以全部支付的……应当先承担对被害人的民事赔偿责任。"A项,最高人民法院《关于适用财产刑若干问题的规定》第10条第1款规定:"财产刑由第一审人民法院执行。"D项应为"所负的正当债务……"(第60条)。(答案:B)

考点14 犯罪金额的计算

一、精讲

1. 跨年龄段的犯罪:只能计算到责任年龄的犯罪金额。

2. 犯同种罪的,犯罪金额累计计算。

二、例题

关于犯罪数额的计算,下列哪一选项是正确的?(2009 年真题,单选)

A. 甲15 周岁时携带凶器抢夺他人财物价值3 万元;17 周岁时抢劫他人财物价值2 万元。甲的犯罪数额是5 万元

B. 乙收受贿赂15 万元,将其中3 万元作为单位招待费使用。乙的犯罪数额是12 万元

C. 丙第一次诈骗6 万元,第二次诈骗12 万元,但用其中6 万元补偿了第一次诈骗行为被害人的全部损失。丙的犯罪数额是6 万元

D. 丁盗窃他人价值6000 元的手机,在销赃时夸大手机功能将其以1 万元卖出。丁除成立盗窃罪外,还成立诈骗罪,诈骗数额是1 万元

[释疑] (1) A 项,甲15 岁抢劫,17 岁抢劫都要追究刑事责任,数次犯同种罪一并审理时,累计犯罪数额。

(2) B 项,乙受贿数额15 万元,不问受贿款的用途,均按15 万元计算数额。

(3) C 项,一旦两次诈骗均成立犯罪,应为累计18 万元。

(4) D 项,盗窃后的销赃即使虚构骗局将赃物卖掉,不再另定诈骗罪,是盗窃罪事后不可罚的行为,但如果差额巨大,对超出部分不排除成立诈骗罪,本题诈骗数额是1 万元,显然错误。(答案:A)

考点 15 职业禁止

一、精讲

《刑法修正案(九)》第1 条规定:“在刑法第三十七条后增加一条,作为第三十七条之一:‘因利用职业便利实施犯罪,或者实施违背职业要求的特定义务的犯罪被判处刑罚的,人民法院可以根据犯罪情况和预防再犯罪的需要,禁止其自刑罚执行完毕之日或者假释之日起从事相关职业,期限为三年至五年。被禁止从事相关职业的人违反人民法院依照前款规定作出的决定的,由公安机关依法给予处罚;情节严重的,依照本法第三百一十三条的规定(拒不执行判决、裁定罪)定罪处罚。其他法律、行政法规对其从事相关职业另有禁止或者限制性规定的,从其规定。’”

二、例题

关于职业禁止,下列哪一选项是正确的?(2016 年真题,单选)

A. 利用职务上的便利实施犯罪的,不一定都属于“利用职业便利”实施犯罪

B. 行为人违反职业禁止的决定,情节严重的,应以拒不执行判决、裁定罪定罪处罚

C. 判处有期徒刑并附加剥夺政治权利,同时决定职业禁止的,在有期徒刑与剥夺政治权利均执行完毕后,才能执行职业禁止

D. 职业禁止的期限均为3 年至5 年

[释疑] B 项,根据第37 条之一第2 款规定,被禁止从事相关职业的人违反人民法院作出的职业禁止的决定,情节严重的,应依照第313 条(拒不执行判决、裁定罪)定罪处罚。

A项,利用职业便利包含利用职务上便利,利用职务上便利都属于利用职业便利。C项,根据第37条之一规定,禁止其自刑罚执行完毕之日或"假释之日"起从事相关职业。D项,3年至5年是相对确定期限,法官可在3年以上5年以下裁量一个职业禁止的期限,比如4年。(答案:B)

第十章 刑罚的裁量

考点1 刑罚执行期间"漏罪"和"新罪"在数罪并罚原则方法和效果上的差异

一、精讲

(1)方法差异:①"漏罪""先并后减";②"新罪""先减后并"。

(2)效果差异:①"漏罪""先并后减"的方法,其判决宣告的刑期与实际执行的刑期一致,均不可能突破法定数罪并罚刑期的限制(拘役不超过1年;管制不超过3年;有期徒刑总和刑期不满35年的,最高不超过20年;有期徒刑总和在35年以上的,最高不能超过25年);②"新罪""先减后并"方法则有可能使"实际执行的刑期"突破法定数罪并罚刑期的限制。因为用"先减后并",将罪犯"已经执行的刑期"在合并之前先行减去,可能导致宣告的刑期与实际执行的刑期不一致。罪犯实际执行的刑期实际上=宣告的刑期+被先行减去的已经执行的刑期。

二、例题

1. 关于数罪并罚,下列哪些选项是符合《刑法》规定的?(2011年真题,多选)

A. 甲在判决宣告以前犯抢劫罪、盗窃罪与贩卖毒品罪,分别被判处13年、8年、15年有期徒刑。法院数罪并罚决定执行18年有期徒刑

B. 乙犯抢劫罪、盗窃罪分别被判处13年、6年有期徒刑,数罪并罚决定执行18年有期徒刑。在执行5年后,发现乙在判决宣告前还犯有贩卖毒品罪,应当判处15年有期徒刑。法院数罪并罚决定应当执行19年有期徒刑,已经执行的刑期,计算在新判决决定的刑期之内

C. 丙犯抢劫罪、盗窃罪分别被判处13年、8年有期徒刑,数罪并罚决定执行18年有期徒刑。在执行5年后,丙又犯故意伤害罪,被判处15年有期徒刑。法院在15年以上20年以下决定应当判处16年有期徒刑,已经执行的刑期,不计算在新判决决定的刑期之内

D. 丁在判决宣告前犯有3罪,被分别并处罚金3万元、7万元和没收全部财产。法院不仅要合并执行罚金10万元,而且要没收全部财产

[释疑] A项,按照《刑法修正案(八)》修订后的第69条规定,限制加重原则:总和刑期超过35年的,应当在25年以下、数刑中最高刑15年以上决定执行的刑罚。决定执行18年虽然偏轻但没有超出限度。

B项,刑罚执行期间发现漏罪的并罚,先并后减,原判决刑期18年,"漏罪"的15年,总和刑期33年,在20年以下18年以上决定执行19年,已经执行的5年依然有效。实际剩余14年。

C项,刑罚执行期间犯新罪的并罚,已经执行5年,原判决剩余的刑期13年,新罪的

15年,总和刑期28年,在20年以下15年以上决定执行16年,符合法律。

D项,《刑法修正案(八)》:并处数个附加刑,种类相同的合并执行,种类不同的分别执行。(答案:ABCD)

2. 关于数罪并罚,下列哪一选项是错误的?(2007年真题,单选)

A. 甲在刑罚执行完毕以前发现漏罪的,应当按照“先并后减”的原则实行数罪并罚

B. 乙在刑罚执行完毕以前再犯新罪的,应当按照“先减后并”的原则实行数罪并罚

C. 丙在刑罚执行完毕以前再犯新罪,同时又发现漏罪的,应当先将漏罪与原判决的罪实行“先并后减”;再对新罪与前一罪并罚后尚未执行完毕的刑期实行“先减后并”

D. “先减后并”在一般情况下使犯罪人受到的实际处罚比“先并后减”轻

[**释疑**] 本题考查刑罚执行期间“漏罪”与“新罪”数罪并罚原则的适用。(答案:D)

三、提示与预测

限制加重原则是常见考点,尤其是刑罚执行期间犯新罪和发现漏罪的并罚方法的差异,应重点掌握。

考点 2 判决宣告前一人犯数罪的并罚

一、精讲

《刑法修正案(九)》第4条将第69条修改为:“判决宣告以前一人犯数罪的,除判处死刑和无期徒刑的以外,应当在总和刑期以下、数刑中最高刑期以上,酌情决定执行的刑期,但是管制最高不能超过三年,拘役最高不能超过一年,有期徒刑总和刑期不满三十五年的,最高不能超过二十年,总和刑期在三十五年以上的,最高不能超过二十五年。数罪中有判处有期徒刑和拘役的,执行有期徒刑。数罪中有判处有期徒刑和管制,或者拘役和管制的,有期徒刑、拘役执行完毕后,管制仍须执行。数罪中有判处附加刑的,附加刑仍须执行,其中附加刑种类相同的,合并执行,种类不同的,分别执行。”

注意:有期徒刑吸收拘役,但有期徒刑、拘役(剥夺自由刑)不能吸收管制(限制自由刑)。

二、例题

1. 关于数罪并罚,下列哪些选项是正确的?(2017年真题,多选)

A. 甲犯某罪被判处有期徒刑2年,犯另一罪被判处拘役6个月。对甲只需执行有期徒刑

B. 乙犯某罪被判处有期徒刑2年,犯另一罪被判处管制1年。对乙应在有期徒刑执行完毕后,继续执行管制

C. 丙犯某罪被判处有期徒刑6年,执行4年后发现应被判处拘役的漏罪。数罪并罚后,对丙只需再执行尚未执行的2年有期徒刑

D. 丁犯某罪被判处有期徒刑6年,执行4年后被假释,在假释考验期内犯应被判处1年管制的新罪。对丁再执行2年有期徒刑后,执行1年管制

[**释疑**] 有期徒刑吸收拘役,但有期徒刑、拘役不可吸收管制。(答案:ABCD)

2. 判决宣告以前一人犯数罪,数罪中有判处(1)和(2)的,执行(3);数罪中所判处的(4),仍须执行。将下列哪些选项内容填入以上相应括号内是正确的?(2016年真题,多选)

A. (1)死刑 (2)有期徒刑 (3)死刑 (4)罚金

B. (1)无期徒刑 (2)拘役 (3)无期徒刑 (4)没收财产

C. (1)有期徒刑 (2)拘役 (3)有期徒刑 (4)附加刑

D. (1)拘役 (2)管制 (3)拘役 (4)剥夺政治权利

[释疑] A项,判处(1)死刑、(2)有期徒刑的,执行(3)死刑,(4)罚金附加刑仍须执行;B项,判处(1)无期徒刑、(2)拘役的,执行(3)无期徒刑,(4)没收财产附加刑仍须执行;C项,判处(1)有期徒刑、(2)拘役的,执行(3)有期徒刑,(4)附加刑仍须执行。

D项错。判处(1)拘役、(2)管制的,并科或分别执行原则,(3)拘役执行完毕,还要执行管制。拘役不能吸收管制刑。(答案:ABC)

考点3 缓刑适用的条件

一、精讲

第72条第1款规定:“对于被判处拘役、三年以下有期徒刑的犯罪分子,同时符合下列条件的,可以宣告缓刑,对其中不满十八周岁的人、怀孕的妇女和已满七十五周岁的人,应当宣告缓刑:(一)犯罪情节较轻;(二)有悔罪表现;(三)没有再犯罪的危险;(四)宣告缓刑对所居住社区没有重大不良影响。”

第74条规定:“对于累犯和犯罪集团的首要分子,不适用缓刑。”[《刑法修正案(八)》]

注意以下要点:

(1)被判处3年以下有期徒刑指的是“宣告刑”,而不是法定刑。

(2)没有限定是一罪还是数罪。数罪并罚但合并宣告刑为3年以下有期徒刑的,也可适用缓刑。

(3)法律只明文规定“对于累犯和犯罪集团的首要分子,不适用缓刑”,没有对某种犯罪不能适用缓刑的限定。

(4)对于被判处拘役、3年以下有期徒刑,同时符合法定条件的不满18周岁的人、怀孕的妇女和已满75周岁的人,应当宣告缓刑。

(5)对于累犯和犯罪集团的首要分子,不适用缓刑。

(6)《刑法修正案(八)》新增的“禁止令”规定:宣告缓刑,可以根据犯罪情况,同时禁止犯罪分子在缓刑考验期限内从事特定活动,进入特定区域、场所,接触特定的人。

二、例题

1. 关于缓刑的适用,下列哪些选项是错误的?(2017年真题,多选)

A. 甲犯抢劫罪,所适用的是“三年以上十年以下有期徒刑”的法定刑,缓刑只适用于被判处拘役或者3年以下有期徒刑的罪犯,故对甲不得判处缓刑

B. 乙犯故意伤害罪与代替考试罪,分别被判处6个月拘役与1年管制。由于管制不适用缓刑,对乙所判处的拘役也不得适用缓刑

C. 丙犯为境外非法提供情报罪,被单处剥夺政治权利,执行完毕后又犯帮助恐怖活动罪,被判处拘役6个月。对丙不得宣告缓刑

D. 丁17周岁时犯抢劫罪被判处有期徒刑5年,刑满释放后的第4年又犯盗窃罪,应当判

处有期徒刑2年。对丁不得适用缓刑

[释疑] A项错,缓刑的刑期条件是就宣告刑而言,并非法定刑。B项错,管制犯无需缓刑且不影响针对拘役犯的缓刑。C项对,特殊累犯,不可缓刑。注意:特殊累犯的前后罪只要是危害国家安全罪、黑社会犯罪、恐怖犯罪之一即可,前罪与后罪无需是同一类别的犯罪。D项错,丁犯前罪时尚未成年,即使犯后罪时已成年,也不构成累犯。注意:本题不是选对而是选错!(答案:ABD)

2. 关于禁止令,下列哪些选项是错误的?(2012年真题,多选)

A. 甲因盗掘古墓葬罪被判刑7年,在执行5年后被假释,法院裁定假释时,可对甲宣告禁止令

B. 乙犯合同诈骗罪被判处缓刑,因附带民事赔偿义务尚未履行,法院可在禁止令中禁止其进入高档饭店消费

C. 丙因在公共厕所猥亵儿童被判处缓刑,法院可同时宣告禁止其进入公共厕所

D. 丁被判处管制,同时被禁止接触同案犯,禁止令的期限应从管制执行完毕之日起计算

[释疑] A项错误,对假释犯没有禁止令。B项适用禁止令正确,最高人民法院等《关于对判处管制、宣告缓刑的犯罪分子适用禁止令有关问题的规定(试行)》第3条规定:"……(四)附带民事赔偿义务未履行完毕,违法所得未追缴、退赔到位,或者罚金尚未足额缴纳的,禁止从事高消费活动"。C项有两点不妥:(1)公厕只是偶然地侵犯儿童场所,与猥亵儿童没有必然联系,没有预防犯罪价值。不似幼儿园、学校。(2)生活必须去的场所,不可以禁止。如同不能禁止饮食。D项《关于对判处管制、宣告缓刑的犯罪分子适用禁止令有关问题的规定(试行)》第6条第3款规定:"禁止令的执行期限,从管制、缓刑执行之日起计算。"(答案:ACD)

3. 关于缓刑,下列哪一选项是正确的?(2008年缓考真题,单选)

A. 对累犯以及杀人、伤害等暴力性犯罪,不得宣告缓刑

B. 被宣告缓刑的犯罪分子,在缓刑考验期内,只要没有再犯新罪的,缓刑考验期满,原判刑罚就不再执行

C. 缓刑考验期限,从判决确定之日起计算

D. 被宣告缓刑的犯罪分子,在缓刑考验期内犯新罪的,应当撤销缓刑,将前罪和后罪所判处的刑罚,依照先减后并的方法决定应当执行的刑罚

[释疑] (1)A项,刑法没有禁止对暴力犯适用缓刑。

(2)B项,"再犯新罪"只是撤销缓刑的事由之一,另还有被发现"漏罪",违法、违规情节严重的,也是撤销缓刑事由。

(3)D项,缓刑考验期内数罪并罚属于"判决宣告前"的数罪并罚,不存在"减"去已执行刑期的问题。(答案:C)

考点4 自首、立功的认定

一、精讲

1. 普通自首的要件

(1)自动投案。要点:自动投案后又逃跑的,不成立自首;仅因形迹可疑受到盘查,即交代

有关犯罪事实的,视为自动投案;犯罪既遂后,匿名把赃款、赃物寄给司法机关,人没有自动投案的,不成立自首;或者虽然署名,但拒不到案,甚至向司法机关挑战的,不是自动投案。

(2) 如实供述自己的罪行。注意在共同犯罪的场合,如实供述的内容包括同案犯。

2. 特殊自首的要件

(1) 属于在案的在押人员(已经到案人员)。

(2) 供述不同种罪行。

3. 自首与立功的区别

(1) "交代本人罪行"是自首,"揭发他人罪行"是立功。但是在交代本人与他人共同犯罪的场合,虽然牵连出同案犯,仍然属于如实交代本人罪行,不成立立功。

(2) 自首的效力仅及于自首罪行,立功的效力可作用于犯罪人的全部罪行。

二、例题

1. 关于自首,下列哪一选项是正确的?(2017年真题,单选)

A. 甲绑架他人作为人质并与警察对峙,经警察劝说放弃了犯罪。甲是在"犯罪过程中"而不是"犯罪以后"自动投案,不符合自首条件

B. 乙交通肇事后留在现场救助伤员,并报告交管部门发生了事故。交警到达现场询问时,乙否认了自己的行为。乙不成立自首

C. 丙故意杀人后如实交代了自己的客观罪行,司法机关根据其交代认定其主观罪过为故意,丙辩称其为过失。丙不成立自首

D. 丁犯罪后,仅因形迹可疑而被盘问、教育,便交代了自己所犯罪行,但拒不交代真实身份。丁不属于如实供述,不成立自首

[**释疑**] A项错,甲确实不成立自首(可成立犯罪中止),但原因在于并非自动投案而是经警察劝说后放弃犯罪。"犯罪以后"自动投案可成立自首,"犯罪过程中"自动投案则更应成立自首(当然解释)。B项对,乙并未如实供述罪行,不成立自首。C项错,如实交代后对其行为性质的辩解并不影响自首的认定。D项错,根据司法解释,仅因形迹可疑而被盘问、教育,便交代了自己所犯罪行,便可成立自首,拒不交代真实身份不影响其定罪量刑,因而对自首的认定并无影响。(答案:B)

2. 下列哪一选项成立自首?(2015年真题,单选)

A. 甲挪用公款后主动向单位领导承认了全部犯罪事实,并请求单位领导不要将自己移送司法机关

B. 乙涉嫌贪污被检察院讯问时,如实供述将该笔公款分给了国有单位职工,辩称其行为不是贪污

C. 丙参与共同盗窃后,主动投案并供述其参与盗窃的具体情况。后查明,系因分赃太少、得知举报有奖才投案

D. 丁因纠纷致程某轻伤后,报警说自己伤人了。报警后见程某举拳冲过来,丁以暴力致其死亡,并逃离现场

[**释疑**] A项,可以向单位领导自首,但需有接受司法机关处置的意思。B项,"涉嫌贪污被检察院讯问",不符合"自动投案"。C项,自动投案的动机对自首的认定并无影响。D项,报警虽然也是自动投案的方式之一,但之后又针对被害人实施了更为严重的犯罪并逃离,

不能认定自动投案。(答案:C)

3. 甲(民营企业销售经理)因合同诈骗罪被捕。在侦查期间,甲主动供述曾向国家工作人员乙行贿9万元,司法机关遂对乙进行追诉。后查明,甲的行为属于单位行贿,行贿数额尚未达到单位行贿罪的定罪标准。甲的主动供述构成下列哪一量刑情节?(2014年真题,单选)

A. 坦白　　B. 立功　　C. 自首　　D. 准自首

[**释疑**]　(1)因甲交代给乙9万元,乙受贿罪行案发,属于揭发他人犯罪行为查证属实,是立功。甲给乙9万元的行为因不成立犯罪,故甲乙不是贿赂同案犯,不影响甲立功成立,B项正确。(2)假如甲成立行贿罪则因是乙同案犯,不符合揭发“他人罪行”的条件,不是立功,则在行贿罪上可成立“准自首”,即主动供述司法机关尚未掌握的不同种罪,以自首论(第67条第2款)。但甲无罪,故准自首无从谈起,D项错。A、C项则明显不成立。(答案:B)

4. 下列哪些选项不构成立功?(2012年真题,多选)

A. 甲是唯一知晓同案犯裴某手机号的人,其主动供述裴某手机号,侦查机关据此采用技术侦查手段将裴某抓获

B. 乙因购买境外人士赵某的海洛因被抓获后,按司法机关要求向赵某发短信“报平安”,并表示还要购买毒品,赵某因此未离境,等待乙时被抓获

C. 丙被抓获后,通过律师转告其父想办法协助司法机关抓捕同案犯,丙父最终找到同案犯藏匿地点,协助侦查机关将其抓获

D. 丁被抓获后,向侦查机关提供同案犯的体貌特征,同案犯由此被抓获

[**释疑**]　A、D项不是立功,B项是立功,依据见最高人民法院《关于处理自首和立功若干具体问题的意见》(以下简称最高法“自首立功意见”):“五、……犯罪分子具有下列行为之一,使司法机关抓获其他犯罪嫌疑人的,属于《解释》第五条规定的‘协助司法机关抓捕其他犯罪嫌疑人’:1. 按照司法机关的安排,以打电话、发信息等方式将其他犯罪嫌疑人(包括同案犯)约至指定地点的;2. 按照司法机关的安排,当场指认、辨认其他犯罪嫌疑人(包括同案犯)的;3. 带领侦查人员抓获其他犯罪嫌疑人(包括同案犯)的;4. 提供司法机关尚未掌握的其他案件犯罪嫌疑人的联络方式、藏匿地址的,等等。犯罪分子提供同案犯姓名、住址、体貌特征等基本情况,或者提供犯罪前、犯罪中掌握、使用的同案犯联络方式、藏匿地址,司法机关据此抓捕同案犯的,不能认定为协助司法机关抓捕同案犯。”

C项立功限于“本人”,C项不是立功依据。见最高法“自首立功意见”:“四、……犯罪分子亲友为使犯罪分子‘立功’,向司法机关提供他人犯罪线索、协助抓捕犯罪嫌疑人的,不能认定为犯罪分子有立功表现。”B项应司法机关要求“钓”同案犯是立功,参见最高法“自首立功意见”。(答案:ACD)

5. 关于自首中的“如实供述”,下列哪些选项是错误的?(2009年真题,多选)

A. 甲自动投案后,如实交代自己的杀人行为,但拒绝说明凶器藏匿地点的,不成立自首

B. 乙犯有故意伤害罪、抢夺罪,自动投案后,仅如实供述抢夺行为,对伤害行为一直主张自己是正当防卫的,仍然可以成立自首

C. 丙虽未自动投案,但办案机关所掌握线索针对的贪污事实不成立,在此范围外,丙交代贪污罪行的,应当成立自首

D. 丁自动投案并如实供述自己的罪行后又翻供,但在二审判决前又如实供述的,应当认定为自首

[释疑] (1) A项,《关于处理自首和立功具体应用法律若干问题的解释》:如实供述自己的罪行,指"如实交代自己的主要犯罪事实"。不必苛求细节属实。

(2) B项,被告人对行为性质的辩解不影响自首的成立。

(3) C项,《关于办理职务犯罪案件认定自首、立功等量刑情节若干问题的意见》第1条规定:没有自动投案,但办案机关所掌握线索针对的犯罪事实不成立,在此范围外犯罪分子交代同种罪行的,仍以自首论。

(4) D项,《关于处理自首和立功具体应用法律若干问题的解释》第1条规定:"犯罪嫌疑人自动投案并如实供述自己的罪行后又翻供的,不能认定为自首;但在一审判决前又能如实供述的,应当认定为自首。"(答案:AD)

考点5 协助抓获犯罪人(包括同案犯)成立立功

一、精讲

在案人犯供述司法机关未掌握的不同种罪行,以自首论;协助抓获犯罪人(包括同案犯的)是立功,协助抓获罪该处无期徒刑以上刑罚之重大案犯的,是重大立功。

二、例题

甲和乙共同入户抢劫并致人死亡后分头逃跑,后甲因犯强奸罪被抓获归案。在羁押期间,甲向公安人员供述了自己和乙共同所犯的抢劫罪行,并提供了乙因犯故意伤害罪被关押在另一城市的看守所的有关情况,使乙所犯的抢劫罪受到刑事追究。对于本案,下列哪一选项是正确的?(2006年真题,单选)

A. 甲的行为属于坦白,但不成立特别自首

B. 甲的行为成立特别自首,但不成立立功

C. 甲的行为成立特别自首和立功,但不成立重大立功

D. 甲的行为成立特别自首和重大立功

[释疑] (1) 甲因强奸罪被依法采取强制措施期间主动供述不同种罪行(抢劫罪行),成立特别自首,排除A项。

(2) 甲提供了同案犯乙因犯故意伤害罪被关押在另一城市的看守所的情况,使乙所犯的抢劫罪受到刑事追究,属于协助抓获同案犯的立功表现,排除B项。

(3) 又因为乙是抢劫结果加重犯,可能被判处无期徒刑以上刑罚,甲属于重大立功表现,排除C项。(答案:D)

考点6 一般立功与重大立功的区别以及自首、立功和坦白的处罚原则

一、精讲

1. 一般立功与重大立功的区别取决于案件是否"重大"

(1) 应当处无期徒刑以上的案犯、案件等。

(2) 在省级以上范围有重大影响的案件,具体参见最高人民法院《关于处理自首和立功具体应用法律若干问题的解释》。

2. 自首、立功的处罚原则

(1) 对自首犯,可以从轻或者减轻处罚。其中,犯罪较轻的,可以免除处罚。

(2) 有立功表现的,可以从轻或者减轻处罚;有重大立功表现的,可以减轻或者免除处罚。

(3) 对不成立自首,但如实供述自己罪行的(坦白)犯罪嫌疑人,可以从轻处罚;因其如实供述自己罪行,避免特别严重后果发生的,可以减轻处罚[《刑法修正案(八)》]。

二、例题

甲因盗窃罪被捕,在侦查人员对其审讯期间,他又交代了自己与李某合伙诈骗4万元的犯罪事实,并提供了李某可能隐匿的地点,根据这一线索,侦查机关顺利将李某追捕归案。对甲盗窃罪的处罚,下列哪一项是正确的?(2003年真题,单选)

A. 应当减轻或者免除处罚　　B. 应当从轻或者减轻处罚

C. 可以从轻或者减轻处罚　　D. 可以减轻或者免除处罚

[释疑]　本题要选出正选,必须先找出适用的依据。

(1) 甲在因盗窃被采取强制措施审查期间,主动交代不同种罪行(诈骗),以自首论。

(2) 甲协助抓获诈骗罪同案共犯,属于一般立功表现,不属于重大立功,因为诈骗4万元的犯罪事实尚不属于罪该处无期徒刑以上刑罚。

(3) 对于甲的诈骗罪行适用自首情节,依法“可以从轻或者减轻处罚”;对于甲的盗窃行为,适用立功情节(一般立功),依法“可以从轻或者减轻处罚”。

(4) 数罪的自首适用问题。应当注意,虽然同是“可以从轻或者减轻处罚”,对甲的盗窃和诈骗罪而言适用法定情节的根据是不同的。对盗窃罪而言,根据是立功;对诈骗罪而言,根据是自首。假如甲没有协助抓获同案犯李某的立功表现,则仅能对其诈骗罪依据自首情节“可以从轻或者减轻处罚”,不能对其盗窃罪也认为适用自首情节,对于盗窃罪成立立功,“可以从轻或者减轻处罚”,是正选。(答案:C)

三、提示与预测

自首、立功是历来案例分析中的重要考点之一,应当认真掌握自首、立功的认定及其处罚原则。其中较为疑难的有:

(1) 重大立功的认定及其处罚原则;

(2) 协助抓获同案犯的立功表现;

(3) 交代同案犯与本人同案罪行不是立功;

(4) 犯有数罪的罪犯自动投案的,如实供述何罪就何罪成立自首,没有如实供述的罪行,不成立自首;

(5) 坦白的处罚原则。

考点 7　“从重处罚”的理解

一、精讲

从重处罚,指在法定刑的限度内,对犯罪分子适用相对较重的刑种或者相对较长的刑期。相对较重,指相对于没有该从重情节时通常判处的刑罚而言,不一定在法定刑的“中间线”以上判罚,也可能判处低于中间线的刑罚。

二、例题

下列关于从重处罚的表述哪些选项是正确的?(2005年真题,多选)

A. 从重处罚是指应当在犯罪所适用刑罚幅度的中线以上判处

B. 从重处罚是在法定刑以上判处刑罚

C. 从重处罚是指在法定刑的限度以内判处刑罚

D. 从重处罚不一定判处法定最高刑

[释疑] 本题考查的是对从重处罚的理解。(答案:CD)

考点8 分则中常见的法定从重处罚情节

一、例题

下列哪些行为属于法定的从重处罚情节?(2006年真题,多选)

A. 国家机关工作人员甲利用职权对乙进行非法拘禁,时间长达3天

B. 军警人员甲持枪抢劫

C. 国家机关工作人员甲利用职权挪用数额巨大的救济款进行赌博

D. 国家机关工作人员甲徇私舞弊,滥用职权,致使公共财产、国家和人民利益遭受重大损失

[释疑] (1) A项,第238条规定:“非法拘禁他人或者以其他方法非法剥夺他人人身自由的……国家机关工作人员利用职权犯前三款罪的,依照前三款的规定从重处罚。”

(2) C项,第384条第2款规定:“挪用用于救灾、抢险、防汛、优抚、扶贫、移民、救济款物归个人使用的,从重处罚。”

(3) B项,是抢劫罪法定加重犯,参见第263条。

(4) D项是滥用职权罪的法定加重犯,参见第397条。(答案:ABCD)

二、提示与预测

1.《刑法》总则中常见的法定量刑情节是必考重点,如:未成年人、聋哑人、限制责任能力人、预备、未遂、中止、从犯、胁从犯、教唆未遂、教唆未成年人、累犯、自首、立功、重大立功。另外分则中的重要法定量刑情节,如行贿人在被追诉前主动交代、毒品再犯。

2.《刑法》中没有一般性的“加重处罚情节”。所谓“加重犯”,如结果加重犯,不是量刑情节,而是分则法定刑的规定方式。

考点9 从轻处罚、减轻处罚的理解、区分和适用

一、精讲

第62条规定:“犯罪分子具有本法规定的从重处罚、从轻处罚情节的,应当在法定刑的限度以内判处刑罚。”

第63条第1款规定[《刑法修正案(八)》修正]:“犯罪分子具有本法规定的减轻处罚情

节的，应当在法定刑以下判处刑罚；本法规定有数个量刑幅度的，应当在法定量刑幅度的下一个量刑幅度内判处刑罚。”

（1）从轻处罚：指在法定刑范围内判处“相对”较轻的刑罚，这个“相对”指相对于没有该情节的情况下一般处刑尺度而言。

（2）减轻处罚：指应当适用的法定刑幅度之最低刑之下判处刑罚。减轻处罚的适用：① 罪犯具有法定减轻处罚情节（法定减轻）；② 罪犯不具有法定情节的，特殊情况下可酌情适用减轻处罚（酌定减轻），但必须经最高人民法院核准。

（3）区别：从轻是在法定刑幅度内判处较轻刑罚，包含法定刑幅度下限“本数”在内；而减轻处罚是在法定最低刑“以下”判处刑罚，不包含法定刑幅度下限“本数”。

二、例题

1. 王某多次吸毒，某日下午在市区超市门口与同居女友沈某发生争吵。沈某欲离开，王某将其按倒在地，用菜刀砍死。后查明：王某案发时因吸毒出现精神病性障碍，导致辨认控制能力减弱。关于本案的刑罚裁量，下列哪一选项是错误的？（2017 年真题，单选）

A. 王某是偶犯，可酌情从轻处罚

B. 王某刑事责任能力降低，可从轻处罚

C. 王某在公众场合持刀行凶，社会影响恶劣，可从重处罚

D. 王某与被害人存在特殊身份关系，可酌情从轻处罚

［释疑］　A 项对，因吸毒出现精神病性障碍而杀人，具有偶然性，偶犯是酌定从轻情节。B 项错，原因自由行为（饮酒、吸毒后实施侵害行为）不影响对刑事责任能力的认定。C 项对，在公众场合持刀行凶，社会影响恶劣，是从重处罚情节。D 项对，根据司法解释，因邻里纠纷、恋爱关系等引起的杀人行为，可酌情从轻处罚。（答案：B）

2. 假如甲罪的法定刑为“三年以上十年以下有期徒刑”，下列关于量刑的说法正确的是：（2004 年真题，不定选）

A. 如果法官对犯甲罪的被告人判处 7 年以上 10 年以下有期徒刑，就属于从重处罚；如果判处 3 年以上 7 年以下有期徒刑，就属于从轻处罚

B. 法官对犯甲罪的被告人判处 3 年有期徒刑时，属于从轻处罚与减轻处罚的竞合

C. 由于甲罪的法定最低刑为 3 年以上有期徒刑，故法官不得对犯甲罪的被告人宣告缓刑

D. 如果犯甲罪的被告人不具有刑法规定的减轻处罚情节，法官就不能判处低于 3 年有期徒刑的刑罚，除非根据案件的特殊情况，报经最高人民法院核准

［释疑］　（1）A 项在法定刑幅度内划“中线”，作为从重从轻的标准是错误的。

（2）B 项错在不符合通说对从轻与减轻的解释。对某罪适用法定刑为“3 年以上 10 年以下有期徒刑”，减轻处罚的，必须判处“不满”3 年有期徒刑的刑罚，如果判处 3 年有期徒刑，认为是从轻而非减轻。

（3）C 项错在对缓刑适用刑期条件的误解。第 72 条规定：“3 年以下”指法官对罪犯实际判处的刑罚即“宣告刑”，而非适用的法定刑幅度。

（4）D 项正确，第 63 条第 2 款。（答案：D）

三、提示与预测

减轻处罚的含义和适用是常见考点。

考点 10 一般累犯的成立条件

一、精讲

1. 罪种条件:前罪和后罪都是故意犯罪,过失犯罪不成立累犯。

2. 刑种条件:前罪和后罪都是被判处有期徒刑以上刑罚。

3. 时间条件:后罪发生于前罪刑罚执行完毕或"假释期满"以后5年以内。刑罚执行完毕,是指主刑执行完毕,不问附加刑是否执行完毕。主刑执行期间或假释考验期内再次犯罪的,不成立累犯。缓刑考验期内犯罪的不成立累犯。

4. 主体条件:犯罪人已满18周岁。不满18周岁的人犯罪不成立累犯[《刑法修正案(八)》]。

二、例题

1. 关于累犯,下列哪一选项是正确的?(2015年真题,单选)

A. 对累犯和犯罪集团的积极参加者,不适用缓刑

B. 对累犯,如假释后对所居住的社区无不良影响的,法院可决定假释

C. 对被判处无期徒刑的累犯,根据犯罪情节等情况,法院可同时决定对其限制减刑

D. 犯恐怖活动犯罪被判处有期徒刑4年,刑罚执行完毕后的第12年又犯黑社会性质的组织犯罪的,成立累犯

[**释疑**] A项,累犯和犯罪集团的首要分子不适用缓刑。B项,累犯一律不得假释。C项,累犯限制减刑的,只能是被判处死缓的或实施某些特定犯罪的。D项,危害国家安全、黑社会犯罪、恐怖犯罪的累犯认定不必考虑时间间隔,且前后罪只需是三类犯罪之一。(答案:C)

2. 关于累犯,下列哪一判断是正确的?(2010年真题,单选)

A. 甲因抢劫罪被判处有期徒刑10年,并被附加剥夺政治权利3年。甲在附加刑执行完毕之日起5年之内又犯罪。甲成立累犯

B. 甲犯抢夺罪于2005年3月假释出狱,考验期为剩余的2年刑期。甲从假释考验期满之日起5年内再故意犯重罪。甲成立累犯

C. 甲犯危害国家安全罪5年徒刑期满,6年后又犯杀人罪。甲成立累犯

D. 对累犯可以从重处罚

[**释疑**] (1) B项,根据第65条的规定,假释的罪犯,自假释期满之日起计算5年以内。

(2) A项,刑罚执行完毕,指"主刑"执行完毕而非附加刑。

(3) C项,按照普通累犯标准须"5年以内"再犯。

(4) D项,错在"可以",应为"应当"。(答案:B)

3. 关于累犯,下列哪一选项是正确的?(2009年真题,单选)

A. 甲因故意伤害罪被判7年有期徒刑,刑期自1990年8月30日至1997年8月29日止。甲于1995年5月20日被假释,于1996年8月25日犯交通肇事罪。甲构成累犯

B. 乙因盗窃罪被判3年有期徒刑,2002年3月25日刑满释放,2007年3月20日因犯盗窃罪被判有期徒刑4年。乙构成累犯

C. 丙因危害国家安全罪被判处5年有期徒刑,1996年4月21日刑满释放,2006年4月20日再犯同罪。丙不构成累犯

D. 丁因失火罪被判处3年有期徒刑,刑期自1995年5月15日至1998年5月14日。丁于1998年5月15日在出狱回家途中犯故意伤害罪。丁构成累犯

[释疑]　(1) A项,成立累犯后罪发生的时间是前罪判处的刑罚已经执行完毕或者赦免以后5年内,对于被假释的犯罪分子,从假释期满之日起计算。甲假释期满是1997年8月29日,在假释期内犯后罪没有累犯的问题。

(2) B项,前罪和后罪都是故意犯罪,前罪和后罪都被判处或应当被判处有期徒刑以上刑罚,后罪发生的时间是前罪判处的刑罚已经执行完毕或者赦免以后5年内,成立累犯。

(3) C项,丙构成特殊累犯。

(4) D项,丁前罪是过失罪没有累犯的问题。(答案:B)

三、提示与预测

注意:普通刑事罪与国事罪、恐怖活动犯罪或者黑社会性质的组织犯罪不构成特殊累犯,但符合条件的可以构成一般累犯。例如"甲犯间谍罪被判有期徒刑,刑罚执行完毕后第2年又犯抢劫罪",不成立特殊累犯,但成立一般累犯。

考点 11　特殊累犯的成立条件

一、精讲

(1) 罪种条件:前罪和后罪都是危害国家安全罪(简称"国事罪")、恐怖活动犯罪或者黑社会性质的组织犯罪[《刑法修正案(八)》]。

(2) 时间条件:后罪发生于前罪刑罚执行完毕或"假释期满"以后。刑罚执行完毕,指主刑执行完毕,不问附加刑是否执行完毕。主刑执行期间或假释考验期内再次犯罪的,不成立特殊累犯。缓刑考验期内或期满以后犯罪的不成立特殊累犯。

与一般累犯不同,构成特殊累犯没有刑种条件(有期徒刑以上刑罚)的限制,但暗含前罪被判处了刑罚并且实际已执行的该刑罚。

二、例题

1. 关于刑罚的具体运用,下列哪些选项是错误的?(2014年真题,多选)

A. 甲1998年因间谍罪被判处有期徒刑4年。2010年,甲因参加恐怖组织罪被判处有期徒刑8年。甲构成累犯

B. 乙因倒卖文物罪被判处有期徒刑1年,罚金5000元;因假冒专利罪被判处有期徒刑2年,罚金5000元。对乙数罪并罚,决定执行有期徒刑2年6个月,罚金1万元。此时,即使乙符合缓刑的其他条件,也不可对乙适用缓刑

C. 丙因无钱在网吧玩游戏而抢劫,被判处有期徒刑1年缓刑1年,并处罚金2000元,同时禁止丙在12个月内进入网吧。若在考验期限内,丙仍常进网吧,情节严重,则应对丙撤销缓刑

D. 丁系特殊领域专家,因贪污罪被判处有期徒刑8年。丁遵守监规,接受教育改造,有悔改表现,无再犯危险。1年后,因国家科研需要,经最高法院核准,可假释丁

[释疑]　(1)《刑法修正案(八)》新增恐怖犯罪、黑社会犯罪适用特别累犯规定。甲前

罪发生于《刑法修正案(八)》生效前,不适用《刑法修正案(八)》中不利被告人的规定,A项错。适用缓刑的刑期条件“判处3年以下有期徒刑”包括数罪并罚决定执行的刑期在3年以下的情况,可对乙适用缓刑,B项错。(2) C项没错,第77条规定:“被宣告缓刑的犯罪分子,在缓刑考验期限内……违反人民法院判决中的禁止令,情节严重的,应当撤销缓刑,执行原判刑罚。”D项没错,第81条规定,如果有特殊情况,经最高人民法院核准,可以不受上述执行刑期(二分之一以上)的限制。另根据有关司法解释规定:“特殊情况”指国家政治、经济、科研的需要。(答案:AB)

2. 下列哪一种情形不成立累犯?(2004年真题,单选)

A. 张某犯故意伤害罪被判处有期徒刑3年,缓刑3年,缓刑期满后的第3年又犯盗窃罪,被判处有期徒刑10年

B. 李某犯强奸罪被判处有期徒刑5年,刑满释放后的第4年,又犯妨害公务罪,被判处有期徒刑6个月

C. 王某犯抢夺罪被判处有期徒刑4年,执行3年后被假释,于假释期满后的第5年又犯故意杀人罪,被判处无期徒刑

D. 田某犯叛逃罪被判处管制2年,管制期满后20年又犯为境外刺探国家秘密罪,被判处拘役6个月

[**释疑**] 累犯的认定。

(1) B、C项中的李某、王某属于普通累犯。

(2) D项中的田某属于特殊累犯。

(3) A项中的张某缓刑考验期满以后(没有被撤销缓刑的),又犯一个故意的、应判有期徒刑以上刑罚之罪的不构成累犯,第76条规定,原判的刑罚就不再执行,既然是不再执行意味着没有被执行刑罚,不具备构成累犯的“刑罚执行完毕”的条件,不成立累犯。(答案:A)

三、提示与预测

《刑法修正案(八)》对于特殊累犯的范围有所扩大,除了原有的危害国家安全罪外,又增加了恐怖活动犯罪和黑社会性质的组织犯罪,要予以特别留意。

考点 12 累犯的法律效果

一、精讲

累犯的法律效果是:① 不得缓刑;② 不得假释;③ 从重处罚。

二、例题

王某因犯盗窃罪被判处有期徒刑,执行完毕后第4年,再次犯盗窃罪被人民法院判处2年零9个月有期徒刑。人民法院不能对王某适用下列哪些制度?(2003年真题,多选)

A. 减刑　　B. 缓刑　　C. 假释　　D. 保外就医

[**释疑**] 法律并没有明文禁止对累犯减刑和保外就医。王某构成累犯,不得缓刑、假释。(答案:BC)

考点 13 撤销缓刑的事由及其法律后果

一、精讲

撤销缓刑的事由及其法律后果是:

(1) 考验期内“再犯新罪”或“被发现漏罪”的,撤销缓刑,数罪并罚。

(2) 有违反法律、行政法规或者国务院有关部门关于缓刑的监督管理规定,或者违反人民法院判决中的禁止令,情节严重的,撤销缓刑,收监执行。

(3) 不排除对缓刑考验期发现漏罪的,经数罪并罚后继续缓刑的可能。

二、例题

2000 年 8 月 21 日,甲因犯诈骗罪被人民法院判处有期徒刑 3 年,缓刑 5 年。2005 年 6 月 20 日,甲又犯盗窃罪。对于甲的量刑,下列表述哪些是正确的?(2005 年真题,多选)

A. 甲具有法定从重处罚情节　　B. 甲不构成累犯

C. 对甲的盗窃罪不能适用缓刑　　D. 对甲应当数罪并罚

[释疑] 缓刑考验期内再犯新罪,撤销缓刑,数罪并罚,D 项正确。缓刑考验期内再次犯罪,不成立累犯,B 项正确,据此推论 A、C 项不正确。另外,最高人民法院《关于人民法院审判严重刑事犯罪案件中具体应用法律的若干问题的答复(三)》规定:在缓刑考验期限内,发现被宣告缓刑的犯罪分子在缓刑宣告以前还有其他罪没有判决的,应当参照我国《刑法》第 70 条的规定,并依照第 65 条的规定,对漏罪定罪判刑,再对前罪与漏罪实行数罪并罚,决定执行的刑罚。如果必须判处实刑,则应撤销对前罪宣告的缓刑,已经执行的缓刑考验期,不予折抵刑期;但是,判决执行以前先行羁押的日期应当予以折抵刑期;如果仍符合缓刑条件,仍可宣告缓刑,已经执行的缓刑考验期,应当计算在新决定的缓刑考验期以内。根据该答复,对缓刑考验期发现“漏罪”的经数罪并罚后,可继续缓刑,照此推论,不排除对甲适用缓刑的可能性。(答案:BD)

第十一章 刑罚的执行

考点 1 假释的条件

一、精讲

1. 对象条件:被判处有期徒刑、无期徒刑的犯罪分子。

2. 执行刑期限制:被判处有期徒刑的犯罪分子,执行原判刑期 1/2 以上,被判处无期徒刑的犯罪分子,实际执行 13 年以上。如果有特殊情况,经最高人民法院核准,可以不受上述执行刑期的限制。

3. 实质条件:认真遵守监规,接受教育改造,确有悔改表现,没有再犯罪的危险的。

4. 不得假释的情形:(1) 累犯;(2) 因故意杀人、强奸、抢劫、绑架、放火、爆炸、投放危险物质或者有组织的暴力性犯罪被判处 10 年以上有期徒刑、无期徒刑的犯罪分子。

《刑法修正案(八)》将第81条第2款修改为:“对累犯以及因故意杀人、强奸、抢劫、绑架、放火、爆炸、投放危险物质或者有组织的暴力性犯罪被判处十年以上有期徒刑、无期徒刑的犯罪分子,不得假释。”

二、例题

1. 在符合“执行期间,认真遵守监规,接受教育改造”的前提下,关于减刑、假释的分析,下列哪一选项是正确的?(2017年真题,单选)

A. 甲因爆炸罪被判处有期徒刑12年,已服刑10年,确有悔改表现,无再犯危险。对甲可以假释

B. 乙因行贿罪被判处有期徒刑9年,已服刑5年,确有悔改表现,无再犯危险。对乙可优先适用假释

C. 丙犯贪污罪被判处无期徒刑,拒不交代贪污款去向,一直未退赃。丙已服刑20年,确有悔改表现,无再犯危险。对丙可假释

D. 丁因盗窃罪被判处有期徒刑5年,已服刑3年,一直未退赃。丁虽在服刑中有重大技术革新,成绩突出,对其也不得减刑

[释疑] A项错,对累犯以及因故意杀人、强奸、抢劫、绑架、放火、爆炸、投放危险物质或者有组织的暴力性犯罪被判处十年以上有期徒刑、无期徒刑的犯罪分子,不得假释。B项对,乙不属于禁止假释的情形且“确有悔改表现,无再犯危险”,可优先假释。C项错,丙“拒不交代贪污款去向,一直未退赃”,不得认定为“确有悔改表现”,不得假释。D项错,丁一直未退赃,不可假释;但丁在服刑中有重大技术革新,成绩突出,可减刑。(答案:B)

2. 甲因在学校饭堂投毒被判处8年有期徒刑。服刑期间,甲认真遵守监规,接受教育改造,确有悔改表现。关于甲的假释,下列哪一说法是正确的?(2014年真题,单选)

A. 可否假释,由检察机关决定　　B. 可否假释,由执行机关决定

C. 服刑4年以上才可假释　　D. 不得假释

[释疑] 假释条件和程序。第81条规定:“被判处有期徒刑的犯罪分子,执行原判刑期二分之一以上……可以假释”。第82条规定,假释依第79条减刑程序即“由执行机关向中级以上法院提出减刑建议书。法院应当组成合议庭进行审理”。据此C项正确,A、B、D项错。(答案:C)

3. 关于假释,下列哪一选项是错误的?(2009年真题,单选)

A. 甲系被假释的犯罪分子,即便其在假释考验期内再犯新罪,也不构成累犯

B. 乙系危害国家安全的犯罪分子,对乙不能假释

C. 丙因犯罪被判处有期徒刑2年,缓刑3年。缓刑考验期满后,发现丙在缓刑考验期内的第七个月犯有抢劫罪,应当判处有期徒刑8年,数罪并罚决定执行9年。丙服刑6年时,因有悔罪表现而被裁定假释

D. 丁犯抢劫罪被判有期徒刑9年,犯寻衅滋事罪被判有期徒刑5年,数罪并罚后,决定执行有期徒刑13年,对丁可以假释

[释疑] (1) A项,第65条规定,构成累犯的时间前提:刑罚执行完毕或假释期满以后。

(2) B项,刑法没有禁止对国事罪假释的规定。

(3) C项,缓刑不是刑罚执行,故缓刑考验期内或期满以后再次犯罪的,不成立累犯,既然

不成立累犯,可以假释。

(4) D项,既然不是第81条规定禁止假释的罪犯,有资格获得假释。(答案:B)

4. 关于假释的适用,下列哪些选项是正确的?(2007年真题,多选)

A. 甲因爆炸罪被判处有期徒刑15年。在服刑13年时,因有悔改表现而被裁定假释

B. 乙犯抢劫罪被判处有期徒刑9年,犯嫖宿幼女罪判8年,数罪并罚决定执行15年。在服刑13年时,因有悔改表现而被裁定假释

C. 丙犯诈骗罪被判处有期徒刑10年,刑罚执行7年后假释。假释考验期内第2年,丙犯抢劫罪,应当判9年,数罪并罚决定执行10年。在服刑7年时,因有悔改表现而被裁定假释

D. 丁犯盗窃罪,被判处有期徒刑3年,缓刑4年。经过缓刑考验期后,发现丁在缓刑考验期内的第2年,犯故意伤害罪,应判9年,数罪并罚决定执行10年。在服刑7年时,因丁有悔改表现而被裁定假释

[释疑] (1) A项错,因为甲以爆炸罪一罪被判处10年以上有期徒刑,不得假释。

(2) B项,数罪并罚超过10年,不属于一罪被判处10年以上有期徒刑的暴力犯,故可以获得假释。

(3) C项,在刑罚执行期间再次犯罪不属于累犯,故可以获得假释。普通累犯成立的时间条件是在刑罚执行完毕或赦免以后或假释考验期满以后5年以内。

(4) D项,被判缓刑的犯罪分子缓刑考验期满以后"原判刑罚不再执行",意味着D项中的丙不符合累犯的"刑罚执行完毕以后"再次犯罪的时间条件,不成立累犯,故可以获得假释。(答案:BCD)

5. 关于假释,下列哪一选项是正确的?(2006年真题,单选)

A. 被假释的犯罪分子,未经执行机关批准,不得行使言论、出版、集会、结社、游行、示威自由的权利

B. 对于犯杀人、爆炸、抢劫、强奸、绑架等暴力性犯罪的犯罪分子,即使被判处10年以下有期徒刑,也不得适用假释

C. 对于累犯,只要被判处的刑罚为10年以下有期徒刑,均可适用假释

D. 被假释的犯罪分子,在假释考验期间再犯新罪的,不构成累犯

[释疑] 本题考查的是累犯成立的时间条件和假释的适用、考验。

(1) 关于累犯成立的时间条件,第65条规定:"……刑罚执行完毕或者赦免以后,在五年以内……对于被假释的犯罪分子,从假释期满之日起计算。"这意味着,构成累犯的时间限于刑罚执行完毕或假释期满之后5年以内。故在刑罚执行或假释考验期间犯罪的,不构成累犯。D项正确。

(2) A项错,因为假释考验的内容不包含限制自由权利(第84条)。B、C项错误明显,不符合第81条的规定。(答案:D)

考点 2　假释撤销的条件以及撤销假释后的处理

一、精讲

(1) 被假释的犯罪分子,在假释考验期限内犯新罪,应当撤销假释,依照第71条的规定实行数罪并罚(先减后并)。

(2)在假释考验期限内,发现被假释的犯罪分子在判决宣告以前还有其他罪没有判决的,应当撤销假释,依照第70条的规定实行数罪并罚(先并后减)。

(3)被假释的犯罪分子,在假释考验期限内,有违反法律、行政法规或者国务院有关部门关于假释的监督管理规定的行为,尚未构成新的犯罪的,应当依照法定程序撤销假释,收监执行未执行完毕的刑罚。

(4)对假释的犯罪分子,在假释考验期限内,依法实行社区矫正,如果没有上述三种情形的,假释考验期满,就认为原判刑罚已经执行完毕,并公开予以宣告。

二、例题

1. 关于假释的撤销,下列哪一选项是错误的?(2015年真题,单选)

A. 被假释的犯罪分子,在假释考验期内犯新罪的,应撤销假释,按照先减后并的方法实行并罚

B. 被假释的犯罪分子,在假释考验期内严重违反假释监督管理规定,即使假释考验期满后才被发现,也应撤销假释

C. 在假释考验期内,发现被假释的犯罪分子在判决宣告前还有同种罪未判决的,应撤销假释

D. 在假释考验期满后,发现被假释的犯罪分子在判决宣告前有他罪未判决的,应撤销假释,数罪并罚

[**释疑**] A项,漏罪"先并后减",新罪"先减后并"。B项,只要"严重违反假释监督管理规定"的事由发生在考验期内就应撤销假释,与发现该事由的时间无关。C项,漏罪可以是异种罪,也可以是同种罪。D项,考验期满后发现宣判前的漏罪的,不应撤销假释,只能另行追诉。(答案:D)

2. 关于假释与数罪并罚的相关问题,下列哪些说法是正确的?(2008年延考真题,多选)

A. 甲犯强奸罪被判有期徒刑9年,执行5年后假释,在假释考验期满后,发现甲在强奸罪判决宣告以前还有抢劫罪没有得到处理。故应该撤销对甲的假释,依照数罪并罚原则进行处理

B. 乙犯爆炸罪被判处有期徒刑12年,在刑罚执行过程中被减刑2年,如果乙实际服刑6年以上,可以假释

C. 丙犯贪污罪被判处有期徒刑5年,刑满释放后4年内又犯聚众斗殴罪被判有期徒刑7年,在执行4年后,丙可以假释

D. 丁犯交通肇事罪被判有期徒刑5年,执行3年后假释,在假释考验期满后,发现丁在考验期内犯有盗窃罪,应当撤销丁的假释,根据先减后并原则数罪并罚

[**释疑**] (1)A项,在假释考验期满后,发现"漏罪"的,只能对漏罪单独定罪处罚,不撤销假释。(2)B项,爆炸罪属于暴力犯,因暴力犯罪被判10年以上的,不得假释。(3)C项,累犯不得假释。(4)D项,假释考验期内犯罪(犯新罪)即使在考验期满以后才发现的,仍应撤销假释,按照刑罚执行期间犯罪(新罪)的方法(先减后并)数罪并罚。此题为多选,但正确选项只有一项,疑似出题差错。(答案:D)

3. 关于假释,下列哪些选项是错误的?(2008年真题,多选)

A. 被判处有期徒刑的犯罪分子,执行原判刑期的二分之一,如果符合假释条件的,可以假

释;如果有特殊情况,经高级人民法院核准,可以不受上述执行刑期的限制

B. 被假释的犯罪分子,在假释考验期内,遵守了各种相关规定,没有再犯新罪,也没有发现以前还有其他罪没有判决的,假释考验期满,剩余刑罚就不再执行

C. 被假释的犯罪分子,在假释考验期限内犯新罪的,应当撤销假释,按照先并后减的方法实行数罪并罚

D. 对于因杀人、绑架等暴力性犯罪判处10年以上有期徒刑的犯罪分子,不得假释;即使他们被减刑后,剩余刑期低于10年有期徒刑,也不得假释

[释疑] (1) A项错,应由最高人民法院核准。第81条规定:"……如果有特殊情况,经最高人民法院核准,可以不受上述执行刑期的限制。"(2) B项错在"剩余刑罚就不再执行",第85条规定:"……假释考验期满,就认为原判刑罚已经执行完毕……"(3) C项错在"先并后减",应是先减后并。(4) D项正确(第81条、第85条)。(答案:ABC)

考点 3 减刑的适用

一、精讲

1. 减刑的适用对象是被判处管制、拘役、有期徒刑、无期徒刑的犯罪分子。

2. 减刑的限度条件:判处管制、拘役、有期徒刑的,不能少于原判刑期的1/2;判处无期徒刑的,不能少于13年;对被判处死刑缓期执行的累犯以及因故意杀人、强奸、抢劫、绑架、放火、爆炸、投放危险物质或者有组织的暴力性犯罪被判处死刑缓期执行的犯罪分子,缓期执行期满后依法减为无期徒刑的,不能少于25年;对于有重大立功的死缓犯,缓期执行期满后依法减为25年有期徒刑的,不能少于20年[《刑法修正案(八)》]。

3. 对于犯罪分子的减刑,由执行机关报中级以上人民法院予以裁定。

二、例题

1. 关于减刑、假释的适用,下列哪些选项是错误的?(2013年真题,多选)

A. 对所有未被判处死刑的犯罪分子,如认真遵守监规,接受教育改造,确有悔改表现,或者有立功表现的,均可减刑

B. 无期徒刑减为有期徒刑的刑期,从裁定被执行之日起计算

C. 被宣告缓刑的犯罪分子,不符合"认真遵守监规,接受教育改造"的减刑要件,不能减刑

D. 在假释考验期限内犯新罪,假释考验期满后才发现的,不得撤销假释

[释疑] A项错,大概是单处罚金、剥夺政治权利刑的犯罪分子,一般不适用减刑。B项错,第80条规定:"无期徒刑减为有期徒刑的刑期,从裁定减刑之日起计算"。C项错,缓刑犯有重大立功表现的可以减刑。D项错,应当撤销假释数罪并罚。(答案:ABCD)

2. 关于减刑,下列哪一选项是正确的?(2010年真题,单选)

A. 减刑只适用于被判处拘役、有期徒刑、无期徒刑和死缓的犯罪分子

B. 对一名服刑犯人的减刑不得超过3次,否则有损原判决的权威性

C. 被判处无期徒刑的罪犯减刑后,实际执行时间可能超过15年

D. 对被判处无期徒刑、死缓的罪犯的减刑,需要报请高级法院核准

[释疑]　无期徒刑罪犯在"减刑"之前往往被先行羁押较长时间,并且一般要求判决确定后至少执行一段时间(数年),故当然"可能"超过15年。

(1) A项,死缓不在减刑范围。

(2) B项,法律没作此类限制。凡有损犯人权益的,均要有法律的明文规定。

(3) D项,第79条规定,减刑报"中级以上"人民法院裁定。(答案:C)

三、提示与预测

注意对"死缓犯"的"减刑",规定在死刑制度中,法定的"减刑",而非减刑制度所规定的,减刑制度只是对已经减为无期徒刑或者有期徒刑的"死缓犯"提供减刑幅度的限制。

第十二章　刑罚的消灭

考点 1　法定的追诉期限

一、精讲

1. 法定最高刑为不满5年有期徒刑的,经过5年。

2. 法定最高刑为5年以上不满10年有期徒刑的,经过10年。

3. 法定最高刑为10年以上有期徒刑的,经过15年。

4. 法定最高刑为无期徒刑、死刑的,经过20年。如果20年以后认为必须追诉的,须报请最高人民检察院核准。

追诉时效的期限有四档:即5年、10年、15年、20年。其确定的标准是具体犯罪行为所对应的法定最高刑。注意:

(1) 该"法定最高刑"是指与具体罪行危害程度相应的法定刑幅度的最高刑,不一定是触犯条文的最高刑。

(2) 第87条规定之"不满5年""不满10年"不包括5年、10年本数。如果法定最高刑正好为10年的,其追诉期间应为15年。

(3) 追诉时效的期限从犯罪之日起计算,即犯罪成立之日。如果犯罪行为有延续或者继续状态的,从犯罪行为终了之日起计算。

(4) 在追诉期限内又犯罪的,前罪追诉的期限从犯后罪之日起(重新)计算,即发生追诉时效的中断。

二、例题

1. 关于追诉时效,下列哪一选项是正确的?(2016年真题,单选)

A. 《刑法》规定,法定最高刑为不满5年有期徒刑的,经过5年不再追诉。危险驾驶罪的法定刑为拘役,不能适用该规定计算危险驾驶罪的追诉时效

B. 在共同犯罪中,对主犯与从犯适用不同的法定刑时,应分别计算各自的追诉时效,不得按照主犯适用的法定刑计算从犯的追诉期限

C. 追诉时效实际上属于刑事诉讼的内容,刑事诉讼采取从新原则,故对刑法所规定的追

诉时效,不适用从旧兼从轻原则

D. 刘某故意杀人后逃往国外18年,在国外因伪造私人印章(在我国不构成犯罪)被通缉时潜回国内。4年后,其杀人案件被公安机关发现。因追诉时效中断,应追诉刘某故意杀人的罪行

［**释疑**］ B项,追诉时效应当根据各自罪行轻重应适用的法定刑范围确定追诉时效。共犯人各自对共同犯罪行为造成结果负责的前提下,应当各自对结果作用大小分别承担轻重不同的责任。

A项,"法定最高刑为不满5年有期徒刑的",包含拘役、管制。C项,追诉时效期间长短由实体法决定,实体法变化会导致追诉时效长短的变化,所以属于刑法实体问题。D项,追诉时效中断事由之"犯罪"应当指中国刑法中的犯罪。(答案:B)

2. 关于追诉时效,下列哪些选项是正确的?(2015年真题,多选)

A. 甲犯劫持航空器罪,即便经过30年,也可能被追诉

B. 乙于2013年1月10日挪用公款5万元用于结婚,2013年7月10日归还。对乙的追诉期限应从2013年1月10日起计算

C. 丙于2000年故意轻伤李某,直到2008年李某才报案,但公安机关未立案。2014年,丙因他事被抓。不能追诉丙故意伤害的刑事责任

D. 丁与王某共同实施合同诈骗犯罪。在合同诈骗罪的追诉期届满前,王某单独实施抢夺罪。对丁合同诈骗罪的追诉时效,应从王某犯抢夺罪之日起计算

［**释疑**］ A项,劫持航空器罪的法定最高刑为死刑,追诉期为20年,但即使超过20年,若仍有追诉之必要,报最高人民检察院核准,也可追诉。B项,乙挪用数额较大的公款用于结婚(既非营利活动,亦非非法活动),须挪用时间超过3月方能构成,故其犯罪成立时日为4月10日,追诉期限的起算点也应当是4月10日。C项,故意轻伤法定最高刑为3年,追诉期为5年,李某超期报案,公安机关应当不予立案。注意,追诉时效延长的前提是"应当立案而不立案"。D项,王某后罪为单独犯罪,只能导致其本人的前罪追诉时效中断,而不能导致前罪的共犯人的追诉时效中断。(答案:AC)

3. 1999年11月,甲(17周岁)因邻里纠纷,将邻居杀害后逃往外地。2004年7月,甲诈骗他人5 000元现金。2014年8月,甲因扒窃3 000元现金,被公安机关抓获。在讯问阶段,甲主动供述了杀人、诈骗罪行。关于本案的分析,下列哪些选项是错误的?(2014年真题,多选)

A. 前罪的追诉期限从犯后罪之日起计算,甲所犯三罪均在追诉期限内

B. 对甲所犯的故意杀人罪、诈骗罪与盗窃罪应分别定罪量刑后,实行数罪并罚

C. 甲如实供述了公安机关尚未掌握的罪行,成立自首,故对盗窃罪可从轻或者减轻处罚

D. 甲审判时已满18周岁,虽可适用死刑,但鉴于其有自首表现,不应判处死刑

［**释疑**］ (1)甲构成故意杀人罪、追诉时效20年、犯罪时不满18岁不适用死刑;诈骗罪追诉时效5年;盗窃罪追诉时效5年。至2014年8月诈骗罪已过追诉时效。(2)甲所犯诈骗罪数额较大、法定最高刑3年以下、追诉时效5年,自2004年7月至2014年8月经过了10年,显然不在追诉期限内,A项错。A项错,则B项三罪并罚也错。(3)自首"对事不对人"。甲扒窃被"抓获"到案的,盗窃罪上没有自首,C项错。甲主动供述的故意杀人罪上成立准自首(第67条第2款),但盗窃罪不符合自首条件。(4)第49条规定的"犯罪的时候不满十八周岁的人

和审判的时候怀孕的妇女,不适用死刑",D项错。注意犯罪(行为)时和审判时所针对的对象。(答案:ABCD)

4. 1980年年初,张某强奸某妇女并将其杀害。1996年年末,张某因酒后驾车致人重伤。两案在2007年年初被发现。关于张某的犯罪行为,下列哪些选项是错误的?(2009年真题,多选)

A. 应当以强奸罪、故意杀人罪和交通肇事罪追究其刑事责任,数罪并罚

B. 应当以强奸罪追究其刑事责任

C. 应当以故意杀人罪追究其刑事责任

D. 不应当追究任何刑事责任

[释疑] 审理交通肇事案解释:酒后致人重伤可成立交通肇事罪,属于时效中断事由。"张某强奸某妇女并将其杀害",成立强奸罪和故意杀人罪两罪(注意:不属于强奸致人死亡的结果加重犯)。其中,强奸罪的法定刑为3年以上10年以下(第236条普通犯),法定最高刑为10年,其追诉时效为15年。至1996年已经超过追诉时效,故A、B项错误。交通肇事罪法定刑3年以下,到2007年,交通肇事罪也已经超过追诉时效。故意杀人罪法定最高刑为死刑,追诉时效为20年,因1996年发生交通肇事罪出现了追诉时效的中断,即在追诉期限以内又犯罪的,前罪追诉的期限从犯后罪之日起重新起算,故意杀人罪从1996年开始重新起算,至2007年仍在追诉时效范围内,故D项错误。唯有C项正确。(答案:ABD)

考点2 追诉时效的延长

一、精讲

根据第88条的规定,在人民检察院、公安机关、国家安全机关立案侦查或者在人民法院受理案件以后,逃避侦查或者审判的,不受追诉期限的限制。被害人在追诉期限内提出控告,人民法院、人民检察院、公安机关应当立案而不予立案的,不受追诉期限的限制。

二、例题

下列哪种情形应当受到追诉期限的限制?(1998年真题,单选)

A. 在人民法院受理了齐某自诉汤某伤害案件以后,汤某离家杳无音信

B. 从某因出国而未在法定期限内对钟某侮辱案提出控告

C. 薛某向公安机关报案,声称自己被抢劫,因薛某说话颠三倒四,接案人员对其报案有怀疑而未立案

D. 秦某得知与其共同诈骗的李某被公安机关抓获逃离居住地藏匿

[释疑] (1) A、D项属于在司法机关立案受案后,有逃避行为的。

(2) C项属于被害人提出控告,司法机关应立案受案而未立案受案的情况。(答案:B)

考点3 法定告诉才处理的犯罪及其例外情形

一、精讲

法定告诉才处理的犯罪:

(1) 第257条第1款规定了暴力干涉婚姻自由罪,该条第2款规定了结果加重犯:“犯前款罪,致使被害人死亡的,处二年以上七年以下有期徒刑。”该条第3款规定:“第一款罪,告诉的才处理。”

(2) 第260条第1款规定了虐待罪。该条第2款规定了结果加重犯:“犯前款罪,致使被害人重伤、死亡的,处二年以上七年以下有期徒刑。”该条第3款规定:“第一款罪,告诉的才处理,但被害人没有能力告诉,或者因受到强制、威吓无法告诉的除外。”

(3) 第246条第1款规定了侮辱罪和诽谤罪。该条第2款规定:“前款罪,告诉的才处理,但是严重危害社会秩序和国家利益的除外。”《刑法修正案(九)》补充规定,通过信息网络实施侮辱、诽谤行为,被害人向法院告诉,但提供证据确有困难的,法院可以要求公安机关提供协助。

(4) 第270条规定了侵占罪。该条第3款规定:“本条罪,告诉的才处理。”

由此可见,告诉才处理的犯罪有5个:暴力干涉婚姻自由罪、虐待罪、侮辱罪、诽谤罪和侵占罪。

二、例题

下列情形中,告诉才处理的有:(2004年真题,不定选)

A. 捏造事实,诽谤国家领导人,严重危害社会秩序和国家利益

B. 虐待家庭成员,致使被害人重伤

C. 遗弃被抚养人,情节恶劣的

D. 暴力干涉他人婚姻自由的

[**释疑**]　“告诉才处理的犯罪”的种类和法律规定。其中暴力干涉婚姻自由罪、虐待罪的结果加重犯不属于告诉才处理的犯罪;侮辱罪和诽谤罪严重危害社会秩序和国家利益的,不属于告诉才处理的犯罪;只有侵占罪没有例外。

《刑法》中明文规定的“告诉才处理”的犯罪只有5个,与《刑事诉讼法》中规定的“自诉”案不同。自诉案件根据《刑事诉讼法》第170条的规定,包括三种:

(1) 告诉才处理的案件;

(2) 被害人有证据证明的轻微刑事案件;

(3) 被害人有证据证明对被告人侵犯自己人身、财产权利的行为应当依法追究刑事责任,而公安机关或者人民检察院不予追究被告人刑事责任的案件。

《刑法》中明文规定的告诉才处理的情形,属于自诉案件之一,而且是由实体内容决定的无条件自诉,不告不理。实质是把它视为被害人的私权利,目的是限制公权介入。而“告诉才处理”之外的自诉案件,本属于公权(公诉)干预的范围,但为了便利公民行使权利或保护公民的利益,而例外地允许自诉。(答案:D)

分　　则

第一章　危害国家安全罪

考点 1　间谍罪与叛逃罪的认定

一、精讲

1. 间谍罪的客观方面包括三种法定方式:(1) 参加间谍组织,(2) 接受间谍组织及其代理人的任务,(3) 为敌人指示轰击目标。

2. 叛逃罪的犯罪主体是特殊主体:(1) 国家机关工作人员,在履行公务期间,擅离岗位,叛逃境外或者在境外叛逃的,如果非在履行公务期间,不成立叛逃罪;(2) 掌握国家秘密的国家工作人员叛逃境外或者在境外叛逃的,从重处罚。

3. 如果行为人叛逃后又参加了间谍组织或者接受间谍任务的,应以叛逃罪与间谍罪两罪实行数罪并罚。

二、例题

甲系海关工作人员,被派往某国考察。甲担心自己放纵走私被查处,拒不归国。为获得庇护,甲向某国难民署提供我国从未对外公布且影响我国经济安全的海关数据。关于本案,下列哪一选项是错误的?(2012 年真题,单选)

A. 甲构成叛逃罪

B. 甲构成为境外非法提供国家秘密、情报罪

C. 对甲不应数罪并罚

D. 即使《刑法》分则对叛逃罪未规定剥夺政治权利,也应对甲附加剥夺 1 年以上 5 年以下政治权利

[释疑]　A 项,叛逃罪成立,第 109 条规定的国家机关工作人员在履行公务期间,擅离岗位,叛逃境外或者在境外叛逃的。B 项,为境外非法提供国家情报罪成立,“情报”,指“关系国家安全和利益、尚未公开或者依照有关规定不应公开的事项”,包括“影响我国经济安全”的事项,B 项正确。D 项,第 56 条规定对于危害国家安全的犯罪分子应当附加剥夺政治权利。C 项,甲犯有放纵走私罪、叛逃罪、为境外非法提供国家情报罪,应数罪并罚,C 项错误。(答案:C)

三、提示与预测

本章不属于考试重点范围,但须能识别“罪名”属于“危害国家安全罪”,同时掌握下列相关内容:① 应当附加剥夺政治权利,② 特殊累犯认定。

考点 2 为境外窃取、刺探、收买、非法提供国家秘密、情报罪与其他“涉密”犯罪的区分

一、精讲

1. 区分本罪与间谍罪。如果行为人明知对方是间谍性质的组织,而为其窃取、刺探、收买、非法提供国家秘密或者情报的,则应构成间谍罪。

2. 区分本罪与非法获取国家秘密罪。关键看行为人服务的对象是境内的组织、机构、人员还是境外的。如果为境内服务,构成非法获取国家秘密罪;如果为境外服务,则构成本罪。

3. 区分本罪与故意泄露国家秘密罪。如果通过互联网将国家秘密或者情报非法发送给境外的机构、组织、个人的,依照为境外窃取、刺探、收买、非法提供国家秘密、情报罪定罪处罚;如果将国家秘密通过互联网予以发布,情节严重的,依照故意泄露国家秘密罪定罪处罚。

4. 区分本罪与为境外窃取、刺探、收买、非法提供军事秘密罪。主体和对象不同,后罪主体为现役军人;对象为军事秘密。

二、例题

1. 某国间谍戴某,结识了我某国家机关机要员黄某。戴某谎称来华投资建厂需了解政策动向,让黄某借工作之便为其搞到密级为“机密”的《内参报告》4 份。戴某拿到文件后送给黄某 1 部手机,并为其子前往某国留学提供了 6 万元资金。对黄某的行为如何定罪处罚?(2009 年真题,单选)

A. 资助危害国家安全犯罪活动罪、非法获取国家秘密罪,数罪并罚

B. 为境外窃取、刺探、收买、非法提供国家秘密、情报罪与受贿罪,数罪并罚

C. 非法获取国家秘密罪、受贿罪,数罪并罚

D. 故意泄露国家秘密罪、受贿罪,从一重罪处断

[释疑]　黄某是国家机关机要员,利用职务便利出卖国家秘密,同时成立受贿罪。因受贿而渎职,其渎职行为构成其他罪的,一般数罪并罚。(答案:B)

2. 关于利用计算机网络的犯罪,下列哪一选项是正确的?(2007 年真题,单选)

A. 通过互联网将国家秘密非法发送给境外的机构、组织、个人的,成立故意泄露国家秘密罪

B. 以营利为目的,在计算机网络上建立赌博网站,或者为赌博网站担任代理,接受投注的,属于刑法第 303 条规定的“开设赌场”

C. 以牟利为目的,利用互联网传播淫秽电子信息的,成立传播淫秽物品罪

D. 组织多人故意在互联网上编造、传播爆炸、生化、放射威胁等虚假恐怖信息,严重扰乱社会秩序的,成立聚众扰乱社会秩序罪

[释疑]　(1) A 项,应构成为境外非法提供国家秘密罪。

(2)《关于办理赌博刑事案件具体应用法律若干问题的解释》第 2 条规定,以营利为目的,在计算机网络上建立赌博网站,或者为赌博网站担任代理,接受投注的,属于第 303 条规定的“开设赌场”。故 B 项正确。

(3) C 项,应构成传播淫秽物品牟利罪,因为题中给出“以牟利为目的”的条件。

(4) D 项,应构成编造、传播虚假恐怖信息罪。(答案:B)

第二章 危害公共安全罪

考点 1 具体危险犯与抽象危险犯

一、精讲

危险犯可分为具体危险犯与抽象危险犯。前者在构成要件中出现“危险”“足以造成……”等表述,个案中认定犯罪是否成立需要具体判断是否存在危险;后者的危险是一种类型性危险,立法者认为只要实施该行为,危险就当然存在,个案中无需判断具体危险。

二、例题

下列哪一犯罪属抽象危险犯?(2015年真题,单选)

A. 污染环境罪　　B. 投放危险物质罪

C. 破坏电力设备罪　　D. 生产、销售假药罪

[释疑] 具体危险犯的构成要件中有对危险要求的明确表述;抽象危险犯则只要求实施构成要件之行为即可。A项,过失犯罪,结果犯,属具体危险犯。B项,属具体危险犯。C项,属具体危险犯。D项,属抽象危险犯(行为犯)。(答案:D)

考点 2 以危险方法危害公共安全罪的认定

一、精讲

1. 仅是放火、爆炸、决水、投放危险物质行为的“兜底”条款;与其他危害公共安全的犯罪相区别。

2. 危险方法主要包括:

(1) 驾驶机动车辆撞人的方法。

注意与交通肇事罪、故意杀人罪、故意伤害罪的区别:如果驾车横冲直闯,危害不特定多人的安全,定本罪;如果由于违章驾车,过失撞伤他人,定交通肇事罪;如果故意驾车撞死撞伤特定人的,定故意杀人或者故意伤害罪。

(2) 在公共场所私设电网的方法。

二、例题

1. 下列哪些行为构成投放危险物质罪?(2017年真题,多选)

A. 甲故意非法开启实验室装有放射性物质的容器,致使多名实验人员遭受辐射

B. 乙投放毒害性、放射性、传染病病原体之外的其他有害物质,危害公共安全

C. 丙欲制造社会恐慌气氛,将食品干燥剂粉末冒充炭疽杆菌,大量邮寄给他人

D. 丁在食品中违法添加易使人形成瘾癖的罂粟壳粉末,食品在市场上极为畅销

[释疑] A项对,“非法开启实验室装有放射性物质的容器”也是一种投放方式。B项

对,有害物质包括但不限于毒害性、放射性、传染病病原体等物质,只要危险性与三类物质相当,都可以成为投放对象。C 项错,构成投放虚假危险物质罪。D 项错,此类行为通常定生产、销售有毒、有害食品罪。(答案:AB)

2. 甲对拆迁不满,在高速公路中间车道用树枝点燃一个焰高约 20 厘米的火堆,将其分成两堆后离开。火堆很快就被通行车辆轧灭。关于本案,下列哪一选项是正确的?(2016 年真题,单选)

A. 甲的行为成立放火罪

B. 甲的行为成立以危险方法危害公共安全罪

C. 如认为甲的行为不成立放火罪,那么其行为也不可能成立以危险方法危害公共安全罪

D. 行为危害公共安全,但不构成放火、决水、爆炸等犯罪的,应以以危险方法危害公共安全罪论处

[释疑] C 项,放火罪是以危险方法危害公共安全罪的特定类型。本案情形不足以危害公共安全,A、B 项错。C 项正确,D 项当然错。(答案:C)

3. 下列哪一行为成立以危险方法危害公共安全罪?(2012 年真题,单选)

A. 甲驾车在公路转弯处高速行驶,撞翻相向行驶车辆,致 2 人死亡

B. 乙驾驶越野车在道路上横冲直撞,撞翻数辆他人所驾汽车,致 2 人死亡

C. 丙醉酒后驾车,刚开出 10 米就撞死 2 人

D. 丁在繁华路段飙车,2 名老妇受到惊吓致心脏病发作死亡

[释疑] A、C 项构成第 133 条之交通肇事罪,D 项构成第 133 条之一危险驾驶罪。B 项驾车故意冲撞不特定人,构成第 115 条(故意)以危险方法危害公共安全罪。(答案:B)

考点 3 危害公共安全犯罪与故意杀人罪的区分

一、精讲

危害公共安全犯罪与故意杀人罪区别的要点在于是否具有对不特定多数人生命、健康的公共危险性。以投毒为手段杀人,没有危害公共安全的,应定故意杀人罪。

二、例题

1. 甲在建筑工地开翻斗车。某夜,甲开车时未注意路况,当场将工友乙撞死、丙撞伤。甲背丙去医院,想到会坐牢,遂将丙弃至路沟后逃跑。丙不得救治而亡。关于本案,下列哪一选项是错误的?(2013 年真题,单选)

A. 甲违反交通运输管理法规,因而发生重大事故,致人死伤,触犯交通肇事罪

B. 甲在作业中违反安全管理规定,发生重大伤亡事故,触犯重大责任事故罪

C. 甲不构成交通肇事罪与重大责任事故罪的想象竞合犯

D. 甲为逃避法律责任,将丙带离事故现场后遗弃,致丙不得救治而亡,还触犯故意杀人罪

[释疑] A 项错,甲在建筑工地(并非交通管理领域)作业中出事应为第 114 条之重大责任事故罪;B 项对,交通肇事罪的场合和行为通常是“在道路运输中违反交通法规”;C 项对,因不构成交通肇事罪,就谈不上想象竞合的问题;D 项对,对死亡结果持放任态度,典型的不作为间接故意杀人罪。不是交通肇事罪逃逸致人死亡(逃逸致死者对死亡结果只有过失而无故

意)。(答案:A)

2. 甲将邻居交售粮站的稻米淋洒农药,取出部分作饵料,毒死麻雀后售予饭馆,非法获利5 000元。关于甲行为的定性,下列哪一选项是正确的?(2010年真题,单选)

A. 构成故意毁坏财物罪

B. 构成以危险方法危害公共安全罪和盗窃罪

C. 仅构成以危险方法危害公共安全罪

D. 构成投放危险物质罪和销售有毒、有害食品罪

[释疑] "交售粮站"的稻米淋洒农药,具有公共危险性,构成投放危险物质罪。将毒死的麻雀售予饭馆获利5 000元,数量较大,另成立销售有毒、有害食品罪。(答案:D)

3. 甲曾向乙借款9 000元,后不想归还借款,便预谋毒死乙。甲将注射了"毒鼠强"的白条鸡挂在乙家门上,乙怀疑白条鸡有毒未食用。随后,甲又乘去乙家串门之机,将"毒鼠强"投放到乙家米袋内。后乙和其妻子、女儿喝过米汤中毒,乙死亡,其他人经抢救脱险。关于甲的行为,下列哪些选项是错误的?(2008年真题,多选)

A. 构成投放危险物质罪

B. 构成投放危险物质罪与抢劫罪的想象竞合犯

C. 构成投放危险物质罪与故意杀人罪的想象竞合犯

D. 构成抢劫罪与故意杀人罪的吸收犯

[释疑] A、B、C项错,本案投毒杀人,不具有危害不特定多数人生命、健康的公共危险性,不成立投放危险物质罪,仅成立故意杀人罪。D项错,杀害债主以逃避债务,属于甲故意杀人的动机,没有发生从他人占有下非法取财的事实,没有抢劫行为。

想象竞合犯与连续犯的区别。甲出于杀害乙的故意,先在"白条鸡"中下毒,后在"乙家米袋内"下毒,属于连续犯而不是想象竞合犯。想象竞合犯是"一行为",而本题中甲实施了"两个行为",不可能是想象竞合犯。(答案:ABCD)

考点4 破坏公用设施的犯罪

一、精讲

该类犯罪分为基本犯(实施了破坏行为,但仅有造成法定的严重后果的危险)和结果加重犯(实际造成法定的严重后果)。注意:并非该类行为引发的任何严重后果都成立结果加重犯,只有法定结果发生才能成立。

二、例题

1. 关于危害公共安全罪的认定,下列哪一选项是正确的?(2017年真题,单选)

A. 猎户甲合法持有猎枪,猎枪被盗后没有及时报告,造成严重后果。甲构成丢失枪支不报罪

B. 乙故意破坏旅游景点的缆车的关键设备,致数名游客从空中摔下。乙构成破坏交通设施罪

C. 丙吸毒后驾车将行人撞成重伤(负主要责任),但毫无觉察,驾车离去。丙构成交通肇事罪

D. 丁被空姐告知“不得打开安全门”,仍拧开安全门,致飞机不能正点起飞。丁构成破坏交通工具罪

[释疑] A项错,甲不具有主体资格,该罪主体为“依法配备公务用枪的人”。B项错,旅游景点的高空缆车可认定为破坏交通工具罪中的“电车”而非“交通设施”。C项对,根据司法解释,酒后或吸毒后肇事致1人以上重伤,负主要责任的,构成交通肇事罪。D项错,破坏交通工具罪属于具体危险犯,须足以使交通工具发生倾覆、毁坏危险方可成立。(答案:C)

2. 陈某欲制造火车出轨事故,破坏轨道时将螺栓砸飞,击中在附近玩耍的幼童,致其死亡。陈某的行为被及时发现,未造成火车倾覆、毁坏事故。关于陈某的行为性质,下列哪一选项是正确的?(2016年真题,单选)

A. 构成破坏交通设施罪的结果加重犯

B. 构成破坏交通设施罪的基本犯与故意杀人罪的想象竞合犯

C. 构成破坏交通设施罪的基本犯与过失致人死亡罪的想象竞合犯

D. 构成破坏交通设施罪的结果加重犯与过失致人死亡罪的想象竞合犯

[释疑] 本案陈某一行为触犯数罪名(破坏交通设施罪和过失致人死亡罪)的想象竞合犯。本案击中幼童属于不同构成要件的认识错误,即破坏交通设施的故意行为偶然地(非故意地)致幼童死亡,幼童死亡结果不在陈某故意认识范围内,且与交通设施的毁坏无关。C项正确,A、B、D项当然错。(答案:C)

考点5 交通肇事罪及其结果加重犯的认定

一、精讲

1. 罪与非罪。交通肇事罪与一般交通事故之间的区别关键在于两点:① 是否发生了重大事故,② 行为人是否有违章行为。其中“重大事故”是指死亡1人或者重伤3人以上的,或者重伤1人以上但情节恶劣、后果严重的,或者造成直接损失在30万元以上的情形。

2. 交通肇事罪的结果加重犯。“因逃逸致人死亡”的,以交通肇事罪处7年以上(15年以下)有期徒刑。“因逃逸致人死亡”是指行为人在交通肇事后为逃避法律追究而逃跑,致使被害人因得不到救助而死亡的情形。

二、例题

1. 甲将私家车借给无驾照的乙使用。乙夜间驾车与其叔丙出行,途中遇刘某过马路,不慎将其撞成重伤,车辆亦受损。丙下车查看情况,对乙谎称自己留下打电话叫救护车,让乙赶紧将车开走。乙离去后,丙将刘某藏匿在草丛中离开。刘某因错过抢救时机身亡。(事实一)

为逃避刑事责任,乙找到有驾照的丁,让丁去公安机关“自首”,谎称案发当晚是丁驾车。丁照办。公安机关找甲取证时,甲想到若说是乙造成事故,自己作为被保险人就无法从保险公司获得车损赔偿,便谎称当晚将车借给了丁。(事实二)

后甲找到在私营保险公司当定损员的朋友陈某,告知其真相,请求其帮忙向保险公司申请赔偿。陈某遂向保险公司报告说是丁驾车造成事故,并隐瞒其他不利于甲的事实。甲顺利获得7万元保险赔偿。(事实三)

请回答(86)—(88)题。(2016年真题,不定选)

(86) 关于事实一的分析,下列选项正确的是:

A. 乙交通肇事后逃逸致刘某死亡,构成交通肇事逃逸致人死亡

B. 乙交通肇事且致使刘某死亡,构成交通肇事罪与过失致人死亡罪,数罪并罚

C. 丙与乙都应对刘某的死亡负责,构成交通肇事罪的共同正犯

D. 丙将刘某藏匿致使其错过抢救时机身亡,构成故意杀人罪

[释疑] 交通肇事后把被害人遗弃或者隐藏使其无法得到救助而死亡的,成立故意杀人罪。丙虽然不是交通肇事者,但是他欺骗有救助义务的肇事者乙离去,具有相当于肇事者乙的救助义务或保证人地位,而后将被害人隐藏致死,成立不作为的故意杀人罪,或者相当于不作为故意杀人罪间接正犯。

A项错,主要因为被害人死亡结果只能归责于乙的肇事行为,不应当归责于乙的事故离开现场不救助行为,所以不是逃逸致人死亡。B项错,交通肇事罪致人死亡的,仅成立交通肇事罪一罪,不另外成立过失致人死亡罪。C错,丙构成故意杀人罪。(答案:D)

(87) 关于事实二的分析,下列选项错误的是:

A. 伪证罪与包庇罪是相互排斥的关系,甲不可能既构成伪证罪又构成包庇罪

B. 甲的主观目的在于骗取保险金,没有妨害司法的故意,不构成妨害司法罪

C. 乙唆使丁代替自己承担交通肇事的责任,就此构成教唆犯

D. 丁的"自首"行为干扰了司法机关的正常活动,触犯包庇罪

[释疑] A项,参见张明楷《刑法学》(下册)第1097页,"不排除一个行为同时触犯包庇罪与伪证罪的现象,对此应作为狭义的包括一罪,从一重罪处罚"。据此A项错误。B项骗取保险金目的与妨害司法故意不排斥,B项错误。C项乙唆使丁"顶包"包庇,如果定罪也是第307条之"指使他人作伪证"的妨害作证罪,排斥教唆犯适用。C项错误。

D项正确,丁"作假证明"包庇犯罪分子乙,触犯包庇罪。(答案:ABC)

(88) 关于事实三的分析,下列选项正确的是:

A. 甲对发生的保险事故编造虚假原因,骗取保险金,触犯保险诈骗罪

B. 甲既触犯保险诈骗罪,又触犯诈骗罪,由于两罪性质不同,应数罪并罚

C. 陈某未将保险金据为己有,因欠缺非法占有目的不构成职务侵占罪

D. 陈某与甲密切配合,骗取保险金,两人构成保险诈骗罪的共犯

[释疑] A项正确,第198条第1款规定,对发生的保险事故编造虚假原因,骗取保险金,属于保险诈骗行为之一。D项正确,第198条第3款规定,保险事故的鉴定人、证明人、财产评估人故意提供虚假的证明文件,为他人诈骗提供条件的,以保险诈骗的共犯论处。

B项错,典型法条竞合。C项错,利用职务便利帮助他人骗取本公司财物的,可以构成职务侵占罪。非法占有财物的目的,不限于本人非法占有,也包括给第三人占有。类似的情形如,国家工作人员帮助他人骗取国家救济、补贴、拆迁款等,也有认定为贪污罪的。如果双方共同占有骗取的财物,一般定共同贪污。只有骗取者一方占有的,判决左右摇摆,有定骗取者诈骗罪,国家工作人员滥用职权罪;也有定共同诈骗罪。(答案:AD)

2. 甲于某晚9时驾驶货车在县城主干道超车时,逆行进入对向车道,撞上乙驾驶的小轿车,乙被卡在车内无法动弹,乙车内黄某当场死亡、胡某受重伤。后查明,乙无驾驶资格,事发时略有超速,且未采取有效制动措施。(事实一)(2013年真题,不定选)

关于事实一的分析,下列选项错误的是:

A. 甲违章驾驶,致黄某死亡、胡某重伤,构成交通肇事罪

B. 甲构成以危险方法危害公共安全罪和交通肇事罪的想象竞合犯

C. 甲对乙车内人员的死伤,具有概括故意

D. 乙违反交通运输管理法规,致同车人黄某当场死亡、胡某重伤,构成交通肇事罪

[**释疑**] A项没错,甲违章驾驶致人死伤,构成交通肇事罪。B、C项错,不足以认定甲对造成车祸致人死伤结果有故意,只能认定为过失。D项错,乙无证驾驶违章行为与事故发生没有直接联系,至少关系不大,乙仅是次要责任,不构成交通肇事罪。(答案:BCD)

甲(交通肇事后)驾车逃逸。急救人员5分钟后赶到现场,(被害人)胡某因伤势过重被送医院后死亡。(事实二)(2013年真题,不定选)

关于事实二的分析,下列选项正确的是:

A. 胡某的死亡应归责于甲的肇事行为

B. 胡某的死亡应归责于甲的逃逸行为

C. 对甲应适用交通肇事"因逃逸致人死亡"的法定刑

D. 甲交通肇事后逃逸,如数日后向警方投案如实交待罪行的,成立自首

[**释疑**] A项对,B、C项错。仅仅耽搁5分钟,不能归因于逃逸行为。客观不可避免的结果不能归因于不作为(逃逸行为)。注意:"因逃逸致人死亡"要求逃逸行为与死亡结果之间具有因果关系,判断是否因果关系使用条件公式。D项对,肇事后逃逸,只要未归案的,仍可成立投案自首。(答案:AD)

3. 某日,甲醉酒驾车将行人乙撞死,急忙将尸体运到X地掩埋。10天后,甲得知某单位要在X地施工,因担心乙的尸体被人发现,便将乙的尸体从X地转移至Y地。在转移尸体时,甲无意中发现了乙的身份证和信用卡。此后,甲持乙的身份证和信用卡,从银行柜台将乙的信用卡中的5万元转入自己的信用卡,并以乙的身份证办理入网手续并使用移动电话,造成电信资费损失8000余元。甲的行为构成何罪?(2008年真题,多选)

A. 交通肇事罪　　B. 侵占罪　　C. 信用卡诈骗罪　　D. 诈骗罪

[**释疑**] (1)A项,交通肇事罪认定,甲"醉酒"(违章)驾车将行人乙撞死,成立交通肇事罪,将"尸体"运走、掩埋,属交通肇事后逃逸。

(2)C项,冒用他人信用卡的,是信用卡诈骗罪。

(3)D项,以虚假的身份证明办理入网手续并使用移动电话,造成电信资费损失数额较大的,是诈骗罪。

(4)B项,甲"10天后"再次转移尸体时,"无意中"发现并拿走乙的身份证和信用卡。该行为具有侵占性质,不过因为"身份证和信用卡"自身价值不大,加之甲"使用"该身份证和信用卡的行为分别构成诈骗罪和信用卡诈骗罪,故不再单独定侵占罪。(答案:ACD)

4. 根据刑法规定与相关司法解释,下列哪一选项符合交通肇事罪中的"因逃逸致人死亡"?(2007年真题,单选)

A. 交通肇事后因害怕被现场群众殴打,逃往公安机关自首,被害人因得不到救助而死亡

B. 交通肇事致使被害人当场死亡,但肇事者误以为被害人没有死亡,为逃避法律责任而逃逸

C. 交通肇事致人重伤后误以为被害人已经死亡,为逃避法律责任而逃逸,导致被害人得不到及时救助而死亡

D. 交通肇事后,将被害人转移至隐蔽处,导致其得不到救助而死亡

[释疑] 交通肇事罪"因逃逸致人死亡"(结果加重犯)的认定。

(1) A项,不符合"为逃避法律追究而逃跑"的特征,不具备"逃逸"的前提,不成立"因逃逸致人死亡"的结果加重犯。

(2) B项,"因逃逸致人死亡"客观要件是逃逸(使被害人得不到救助)行为与死亡结果有因果关系。若被害人已经死于交通肇事,死亡结果与逃逸行为无关,不属于"因逃逸致人死亡"。

(3) D项,行为人在交通肇事后为逃避法律追究,将被害人带离事故现场后隐藏或者遗弃,致使被害人无法得到救助而死亡或者严重残疾的,应当分别以故意杀人罪或者故意伤害罪定罪处罚(最高人民法院《关于审理交通肇事刑事案件具体应用法律若干问题的解释》第6条)。据此,D项属于故意杀人罪。

(4) C项,"'因逃逸致人死亡',是指行为人在交通肇事后为逃避法律追究而逃跑,致使被害人因得不到救助而死亡的情形"(最高人民法院《关于审理交通肇事刑事案件具体应用法律若干问题的解释》第5条),据此C项正确。"交通肇事致人重伤后误以为被害人已经死亡",不影响"因逃逸致人死亡"的成立,因为认定"因逃逸致人死亡"的结果加重犯不问行为人逃逸时对死亡结果的心态是过失还是(间接)故意。(答案:C)

考点6 以交通肇事罪共犯论处的情形

一、精讲

交通肇事后,单位主管人员、机动车辆所有人、承包人或者乘车人指使肇事人逃逸,致使被害人因得不到救助而死亡的,以交通肇事罪的共犯论处。

二、例题

1. 乙(15周岁)在乡村公路驾驶机动车时过失将吴某撞成重伤。乙正要下车救人,坐在车上的甲(乙父)说:"别下车!前面来了许多村民,下车会有麻烦。"乙便驾车逃走,吴某因流血过多而亡。关于本案,下列哪一选项是正确的?(2014年真题,单选)

A. 因乙不成立交通肇事罪,甲也不成立交通肇事罪

B. 对甲应按交通肇事罪的间接正犯论处

C. 根据司法实践,对甲应以交通肇事罪论处

D. 根据刑法规定,甲、乙均不成立犯罪

[释疑] 指使肇事者逃逸致人死亡的,以交通肇事罪共犯论处。"根据司法实践"指根据2000年《关于审理交通肇事刑事案件具体应用法律若干问题的解释》第5条第2款,(提示:此处还隐含这是根据司法解释规定得出的答案,不代表出题人观点)。A项,乙未达刑事责任年龄不为罪,正确,因单人成立犯罪需具备三要件,甲虽具备① 构成要件,② 违法但不具备,③ 有责性,不为罪。但这不影响甲成立乙共犯,因成立共犯只需二人"不法共同"即可,不以"责任共同"为必要。故甲、乙在责任上不共同(甲具备有责性,乙不具备有责性)不影响甲、乙成立共犯。B项,交通肇事罪是过失犯罪,甲让15岁的儿子乙驾车,不好说成是利用乙犯罪。甲对车的监管责任产生其阻止乙驾车的义务,甲不阻止乙驾驶导致乙肇事,甲成立交通肇事罪

(不作为),甲乙都有救助被害人吴某的义务,甲不仅自己不去救助还阻止乙救助,甲的行为是不作为故意杀人性质,乙是共犯。(答案:C)

特别说明:这关联到前面提及的“此处还隐含不代表出题人观点”。根据司法解释即“根据司法实践”定交通肇事罪将因乙不够交通肇事罪刑事责任年龄、不能追究乙的罪责。其实出题人认为这个“根据司法实践”的结论未必妥当。依出题人观点最佳结论似乎是:乙已达到故意杀人罪的刑事责任年龄,且符合不作为故意杀人罪的要件,甲乙都成立不作为故意杀人罪的共犯。按司法解释将本案定成交通肇事性质,使本应构成(不作为)故意杀人罪的乙逃脱罪责,不太合理。

2. 甲系某公司经理,乙是其司机。某日,乙开车送甲去洽谈商务,途中因违章超速行驶,当场将行人丙撞死,并致行人丁重伤。乙欲送丁去医院救治,被甲阻止。甲催乙送其前去洽谈商务,并称否则会造成重大经济损失。于是,乙打电话给120急救站后离开肇事现场。但因时间延误,丁不治身亡。关于本案,下列哪一选项是正确的?(2006年真题,单选)

A. 甲不构成犯罪,乙构成交通肇事罪

B. 甲、乙均构成交通肇事罪

C. 乙构成交通肇事罪和不作为的故意杀人罪,甲是不作为的故意杀人罪的共犯

D. 甲、乙均构成故意杀人罪

[释疑]　本题考查交通肇事罪的共犯问题。(答案:B)

考点7　交通肇事罪与其他犯罪之间的界限

一、精讲

(1) 交通肇事罪与其他过失犯罪的区别:认定责任的依据是有否违反“交通管理法规”。厂矿企业的专用机动车辆、施工车辆以及军队的军用车辆等在“实行公共交通管理的范围内”因为违反交通规则发生重大交通事故的,以交通肇事罪论处。如果是在公共交通管理范围之外,非因违反交通规则造成人身伤亡、财产损失,构成犯罪的,分别依照第134条(重大责任事故罪)、第135条(工程重大安全事故罪)、第233条(过失致人死亡罪)以及第436条(武器装备肇事罪)等规定定罪处罚。

(2) 交通肇事罪与以危险方法危害公共安全罪的区别:如果故意使用驾车撞人的方法,在公共场所故意撞死撞伤多人的,应定以危险方法危害公共安全罪。另外,故意使用驾车的方式杀害、伤害特定人的,以故意杀人罪、故意伤害罪定罪处罚。

(3) 交通肇事罪(逃逸致人死亡)与故意杀人罪的区别:行为人在交通肇事后为逃避法律追究,将被害人带离事故现场后隐藏或者遗弃,致使被害人无法得到救助而死亡或者严重残疾的,应当分别以故意杀人罪或者故意伤害罪定罪处罚。

二、例题

关于交通肇事罪与其他犯罪关系的论述,下列哪些选项是正确的?(2008年缓考真题,多选)

A. 甲酒后驾车撞死一行人,下车观察时,发现死者是其情敌刘某,甲早已预谋将刘某杀死。甲的行为应为故意杀人罪,而不能定为交通肇事罪

B. 乙明知车辆的安全装置不全,仍然指使其雇员王某驾驶该车辆运输货物;王某明知车辆有缺陷,仍超速行驶,造成交通事故,导致1人死亡。乙与王某均构成交通肇事罪

C. 丙在施工场地卸货倒车时,不慎将一装卸工人轧死。丙的行为构成重大责任事故罪,而不是交通肇事罪

D. 丁在一高速公路上驾车行驶时,因疲劳过度将车驶出高速公路,将行人常某撞死。对丁的行为应认定为交通肇事罪,而不是过失致人死亡罪

[释疑] A项,根据行为与心理"同时性"原理,甲对刘某之死仍是过失,B、C、D项正确。(答案:BCD)

考点8 危险驾驶罪的认定

一、精讲

1. 本罪前三种行为类型是行为犯(抽象危险犯),主观上是故意,只要实施法定的三种行为之一,就构成本罪,无需考察是否造成严重结果或具有造成严重结果的具体危险;第四种行为类型是具体危险犯,需要考察是否具有造成严重结果的具体危险。

2. 四种行为类型:追逐竞驶(飙车)型——追逐竞驶,情节恶劣;醉酒驾驶(醉驾)型——醉酒驾驶机动车;超载超速型——从事校车业务或旅客运输,严重超过额定乘员载客,或严重超过规定时速行驶;危险化学品型——违反危险化学品安全管理规定运输危险化学品,危及公共安全。

机动车所有人、管理人对第三、四两类行为负有直接责任的,依本罪处罚。

有本罪行为,同时构成其他犯罪的,依照处罚较重的规定定罪处罚(想象竞合)。

3. 与交通肇事罪、以危险方法危害公共安全罪的关系:本罪是上游行为,若有危险驾驶行为,之后进一步造成肇事结果或故意危害公共安全的,以交通肇事罪、以危险方法危害公共安全罪定罪,不再定本罪(吸收犯或事前的共罚行为)。

二、例题

1. 下列哪一行为应以危险驾驶罪论处?(2015年真题,单选)

A. 醉酒驾驶机动车,误将红灯看成绿灯,撞死2名行人

B. 吸毒后驾驶机动车,未造成人员伤亡,但危及交通安全

C. 在驾驶汽车前吃了大量荔枝,被交警以呼气式酒精检测仪测试到酒精含量达到醉酒程度

D. 将汽车误停在大型商场地下固定卸货车位,后在醉酒时将汽车从地下三层开到地下一层的停车位

[释疑] A项,交通肇事罪。B项,"毒驾"并非危险驾驶罪行为类型。C项,吃大量荔枝并非饮酒,且行为人对达到醉酒程度没有认识,不可能构成危险驾驶罪。D项,"醉驾"型危险驾驶罪是行为犯(抽象危险犯),无需具体考察行为的公共危险性。(答案:D)

2. 交警对乙车进行切割,试图将乙救出。此时,醉酒后的丙(血液中的酒精含量为152 mg/100 ml)与丁各自驾驶摩托车"飙车"经过此路段。(事实三)(2013年真题,不定选)

丙发现乙车时紧急刹车,摩托车侧翻,猛烈撞向乙车左前门一侧,丙受重伤。20分钟后,

交警将乙抬出车时，发现其已死亡。现无法查明乙被丙撞击前是否已死亡，也无法查明乙被丙撞击前所受创伤是否为致命伤。（事实四）（2013年真题，不定选）

关于事实三的定性，下列选项正确的是：

A. 丙、丁均触犯危险驾驶罪，属于共同犯罪

B. 丙构成以危险方法危害公共安全罪，丁构成危险驾驶罪

C. 丙、丁虽构成共同犯罪，但对丙结合事实四应按交通肇事罪定罪处罚，对丁应按危险驾驶罪定罪处罚

D. 丙、丁未能完成预定的飙车行为，但仍成立犯罪既遂

[释疑]　A项对，危险驾驶罪是故意犯罪，丙丁二人共同飙车可以成立共同犯罪。B项错，醉酒＋飙车也只能认定危险驾驶罪，在没有造成死伤结果且认定对死伤结果有故意时，不得定以危险方法危害公共安全罪（故意犯罪）。C项错，因无法确定丙的行为与乙的死亡结果之间的因果关系，根据“存疑有利于被告人”原则，不应将结果归于丙的行为，因而不能认定丙构成交通肇事罪（过失犯罪，以造成法定结果为必要）。D项对，危险驾驶罪为行为犯，实施了法定行为即为既遂。（答案：AD）

关于事实四乙死亡的因果关系的判断，下列选项错误的是：

A. 甲的行为与乙死亡之间，存在因果关系

B. 丙的行为与乙死亡之间，存在因果关系

C. 处置现场的警察的行为与乙死亡之间，存在因果关系

D. 乙自身的过失行为与本人死亡之间，存在因果关系

[释疑]　A、B项都错，乙的死亡结果或与甲的行为或与丙的行为有因果关系，不能确定，利益归于被告人，都不能认定因果关系。C、D项则明显错误。（答案：ABCD）

考点 9　重大责任事故罪的认定

一、精讲

（1）重大责任事故罪的主体范围：“在生产、作业中”一切生产、作业人员，仍属特殊主体。但是不必是特定“工作单位”和“职工”。

（2）本罪与失火罪、过失爆炸罪、过失致人死亡罪的区别：前者是在生产、作业活动中违反规章制度造成严重后果，后者是在日常生活中违反生活规则造成严重后果；前者是业务过失，后者是普通过失。

（3）本罪与强令违章冒险作业罪的区别。行为造成重大责任事故必须具备“强令他人违章冒险作业”特征，才能定强令违章冒险作业罪；不具备此特征的，只能定重大责任事故罪，如“本人”违章冒险作业造成事故的；组织、指挥、管理者非因“强令他人违章冒险作业”造成重大事故的等。

二、例题

某施工工地升降机操作工刘某未注意下方有人即按启动按钮，造成维修工张某当场被挤压身亡。刘某报告事故时隐瞒了自己按下启动按钮的事实。关于刘某行为的定性，下列哪一选项是正确的？（2010年真题，单选）

A.（间接）故意杀人罪　　　　　　　　B. 过失致人死亡罪

C. 谎报安全事故罪　　　　　　　　　D. 重大责任事故罪

［释疑］ 根据第134条的规定，在生产作业中违章致人死伤，是过失，排除A项，是重大责任事故，排除B项。C项，当事人本人谎报不利案情，因没有期待可能性而不责罚。（答案：D）

考点10 走私武器、弹药罪与买卖、邮寄枪支、弹药罪的区分

一、精讲

1. 买卖、邮寄枪支、弹药罪限于境内。逃避海关监管将枪支、弹药以任何方式（包括携带、邮寄等）运出或运入国（边）境的，是走私武器弹药罪。

2.《刑法修正案（九）》取消走私武器、弹药罪、走私核材料罪、走私假币罪的死刑规定。

二、例题

刘某利用到国外旅游的机会，购买了手枪1支、子弹若干发自用，并经过伪装将其邮寄回国内。后来刘某得知丁某欲搞一支枪抢银行，即与丁某协商，以1万元将其手枪出租给丁某。丁某使用该手枪抢劫银行时被抓获。对刘某的行为应如何处理？（2008年缓考真题，单选）

A. 以非法买卖危险物质罪与抢劫罪实行并罚

B. 以非法买卖危险物质罪与非法出租枪支罪实行并罚

C. 以走私武器、弹药罪与抢劫罪实行并罚

D. 以走私武器、弹药罪、非法出租枪支罪、抢劫罪实行并罚

［释疑］（1）逃避海关监管邮寄枪支出入国（边）境，是走私枪支罪。

（2）D项，非法出租枪支罪是特殊主体“依法持枪”的人，非法持枪者不成立该罪。

（3）C项，走私武器、弹药罪与为他人提供枪支抢劫是各自独立的行为，应实行并罚。（答案：C）

考点11 非法出租、出借枪支罪的认定

一、精讲

（1）依法配备公务用枪的人员，只要有非法出租、出借枪支的行为即构成犯罪。

（2）依法配置枪支的人员非法出租、出借枪支，必须造成严重后果才构成犯罪。

（3）非法将枪支作质押的，以非法出借枪支罪论处。对接收枪支质押的人员，以非法持有枪支罪论处。

（4）行为人与犯罪人事先通谋，出租、出借枪支供其用于犯罪的，应当以共犯论处。

（5）本罪的主体是特殊主体，只能是依法配备、配置枪支的人员，不包括非法持有者，非法持有者又将枪支非法出租、出借的，只能以非法持有枪支罪论处。

二、例题

1. 关于危害公共安全罪的论述，下列哪些选项是正确的？（2014年真题，多选）

A. 甲持有大量毒害性物质，乙持有大量放射性物质，甲用部分毒害性物质与乙交换了部分放射性物质。甲、乙的行为属于非法买卖危险物质

B. 吸毒者甲用毒害性物质与贩毒者乙交换毒品。甲、乙的行为属于非法买卖危险物质，乙的行为另触犯贩卖毒品罪

C. 依法配备公务用枪的甲，将枪赠与他人。甲的行为构成非法出借枪支罪

D. 甲父去世前告诉甲"咱家院墙内埋着5支枪"，甲说"知道了"，但此后甲什么也没做。甲的行为构成非法持有枪支罪

[释疑]　(1) A、B项正确，"以物易物"可解释为"买卖"(交易)。(2) C项正确，"出借"都为罪，则比"出借"严重的"赠送"更应有罪，依当然解释结论正确。(3) D项，甲父临终将非法持有的5支枪托付给甲，甲说"知道了"意味着接续其父的非法持有，构成非法持有枪支罪。从不作为角度解释，甲父去世后，甲是该宅院的主人负有监管责任，知道自家宅院内藏有枪支有义务消除而不消除，也可成立非法持有枪支罪。(答案：ABCD)

2. 警察甲为讨好妻弟乙，将公务用枪私自送乙把玩，丙乘乙在人前炫耀枪支时，偷取枪支送交派出所，揭发乙持枪的犯罪事实。关于本案，下列哪些选项是正确的？(2012年真题，多选)

A. 甲私自出借枪支，构成非法出借枪支罪

B. 乙非法持有枪支，构成非法持有枪支罪

C. 丙构成盗窃枪支罪

D. 丙揭发乙持枪的犯罪事实，构成刑法上的立功

[释疑]　C项丙为了揭发犯罪，没有非法占有意思，不成立盗窃枪支罪。D项根据《关于处理自首和立功具体应用法律若干问题的解释》第5条立功时间条件是"犯罪分子到案后"，丙不备此条件，不是立功只能算平素表现。(答案：AB)

考点 12　组织、领导和积极参加恐怖活动组织同时实施其他犯罪的，数罪并罚

一、精讲

根据第120条的规定，组织、领导恐怖活动组织的，处……并处没收财产；积极参加恐怖活动组织的，处……并处罚金；其他参加的，处……可以并处罚金。犯前款罪并实施杀人、爆炸、绑架等犯罪的，依照数罪并罚的规定处罚。

注意：《刑法修正案(九)》为本罪增加了财产刑的规定。

二、例题

魏某受恐怖活动组织的指派潜入大陆进行恐怖活动，先后杀害3人，绑架1人。魏某的行为构成何种犯罪？(1998年真题，多选)

A. 积极参加恐怖活动组织罪　　　　B. 故意杀人罪

C. 绑架罪　　　　D. 以危险方法危害公共安全罪

[释疑]　本题考查法定数罪并罚的情形。这种犯罪的数罪并罚有专门规定，必须依照规定处理。不必依据一般原理推断。(答案：ABC)

考点13 帮助恐怖活动罪(原“资助恐怖活动罪”)

一、精讲

《刑法修正案(九)》第6条将刑法第120条之一修改为:“资助恐怖活动组织、实施恐怖活动的个人的,或者资助恐怖活动培训的,处五年以下有期徒刑、拘役、管制或者剥夺政治权利,并处罚金;情节严重的,处五年以上有期徒刑,并处罚金或者没收财产。为恐怖活动组织、实施恐怖活动或者恐怖活动培训招募、运送人员的,依照前款的规定处罚。单位犯前两款罪的,对单位判处罚金,并对其直接负责的主管人员和其他直接责任人员,依照第一款的规定处罚。”

二、例题

乙成立恐怖组织并开展培训活动,甲为其提供资助。受培训的丙、丁为实施恐怖活动准备凶器。因案件被及时侦破,乙、丙、丁未能实施恐怖活动。关于本案,下列哪些选项是正确的?(2016年真题,多选)

A. 甲构成帮助恐怖活动罪,不再适用《刑法》总则关于从犯的规定

B. 乙构成组织、领导恐怖组织罪

C. 丙、丁构成准备实施恐怖活动罪

D. 对丙、丁定罪量刑时,不再适用《刑法》总则关于预备犯的规定

[释疑] A项,第120条之一:“资助恐怖活动组织、实施恐怖活动的个人的,或者资助恐怖活动培训的”,帮助资助行为犯罪化,直接适用本条以帮助恐怖活动罪定罪处罚。对甲不再适用总则规定以乙的“组织恐怖组织罪”的共犯论处。B项,乙构成第120条的组织、领导恐怖组织罪。C、D项,第120条之二规定:“有下列情形之一的……(一)为实施恐怖活动准备凶器、危险物品或者其他工具的;(二)组织恐怖活动培训或者积极参加恐怖活动培训的……”本条将“准备实施恐怖活动罪”单独规定为犯罪,预备行为犯罪化,排斥总则犯罪预备的适用。(答案:ABCD)

考点14 新增5个恐怖犯罪

1. 准备实施恐怖活动罪:① 为实施恐怖活动准备凶器、危险物品或其他工具;② 组织恐怖活动培训或积极参加恐怖活动培训;③ 为实施恐怖活动与境外恐怖活动组织或人员联络的;④ 为实施恐怖活动进行策划或其他准备。有本罪行为,同时构成其他犯罪的,依照处罚较重的规定定罪处罚(想象竞合)。

2. 宣扬恐怖主义、极端主义、煽动实施恐怖活动罪:以制作、散发宣扬恐怖主义、极端主义的图书、音频视频资料或者其他物品,或者通过讲授、发布信息等方式宣扬恐怖主义、极端主义的,或煽动实施恐怖活动。

3. 利用极端主义破坏法律实施罪:利用极端主义煽动、胁迫群众破坏国家法律确立的婚姻、司法、教育、社会管理等制度实施。

4. 强制穿戴宣扬恐怖主义、极端主义服饰、标志罪:以暴力、胁迫等方式强制他人在公共场所穿着、佩戴宣扬恐怖主义、极端主义服饰、标志。

5. 非法持有宣扬恐怖主义、极端主义物品罪:明知是宣扬恐怖主义、极端主义的图书、音频视频资料或者其他物品而非法持有,情节严重。

第三章　破坏社会主义市场经济秩序罪

考点 1　生产、销售伪劣商品罪的竞合及法律适用

一、精讲

第149条第2款规定："生产、销售本节第一百四十一条至第一百四十八条所列产品，构成各该条规定的犯罪，同时又构成本节第一百四十条规定之罪的，依照处罚较重的规定定罪处罚。"

(1) 第140条生产、销售伪劣产品罪以销售额5万元以上为要件，本节其他罪均不以此为要件。

(2) 第140条生产、销售伪劣产品罪与其他生产、销售伪劣商品罪发生竞合，择一重罪。

(3) 生产、销售伪劣产品，销售额不足5万元，但查处额在15万元以上的，以生产、销售伪劣产品罪(未遂)定罪处罚。

二、例题

1. 关于生产、销售伪劣商品罪，下列哪些选项是正确的？(2016年真题，多选)

A. 甲既生产、销售劣药，对人体健康造成严重危害，同时又生产、销售假药的，应实行数罪并罚

B. 乙为提高猪肉的瘦肉率，在饲料中添加"瘦肉精"。由于生猪本身不是食品，故乙不构成生产有毒、有害食品罪

C. 丙销售不符合安全标准的饼干，足以造成严重食物中毒事故，但销售金额仅有500元。对丙应以销售不符合安全标准的食品罪论处

D. 丁明知香肠不符合安全标准，足以造成严重食源性疾患，但误以为没有毒害而销售，事实上香肠中掺有有毒的非食品原料。对丁应以销售不符合安全标准的食品罪论处

[释疑]　A项正确，生产、销售劣药罪(第142条)与生产、销售假药罪(第141条)是不同种罪，应实行数罪并罚。C项正确，销售不符合安全标准的食品罪，以"足以造成严重食物中毒事故"为要件，不以销售金额为要件。D项正确，不同构成要件之间的事实认识错误，即客观上实施了销售有毒有害食品(罪)的行为，而主观上仅有销售不符合安全标准的食品(罪)的认识，仅承担轻罪即销售不符合安全标准的食品罪罪责。

B项错。使用有毒害物质的饲料饲养供人食用的动物的，以生产有毒、有害食品罪论处。(答案:ACD)

2. 关于生产、销售伪劣商品罪，下列哪些判决是正确的？(2014年真题，多选)

A. 甲销售的假药无批准文号，但颇有疗效，销售金额达500万元，如按销售假药罪处理会导致处罚较轻，法院以销售伪劣产品罪定罪处罚

B. 甲明知病死猪肉有害，仍将大量收购的病死猪肉，冒充合格猪肉在市场上销售。法院以销售有毒、有害食品罪定罪处罚

C. 甲明知贮存的苹果上使用了禁用农药，仍将苹果批发给零售商。法院以销售有毒、有

害食品罪定罪处罚

D. 甲以为是劣药而销售,但实际上销售了假药,且对人体健康造成严重危害。法院以销售劣药罪定罪处罚

[释疑] (1)A项正确,第149条规定:择一重罪处罚。C项正确,2013年《关于办理危害食品安全刑事案件适用法律若干问题的解释》第9条规定:"……在食用农产品种植、养殖、销售、运输、贮存等过程中,使用禁用农药、兽药等禁用物质或者其他有毒、有害物质的"是销售有毒、有害食品罪。D项正确,抽象事实认识错误,依法定符合说在竞合范围内定罪处罚。甲没有销售假药罪故意,不成立销售假药罪。销售假药罪重于销售劣药罪,可对甲以销售劣药罪(轻罪)定罪处罚。(2)B项错,应为销售不安全食品罪,2013年《关于办理危害食品安全刑事案件适用法律若干问题的解释》第1条规定:"……(二)属于病死、死因不明或者检验检疫不合格的畜、禽、兽、水产动物及其肉类、肉类制品的"制售行为,认定为生产销售不安全食品罪的"足以造成严重食物中毒事故或者其他严重食源性疾病"。(答案:ACD)

3. 杨某生产假冒避孕药品,其成分为面粉和白糖的混合物,货值金额达15万多元,尚未销售即被查获。关于杨某的行为,下列哪一选项是正确的?(2010年真题,单选)

A. 不构成犯罪

B. 以生产、销售伪劣产品罪(未遂)定罪处罚

C. 以生产、销售伪劣产品罪(既遂)定罪处罚

D. 触犯生产假药罪与生产、销售伪劣产品罪(未遂),依照处罚较重的规定定罪处罚

[释疑] 生产假药,不论销售额、有无危险均成立生产假药罪;货值达15万多元尚未销售,同时构成生产伪劣产品罪(未遂)。根据第149条第2款,择一重罪处罚。(答案:D)

4. 甲为了获取超额利润,在明知其所经销的电器产品不符合保障人身安全的国家标准的情况下,仍然大量进货销售,销售金额总计达到180万元。一企业因使用这种电器导致短路,引起火灾,造成3人轻伤,部分厂房被烧毁,直接经济损失10万元。下列关于甲的行为的说法哪些是正确的?(2005年真题,多选)

A. 应当数罪并罚

B. 构成销售不符合安全标准的产品罪

C. 构成销售伪劣产品罪

D. 应按照销售伪劣产品罪和销售不符合安全标准的产品罪中的一个重罪,定罪处罚

[释疑] 甲销售不符合保障人身安全的国家标准的电器产品,造成严重后果且销售额达到5万元以上,同时触犯(或构成)销售不符合安全标准的产品罪和销售伪劣产品罪,应择一重罪定罪处罚,故B、C、D项正确。(答案:BCD)

考点2 生产、销售有毒、有害食品罪的认定

一、精讲

1. 生产、销售有毒、有害食品罪客观行为表现为三种:(1)在生产的食品中掺入有毒、有害的非食品原料;(2)在销售的食品中掺入有毒、有害的非食品原料;(3)明知是掺有有毒、有害的非食品原料的食品而销售。

2. 与生产、销售不符合安全标准的食品罪的区别:关键在于是否"食品"本身产生危害。

如果在食品中掺入有毒、有害的非食品原料，例如用工业酒精甲醇兑制假白酒，定生产、销售有毒、有害食品罪；如果加入的是食品原料，不符合标准，因为变质而产生毒害，定生产、销售不符合安全标准的食品罪。

3. 与投放危险物质罪的区别：主要是有无毒害他人的直接故意。生产、销售有毒、有害食品罪通常发生在经营活动中，行为人的目的是营利，对造成严重后果通常是过失或者间接故意。

二、例题

1. 关于生产、销售伪劣商品罪，下列哪些选项是正确的？（2013 年真题，多选）

A. 甲未经批准进口一批药品销售给医院。虽该药品质量合格，甲的行为仍构成销售假药罪

B. 甲大量使用禁用农药种植大豆。甲的行为属于“在生产的食品中掺入有毒、有害的非食品原料”，构成生产有毒、有害食品罪

C. 甲将纯净水掺入到工业酒精中，冒充白酒销售。甲的行为不属于“在生产、销售的食品中掺入有毒、有害的非食品原料”，不成立生产、销售有毒、有害食品罪

D. 甲利用“地沟油”大量生产“食用油”后销售。因不能查明“地沟油”的具体毒害成分，对甲的行为不能以生产、销售有毒、有害食品罪论处

［**释疑**］　A 项对，根据《药品管理法》依法必须批准而未经批准生产、进口，或依法须经检验而未经检验即销售的，是销售假药行为之一。B 项对，根据《关于办理危害食品安全刑事案件适用法律若干问题的解释》第 9 条第 2 款规定：在食用农产品种植、养殖、销售、运输、贮存等过程中，使用禁用农药、兽药等禁用物质或者其他有毒、有害物质的，是生产有毒有害食品。C、D 项应为生产、销售有毒、有害食品罪。（答案：AB）

2. 刘某专营散酒收售，农村小卖部为其供应对象。刘某从他人处得知，某村办酒厂生产的散酒价格低廉，虽掺有少量有毒物质，但不会致命，遂大量购进并转销给多家小卖部出售，结果致许多饮用者中毒甚至双眼失明。下列哪些选项是正确的？（2009 年真题，多选）

A. 造成饮用者中毒的直接责任人是某村办酒厂，应以生产和销售有毒、有害食品罪追究其刑事责任；刘某不清楚酒的有毒成分，可不负刑事责任

B. 对刘某应当以生产和销售有毒、有害食品罪追究刑事责任

C. 应当对构成犯罪者并处罚金或没收财产

D. 村办酒厂和刘某构成共同犯罪

［**释疑**］　刘某贪图酒价低廉，知道掺有少量有毒物质，但不会致命。据此足以认定明知酒为毒酒，要承担刑事责任。B 项正确，A 项错误。本案中卖方与买方属于“对合犯”，不成立共犯，D 项错误。根据第 141 条第 1 款的规定：“……致人死亡或者有其他特别严重情节的，处十年以上有期徒刑、无期徒刑或者死刑，并处罚金或者没收财产。”C 项正确。（答案：BC）

考点 3　走私犯罪的认定

一、精讲

1. “走私”实为一类犯罪，其共同点是“逃避海关监管运输货物出入国（边）境”“偷逃关

税”。需要掌握的要点是:

(1)走私普通货物、物品罪属于走私类犯罪的一般性规定。故走私已经被特别规定为一种走私罪的行为对象的物品的,如走私黄金、武器弹药等,不定本罪,定其他走私罪。属于法条竞合关系,特别法优先。

(2)走私淫秽物品罪“以牟利或传播为要件”,属于“目的犯”。

(3)走私文物、贵金属限定在走私“出口”。如果走私进口文物、贵重金属的,不构成本罪,按照走私普通货物、物品罪论处。

(4)走私中“暴力抗拒”稽查又构成妨害公务罪的,以走私罪和妨害公务罪,数罪并罚。

2. 走私枪支弹药行为的认定:(1)走私枪支散件,构成犯罪的,以走私武器罪定罪处罚。成套枪支散件以相应数量的枪支计,非成套枪支散件以每三十件为一套枪支散件计。(2)走私各种弹药的弹头、弹壳,构成犯罪的,以走私弹药罪定罪处罚。(3)走私报废或无法组装并使用的各种弹药的弹头、弹壳,构成犯罪的,以走私普通货物、物品罪定罪处罚;属于废物的,以走私废物罪定罪处罚。(4)走私国家禁止或者限制进出口的仿真枪、管制刀具,构成犯罪的,以走私国家禁止进出口的货物、物品罪定罪处罚。(5)走私的仿真枪经鉴定为枪支,构成犯罪的,以走私武器罪定罪处罚。

3. 法条竞合问题:未经许可进出口国家限制进出口的货物、物品,构成犯罪的,以走私国家禁止进出口的货物、物品罪等罪名定罪处罚;偷逃应缴税额,同时又构成走私普通货物、物品罪的,依照处罚较重的规定定罪处罚。

4. 取得许可,但超过许可数量进出口国家限制进出口的货物、物品,构成犯罪的,以走私普通货物、物品罪定罪处罚。

5. 在走私的货物、物品中藏匿特殊货物、物品,构成犯罪的,以实际走私的货物、物品定罪处罚;构成数罪的,实行数罪并罚。

6. 走私犯罪既遂标准:(1)在海关监管现场被查获的;(2)以虚假申报方式走私,申报行为实施完毕的;(3)以保税货物或者特定减税、免税进口的货物、物品为对象走私,在境内销售的,或者申请核销行为实施完毕的。

二、例题

1. 下列哪些行为(不考虑数量),应以走私普通货物、物品罪论处?(2015年真题,多选)

A. 将白银从境外走私进入中国境内

B. 走私国家禁止进出口的旧机动车

C. 走私淫秽物品,有传播目的但无牟利目的

D. 走私无法组装并使用(不属于废物)的弹头、弹壳

[释疑] A项,走私贵重金属罪属于“单向犯罪”,只有走私出境才构成该罪,若走私入境则按走私普通货物罪认定。B项,走私普通货物罪之“普通货物”应是国家并不禁止进出口的货物,走私国家禁止进出口的旧机动车应构成走私国家禁止进出口的货物、物品罪。C项,构成走私淫秽物品罪,只需具备传播或牟利目的之一即可。D项,“无法组装并使用(不属于废物)的弹头、弹壳”应认定为“普通货物、物品”。注意,若是走私可以组装并使用的弹头、弹壳,则构成走私武器、弹药罪。(答案:AD)

2. 关于走私犯罪,下列哪一选项是正确的?(2011 年真题,单选)

A. 甲误将淫秽光盘当作普通光盘走私入境。虽不构成走私淫秽物品罪,但如按照普通光盘计算,其偷逃应缴税额较大时,应认定为走私普通货物、物品罪

B. 乙走私大量弹头、弹壳。由于弹头、弹壳不等于弹药,故乙不成立走私弹药罪

C. 丙走私枪支入境后非法出卖。此情形属于吸收犯,按重罪吸收轻罪的原则论处

D. 丁走私武器时以暴力抗拒缉私。此情形属于牵连犯,从一重罪论处

[**释疑**]　(1) A 项正确,走私淫秽物品罪必须明知是淫秽物品,如果不明知是淫秽物品,不成立走私淫秽物品罪,但是达到一定数额不排除可以成立走私普通货物、物品罪。

(2) B 项错,根据审理走私案的司法解释,走私弹头、弹壳等武器弹药零件可以组装成枪弹的,成立走私武器弹药罪。

(3) C 项错,走私枪支后非法出卖,至少不是吸收犯,因为二者不具有 A 罪(走私枪支)是 B 罪(出售枪支)的必经过程;B 罪是 A 罪当然结果的密切关系。或许是牵连犯或许是实质(数罪并罚)数罪。因中国司法实务不喜好数罪并罚,就同一支或一批枪支,在走私入境环节被查获的只有一罪;走私入境后非法出卖的,在出卖环节被查获的,通常只按照非法买卖枪支一罪处罚。不同批次的,因为走私武器弹药与非法买卖枪支弹药是不同种罪,肯定数罪并罚。

(4) D 项错,根据第 157 条的规定,数罪并罚。且属于注意规定,即使没有第 157 条的规定,也应数罪并罚。(答案:A)

三、提示与预测

注意最高人民法院《关于审理走私刑事案件具体应用法律若干问题的解释(二)》第 5 条的规定,对在走私的普通货物、物品或者废物中藏匿第 151 条(枪支弹药等)、第 152 条(淫秽物品)、第 347 条(毒品)、第 350 条(制毒物品)规定的货物、物品,构成犯罪的,以实际走私的货物、物品定罪处罚;构成数罪的,实行数罪并罚。

考点 4　虚报注册资本罪与抽逃出资罪的认定

例题

1. 甲向乙借款 50 万元注册成立 A 公司,乙与甲约定在 A 公司取得营业执照的第二天,乙的 B 公司向 A 公司借款 50 万元。A 公司取得营业执照后,由甲经手将 A 公司 50 万元借给 B 公司。关于甲的行为性质,下列哪一选项是正确的?(2013 年真题,单选)

A. 虚报注册资本罪　　　　B. 虚假出资罪

C. 抽逃出资罪　　　　D. 无罪

[**释疑**]　违反公司管理犯罪。甲"借款"50 万注册 A 公司,该 50 万为 A 公司所有,A 公司注册资金是真实的,不是虚报,也不是虚假出资;A 公司虽将该 50 万出借给 B 公司,但同时获得 50 万元的债权(仅为资本形式的改变),A 公司注册资金形成的财力仍存在,不是抽逃。故无罪。(答案:D)

2. 甲、乙二人出资 10 万元,同时通过购买并使用伪造的商业零售发票,虚填商品实物价值人民币 50 万元,骗取审计事务所出具验资报告,欺骗公司登记主管部门,以 60 万元注册资

本取得“××贸易有限公司”营业执照。后甲、乙又合谋将上述10万元资本金转移用于注册另一公司。甲、乙二人的行为构成:(2005年真题,单选)

A. 虚报注册资本罪　　B. 虚假出资罪

C. 虚报注册资本罪与抽逃出资罪　　D. 虚假出资罪与抽逃出资罪

[释疑]　到底是一罪还是数罪?从学理上讲,甲乙虚报注册资本50万元(注意不是60万元);后又将实际出资的10万元抽走,成立抽逃出资罪(注意犯罪金额是10万元,不是60万元),故成立数罪。

有考生认为应该选A项,不应选C项,因为“同一个行为被重复评价了,抽逃出资是前一个行为的一部分”。这种想法没有考虑到犯罪金额即虚假出资额(50万元)和抽逃出资额(10万元)的问题。(答案:C)

考点5　高利转贷罪和非国家工作人员贿赂犯罪的认定

一、精讲

1. 注意高利转贷罪的主观要件以转贷牟利为目的。

2. 注意非国家工作人员受贿罪和受贿罪的区别:(1) 主体不同。受贿罪的主体是国家工作人员;非国家工作人员受贿罪的主体是公司、企业或其他单位的工作人员。(2) 行为方式不同。如果国家工作人员索贿的,不以为他人谋利为要件即可成立受贿罪;但非国家工作人员索贿的,仍以为他人谋取利益为要件。

二、例题

X公司系甲、乙二人合伙依法注册成立的公司,以钢材批发零售为营业范围。丙因自己的公司急需资金,便找到甲、乙借款,承诺向X公司支付高于银行利息5个百分点的利息,并另给甲、乙个人好处费。甲、乙见有利可图,即以购买钢材为由,以X公司的名义向某银行贷款1 000万元,贷期半年。甲、乙将贷款按约定的利息标准借予丙,丙给甲、乙各10万元的好处费。半年后,丙将借款及利息还给X公司,甲、乙即向银行归还本息。关于甲、乙、丙行为的定性,下列哪一选项是正确的?(2008年真题,单选)

A. 甲、乙构成高利转贷罪,丙无罪

B. 甲、乙构成骗取贷款罪,丙无罪

C. 甲、乙构成高利转贷罪、非国家工作人员受贿罪,丙构成对非国家工作人员行贿罪

D. 甲、乙构成骗取贷款罪、非国家工作人员受贿罪,丙构成对非国家工作人员行贿罪

[释疑]　骗取贷款罪要求给“金融机构造成重大损失或者有其他严重情节”,甲、乙到期归还本息,不符合骗取贷款罪的“罪量”要求,排除B、D项。丙给甲、乙各10万元的好处费,丙构成对非国家工作人员行贿罪,甲、乙另成立非国家工作人员受贿罪。(答案:C)

考点6　违法发放贷款罪的认定

一、精讲

违法发放贷款罪的主体为银行或者其他金融机构的工作人员,本罪以违法发放贷款“数

额巨大”或者“造成重大损失”为要件。根据司法解释，取消违法向关系人发放贷款罪罪名，向关系人违法发放贷款的，是本罪从重处罚的情节。

二、例题

甲受国有事业单位委派，担任某农村信用合作社主任。某日，乙找甲，说要贷款200万元做生意，但无任何可抵押财产也无担保人，不符合信贷条件。乙表示若能贷出款来，就会给甲10万元作为辛苦费。于是甲嘱咐该合作社主管信贷的职员丙“一定办好此事”。丙无奈，明知不符合条件仍然放贷。乙当即给甲10万元，其余190万元贷后用于挥霍，经合作社多次催收，乙拒绝归还。请回答：(2008年缓考真题，不定项)

(1) 甲的行为触犯的罪名是：

A. 受贿罪　　B. 贷款诈骗罪

C. 玩忽职守罪　　D. 违法发放贷款罪

[释疑]　B项，甲不知乙不还贷，不成立贷款诈骗罪(共犯)。

D项，甲明知不符合贷款条件，指使下属违法发放贷款，成立违法发放贷款罪(教唆犯)。

C项，为行贿人谋利产生的结果，已定为违法发放贷款罪，排斥玩忽职守的适用。(答案：AD)

(2) 对于乙、丙的行为，下列说法正确的是：

A. 乙构成贷款诈骗罪　　B. 乙构成行贿罪

C. 丙构成违法发放贷款罪　　D. 丙构成玩忽职守罪

[释疑]　A项，“用于挥霍，经合作社多次催收，乙拒绝归还”，表明有非法占有目的，成立贷款诈骗罪。

C项，违反规定贷款造成严重损失，成立违法发放贷款罪，排斥玩忽职守罪。(答案：ABC)

考点 7　非法经营同类营业罪的犯罪主体

一、精讲

非法经营同类营业罪的犯罪主体包括：国有公司、企业的董事、经理。

根据第165条的规定，国有公司、企业的董事、经理利用职务便利，自己经营或者为他人经营与其所任职公司、企业同类的营业，获取非法利益，数额巨大的，处3年以下有期徒刑或者拘役，并处或者单处罚金；数额特别巨大的，处3年以上7年以下有期徒刑，并处罚金。

二、例题

下列哪些人可以成为非法经营同类营业罪的犯罪主体？(2005年真题，多选)

A. 中外合资企业的董事、经理　　B. 国有公司的董事

C. 国有企业的经理　　D. 国有公司控股的公司、企业的董事、经理

[释疑]　B、C项正确，A项明显错误。“国有公司、企业”目前通说认为只包括“国有全资”的公司、企业，不包括国有公司控股的公司、企业。被国有公司控股的公司包含有非国有

的股份,不是国有全资的公司、企业,故排除D项。(答案:BC)

考点8 伪造货币罪和变造货币罪的区分

一、精讲

1. 伪造货币,是从无到有,制造外观上足以使一般人误认为是货币的假货币的行为;变造是对真货币的加工行为,但注意变造的货币与变造前的货币要具有同一性。如果加工的程度导致其与真货币丧失同一性,则属于伪造货币。故将金属货币熔化后,制作成较薄的、更多的金属货币的行为;以货币碎片为材料,加入其他纸张,制作成假币的,均成立伪造货币罪。

2.《刑法修正案(九)》取消伪造货币罪的死刑。

二、例题

1. 关于货币犯罪,下列哪一选项是错误的?(2013年真题,单选)

A. 伪造货币罪中的"货币",包括在国内流通的人民币、在国内可兑换的境外货币,以及正在流通的境外货币

B. 根据《刑法》规定,伪造货币并出售或者运输伪造的货币的,依照伪造货币罪从重处罚。据此,行为人伪造美元,并运输他人伪造的欧元的,应按伪造货币罪从重处罚

C. 将低额美元的纸币加工成高额英镑的纸币的,属于伪造货币

D. 对人民币真币加工处理,使100元面额变为50元面额的,属于变造货币

[释疑] A项对,伪造货币罪中的"货币",包括境内外流通的货币。B项错,伪造美元并运输"他人"伪造的欧元的,应按伪造货币罪(美元数额)和运输假币罪(欧元数额)数罪并罚。第171条第3款指运输贩卖"自己"伪造的假币的情形。C项对,币种不同,是伪造。D项对,属于变造。虽然无人愿做将大额变造成小额的蠢事,但仍属于规范意义上的"变造"。(答案:B)

2. 关于货币犯罪的认定,下列哪些选项是正确的?(2011年真题,多选)

A. 以使用为目的,大量印制停止流通的第三版人民币的,不成立伪造货币罪

B. 伪造正在流通但在我国尚无法兑换的境外货币的,成立伪造货币罪

C. 将白纸冒充假币卖给他人的,构成诈骗罪,不成立出售假币罪

D. 将一半真币与一半假币拼接,制造大量半真半假面额100元纸币的,成立变造货币罪

[释疑] (1) A项正确,伪造货币罪限于伪造"流通"的货币,不能流通的不成立本罪。

(2) B项,伪造流通的境外货币,不问在我国是否能兑换(即不限于"硬通货"),都可定罪,正确。

(3) C项,并没有伪造行为,完全是虚构骗局,骗取他人交付的,定诈骗罪。

(4) D项,应为伪造货币。(答案:ABC)

3. 关于货币犯罪,下列哪一选项是正确的?(2010年真题,单选)

A. 以货币碎片为材料,加入其他纸张,制作成假币的,属于变造货币

B. 将金属货币熔化后,制作成较薄的、更多的金属货币的,属于变造货币

C. 将伪造的货币赠与他人的,属于使用假币

D. 运输假币并使用假币的,按运输假币罪从重处罚

[释疑] C项如果表达为“把假币当作真币赠送”就更明确了。A、B项为伪造货币,D项应数罪并罚。(答案:C)

考点9 使用假币罪与相关犯罪的区分

一、精讲

(1) 使用假币罪与出售假币罪的区别:使用假币是以假充真,有诈骗的性质,按票面金额足额使用;出售假币是“以假贩假”,对方是“知假买假”不存在欺骗买方,按票面金额打折使用。

(2) 使用假币罪与出售购买假币罪的罪数问题:① 行为人购买假币后使用,构成犯罪的,以购买假币罪定罪,从重处罚。② 行为人出售、运输假币构成犯罪,同时有使用假币行为(数额较大)的,以出售、运输假币罪和使用假币罪,数罪并罚。

(3) 使用假币罪与诈骗罪的区别:因为使用假币是以假币冒充真币使用,本身具有欺诈性,也可理解为诈骗罪的特殊情形之一。但鉴于法律对把假币冒充真币而使用的情况专门规定为使用假币罪,故通常排斥适用诈骗罪条文定罪。按照法条竞合的原理,使用假币是一种特别规定,优先适用。

二、例题

1. 下列哪一行为不成立使用假币罪(不考虑数额)?(2015年真题,单选)

A. 用假币缴纳罚款

B. 用假币兑换外币

C. 在朋友结婚时,将假币塞进红包送给朋友

D. 与网友见面时,显示假币以证明经济实力

[释疑] “使用”是指将货币置于流通领域。A、B、C三项,都是“使用”行为。D项,并未将假币置于流通领域,因此不是“使用”。(答案:D)

2. 甲在国外旅游,见有人兜售高仿真人民币,用1万元换取10万元假币,将假币夹在书中寄回国内。(事实一)

赵氏调味品公司欲设加盟店,销售具有注册商标的赵氏调味品,派员工赵某物色合作者。甲知道自己不符加盟条件,仍找到赵某送其2万元真币和10万元假币,请其帮忙加盟事宜。赵某与甲签订开设加盟店的合作协议。(事实二)

甲加盟后,明知伪劣的“一滴香”调味品含有害非法添加剂,但因该产品畅销,便在“一滴香”上贴上赵氏调味品的注册商标私自出卖,前后共卖出5万多元“一滴香”。(事实三)

张某到加盟店欲批发1万元调味品,见甲态度不好表示不买了。甲对张某拳打脚踢,并说“涨价2000元,不付款休想走”。张某无奈付款1.2万元买下调味品。(事实四)

甲以银行定期存款4倍的高息放贷,很快赚了钱。随后,四处散发宣传单,声称为加盟店筹资,承诺3个月后还款并支付银行定期存款2倍的利息。甲从社会上筹得资金1000万,高利贷出,赚取息差。(事实五)

甲资金链断裂无法归还借款,但仍继续扩大宣传,又吸纳社会资金2000万,以后期借款归还前期借款。后因亏空巨大,甲将余款500万元交给其子,跳楼自杀。(事实六)

请回答(1)—(6)题。(2012年真题,不定选)

(1) 关于事实一的分析,下列选项正确的是:(不定项选)

A. 用1万元真币换取10万元假币,构成购买假币罪

B. 扣除甲的成本1万元,甲购买假币的数额为9万元

C. 在境外购买人民币假币,危害我国货币管理制度,应适用保护管辖原则审理本案

D. 将假币寄回国内,属于走私假币,构成走私假币罪

[**释疑**] A项以假币交易“价格”换取说明双方知道是假币,是第171条之购买、出售假币行为。B项犯罪金额计算不扣除“犯罪成本支出”,应按购买假币总额算为10万假币。C项第8条保护原则限定“外国人”在外国犯罪,甲是中国人,符合第7条属人原则“中国人”在外国犯罪。D项构成第151条走私假币罪。甲有购买假币和走私假币二行为犯二罪,考虑同一笔假币有牵连关系,且在走私环节被查获,通常以走私假币罪一罪定罪处罚。(答案:AD)

(2) 关于事实二的定性,下列选项正确的是:(不定项选)

A. 甲将2万元真币送给赵某,构成行贿罪

B. 甲将10万假币冒充真币送给赵某,不构成诈骗罪

C. 赵某收受甲的财物,构成非国家工作人员受贿罪

D. 赵某被甲欺骗而订立合同,构成签订合同失职被骗罪

[**释疑**] 赵某不是国家工作人员,对其行贿是对非国家工作人员行贿罪而不是行贿罪,A项错,赵某收受贿赂是非国家工作人员受贿罪,C项对。D项赵某不是国家机关工作人员,不符合第406条(国家机关工作人员签订合同失职被骗罪)主体身份,D项错。B项甲赠送假币虽然有欺骗,但从赵某处没有骗取交付任何财物,不构成诈骗罪正确。如果使用假币购物使他人交付财物,则同时触犯诈骗罪,法条竞合排斥诈骗罪适用。甲送假币行为,如赵某知道是假币,甲仍是行贿罪。如果赵某不知是假币,则甲同时构成使用假币罪。(答案:BC)

(3) 关于事实三的定性,下列选项正确的是:(不定项选)

A. 在“一滴香”上擅自贴上赵氏调味品注册商标,构成假冒注册商标罪

B. 因“一滴香”含有害人体的添加剂,甲构成销售有毒、有害食品罪

C. 卖出5万多元“一滴香”,甲触犯销售伪劣产品罪

D. 对假冒注册商标行为与出售“一滴香”行为,应数罪并罚

[**释疑**] D项在销售的伪劣产品上使用假冒注册商标触犯二罪名的,是牵连犯,酌情不数罪并罚。销售有毒食品销售额达到5万元以上同时触犯第140条销售伪劣产品罪的,是法条竞合犯,依据第149条择一重罪处罚,不数罪并罚。(答案:ABC)

(4) 关于事实四甲的定性,下列选项正确的是:(不定项选)

A. 应以抢劫罪论处　　B. 应以寻衅滋事罪论处

C. 应以敲诈勒索罪论处　　D. 应以强迫交易罪论处

[**释疑**] D项正确的依据,见最高人民法院《关于审理抢劫、抢夺刑事案件适用法律若干问题的意见》:“以暴力、胁迫手段索取超出正常交易价钱、费用的钱财的行为定性:从事正常商品买卖、交易或者劳动服务的人,以暴力、胁迫手段迫使他人交出与合理价钱、费用相差不大钱物,情节严重的,以强迫交易罪定罪处罚;以非法占有为目的,以买卖、交易、服务为幌子采用暴力、胁迫手段迫使他人交出与合理价钱、费用相差悬殊的钱物的,以抢劫罪定罪处罚。在具体认定时,既要考虑超出合理价钱、费用的绝对数额,还要考虑超出合理价钱、费用的比例,加

以综合判断。”

(1)在商品交易活动中,有经营场所、发票等,被害人较便利维权;(2)加价数额与商品价值基本挂钩,没有明显不符。最符合第226条规定的“以暴力、威胁手段……(一)强买强卖商品的”。(答案:D)

(5)关于事实五的定性,下列选项正确的是:(不定项选)

A. 以同期银行定期存款4倍的高息放贷,构成非法经营罪

B. 甲虽然虚构事实吸纳巨额资金,但不构成诈骗罪

C. 甲非法吸纳资金,构成非法吸收公众存款罪

D. 对甲应以非法经营罪和非法吸收公众存款罪进行数罪并罚

[释疑] A、D项非法经营罪的行为类型中不包括“高利贷”,故A、D项不对。B、C项就事实五的程度而言,尚不足以认定非法占有的目的,不足以认定构成诈骗罪或集资诈骗罪,只能认定非法吸收公众存款罪。依据见最高人民法院《关于审理非法集资刑事案件具体应用法律若干问题的解释》(第1条)“违反国家金融管理法律规定,向社会公众(包括单位和个人)吸收资金的行为”,是非法吸收公众存款。(答案:BC)

(6)关于事实六的定性,下列选项正确的是:(不定项选)

A. 甲以非法占有为目的,非法吸纳资金,构成集资诈骗罪

B. 甲集资诈骗的数额为2000万元

C. 根据《刑法》规定,集资诈骗数额特别巨大的,可判处死刑

D. 甲已死亡,导致刑罚消灭,法院对余款500万元不能进行追缴

[释疑] A、B项事实六足以认定具有非法占有目的。依据见最高人民法院《关于审理非法集资刑事案件具体应用法律若干问题的解释》第4条规定:“以非法占有为目的,使用诈骗方法实施本解释第二条规定所列行为的,应当依照刑法第一百九十二条的规定,以集资诈骗罪定罪处罚。”C项第199条规定,犯第192条之集资诈骗罪,“数额特别巨大并且给国家和人民利益造成特别重大损失的,处无期徒刑或者死刑,并处没收财产”。这是《刑法修正案(八)》之后唯一规定死刑的诈骗犯罪。(答案:ABC)

3. 甲、乙预谋修车后以假币骗付。某日,甲、乙在某汽修厂修车后应付款4850元,按照预谋甲将4900元假币递给乙清点后交给修理厂职工丙,乙说:“修得不错,零钱不用找了”,甲、乙随即上车。丙发现货币有假大叫“别走”,甲迅即启动汽车驶向厂门,丙扑向甲车前风挡,抓住雨刮器。乙对甲说:“太危险,快停车”,甲仍然加速,致丙摔成重伤。请回答(1)—(4)题。(2010年真题,不定选)

(1)甲、乙用假币支付修车费被识破后开车逃跑的行为应定的罪名是:

A. 持有、使用假币罪　　B. 诈骗罪

C. 抢夺罪　　D. 抢劫罪

[释疑] 使用假币要点是“把假币冒充真币”使用,甲、乙的行为完全符合。使用假币当然具有欺诈性,但排斥认定B项诈骗罪。第269条(转化抢劫)限定在“犯盗窃、诈骗、抢夺罪”中,且属于特别规定,不能适用于犯使用假币罪时。(答案:A)

(2)对于丙的重伤,甲的罪过形式是:

A. 故意　　B. 有目的的故意

C. 过失　　D. 无认识的过失

[释疑] 甲对丙重伤的心态(罪过形式)符合第14条关于故意犯罪的规定:明知自己(该驾车)行为会造成(丙重伤)结果,大体属于间接故意。看不出对丙重伤有追求,排斥B项。(答案:A)

(3) 关于致丙重伤的行为,下列选项错误的是:

A. 乙明确叫甲停车,可以成立犯罪中止

B. 甲、乙构成故意伤害的共同犯罪

C. 甲的行为超出了共同犯罪故意,对于丙的重伤后果,乙不应当负责

D. 乙没有实施共同伤害行为,不构成犯罪

[释疑] 本题C、D项是正确处理结论。"甲驾车加速逃跑致丙重伤"是瞬间发生的事情,乙未曾料到,喊"太危险,快停车"表明不赞同不接受这种做法。可认为是甲实施的"过限行为"。乙与甲在伤害丙上不成立共犯,也就不存在中止。(答案:AB)

(4) 对甲的定罪,下列选项错误的是:

A. 抢夺罪、故意伤害罪

B. 诈骗罪、以危险方法危害公共安全罪

C. 持有、使用假币罪,交通肇事罪

D. 抢劫罪、故意伤害罪

[释疑] 对甲的正确定罪:使用假币罪和故意伤害罪。(答案:ABCD)

4. 甲发现某银行的ATM机能够存入编号以"HD"开头的假币,于是窃取了3张借记卡,先后两次采取存入假币取出真币的方法,共从ATM机内获取6 000元人民币。甲的行为构成何罪?(2009年真题,多选)

A. 使用假币罪

B. 信用卡诈骗罪

C. 盗窃罪

D. 以假币换取货币罪

[释疑] 以假币换取等值真币且可能进一步流通(如被其他客户取走),是使用假币;A项正确;盗窃信用卡并使用的,以盗窃论,不定信用卡诈骗罪,C项正确。(答案:AC)

考点10 洗钱罪的认定及相关犯罪的区别

一、精讲

1. 第191条第1款规定洗钱罪对象(上游犯罪)包括七种(类)犯罪的赃钱:(1) 毒品犯罪;(2) 黑社会性质的组织犯罪;(3) 恐怖活动犯罪;(4) 走私犯罪;(5) 贪污贿赂犯罪;(6) 破坏金融管理秩序犯罪;(7) 金融诈骗犯罪的所得及其产生的收益。

2. 区分洗钱罪与毒品犯罪、黑社会性质的组织犯罪、恐怖活动犯罪、走私犯罪、贪污贿赂犯罪、破坏金融监管秩序犯罪、金融诈骗犯罪共同犯罪的界限。是否构成这七种洗钱罪上游犯罪的共同犯罪,关键是看事前是否有通谋,凡事前有通谋的,应当按照共同犯罪处理;事前无通谋的,虽然在事后知道了其所得来源的非法性,不构成共同犯罪,而应当按照洗钱罪的规定定罪处罚。

3. 区分洗钱罪与掩饰、隐瞒犯罪所得、犯罪所得收益罪的界限。刑法中规定有掩饰、隐瞒犯罪所得、犯罪所得收益罪,与洗钱罪有相似之处,但由于法律已经对洗钱行为作了专门规定,对这类行为按照洗钱罪定罪而不再认定为赃物犯罪。

二、例题

1. 关于洗钱罪的认定,下列哪一选项是错误的?(2011年真题,单选)

A.《刑法》第191条虽未明文规定侵犯财产罪是洗钱罪的上游犯罪，但是，黑社会性质组织实施的侵犯财产罪，依然是洗钱罪的上游犯罪

B. 将上游的毒品犯罪所得误认为是贪污犯罪所得而实施洗钱行为的，不影响洗钱罪的成立

C. 上游犯罪事实上可以确认，因上游犯罪人死亡依法不能追究刑事责任的，不影响洗钱罪的认定

D. 单位贷款诈骗应以合同诈骗罪论处，合同诈骗罪不是洗钱罪的上游犯罪。为单位贷款诈骗所得实施洗钱行为的，不成立洗钱罪

［**释疑**］（1）A项表述正确，对洗钱上游犯罪理解。

（2）B项表述正确，毒品罪和贪污罪都是洗钱"上游犯罪"，（同一构成要件范围内）具体事实认识错误不影响洗钱罪故意。

（3）C项表述正确，根据最高人民法院《关于审理洗钱等刑事案件具体应用法律若干问题的解释》第4条规定：刑法第191条（洗钱罪）、第312条（掩饰、隐瞒犯罪所得、犯罪所得收益罪）、第349条（窝藏、转移、隐瞒毒品、毒赃罪）规定的犯罪，应当以上游犯罪事实成立为认定前提。上游犯罪尚未依法裁判，但查证属实的，不影响第191条、第312条、第349条规定的犯罪的审判。上游犯罪事实可以确认，因行为人死亡等原因依法不予追究刑事责任的，不影响第191条、第312条、第349条规定的犯罪的认定。

（4）D项错误，贷款诈骗是金融诈骗罪这一章节中的罪名之一，是洗钱上游犯罪。由于贷款诈骗罪的主体只能是自然人，不能是单位，故对于单位骗贷的，实践中以合同诈骗罪定罪处罚。但对洗钱"上游犯罪"范围的理解，以犯罪行为性质为准。（答案：D）

2. 甲公司走私汽车获利人民币4000万元后，欲通过乙公司（非国有）的账户将这笔资金换成外汇转移至香港，并说明可按资金数额的10%支付"手续费"。乙公司得知该笔资金为甲公司走私犯罪所得，仍同意为该资金转账提供账户，并在收取"手续费"400万元后，将该资金折换成438万美元，以预付货款为名汇往甲公司在香港的账户。乙公司的行为构成：（2005年真题，不定选）

A. 走私罪（共犯）　B. 洗钱罪　C. 逃汇罪　D. 单位受贿罪

［**释疑**］（1）乙公司明知是走私犯罪所得，实施了第191条第1款第（1）（4）项行为，成立洗钱罪。

（2）第156条规定："与走私罪犯通谋，为其提供贷款、资金、账号、发票、证明，或者为其提供运输、保管、邮寄或者其他方便的，以走私罪的共犯论处。"据此成立走私罪的共犯，通常以事先通谋为条件。而本题中是在他人走私后帮助转移资金，不宜认定犯走私罪（共犯）。

（3）乙公司收取的"手续费"400万元，是其犯洗钱罪的违法所得，不是收取的贿赂物；另外，单位受贿罪的主体必须是国家机关、国有单位，非国有单位不符合单位受贿罪的主体条件，不可能成立单位受贿罪，排除D项。

（4）乙公司也不成立逃汇罪，因为逃汇罪的对象是"外汇"，不包括人民币；另外逃汇罪通常只将本单位的外汇转移境外，而非协助他人往境外转移外汇。（答案：B）

三、提示与预测

2009年9月颁布的最高人民法院《关于审理洗钱等刑事案件具体应用法律若干问题的解

释》,考生应予以注意。此外,“上游犯罪”是常见考点,涉及40余个罪名。

考点11 单位诈骗贷款案的法律适用和金融诈骗案中“非法占有的目的”的认定

一、精讲

第193条规定:“有下列情形之一,以非法占有为目的,诈骗银行或者其他金融机构的贷款,数额较大的……(一)编造引进资金、项目等虚假理由的;(二)使用虚假的经济合同的;(三)使用虚假的证明文件的;(四)使用虚假的产权证明作担保或者超出抵押物价值重复担保的;(五)以其他方法诈骗贷款的。”

二、例题

甲公司为了解决资金不足,以与虚构的单位签订供货合同的方法,向银行申请获得贷款200万元,并将该款用于购置造酒设备和原料,后因生产、销售假冒注册商标的红酒被查处,导致银行贷款不能归还。甲公司获取贷款的行为构成:(2005年真题,单选)

A. 贷款诈骗罪　　B. 合同诈骗罪

C. 集资诈骗罪　　D. 民事欺诈,不构成犯罪

[释疑] 金融诈骗案中“非法占有的目的”的认定。《全国法院审理金融犯罪案件工作座谈会纪要》规定:“要严格区分贷款诈骗与贷款纠纷的界限。对于合法取得贷款后,没有按规定的用途使用贷款,到期没有归还贷款的,不能以贷款诈骗罪定罪处罚;对于确有证据证明行为人不具有非法占有的目的,因不具备贷款的条件而采取了欺骗手段获取贷款,案发时有能力履行还贷义务,或者案发时不能归还贷款是因为意志以外的原因,如因经营不善、被骗、市场风险等,不应以贷款诈骗罪定罪处罚。”据此,鉴于① 甲公司使用了欺诈手段;② 不能偿还贷款;③ 因从事非法经营导致贷款不归还,可认定具有非法占有的目的,属于诈骗行为,排除D项。(答案:B)

考点12 贷款诈骗罪的认定与诈骗罪,合同诈骗罪,骗取贷款、票据承兑、金融票证罪的区别

一、精讲

1. 贷款诈骗罪的认定

(1) 贷款诈骗罪,即以非法占有为目的,用诈骗方法骗取银行或金融机构贷款、数额较大的行为。本罪犯罪对象须为贷款。

(2) 本罪的“数额较大”,根据1996年12月16日最高人民法院《关于审理诈骗案件具体应用法律若干问题的解释》,以1万元以上为具体标准。

(3) 本罪的主体只包括自然人,不包括单位。

2. 贷款诈骗罪与他罪的区别

(1) 与诈骗罪的界限。两罪的关系为特殊与一般的关系。其不同之处有:① 犯罪对象的范围;② 认定“数额较大”的标准,诈骗罪的“数额较大”为2000元以上。

(2) 与合同诈骗罪的区别。本罪中的方法行为上有与合同诈骗相一致的地方,但有以下

不同:① 本罪对象须为贷款;② 本罪的主体只能是自然人,不包括单位;③ 对放贷金融机构直接使用欺诈手段骗取了贷款。这三点是贷款诈骗罪与合同诈骗罪的不同之处。如果欺骗他人为自己贷款作担保的,因为对放贷的金融机构来说,提供的“担保是真实的”,不是贷款诈骗罪。但行为人对担保人可成立合同诈骗罪。

(3) 与骗取贷款、票据承兑、金融票证罪的区别:两罪的根本区别在于有没有非法占有的目的。

二、例题

1. 甲急需20万元从事养殖,向农村信用社贷款时被信用社主任乙告知,一个身份证只能贷款5万元,再借几个身份证可多贷。甲用自己的名义贷款5万元,另借用4个身份证贷款20万元,但由于经营不善,不能归还本息。关于本案,下列哪一选项是正确的?(2016年真题,单选)

A. 甲构成贷款诈骗罪,乙不构成犯罪

B. 甲构成骗取贷款罪,乙不构成犯罪

C. 甲构成骗取贷款罪,乙构成违法发放贷款罪

D. 甲不构成骗取贷款罪,乙构成违法发放贷款罪

[**释疑**] 骗取贷款罪具有诈骗罪“骗取”的属性,即以被害人(金融机构审批贷款人)因被骗(不明真相)而陷入错误,从而作出放贷决定为要件。信用社主任乙知情,甲的行为不具有骗取性,甲不构成骗取贷款罪。乙明知甲违规申请贷款而审批发放贷款,构成违法发放贷款罪。D项正确,A、B、C项当然错。(答案:D)

2. 关于贷款诈骗罪的判断,下列哪一选项是正确的?(2007年真题,单选)

A. 甲以欺骗手段骗取银行贷款,给银行造成重大损失,构成贷款诈骗罪

B. 乙以牟利为目的套取银行信贷资金,转贷给某企业,从中赚取巨额利益,构成贷款诈骗罪

C. 丙公司以非法占有为目的,编造虚假的项目骗取银行贷款,该公司构成贷款诈骗罪

D. 丁使用虚假的证明文件,骗取银行贷款后携款潜逃,构成贷款诈骗罪

[**释疑**] (1) A项中没有表明甲有非法占有目的,不是贷款诈骗罪,应属于骗取贷款罪[第175条之一骗取贷款、票据承兑、金融票证罪,《刑法修正案(六)》新增罪名]。

(2) B项中的乙属于高利转贷罪。

(3) C项中的“丙公司”不符合贷款诈骗罪主体,贷款诈骗罪的主体只包括自然人不包括单位,不能对丙公司定贷款诈骗罪。丙公司涉嫌另外两个罪名:① 骗取贷款罪;② 合同诈骗罪。考虑到题中给出的条件,丙公司“以非法占有为目的”,故对丙公司以合同诈骗罪论处较合理。骗取贷款罪的主体虽然也包括单位,但是它指“以非法占有为目的”的骗贷行为,对丙公司“以非法占有为目的”的骗取贷款行为,按照骗取贷款罪处罚似乎过于轻纵。

(4) D项,丁客观上实施了骗取贷款的行为,同时,“携款潜逃”表明丁主观有“非法占有”的目的,构成贷款诈骗罪。(答案:D)

三、提示与预测

骗取贷款、票据承兑、金融票证罪是《刑法修正案(六)》增设的重要罪名,目的就是解决贷

款诈骗罪"非法占有目的"难以认定的问题,故本罪不以非法占有目的为主观要件。

考点13 保险诈骗罪的认定

一、精讲

第198条第1、2款规定:"有下列情形之一,进行保险诈骗活动,数额较大的,处……(一)投保人故意虚构保险标的,骗取保险金的;(二)投保人、被保险人或者受益人对发生的保险事故编造虚假的原因或者夸大损失的程度,骗取保险金的;(三)投保人、被保险人或者受益人编造未曾发生的保险事故,骗取保险金的;(四)投保人、被保险人故意造成财产损失的保险事故,骗取保险金的;(五)投保人、受益人故意造成被保险人死亡、伤残或者疾病,骗取保险金的。有前款第(四)项、第(五)项所列行为,同时构成其他犯罪的,依照数罪并罚的规定处罚。"其要点是:

(1)本罪的构成要件应当注意:①特殊主体:投保人、被保险人或受益人;②客观方面表现为使用第198条列举的欺诈手段之一骗取保险金,数额较大。

(2)本罪与诈骗罪、合同诈骗罪区别的要点:保险诈骗罪的主体特殊,是投保人、被保险人和受益人等"特殊主体"骗取"保险金"。

(3)保险诈骗罪的共犯与贪污、职务侵占罪的区别,涉及两个重要的规定:①第198条第4款规定:"保险事故的鉴定人、证明人、财产评估人故意提供虚假的证明文件,为他人诈骗提供条件的,以保险诈骗的共犯论处。"②第183条规定:"保险公司的工作人员利用职务上的便利,故意编造未曾发生的保险事故进行虚假理赔,骗取保险金归自己所有的,依照本法第二百七十一条(职务侵占)的规定定罪处罚。国有保险公司工作人员和国有保险公司委派到非国有保险公司从事公务的人员有前款行为的,依照本法第三百八十二条、第三百八十三条(贪污)的规定定罪处罚。"

(4)投保人、被保险人故意造成财产损失的行为或投保人、受益人故意造成被保险人死亡、伤残或疾病的行为同时又构成其他犯罪的,数罪并罚。

二、例题

甲将自己的汽车藏匿,以汽车被盗为由向保险公司索赔。保险公司认为该案存有疑点,随即报警。在掌握充分证据后,侦查机关安排保险公司向甲"理赔"。甲到保险公司二楼财务室领取20万元赔偿金后,刚走到一楼即被守候的多名侦查人员抓获。关于甲的行为,下列哪一选项是正确的?(2009年真题,单选)

A. 保险诈骗罪未遂　　B. 保险诈骗罪既遂

C. 保险诈骗罪预备　　D. 合同诈骗罪

[**释疑**] 保险公司不是因为上当、误解而交付,甲取得20万元,与欺骗行为没有因果关系,成立保险诈骗罪的未遂。本题也涉及刑法因果关系认定的重点:实行行为(诈骗)与危害结果(财物交付·取得)之间的因果关系。(答案:A)

考点 14 票据诈骗罪与诈骗罪的区别

一、精讲

前罪与后罪区别的关键在于:其使用假票据、空头票据或冒用他人票据进行诈骗。

二、例题

钱某持盗来的身份证及伪造的空头支票,骗取某音像中心 VCD 光盘 4 000 张,票面金额 3.5 万元。物价部门进行赃物估价鉴定的结论为:"盗版光盘无价值"。对钱某骗取光盘的行为应如何定性?(2003 年真题,单选)

A. 钱某的行为不构成犯罪

B. 钱某的行为构成票据诈骗罪的既遂,数额按票面金额计算

C. 钱某的行为构成票据诈骗罪的未遂

D. 钱某的行为构成诈骗罪的既遂,数额按票面金额计算

[**释疑**]　(1) 是否构成犯罪?钱某行为具有诈骗性质,且涉案金额较大,构成犯罪。至于骗取的光盘是否具有价值,不影响犯罪的成立,可能影响既遂、未遂的认定。

(2) 法条竞合问题。钱某诈骗行为触犯票据诈骗罪条和诈骗罪条,按照法条竞合的适用原则,特别规定优先,应当适用票据诈骗罪定罪处罚。

(3) 既遂还是未遂?对于诈骗类犯罪,一般以虚构骗局为着手实行犯罪,以从被害人处骗取到财物为既遂。本案钱某实际骗取了 4 000 张光盘,应当认为既遂。其金额以假支票上开具的票面金额为准。(答案:B)

三、提示与预测

金融诈骗罪与诈骗罪的区别。使用伪造的票据、金融凭证,并且利用了金融票证的支付、结算等"金融功能"骗取财物的,是票据诈骗罪和金融凭证诈骗罪。如果仅仅利用伪造的票据、金融凭证显示自己有经济实力、骗取他人信任,从而骗取他人财物的,仍属于诈骗罪。

考点 15 信用卡诈骗罪的认定以及与诈骗罪的区别

前罪与后罪区别的关键在于,其使用假卡、废卡、骗领的卡或冒用他人信用卡诈骗。

(1) 信用卡诈骗罪的主体仅为自然人,不包括单位。主观方面具有非法占有他人财物的目的。客观方面的行为方式有:① 使用伪造的信用卡,或者使用以虚假的身份证明骗领的信用卡;② 使用作废的信用卡;③ 冒用他人的信用卡;④ 恶意透支。

(2) 构成犯罪的恶意透支同时具有三个要素:① 透支超过规定的限额;② 经发卡银行催还而仍不归还的行为;③ 透支人有恶意透支的意图。

(3) 如果是盗窃信用卡并使用的,应构成第 264 条规定的盗窃罪而非信用卡诈骗罪,其盗窃数额应根据最高人民法院《关于审理盗窃案件具体应用法律若干问题的解释》第 10 条之规定,以行为人盗窃信用卡后使用的数额认定而不以信用卡的面值额认定。

(4) 拾得他人信用卡并在自动柜员机(ATM机)上使用的行为,属于第196条第1款第(3)项规定的"冒用他人信用卡的"情形,构成犯罪的,以信用卡诈骗罪追究刑事责任。参见最高人民检察院2008年4月18日公布、5月7日开始施行的《关于拾得他人信用卡并在自动柜员机(ATM机)上使用的行为如何定性问题的批复》。

(5) 信用卡诈骗罪与伪造金融票证罪的关系:"使用伪造的信用卡,或者使用以虚假的身份证明骗领的信用卡"是信用卡诈骗罪的行为方式之一。"伪造信用卡"是伪造金融票证罪的行为方式之一。区分两者界限应注意以下两点:行为人先伪造了信用卡,然后用之进行诈骗,如果诈骗数额达到"数额较大"标准,手段行为构成伪造金融票证罪,目的行为构成信用卡诈骗罪,构成牵连犯,应按牵连犯处罚,择一重罪论处。

二、例题

1. 关于信用卡诈骗罪,下列哪些选项是错误的?(2017年真题,多选)

A. 以非法占有目的,用虚假身份证明骗领信用卡后又使用该卡的,应以妨害信用卡管理罪与信用卡诈骗罪并罚

B. 根据司法解释,在自动柜员机(ATM机)上擅自使用他人信用卡的,属于冒用他人信用卡的行为,构成信用卡诈骗罪

C. 透支时具有归还意思,透支后经发卡银行两次催收,超过3个月仍不归还的,属于恶意透支,成立信用卡诈骗罪

D. 《刑法》规定,盗窃信用卡并使用的,以盗窃罪论处。与此相应,拾得信用卡并使用的,就应以侵占罪论处

[**释疑**] A项错,牵连犯且刑法明文规定以信用卡诈骗罪一罪论处。B项对,最高人民检察院《关于拾得他人信用卡并在自动柜员机(ATM机)上使用的行为如何定性问题的批复》有此规定。注意:某些学者认为此种情形构成盗窃罪,理由是机器不能受骗。但因有权威的司法解释,应以其规定为准。C项错,透支时具有归还意思,说明并无非法占有目的,不属于恶意透支。D项错,该规定属于法律拟制,不可将其推及于其他情形。(答案:ACD)

2. 甲、乙为朋友。乙出国前,将自己的借记卡(背面写有密码)交甲保管。后甲持卡购物,将卡中1.3万元用完。乙回国后发现卡里没钱,便问甲是否用过此卡,甲否认。关于甲的行为性质,下列哪一选项是正确的?(2013年真题,单选)

A. 侵占罪　　B. 信用卡诈骗罪　　C. 诈骗罪　　D. 盗窃罪

[**释疑**] 甲未经乙授权使用乙的信用卡,属于"冒用他人信用卡",构成信用卡诈骗罪;法条竞合,特别法条优先适用,故不选C项;盗窃信用卡并使用的,才构成盗窃罪,故不选D项;干扰性最强的是A选项,甲并未侵占保管物(信用卡)本身,故不构成侵占罪。(答案:B)

3. 张某窃得同事一张银行借记卡及身份证,向丈夫何某谎称路上所拾。张某与何某根据身份证号码试出了借记卡密码,持卡消费5 000元。关于本案,下列哪一说法是正确的?(2010年真题,单选)

A. 张某与何某均构成盗窃罪

B. 张某与何某均构成信用卡诈骗罪

C. 张某构成盗窃罪,何某构成信用卡诈骗罪

D. 张某构成信用卡诈骗罪,何某不构成犯罪

［释疑］　张某盗窃信用卡后又使用，以盗窃论，何某不知情以为是捡拾的，捡拾信用卡而使用是信用卡诈骗罪。（答案：C）

三、提示与预测

注意本罪与妨害信用卡管理罪，窃取、收买、非法提供信用卡信息罪的牵连关系，可能成为考点。使用虚假的身份证明骗领信用卡后又使用该骗领的信用卡的，以信用卡诈骗罪一罪定罪处罚。

考点 16　逃税罪的认定

一、精讲

1. 根据最高人民法院、最高人民检察院 2009 年 10 月 16 日公布施行的《关于执行〈中华人民共和国刑法〉确定罪名的补充规定（四）》取消偷税罪罪名，将第 201 条正式更名为逃税罪。

2. 注意《刑法修正案（七）》第 3 条对原偷税罪所作的修改：逃税后，经税务机关依法下达追缴通知后，补缴应纳税款，缴纳滞纳金，已受行政处罚的，不予追究刑事责任；但是，5 年内因逃避缴纳税款受过刑事处罚或者被税务机关给予两次以上行政处罚的除外。

二、例题

1. 甲系外贸公司总经理，在公司会议上拍板：为物尽其用，将公司以来料加工方式申报进口的原材料剩料在境内销售。该行为未经海关许可，应缴税款 90 万元，公司亦未补缴。关于本案，下列哪一选项是正确的？（2017 年真题，单选）

A. 虽未经海关许可，但外贸公司擅自销售原材料剩料的行为发生在我国境内，不属于走私行为

B. 外贸公司的销售行为有利于物尽其用，从利益衡量出发，应认定存在超法规的犯罪排除事由

C. 外贸公司采取隐瞒手段不进行纳税申报，逃避缴纳税款数额较大且占应纳税额的 10% 以上，构成逃税罪

D. 如海关下达补缴通知后，外贸公司补缴应纳税款，缴纳滞纳金，接受行政处罚，则不再追究外贸公司的刑事责任

［释疑］　A 项错，未经海关许可擅自在我国境内销售来料加工的原材料剩料的行为也属于走私行为。B 项错，超法规犯罪排除事由虽不需刑法明文规定，但也必须是刑法理论上的共识，“物尽其用”不是走私行为的超法规犯罪排除事由。C 项对，走私普通货物、物品行为的本质在于逃避关税，若符合逃税罪的数额和比例要求，也可同时构成逃税罪。此时是走私罪和逃税罪的想象竞合。D 项错，《刑法》第 201 条第 4 款（逃税罪）规定，纳税人经税务机关依法下达追缴通知后，补缴应纳税款，缴纳滞纳金，并且接受行政处罚的，不予追究刑事责任；但是，五年内曾因逃避缴纳税款受过刑事处罚或者被税务机关给予二次以上行政处罚的除外。本案中，属于特殊领域的逃税，属于逃税罪与走私普通货物、物品罪的竞合。即使不追究逃税罪的刑事责任，也应追究走私犯罪的刑事责任。如果是单纯的普通逃税行为，符合《刑法》第 201

条的规定,不追究刑事责任。(答案:C)

2. ① 纳税人逃税,经税务机关依法下达追缴通知后,补缴应纳税款,缴纳滞纳金,已受行政处罚的,一律不予追究刑事责任

② 纳税人逃避追缴欠税,经税务机关依法下达追缴通知后,补缴应纳税款,缴纳滞纳金,已受行政处罚的,应减轻或者免除处罚

③ 纳税人以暴力方法拒不缴纳税款,后主动补缴应纳税款,缴纳滞纳金,已受行政处罚的,不予追究刑事责任

④ 扣缴义务人逃税,经税务机关依法下达追缴通知后,补缴应纳税款,缴纳滞纳金,已受行政处罚的,不予追究刑事责任

关于上述观点的正误判断,下列哪些选项是错误的?(2012年真题,多选)

A. 第①句正确,第②③④句错误　　B. 第①②句正确,第③④句错误

C. 第①③句正确,第②④句错误　　D. 第①②③句正确,第④句错误

[**释疑**] ① 错,不符合第201条第4款"有第一款行为,经税务机关依法下达追缴通知后,补缴应纳税款,缴纳滞纳金,已受行政处罚的,不予追究刑事责任;但是,五年内因逃避缴纳税款受过刑事处罚或者被税务机关给予二次以上行政处罚的除外"的规定。② 错,不具备第203条"致使税务机关无法追缴欠缴的税款"要件,应不构成犯罪。③ 错,对抗税罪没有类似第201条第4款的规定。④ 错,对扣缴义务人不适用第201条第4款。(答案:ABCD)

3. 关于刑事责任的追究,下列哪些选项是正确的?(2009年真题,多选)

A. 甲非法从事资金支付结算业务,构成非法吸收公众存款罪

B. 乙采取欺骗手段进行虚假纳税申报,逃避缴纳税款1 000万元,但经税务机关依法下达追缴通知后,补缴了应纳税款。即便乙拒绝缴纳滞纳金,也不应当再对其追究刑事责任

C. 丙明知赵某实施高利转贷行为获利200万元,而为其提供资金账户的,构成洗钱罪

D. 丁组织多名男性卖淫,由于第358条并未限定组织卖淫罪中的被组织者是妇女,对丁应当追究刑事责任

[**释疑**] (1) A项,《刑法修正案(七)》第5条在第225条非法经营罪的行为方式中增加了非法从事资金支付结算业务的,A项错误,应为非法经营罪。

(2) B项是根据《刑法修正案(七)》第3条的规定,逃税后,经税务机关依法下达追缴通知后,补缴应纳税款,缴纳滞纳金,已受行政处罚的,不予追究刑事责任,B项显然错误。注意根据《关于执行〈中华人民共和国刑法〉确定罪名的补充规定(四)》已将偷税罪改为逃税罪。

(3) C项,高利转贷属于破坏金融秩序罪,是洗钱罪的上游犯罪。

(4) D项,组织卖淫罪的对象为"他人",既包括女人也包括男人。(答案:CD)

考点17 逃税罪和骗取出口退税罪的区分

一、精讲

根据第204条第2款的规定,纳税人缴纳税款后,采取前款规定的欺骗方法,骗取所缴纳的税款的,依照本法第201条(逃税罪)的规定定罪处罚,骗取税款超过所缴纳的税款部分,依照前款(骗取出口退税罪)的规定处罚。注意以下要点:

(1) 行为人以假报出口的方式骗回的自己原先缴纳的税款,实质是一种"事后"逃税的行

为,按逃税罪论处。

(2) 行为人以假报出口的方式骗取的不是自己缴纳的税款,而是国家的财产,构成骗取出口退税罪。

(3) 骗取税款超过所缴纳的税款,以逃税罪和骗取出口退税罪,数罪并罚。

二、例题

关于骗取出口退税罪和虚开增值税发票罪的说法,下列哪些选项是正确的?(2008 年真题,多选)

A. 甲公司具有进出口经营权,明知他人意欲骗取国家出口退税款,仍违反国家规定允许他人自带客户、自带货源、自带汇票并自行报关,骗取国家出口退税款。对甲公司应以骗取出口退税罪论处

B. 乙公司虚开用于骗取出口退税的发票,并利用该虚开的发票骗取数额巨大的出口退税,其行为构成虚开用于骗取出口退税发票罪与骗取出口退税罪,实行数罪并罚

C. 丙公司缴纳 200 万元税款后,以假报出口的手段,一次性骗取国家出口退税款 400 万元,丙公司的行为分别构成逃税罪与骗取出口退税罪,实行数罪并罚

D. 丁公司虚开增值税专用发票并骗取国家税款,数额特别巨大,情节特别严重,给国家利益造成特别重大损失。对丁公司应当以虚开增值税专用发票罪论处

[**释疑**] (1) A 项正确,最高人民法院《关于审理骗取出口退税刑事案件具体应用法律若干问题的解释》第 6 条规定:“有进出口经营权的公司、企业,明知他人意欲骗取国家出口退税款,仍违反国家有关进出口经营的规定,允许他人自带客户、自带货源、自带汇票并自行报关,骗取国家出口退税款的,依照刑法第二百零四条第一款、第二百一十一条的规定定罪处罚。”

(2) B 项不正确。《关于审理骗取出口退税刑事案件具体应用法律若干问题的解释》第 9 条规定:“实施骗取出口退税犯罪,同时构成虚开增值税专用发票罪等其他犯罪的,依照刑法处罚较重的规定定罪处罚。”

(3) C 项正确,第 204 条第 2 款规定:“纳税人缴纳税款后,采取前款规定的欺骗方法,骗取所缴纳的税款的,依照本法第二百零一条的规定定罪处罚;骗取税款超过所缴纳的税款部分,依照前款的规定处罚。”

(4) D 项正确,第 205 条规定:“虚开增值税专用发票或者虚开用于骗取出口退税、抵扣税款的其他发票的,处……单位犯本条规定之罪的,对单位判处罚金,并对其直接负责的主管人员和其他直接责任人员,处……”(答案:ACD)

考点 18 妨害增值税发票犯罪的数罪并罚

一、精讲

第 208 条第 2 款涉及数罪并罚问题的规定,非法购买增值税专用发票或者购买伪造的增值税专用发票又虚开或者出售的,分别依照本法第 205 条(虚开增值税专用发票罪)、第 206 条(伪造、出售伪造的增值税专用发票罪)、第 207 条(非法出售增值税专用发票罪)的规定定罪处罚。

二、例题

对涉及增值税专用发票的犯罪案件,下列哪些处理是正确的?(2003年真题,多选)

A. 非法购买增值税专用发票的,按非法购买增值税专用发票罪定罪处罚

B. 非法购买增值税专用发票后又虚开的,按非法购买增值税专用发票罪和虚开增值税专用发票罪并罚

C. 非法购买增值税专用发票后又出售的,按非法出售增值税专用发票罪定罪处罚

D. 非法购买伪造的增值税专用发票后又出售的,按出售伪造的增值税专用发票罪定罪处罚

[释疑] 根据第208条的规定,非法购买增值税专用发票后又虚开的,按本法第205条虚开增值税专用发票罪定罪处罚,不数罪并罚。故B项错,其他各项正确。(答案:ACD)

考点19 侵犯著作权罪与相似罪名的竞合处理

一、精讲

1. 侵犯著作权罪与生产、销售伪劣产品罪:侵犯著作权时,可能同时触犯生产、销售伪劣产品罪,是想象竞合犯,择一重罪处罚,不实行数罪并罚。

2. 侵犯著作权罪与非法经营罪:对于单纯侵犯著作权的行为,不得以非法经营罪论处。

二、例题

赵某多次临摹某著名国画大师的一幅名画,然后署上该国画大师姓名并加盖伪造的印鉴,谎称真迹,售得6万元。对赵某的行为如何定罪处罚?(2009年真题,单选)

A. 按诈骗罪和侵犯著作权罪,数罪并罚　　B. 按侵犯著作权罪处罚

C. 按生产、销售伪劣产品罪处罚　　D. 按非法经营罪处罚

[释疑] 第217条规定:"以营利为目的,有下列侵犯著作权情形之一……(四)制作、出售假冒他人署名的美术作品的。"《关于办理侵犯知识产权刑事案件具体应用法律若干问题的解释》第14条规定:侵犯著作权又销售该侵权复制品,构成犯罪的,以侵犯著作权罪定罪处罚。(答案:B)

考点20 侵犯商业秘密罪的认定

一、精讲

1. 第219条之侵犯商业秘密罪有三种行为方式:① 以盗窃、利诱、胁迫或者其他不正当手段获取权利人的商业秘密的;② 披露、使用或者允许他人使用以前项手段获取的权利人的商业秘密的;③ 违反约定或者违反权利人有关保守商业秘密的要求,披露、使用或者允许他人使用其所掌握的商业秘密的。明知或者应知以此三种行为,获取、使用或者披露他人的商业秘密的,以侵犯商业秘密罪论处。

2. 结果要件:构成侵犯商业秘密罪需给商业秘密的权利人造成重大损失。

二、例题

甲公司拥有某项独家技术每年为公司带来100万元利润，故对该技术严加保密。乙公司经理丙为获得该技术，带人将甲公司技术员丁在其回家路上强行拦截并推入丙的汽车，对丁说如果他提供该技术资料就给他2万元，如果不提供就将他嫖娼之事公之于众。丁同意配合。次日丁向丙提供了该技术资料，并获得2万元报酬。丙的行为构成：(2005年真题，不定选)

A. 强迫交易罪　　　　B. 敲诈勒索罪

C. 绑架罪　　　　D. 侵犯商业秘密罪

［**释疑**］(1) 丙对丁的行为符合以胁迫、利诱手段获取权利人的商业秘密，故选D项侵犯商业秘密罪。

(2) 丙的行为对象是商业秘密，而敲诈勒索罪对象是财物，故不符合B项罪的特征；或者在丙的行为符合侵犯商业秘密罪的构成要件时，排斥敲诈勒索罪的适用。

(3) 丙的行为不符合绑架罪的扣人质向他人勒索的特征，故可排除绑架罪。

(4) 强迫交易罪通常发生在经营活动中且付出的对价与商品的价值大体相当，丙的行为也不符合强迫交易罪的特征。

本题存在的疑问点：成立侵犯商业秘密罪还需具备“给商业秘密的权利人造成重大损失的”要件。重大损失指直接经济损失50万元以上，或致使权利人破产。就本题中给出的案件事实，看不出丙的行为具备“给商业秘密的权利人造成重大损失的”要件，故D项构成侵犯商业秘密罪未必正确。(答案：D)

考点21　合同诈骗罪的认定及与诈骗罪的区别

一、精讲

1. 主体既包括个人也包括单位。

2. 主观上具有非法占有的目的。这是认定合同诈骗罪与经济纠纷区别的关键。

3. 合同诈骗罪的法定形式：① 以虚构的单位或者冒用他人名义签订合同的；② 以伪造、变造、作废的票据或者其他虚假的产权证明作担保的；③ 没有实际履行能力，以先履行小额合同或者部分履行合同的方法，诱骗对方当事人继续签订和履行合同的；④ 收受对方当事人给付的货物、货款、预付款或者担保财产后逃匿的；⑤ 以其他方法骗取对方当事人财物的。

4. 合同诈骗罪与诈骗罪的区别：要点是在签订履行合同中利用合同骗取对方当事人的财物。

二、例题

1. 甲冒充房主王某与乙签订商品房买卖合同，约定将王某的住房以220万元卖给乙，乙首付100万元给甲，待过户后再支付剩余的120万元。办理过户手续时，房管局工作人员识破甲的骗局并报警。根据司法解释，关于甲的刑事责任的认定，下列哪一选项是正确的？(2017年真题，单选)

A. 以合同诈骗罪220万元未遂论处，酌情从重处罚

B. 以合同诈骗罪100万元既遂论处，合同诈骗120万元作为未遂情节加以考虑

C. 以合同诈骗罪120万元未遂论处,合同诈骗100万元既遂的情节不再单独处罚

D. 以合同诈骗罪100万元既遂与合同诈骗罪120万元未遂并罚

[释疑] 诈骗罪的既遂标准是行为人取得诈骗物。本案中首付100万元已取得,为既遂金额;另120万尚未取得,为未遂金额。根据2011年“两高”《关于办理诈骗刑事案件具体应用法律若干问题的解释》第6条规定:“诈骗既有既遂,又有未遂,分别达到不同量刑幅度的,依照处罚较重的规定处罚;达到同一量刑幅度的,以诈骗罪既遂处罚。”,应选B。(答案:B)

2. 根据我国刑法的规定,以非法占有为目的,在签订履行合同的过程中,骗取对方当事人的财物,数额较大的,构成合同诈骗罪。下列哪种行为不符合上述条件,不构成合同诈骗罪?(1998年真题,单选)

A. 某甲未经卢某同意即以卢某名义签订合同

B. 某乙为取得对方当事人的信任,要求自己在审计事务所工作的同学杨某为自己出具一份假的产权证明作担保

C. 某丙在签订合同后,携带对方当事人的2000元定金逃匿

D. 某丁借用其他单位的公章和合同文本签订合同

[释疑] 合同诈骗罪的认定。答案的要点是掌握法条中具体列举的合同诈骗行为,“对号入座”。A项属于第224条第(1)项的情形;B项属于第224条第(2)项的情形;C项属于第224条第(4)项的情形。注意C项中的2000元,在当时属于“数额较大”,但现在标准提高了。(答案:D)

三、提示与预测

合同诈骗罪中的合同主要是指经济合同,应当根据合同诈骗罪侵害的客体性质并结合立法目的加以界定,故必须是能够体现一定的市场秩序,而且结合该合同的具体情况,考查其行为是否符合扰乱市场秩序的特征。如果不具有该特征,不成立本罪。例如“甲以生活窘迫为名,与乙立下借款合同,骗借乙的财物后挥霍一空而不予偿还”,再如“甲利用伪造的遗赠扶养协议向继承人骗取被继承人的遗产”,甲均不成立合同诈骗罪仅成立诈骗罪,这是考试中可能测试的考点。

考点22 非法经营罪及组织、领导传销活动罪的认定

一、精讲

1. 非法经营罪的行为方式,根据第225条的规定包括:(1) 未经许可经营法律、行政法规规定的专营、专卖物品或者其他限制买卖的物品的;(2) 买卖进出口许可证、进出口原产地证明以及其他法律、行政法规规定的经营许可证或者批准文件的;(3) 未经国家有关主管部门批准,非法经营证券、期货或者保险业务的,或者非法从事资金支付结算业务的;(4) 其他严重扰乱市场秩序的非法经营行为。

2. 其他严重扰乱市场秩序的非法经营行为,根据司法解释包括以下情形:

(1) 在境外非法买卖外汇,情节严重的;(2) 非法经营出版物;(3) 非法经营电信业务;(4) 未经国家批准擅自发行、销售彩票,构成犯罪的;(5) 非法生产、销售盐酸克伦特罗等禁止在饲料和动物饮用水中使用的药品,扰乱药品市场秩序,情节严重的。

3. 注意《刑法修正案(七)》将"非法从事资金结算业务的"规定为非法经营罪。

4. 对于组织、领导传销的行为《刑法修正案(七)》增加了第224条规定之一,对于"组织、领导以推销商品、提供服务等经营活动为名,要求参加者以缴纳费用或者购买商品、服务等方式获得加入资格,并按照一定顺序组成层级,直接或者间接以发展人员的数量作为计酬或者返利依据,引诱、胁迫参加者继续发展他人参加,骗取财物,扰乱经济社会秩序的传销活动的"单独规定为组织、领导传销活动罪。

二、例题

下列哪些行为构成非法经营罪?(2009年真题,多选)

A. 甲违反国家规定,擅自经营国际电信业务,扰乱电信市场秩序,情节严重

B. 乙非法组织传销活动,扰乱市场秩序,情节严重

C. 丙买卖国家机关颁发的野生动物进出口许可证

D. 丁复制、发行盗版的《国家计算机考试大纲》

[**释疑**]　(1) A项,违反国家规定,擅自经营国际电信业务,扰乱电信市场秩序,情节严重的,依司法解释,定非法经营罪。

(2) B项,根据《刑法修正案(七)》第4条,非法组织、领导传销的,构成一个独立的新罪:组织、领导传销活动罪。

(3) C项,买卖进出口许可证明文规定在第225条非法经营罪所列举的行为方式中。

(4) D项,未经著作权人许可,复制发行其文字作品,构成第217条侵犯著作权罪。(答案:AC)

考点23　损害商品声誉罪、虚假广告罪、侵犯商业秘密罪、非法经营罪的认定

例题

对下列与扰乱市场秩序罪相关的案例的判断,哪一选项是正确的?(2007年真题,单选)

A. 甲所购某名牌轿车行驶不久,发动机就发生了故障,经多次修理仍未排除。甲用牛车拉着该轿车在闹市区展示。甲构成损害商品声誉罪

B. 广告商乙在拍摄某减肥药广告时,以肥胖的郭某当替身拍摄减肥前的画面,再以苗条的影视明星刘某做代言人夸赞减肥效果。事后查明,该药具有一定的减肥作用。乙构成虚假广告罪

C. 丙按照所在企业安排研发出某关键技术,但其违反保密协议将该技术有偿提供给其他厂家使用,获利400万元。丙构成侵犯商业秘密罪

D. 章某因房地产开发急需资金,以高息向丁借款500万元,且按期归还本息。丁尝到甜头后,多次发放高利贷,非法获利数百万元。丁构成非法经营罪

[**释疑**]　(1) C项中丙的行为构成侵犯商业秘密罪。根据第219条第1款第(3)项的规定,违反约定或者违反权利人有关保守商业秘密的要求,披露、使用或者允许他人使用其所掌握的商业秘密的行为,给商业秘密的权利人造成重大损失的,构成侵犯商业秘密罪。通常,被告人的获利(400万元)可以作为"给商业秘密的权利人造成重大损失"。

(2) A项,因该产品(汽车)确实有毛病,故甲只是维权方式过激,不成立损害商品声誉罪。

(3) B项中的广告商丙制作广告有虚假成分,但产品毕竟有一定的减肥效果,尚未达到"情节严重"的程度,不成立虚假广告罪。参见第222条规定:"广告主、广告经营者、广告发布者违反国家规定,利用广告对商品或者服务作虚假宣传,情节严重的,处……"该条之罪以"情节严重"为要件。

(4) D项中章某的行为属于高利贷行为。而非法经营罪不包括高利贷行为。高利贷行为不是刑法中的犯罪行为。(答案:C)

考点24 扰乱市场秩序罪主体、虚假广告罪、串通投标罪、非法转让土地使用权罪的认定

例题

下列关于扰乱市场秩序罪的说法哪些是正确的?(2004年真题,多选)

A. 单位可以构成刑法规定的各种扰乱市场秩序的犯罪

B. 广告主、广告经营者和广告发布者之外的其他人不能单独构成虚假广告罪

C. 招标人不能构成串通投标罪

D. 不以牟利为目的,非法转让土地使用权的,不能构成非法转让土地使用权罪

[**释疑**] 扰乱市场秩序罪类罪的主体和几种具体犯罪主体、主观要件。

(1) A项,根据第231条规定,单位犯本节第221条至第230条规定之罪的,对单位判处罚金,并对其直接负责的主管人员和其他直接责任人员,依照本节各该条的规定处罚。

(2) B项,根据第222条规定:"广告主、广告经营者、广告发布者违反国家规定,利用广告对商品或者服务作虚假宣传,情节严重的,处……"故这三类主体以外的其他人不能单独构成虚假广告罪。

(3) C项,第223条第2款规定:投标人与招标人串通投标,损害国家、集体、公民的合法利益的,依照前款的规定处罚。故C项错误。

(4) D项,第228条规定:"以牟利为目的,违反土地管理法规,非法转让、倒卖土地使用权,情节严重的,处……"构成非法转让土地使用权罪必须以牟利为目的,否则不构成犯罪。(答案:ABD)

考点25 强迫交易罪的认定与相关犯罪的区别

一、精讲

1. 强迫交易罪。行为人犯罪的方式是:① 强买强卖商品的;② 强迫他人提供或接受服务的;③ 强迫他人参与或者退出投标、拍卖的;④ 强迫他人转让或者收购公司、企业的股份、债券或者其他资产的;⑤ 强迫他人参与或者退出特定的经营活动的[《刑法修正案(八)》]。

2. 本罪与抢劫罪的区别。《关于审理抢劫、抢夺刑事案件适用法律若干问题的意见》规定,从事正常商品买卖、交易或者劳动服务的人,以暴力、胁迫手段迫使他人交出与合理价钱、费用相差不大的钱物,情节严重的,以强迫交易罪定罪处罚;以非法占有为目的,以买卖、交易、服务为幌子采用暴力、胁迫手段迫使他人交出与合理价钱、费用相差悬殊的钱物的,以抢劫罪定罪处刑。在具体认定时,既要考虑超出合理价钱、费用的绝对数额,还要考虑超出合理价钱、费用的比例,加以综合判断。

3. 本罪与敲诈勒索罪的区别。强迫交易罪有交易的内容和形式，而敲诈勒索罪没有。

4. 对强迫他人卖血的，以强迫卖血罪论处。

二、例题

1. 关于破坏社会主义市场经济秩序罪的认定，下列哪一选项是错误的？（2014 年真题，单选）

A. 采用运输方式将大量假币运到国外的，应以走私假币罪定罪量刑

B. 以暴力、胁迫手段强迫他人借贷，情节严重的，触犯强迫交易罪

C. 未经批准，擅自发行、销售彩票的，应以非法经营罪定罪处罚

D. 为项目筹集资金，向亲戚宣称有高息理财产品，以委托理财方式吸收 10 名亲戚 300 万元资金的，构成非法吸收公众存款罪

［**释疑**］《关于审理非法集资刑事案件具体应用法律若干问题的解释》（2010 年）第 1 条第 2 款规定："未向社会公开宣传，在亲友或单位内部针对特定对象吸收资金的，不属于非法吸收或变相吸收公众存款。"提示：虽不具有非法"集资"性质，但不排除诈骗。A 项，假币禁止进出口，故运输出境势必逃避海关监管，应定"走私假币罪"。B 项借贷也是交易类型之一，司法实践中也有将此类行为认定为强迫交易罪的判例。C 项，司法解释将此认定为非法经营罪行为类型之一。（答案：D）

2. 张某乘坐出租车到达目的地后，故意拿出面值 100 元的假币给司机钱某，钱某发现是假币，便让张某给 10 元零钱，张某声称没有零钱，并执意让钱某找零钱。钱某便将假币退还张某，并说："算了，我也不要出租车钱了。"于是，张某对钱某的头部猛击几拳，还吼道："你不找钱我就让你死在车里。"钱某只好收下 100 元假币，找给张某 90 元人民币。张某的行为构成何罪？（2002 年真题，单选）

A. 使用假币罪　　B. 敲诈勒索罪　　C. 抢劫罪　　D. 强迫交易罪

［**释疑**］ 对这样罕见事例，首先使用排除法：

（1）数额不够较大，无论是使用假币罪还是敲诈勒索罪，都要求数额较大，故可排除 A、B 选项。

（2）在抢劫罪与强迫交易罪之间选择。认为抢劫罪令人感到为难的是，甲只以 100 元为限，不多要、不多换。认定强迫交易罪为难的是，哪有用假币换取真币这样的交易？权衡再三，还是定抢劫罪比较合理一些。（答案：C）

考点 26　金融诈骗罪的认定

例题

1. 关于诈骗犯罪的论述，下列哪一选项是正确的（不考虑数额）？（2017 年真题，单选）

A. 与银行工作人员相勾结，使用伪造的银行存单，骗取银行巨额存款的，只能构成票据诈骗罪，不构成金融凭证诈骗罪

B. 单位以非法占有目的骗取银行贷款的，不能以贷款诈骗罪追究单位的刑事责任，但可以该罪追究策划人员的刑事责任

C. 购买意外伤害保险,制造自己意外受重伤假象,骗取保险公司巨额保险金的,仅构成保险诈骗罪,不构成合同诈骗罪

D. 签订合同时并无非法占有目的,履行合同过程中才产生非法占有目的,后收受被害人贷款逃匿的,不构成合同诈骗罪

[**释疑**] A项错,银行存单属于金融凭证而非票据。B项对,单位实施的犯罪行为,若刑法未将其规定为单位犯罪的,直接追究责任人的刑事责任。C项错,保险诈骗罪与合同诈骗罪是法条竞合关系,因保险诈骗必然涉及保险合同。D项错,合同诈骗罪之"非法占有目的"可产生于签约时,也可产生于签约后履行过程中。(答案:B)

2. 案情:丁某系某市东郊电器厂(私营企业,不具有法人资格)厂长,2003年因厂里资金紧缺,多次向银行贷款未果。为此,丁某仿照银行存单上的印章模式,伪造了甲银行的储蓄章和行政章,以及银行工作人员的人名章,伪造了户名分别为黄某和唐某在甲银行存款额均为50万元的存单两张。随后,丁某约请乙银行办事处(系国有金融机构)副主任朱某吃饭,并将东郊电器厂欲在乙银行办事处申请存单抵押贷款的打算告诉了朱某,承诺事后必有重谢。朱某见有利可图,就让丁某第二天到办事处找信贷科科长张某办理,并答应向张某打招呼。次日,丁某来到乙银行办事处。朱某将其介绍给张某,让其多加关照。

张某在审查丁某提交的贷款材料时,对甲银行的两张存单有所怀疑,遂发函给甲银行查询。此时,丁某通过朱某催促张某,张某遂打电话询问查询事宜。甲银行储蓄科长答应抓紧办理,但张某未等回函,就为丁某办理了抵押贷款手续,并报朱某审批。后甲银行未就查询事宜回函。

朱某审批时发现材料有问题,就把丁某找来询问。丁某见瞒不过朱某,就将假存单之事全盘托出,并欺骗朱某说有一笔大生意保证挣钱,贷款将如期归还,并当场给朱某10万元好处费。朱某见丁某信誓旦旦,便收受了好处费,同意批给丁某100万元贷款。丁某获得贷款后,以感谢为名送给张某5万元,张某收受。丁某将贷款全部投入电器厂经营,结果亏损殆尽,致使银行贷款不能归还。检察机关将本案起诉至法院。

问题:简析丁某、朱某和张某涉嫌犯罪行为触犯的罪名,然后根据有关的刑法理论和法律规定确定三人分别应如何定罪处罚。(2005年真题,案例分析)

[**参考答案**]

1. 丁某:伪造企业印章罪、伪造金融票证罪、金融凭证诈骗罪、贷款诈骗罪、行贿罪。其中:

(1)伪造企业印章罪和伪造金融凭证罪之间存在牵连关系,按照从一重罪处断的原则,应定伪造金融凭证罪。

(2)伪造金融票证罪与金融凭证诈骗罪之间又存在牵连关系,按照从一重罪处断的原则,应以金融凭证诈骗罪论处。

(3)金融凭证诈骗罪与贷款诈骗罪之间也存在法条竞合关系,按照重法优于轻法的原则,应以金融凭证诈骗罪论处。综上,丁某构成金融凭证诈骗罪和行贿罪,应实行数罪并罚。

2. 朱某:金融凭证诈骗罪的共犯和受贿罪,应实行数罪并罚。

3. 张某:国有公司企业事业单位工作人员失职罪和受贿罪,应实行数罪并罚。

第四章　侵犯人身权利、民主权利罪

考点 1　故意杀人罪的认定

一、精讲

故意杀人罪:保护客体是人的生命,犯罪对象为有生命的人。既遂的要件是死亡结果已发生。犯罪的着手实行是开始非法剥夺生命的行为。

二、例题

1. 关于侵犯公民人身权利的犯罪,下列哪一选项是正确的?(2017 年真题,单选)

A. 甲对家庭成员负有扶养义务而拒绝扶养,故意造成家庭成员死亡。甲不构成遗弃罪,成立不作为的故意杀人罪

B. 乙闯入银行营业厅挟持客户王某,以杀害王某相要挟,迫使银行职员交给自己 20 万元。乙不构成抢劫罪,仅成立绑架罪

C. 丙为报复周某,花 5000 元路费将周某 12 岁的孩子带至外地,以 2000 元的价格卖给他人。丙虽无获利目的,也构成拐卖儿童罪

D. 丁明知工厂主熊某强迫工人劳动,仍招募苏某等人前往熊某工厂做工。丁未亲自强迫苏某等人劳动,不构成强迫劳动罪

[**释疑**]　A 项错,遗弃而故意造成死亡结果的,是遗弃罪的结果加重犯。注意:此种行为不能认定为不作为的故意杀人罪,因其与作为的故意杀人行为不具有相当性,被遗弃者仍有获得救助的可能性。但如果将婴儿丢弃到人迹罕至的荒僻之所,致其饿死或被野兽吃掉,则构成作为的故意杀人罪。B 项错,抢劫罪的取财行为一般具有当场性,而绑架勒索的取财行为一般不具有当场性。C 项对,拐卖行为虽通常具有非法获利的目的,但获利目的并非该罪的构成要素。D 项错,协助行为(招募等)也是强迫劳动罪的行为类型之一。(答案:C)

2. 关于故意杀人罪,下列哪一选项是正确的?(2006 年真题,单选)

A. 甲意欲使乙在跑步时被车撞死,便劝乙清晨在马路上跑步,乙果真在马路上跑步时被车撞死,甲的行为构成故意杀人罪

B. 甲意欲使乙遭雷击死亡,便劝乙雨天到树林散步,因为下雨时在树林中行走容易遭雷击。乙果真雨天在树林中散步时遭雷击身亡。甲的行为构成故意杀人罪

C. 甲对乙有仇,意图致乙死亡。甲仿照乙的模样捏小面人,写上乙的姓名,在小面人身上扎针并诅咒 49 天。到第 50 天,乙因车祸身亡。甲的行为不可能致人死亡,所以不构成故意杀人罪

D. 甲以为杀害妻子乙后,乙可以升天,在此念头支配下将乙杀死。后经法医鉴定,甲具有辨认与控制能力。但由于甲的行为出于愚昧无知,所以不构成故意杀人罪

[**释疑**]　(1) C 项,属于迷信犯或愚昧犯,使用的犯罪“方法”自身迷信、愚昧的,不为罪,不能按照工具认识错误认定为犯罪未遂。

(2) A、B 项,不是犯罪行为,因为劝人“跑步”“散步”不是刑法禁止的行为;通常情况下也

不足以产生危害结果,不构成犯罪。

(3) D项,因为愚昧无知、迷信或者出于善良动机而杀人不影响犯罪的成立。因为行为和使用的方法足以剥夺他人生命,是杀人行为。(答案:C)

考点2 过失致人死亡罪的认定

一、精讲

1. 过失犯都是结果犯,即发生法定的严重结果是成立犯罪的要件。本罪主观为过失,客观上过失行为造成了他人死亡的结果。在这个意义上,我国《刑法》中不惩罚过失“危险犯”,也即意味着不惩罚“过失未遂犯”,只惩罚故意罪的危险犯或未完成罪。这一原理具有普遍性,也反映了中国刑法对“罪量”要求较高的特点。

2. 法条竞合问题,其他的犯罪中也存在因过失致人死亡的情形,但如果法律规定作为其结果加重犯的,以该罪名定罪处刑,不以本罪论。如强奸致人死亡的、非法拘禁致人死亡的等。

二、例题

1. 下列哪些情形不能认定为过失致人死亡罪?(2008年缓考真题,多选)

A. 甲在运输放射性物质过程中发生事故,造成4人死亡

B. 乙在工地塌方之后,仍然强令6名工人进入隧道抢救价值2000万元的机械,6名工人因此遇难

C. 丙遭受不法侵害,情急之下失手将不法侵害人打死,法院认为丙防卫过当,应当负刑事责任

D. 聚众斗殴致人死亡

[释疑] (1) A项,危险物品肇事罪。

(2) B项,强令违章冒险作业罪。

(3) D项,第292条第2款规定:“聚众斗殴,致人重伤、死亡的,依照本法第二百三十四条(故意伤害)、第二百三十二条(故意杀人)的规定定罪处罚。”

(4) C项,防卫过当承担刑事责任,罪过形式通常为过失。(答案:ABD)

2. 下列哪些行为不应认定为过失致人死亡罪?(2006年真题,多选)

A. 甲遭受乙正在进行的不法侵害,在防卫过程中一棒将乙打倒,致乙脑部跌在一块石头上而死亡。法院认为甲的防卫行为明显超过必要限度造成了重大损害,应以防卫过当追究刑事责任

B. 甲对乙进行非法拘禁,在拘禁过程中,因长时间捆绑,致乙呼吸不畅窒息死亡

C. 甲因对女儿乙的恋爱对象丙不满意,阻止乙、丙正常交往,乙对此十分不满,并偷偷与丙登记结婚,甲获知后对乙进行打骂,逼其离婚。乙、丙不从,遂相约自杀而亡

D. 甲结婚以后,对丈夫与其前妻所生之子乙十分不满,采取冻、饿等方式进行虐待,后又发展到打骂,致乙多处伤口溃烂,乙因未能及时救治而不幸身亡

[释疑] (1) A项,防卫过当致人死亡的,通说认为罪过形式一般为过失,可以定过失致人死亡罪,依据防卫过当的规定应当减轻或免除处罚。

（2）B 项，是第 238 条非法拘禁致人死亡的结果加重犯。

（3）C 项，是第 257 条暴力干涉婚姻自由的结果加重犯。

（4）D 项，是第 260 条虐待罪结果加重犯。即 B、C、D 项过失致人死亡的情形均属于法定的结果加重犯，不应以过失致人死亡罪定罪处罚。（答案：BCD）

考点 3 故意伤害罪的认定

一、精讲

1. 故意伤害罪：犯罪的客体为他人的健康权，既遂的条件是造成“轻伤”结果。造成重伤、死亡的是加重犯。

2. 故意伤害罪（致人死亡）与故意杀人罪的界限：伤害性质的行为过失导致死亡结果的，是故意伤害罪（致人死亡）。对死亡结果有没有故意是认定两者的要点。如果行为人携带凶器、动辄行凶、不计他人死伤后果的，一般推定对死和伤的后果均具有间接故意。发生了死亡结果的，认定为（间接故意）故意杀人罪；仅仅发生伤害结果的，认定为故意伤害罪。

3. 故意伤害罪（致人死亡）与过失致人死亡罪的界限。相同点是对“死亡结果”都没有故意；关键点在于造成死亡结果的行为自身是否足以认定具有“伤害性质”。行为人具有伤害的故意并实施了相应的伤害行为，导致死亡结果的，应当认定为故意伤害罪；行为本身不具有伤害性质，而是由于日常生活、工作中粗心轻率行为不慎造成死亡结果的，是过失致人死亡。

4. 故意伤害罪与其他条文形成法条竞合关系。其他条款规定有故意伤害如犯绑架罪，拐卖妇女、儿童罪，强奸罪，抢劫罪的过程中暴力致人重伤、死亡的；犯放火、爆炸、投毒、决水、投放危险物质罪或者以其他危险方法危害公共安全罪致人重伤、死亡的；犯破坏交通工具、破坏交通设施罪致人重伤或者死亡的；等等。这类情形虽然也具有故意伤害致人重伤或者死亡的性质，但特别法优先，应当按照有关刑法条文的规定，定罪量刑，不按故意伤害罪定罪处罚。

5. 刑讯逼供、暴力取证、非法拘禁、虐待被监管人、聚众斗殴、寻衅滋事、报复证人、破坏监管秩序等犯罪，包含有故意伤害致人“轻伤”的内容。故在上述犯罪的过程中，伤害他人致“轻伤”的，直接按有关犯罪定罪处罚，不定故意伤害罪。在上述犯罪的过程中若故意造成“重伤”的，按想象竞合犯或“转化犯”从一重罪处罚。在犯妨害公务罪、寻衅滋事罪的过程中，故意伤害他人致人重伤的，可视为想象竞合犯，从一重罪即故意伤害罪定罪处罚。

二、例题

1. 关于侵犯公民人身权利罪的认定，下列哪些选项是正确的？（2016 年真题，多选）

A. 甲征得 17 周岁的夏某同意，摘其一个肾脏后卖给他人，所获 3 万元全部交给夏某。甲的行为构成故意伤害罪

B. 乙将自己 1 岁的女儿出卖，获利 6 万元用于赌博。对乙出卖女儿的行为，应以遗弃罪追究刑事责任

C. 丙为索债将吴某绑于地下室。吴某挣脱后，驾车离开途中发生交通事故死亡。丙的行为不属于非法拘禁致人死亡

D. 丁和朋友为寻求刺激，在大街上追逐、拦截两位女生。丁的行为构成强制侮辱罪

[释疑]　A 项正确，第 234 条之一规定，摘取不满十八周岁的人的器官，或者强迫、欺骗

他人捐献器官的,依照本法第234条(故意伤害罪)、第232条(故意杀人罪)的规定定罪处罚。C项正确,为索债而绑架他人的以非法拘禁罪定罪处罚。非法拘禁致人死亡指拘禁行为造成被拘禁人死亡结果。吴某驾车逃离途中且无人紧追的情况下发生交通事故,与拘禁行为没有因果关系,故不属于非法拘禁致人死亡的结果加重犯。

B项错,出卖儿童成立拐卖儿童罪,不问儿童是否拐取,父母出卖亲生子女也应当以拐卖儿童罪论处。D项错,强制侮辱妇女罪侵犯妇女性自主权,以暴力、胁迫强制手段为前提。本案以寻求刺激为目的、大街上追逐拦截妇女,主观目的和行为方式显然不符合强制侮辱罪要件。丁某等人主观具有寻衅滋事动机,客观符合寻衅滋事行为类型,在公共场所扰乱社会秩序,应当认定为具有寻衅滋事性质。参见张明楷:《刑法学》(下册),第880页。(答案:AC)

2. 甲以伤害故意砍乙两刀,随即心生杀意又砍两刀,但四刀中只有一刀砍中乙并致其死亡,且无法查明由前后四刀中的哪一刀造成死亡。关于本案,下列哪一选项是正确的?(2015年真题,单选)

A. 不管是哪一刀造成致命伤,都应认定为一个故意杀人罪既遂

B. 不管是哪一刀造成致命伤,只能分别认定为故意伤害罪既遂与故意杀人罪未遂

C. 根据日常生活经验,应推定是后两刀中的一刀造成致命伤,故应认定为故意伤害罪未遂与故意杀人罪既遂

D. 根据存疑时有利于被告人的原则,虽可分别认定为故意伤害罪未遂与故意杀人罪未遂,但杀人与伤害不是对立关系,故可按故意伤害(致死)罪处理本案

[**释疑**] 命题者认为,杀人与伤害不是对立关系,杀人故意当然包含伤害故意。在存疑时虽不能认定杀人故意,但足以认定伤害故意(就低不就高)。(答案:D)

3. 关于故意杀人罪、故意伤害罪的判断,下列哪一选项是正确的?(2014年真题,单选)

A. 甲的父亲乙身患绝症,痛苦不堪。甲根据乙的请求,给乙注射过量镇静剂致乙死亡。乙的同意是真实的,对甲的行为不应以故意杀人罪论处

B. 甲因口角,捅乙数刀,乙死亡。如甲不顾乙的死伤,则应按实际造成的死亡结果认定甲构成故意杀人罪,因为死亡与伤害结果都在甲的犯意之内

C. 甲谎称乙的女儿丙需要移植肾脏,让乙捐肾给丙。乙同意,但甲将乙的肾脏摘出后移植给丁。因乙同意捐献肾脏,甲的行为不成立故意伤害罪

D. 甲征得乙(17周岁)的同意,将乙的左肾摘出,移植给乙崇拜的歌星。乙的同意有效,甲的行为不成立故意伤害罪

[**释疑**] (1)使用致命工具打击致命部位不计他人死伤,即伤害、死亡结果均在行为人"放任"范围。发生死亡结果的,认定对该死亡结果成立间接故意(杀人罪),B项正确。注意:这是间接故意的一种特殊类型!(2)A项错,对他人实施"安乐死"尚未合法化,不阻却故意杀人行为的违法性。(3)C、D项错,第234条之一第2款规定:摘取不满十八周岁的人的器官,或者强迫、欺骗他人捐献器官的,依照本法第234条(故意伤害罪)、第232条(故意杀人罪)的规定定罪处罚。C项,捐给自己女儿还是他人足以影响捐献意愿,甲显然是欺骗乙捐肾。(答案:B)

4. 下列哪一行为不应以故意伤害罪论处?(2012年真题,单选)

A. 监狱监管人员吊打被监管人,致其骨折

B. 非法拘禁被害人，大力反扭被害人胳膊，致其胳膊折断

C. 经本人同意，摘取17周岁少年的肾脏1只，支付少年5万元补偿费

D. 黑社会成员因违反帮规，在其同意之下，被截断1截小指头

［释疑］　A项第248条规定虐待被监管人致伤残的以故意伤害罪论处。B项第238条规定暴力致使被拘禁人重伤的以故意伤害罪论处。C项第234条之一第2款规定摘取未成年人器官的以故意伤害罪、故意杀人罪论处。D项被害人同意可以阻却轻伤、轻微伤的违法性。注意：杀害、重伤害即使经被害人同意的，也不阻却违法性。（答案：D）

5. 张某和赵某长期一起赌博。某日两人在工地发生争执，张某推了赵某一把，赵某倒地后，后脑勺正好碰到石头上，导致颅脑损伤，经抢救无效死亡。关于张某的行为，下列哪一选项是正确的？（2007年真题，单选）

A. 构成故意杀人罪　　　　B. 构成过失致人死亡罪

C. 构成故意伤害罪　　　　D. 属于意外事件

［释疑］　故意伤害罪与过失致人死亡罪的界限。人们之间小有争执的场合，因推搡、撕扯致他人跌倒摔伤摔死的，一般尚难认为具有伤害（损害健康）的故意和伤害（足以造成健康损害的暴力）的行为，认定为过失致人死亡较为稳妥。认为张某存在过失（值得责备）比较合情理，认定张某有杀人的故意则不近情理。（答案：B）

考点4　组织出卖人体器官罪的认定

一、精讲

1. 未经本人同意摘取其器官，或者摘取不满18周岁的人的器官，或者强迫、欺骗他人捐献器官的，依照故意伤害罪、故意杀人罪定罪处罚。

2. 违背本人生前意愿摘取其尸体器官，或者本人生前未表示同意，违反国家规定，违背其近亲属意愿摘取其尸体器官的，依照盗窃、侮辱尸体罪定罪处罚。

二、例题

1. 关于侵犯人身权利罪，下列哪些选项是错误的？（2013年真题，多选）

A. 医生甲征得乙（15周岁）同意，将其肾脏摘出后移植给乙的叔叔丙。甲的行为不成立故意伤害罪

B. 丈夫甲拒绝扶养因吸毒而缺乏生活能力的妻子乙，致乙死亡。因吸毒行为违法，乙的死亡只能由其本人负责，甲的行为不成立遗弃罪

C. 乙盗窃甲价值4000余元财物，甲向派出所报案被拒后，向县公安局告发乙抢劫价值4000余元财物。公安局立案后查明了乙的盗窃事实。对甲的行为不应以诬告陷害罪论处

D. 成年妇女甲与13周岁男孩乙性交，因性交不属于猥亵行为，甲的行为不成立猥亵儿童罪

［释疑］　A项错，第234条之一第2款规定，未经本人同意摘取其器官，或者摘取不满十八周岁的人的器官，或者强迫、欺骗他人捐献器官的，依照本法第234条、第232条的规定定罪处罚。B项错，乙有过错不免除甲扶助义务。C项对，甲被害属实，不是有意诬告。D项错，猥

亵儿童之猥亵包含性交。(答案:ABD)

2. 关于故意伤害罪与组织出卖人体器官罪,下列哪一选项是正确的?(2011年真题,单选)

A. 非法经营尸体器官买卖的,成立组织出卖人体器官罪

B. 医生明知是未成年人,虽征得其同意而摘取其器官的,成立故意伤害罪

C. 组织他人出卖人体器官并不从中牟利的,不成立组织出卖人体器官罪

D. 组织者出卖一个肾脏获15万元,欺骗提供者说只卖了5万元的,应认定为故意伤害罪

[**释疑**] A项错,组织出卖人体器官罪之“器官”指“活体”器官,不包括死体器官。

B项正确。C项错,本罪不以牟利为要件。组织出卖人体器官罪是故意犯,客观上有“出卖人体器官”的行为,主观对此事实是明知即可,不以牟利为要件。

D项错,第234条之一第2款规定之“欺骗”指欺骗他人“捐献器官”,使他人在决定捐献器官上发生重大误解。在出卖器官价钱方面欺骗,尤其是报出低价对于“捐献”动机没有促进作用,不成立故意伤害罪。(答案:B)

考点5 强奸罪及相关犯罪的罪数问题

一、精讲

强奸罪与相关犯罪的罪数问题主要有以下内容:

(1) 在强奸的过程中致使被害人重伤、死亡的,属于强奸罪的结果加重犯。

(2) 行为人在强奸过程中故意杀害妇女的,或者强奸终了,为了杀人灭口或者泄愤报复或者满足变态心理,而又对被害人实施杀害、伤害行为的,应当以强奸罪与故意杀人罪、故意伤害罪数罪并罚。

(3) 在“收买”被拐卖的妇女、幼女之后,又对被其收买的妇女、幼女实施强奸行为的,应当数罪并罚。

(4) 对于在“拐卖”妇女、儿童过程中奸淫被拐卖的被害人的,在组织、强迫他人卖淫中强奸后迫使卖淫的,根据第240条、第358条的规定,是拐卖妇女、儿童罪或者组织卖淫罪、强迫卖淫罪的加重犯,不数罪并罚。

(5) 组织他人偷越国(边)境,对被组织人有杀害、伤害、强奸、拐卖等犯罪行为的,数罪并罚。

(6)奸淫不满14周岁的幼女的,以强奸罪论处,从重处罚。

二、例题

关于强奸罪及相关犯罪的判断,下列哪一选项是正确的?(2007年真题,单选)

A. 甲欲强奸某妇女遭到激烈反抗,一怒之下卡住该妇女喉咙,致其死亡后实施奸淫行为。甲的行为构成强奸罪的结果加重犯

B. 乙为迫使妇女王某卖淫而将王某强奸,对乙的行为应以强奸罪与强迫卖淫罪实行数罪并罚

C. 丙在组织他人偷越国(边)境过程中,强奸了妇女李某。丙的行为虽然触犯了组织他人偷越国(边)境罪与强奸罪,但只能以组织他人偷越国(边)境罪定罪量刑

D. 丁在拐卖妇女的过程中,强行奸淫了该妇女。丁的行为虽然触犯了拐卖妇女罪与强奸罪,但根据刑法规定,只能以拐卖妇女罪定罪量刑

[**释疑**]　(1) D 项,属于第 240 条规定的在拐卖妇女过程中又奸淫被拐卖妇女的加重犯,只以拐卖妇女罪一罪定罪处罚。

(2) B 项,属于第 358 条规定的"强奸后迫使卖淫的"加重犯,应以强迫卖淫罪一罪定罪处罚,不应实行数罪并罚。

(3) C 项中的强奸不属于组织偷越国(边)境的加重犯,应数罪并罚(第 318 条)。

(4) 本题中只有 A 项稍难判断。若仔细分析 A 项的表述,甲是"一怒之下"卡住该妇女喉咙,致其死亡,似乎表明甲的心理发生变化,萌生了杀意,并在"杀意"支配下卡死被害人,故可认为成立故意杀人罪。另外因为本题是单选题,其中的 D 项属于法定加重犯不数罪并罚的情形,其正确性十分明显,毫不犹豫选 D 项,自然不考虑其他选项,更不用纠缠 A 项的对错。由此对考试技巧有所启示,遇到十分模糊难断的选项不要过分纠缠,赶快看看其他选项有没有合适的,借助单选只有一个正确选项、多选必须有两个以上正确选项的规则,从技术上对疑难选项进行肯定或排除的判断。(答案:D)

考点 6　非法拘禁罪的认定

一、精讲

1. 非法拘禁与其他侵犯自由犯罪的界限。要点在于目的和行为方式不同。非法拘禁罪是侵犯自由类犯罪的基本类型,除为索取债务扣押人质的这种特殊情形外,对主观目的和侵犯自由的方式均无特别的限定。而其他三种侵犯自由的犯罪则对主观目的或者行为方式有特别的限定。拐卖妇女、儿童罪限于以"出卖为目的";绑架罪限于为了"非法勒索财物或其他不法要求为目的";拐骗儿童罪则限于拐骗儿童脱离家庭或者监护人。故行为人非法拘禁他人且具有出卖、勒索目的,或者具有使儿童脱离家庭、监护人特征的,应当按照其他侵犯自由的犯罪定罪处罚。

2. 非法拘禁罪结果加重犯与故意伤害罪和故意杀人罪的界限。犯非法拘禁罪,致人重伤或者死亡的,是结果加重犯。常见的结果加重犯情形是,行为人在非法拘禁他人的过程中,因为拘禁的方法不当,如捆绑过紧或是关押、照顾不周,过失造成被拘禁人重伤、死亡的结果。这种情况仍然认定为非法拘禁罪,重伤、死亡结果作为非法拘禁罪的法定加重结果。但是,犯非法拘禁罪"使用暴力致人伤残、死亡的",则应当按照故意伤害罪或者故意杀人罪定罪处罚。

3. 为索取债务非法扣押、拘禁他人的,应定非法拘禁罪。此"债务"不限于合法债务,也包括赌债、高利贷等不受法律保护的债务。

4. "索债型"纠纷的处理:① "索债"行为自身不是犯罪行为。② 因暴力索债而侵犯人身自由的,可成立非法拘禁罪;因暴力索债而侵犯生命、健康的,可成立故意伤害罪、故意杀人罪,但不定绑架罪、抢劫罪、敲诈勒索罪。

5. 非法拘禁罪是典型的继续犯。追诉时效从行为终了之日起计算。

二、例题

1. 甲为要回 30 万元赌债,将乙扣押,但 2 天后乙仍无还款意思。甲等 5 人将乙押到一处

山崖上,对乙说:“3天内让你家人送钱来,如今天不答应,就摔死你。”乙勉强说只有能力还5万元。甲刚说完“一分都不能少”,乙便跳崖。众人慌忙下山找乙,发现乙已坠亡。关于甲的行为定性,下列哪些选项是错误的?(2014年真题,多选)

A. 属于绑架致使被绑架人死亡

B. 属于抢劫致人死亡

C. 属于不作为的故意杀人

D. 成立非法拘禁,但不属于非法拘禁致人死亡

[**释疑**] (1)甲“为索债非法扣押、拘禁他人”,定非法拘禁罪(第238条第3款),A、B项错。(2)甲来不及阻止乙跳崖,没有不作为罪责,C项错。乙突然跳崖,被害人自我答责,不归责于甲的非法拘禁行为,D项没错。(答案:ABC)

2.《刑法》第238条第1款与第2款分别规定:“非法拘禁他人或者以其他方法非法剥夺他人人身自由的,处三年以下有期徒刑、拘役、管制或者剥夺政治权利。具有殴打、侮辱情节的,从重处罚。”“犯前款罪,致人重伤的,处三年以上十年以下有期徒刑;致人死亡的,处十年以上有期徒刑。使用暴力致人伤残、死亡的,依照本法第二百三十四条、第二百三十二条的规定定罪处罚。”关于该条款的理解,下列哪些选项是正确的?(2011年真题,多选)

A. 第一款所称“殴打、侮辱”属于法定量刑情节

B. 第二款所称“犯前款罪,致人重伤”属于结果加重犯

C. 非法拘禁致人重伤并具有侮辱情节的,适用第二款的规定,侮辱情节不再是法定的从重处罚情节

D. 第二款规定的“使用暴力致人伤残、死亡”,是指非法拘禁行为之外的暴力致人伤残、死亡

[**释疑**] 第238条解读。C项似乎认为侮辱从重应当适用于整个第238条。(答案:ABD)

3. 关于侵犯人身权利犯罪的说法,下列哪些选项是错误的?(2008年真题,多选)

A. 私营矿主甲以限制人身自由的方法强迫农民工从事危重矿井作业,并雇用打手殴打农民工,致多人伤残。甲的行为构成非法拘禁罪与故意伤害罪,应当实行并罚

B. 砖窑主乙长期非法雇用多名不满16周岁的未成年人从事超强度体力劳动,并严重忽视生产作业安全,致使一名未成年人因堆砌的成品砖倒塌而被砸死。对乙的行为应以雇用童工从事危重劳动罪从重处罚

C. 丙以介绍高薪工作的名义从外地将多名成年男性农民工骗至砖窑主王某的砖窑场,以每人1 000元的价格卖给王某从事强迫劳动。由于仅规定了拐卖妇女、儿童罪,故对于丙的行为,无法以犯罪论处

D. 拘留所的监管人员对被监管人进行体罚虐待,致人死亡的,以故意杀人罪论处,不实行数罪并罚

[**释疑**] (1)A项,错在“非法拘禁罪与故意伤害罪,应当实行并罚”,第238条第2款规定:“非法拘禁……使用暴力致人伤残、死亡的,依照本法第二百三十四条、第二百三十二条的规定定罪处罚。”

(2)B项,错在不实行数罪并罚。第244条之一规定:“违反劳动管理法规,雇用未满十六周岁的未成年人……造成事故,又构成其他犯罪的,依照数罪并罚的规定处罚。”

（3）C项，错在“无法以犯罪论处”，不成立拐卖妇女、儿童罪，未必不能成立其他罪。对本案中丙可以按照强迫劳动罪共犯论处。

（4）D项，第248条第1款规定：“监狱、拘留所、看守所等监管机构的监管人员对被监管人……致人伤残、死亡的，依照本法第二百三十四条、第二百三十二条的规定定罪从重处罚。”（答案：ABC）

考点7 拐卖妇女罪的认定

一、精讲

1. 构成拐卖妇女、儿童罪原则上不以违背被害对象——被拐卖的妇女、儿童的意志为必要。

2. 本罪的侵害对象仅限于妇女、儿童，而不包括已满14周岁的男子。根据《关于审理拐卖妇女案件适用法律有关问题的解释》，这里的“妇女”，既包括具有中国国籍的妇女，也包括具有外国国籍和无国籍的妇女。

3. 拐卖妇女罪既遂的认定。通常以行为人“拐”的行为完成为既遂，不以实际卖出或者获利为必要。

4. 注意第240条8种加重犯的规定。尤其是在拐卖妇女的犯罪过程中，行为人又强奸被拐卖的妇女的，或者引诱、强迫被拐卖的妇女卖淫的，是拐卖妇女罪加重犯，不再与强奸罪、引诱卖淫罪、强迫卖淫罪数罪并罚。

5. 我国第241条第5款规定，收买被拐卖的妇女、儿童又出卖的，应定拐卖妇女、儿童罪，而不再定收买被拐卖的妇女、儿童罪。

二、例题

1. 甲欲绑架女大学生乙卖往外地，乙强烈反抗，甲将乙打成重伤，并多次对乙实施强制猥亵行为。甲尚未将乙卖出便被公安人员抓获。关于甲行为的定性和处罚，下列哪些判断是错误的？（2010年真题，多选）

A. 构成绑架罪、故意伤害罪与强制猥亵妇女罪，实行并罚

B. 构成拐卖妇女罪、故意伤害罪、强制猥亵妇女罪，实行并罚

C. 构成拐卖妇女罪、强制猥亵妇女罪，实行并罚

D. 构成拐卖妇女罪、强制猥亵妇女罪，实行并罚，但由于尚未出卖，对拐卖妇女罪应适用未遂犯的规定

[释疑] 本案正确结论为C项。甲对乙拐卖、强制猥亵的，构成两罪。“甲将乙打成重伤”属于第240条之结果加重犯。第240条第1款第(7)项规定：(拐卖妇女)“造成被拐卖的妇女、儿童或者其亲属重伤、死亡或者其他严重后果的”(处10年以上……)。常见的结果加重犯如：抢劫、强奸致人重伤死亡，绑架致被绑架人死亡。(答案：ABD)

2. 甲拐骗了5名儿童，偷盗了两名婴儿，并准备全部卖往A地。在运送过程中甲因害怕他们哭闹，给他们注射了麻醉药。由于麻醉药过量，致使两名婴儿死亡，5名儿童处于严重昏迷状态，后经救治康复。对甲的行为应以何罪论处？（2004年真题，不定选）

A. 拐卖儿童罪　　B. 拐骗儿童罪

C. 过失致人死亡罪　　D. 绑架罪

[释疑]　拐卖儿童罪的结果加重犯,解答本题的要领是熟悉法律条文有此结果加重的规定。(答案:A)

考点8　拐卖妇女、儿童罪与拐骗儿童罪的区别

一、精讲

拐卖儿童罪与拐骗儿童罪的区别在于行为人的目的不同:前者是以出卖为目的,后者则不是出于出卖的目的,比如收养或"娶妻"。

二、例题

1. 甲以从事杂技表演的名义欺骗多名农村儿童,儿童均信以为真,便随甲进城。甲将这些儿童带至大城市,利用儿童从事乞讨活动。其间,甲曾与儿童的家属电话联系,称小孩生活得很好。关于本案,下列哪一选项是正确的?(2008年缓考真题,单选)

A. 甲的行为构成组织儿童乞讨罪

B. 甲的行为构成拐骗儿童罪

C. 甲的行为构成诈骗罪

D. 甲的行为征得了儿童家长的同意,不成立犯罪

[释疑]　甲"欺骗儿童"随其进城,成立拐骗儿童罪。组织儿童乞讨罪以使用暴力、威胁等强制手段为要件,题中对甲是否使用强制手段没有交代,故是否成立组织儿童乞讨罪不清楚。(答案:B)

2. 李某以出卖为目的偷盗1名男童,得手后因未找到买主,就产生了自己抚养的想法。在抚养过程中,因男童日夜啼哭,李某便将男童送回家中。关于李某的行为,下列哪些选项是错误的?(2007年真题,多选)

A. 构成拐卖儿童罪　　B. 构成拐骗儿童罪

C. 属于拐卖儿童罪未遂　　D. 属于拐骗儿童罪中止

[释疑]　(1) 认定李某构成拐卖儿童罪既遂应属基础知识范围,不成问题,故C、D选项是错误的。

(2) 李某后来自己抚养的行为是否单独构成拐骗儿童罪?这有点让人头疼。认为构成拐骗儿童罪选项是错误的较为合理。理由是:以出卖为目的偷盗婴幼儿,当然包容拐骗儿童(脱离家庭监护人)的行为,自无单独评价为拐骗儿童罪的必要。

(3) 其后(拐卖儿童既遂后)虽有犯意的转变,但没有另外的"拐的"行为,也不宜另外认定构成拐骗儿童罪。(答案:BCD)

考点9　收买被拐卖的妇女、儿童罪相关罪数问题

一、精讲

1. 收买被拐卖的妇女,强行与其发生性关系的,以强奸罪定罪处罚。

2. 收买被拐卖的妇女、儿童,非法剥夺、限制其人身自由或者有伤害、侮辱等犯罪行为的,依照刑法的有关规定定罪处罚。

3. 收买被拐卖的妇女、儿童，并有强奸、非法拘禁、伤害、侮辱等犯罪行为的，依照数罪并罚的规定处罚。

4. 收买被拐卖的妇女、儿童又出卖的，以拐卖妇女、儿童罪定罪处罚，收买不再另外认定。

5. 收买行为一律入刑：收买被拐卖的妇女、儿童，对被买儿童没有虐待行为，不阻碍对其进行解救的，可以从轻处罚；按照被买妇女的意愿，不阻碍其返回原居住地的，可以从轻或减轻处罚。另外，若有其他犯罪行为仍需追究。

二、例题

甲花4万元收买被拐卖妇女周某做智障儿子的妻子，周某不从，伺机逃走。甲为避免人财两空，以3万元将周某出卖。（事实一）

乙收买周某，欲与周某成为夫妻，周某不从，乙多次暴力强行与周某发生性关系。（事实二）

不久，周某谎称怀孕要去医院检查，乙信以为真，周某乘机逃走向公安机关报案。警察丙带人先后抓获了甲、乙。讯问中，乙仅承认收买周某，拒不承认强行与周某发生性关系。丙恼羞成怒，当场将乙的一只胳膊打成重伤。乙大声呻吟，丙以为其佯装受伤不予理睬。（事实三）

深夜，丙上厕所，让门卫丁（临时工）帮忙看管乙。乙发现丁是老乡，请求丁放人。丁说："行，但你以后如被抓住，一定要说是自己逃走的。"乙答应后逃走，丁未阻拦。（事实四）

请回答第（1）—（4）题。（2011年真题，不定选）

（1）关于事实一的定性，下列选项正确的是：

A. 甲行为应以收买被拐卖的妇女罪与拐卖妇女罪实行并罚

B. 甲虽然实施了收买与拐卖两个行为，但由于两个行为具有牵连关系，对甲仅以拐卖妇女罪论处

C. 甲虽然实施了收买与拐卖两个行为，但根据《刑法》的特别规定，对甲仅以拐卖妇女罪论处

D. 由于收买与拐卖行为侵犯的客体相同，而且拐卖妇女罪的法定刑较重，对甲行为仅以拐卖妇女罪论处，也能做到罪刑相适应

[释疑]　第241条第5款规定："收买被拐卖的妇女、儿童又出卖的，依照本法第二百四十条的（拐卖妇女、儿童罪）规定定罪处罚。"这被认为是"拟制"规定，C项正确，A项数罪并罚的结论错误，B项"牵连犯"择一重罪的理由错误，D项表述正确。（答案：CD）

（2）关于事实二的定性，下列选项错误的是：

A. 乙行为成立收买被拐卖的妇女罪与强奸罪，应当实行并罚

B. 乙行为仅成立收买被拐卖的妇女罪，因乙将周某当作妻子，故周某不能成为乙的强奸对象

C. 乙行为仅成立收买被拐卖的妇女罪，因乙将周某当作妻子，故缺乏强奸罪的故意

D. 乙行为仅成立强奸罪，因乙收买周某就是为了使周某成为妻子，故收买行为是强奸罪的预备行为

[释疑]　略。（答案：BCD）

（3）关于事实三的定性，下列选项正确的是：

A. 丙行为是刑讯逼供的结果加重犯

B. 对丙行为应以故意伤害罪从重处罚

C. 对丙行为应以刑讯逼供罪与过失致人重伤罪实行并罚

D. 对丙行为应以刑讯逼供罪和故意伤害罪实行并罚

[释疑] 第247条规定:"司法工作人员对犯罪嫌疑人、被告人实行刑讯逼供或者使用暴力逼取证人证言的,处三年以下有期徒刑或者拘役。致人伤残、死亡的,依照本法第二百三十四条(故意伤害)、第二百三十二条(故意杀人)的规定定罪从重处罚。"(答案:B)

(4) 关于事实四,下列选项错误的是:

A. 乙构成脱逃罪,丁不构成犯罪

B. 乙构成脱逃罪,丁构成私放在押人员罪

C. 乙离开讯问室征得了丁的同意,不构成脱逃罪,丁构成私放在押人员罪

D. 乙与丁均不构成犯罪

[释疑] 本题结论为:乙构成脱逃罪,丁构成乙脱逃罪的共犯(帮助脱逃)。A项错在"丁不构成犯罪"。B项错在"丁构成私放在押人员罪",因为丁不具有"司法工作人员"的身份。(答案:ABCD)

考点10 拐卖妇女罪和聚众阻碍解救被收买的妇女罪的区分

一、精讲

聚众阻碍解救被收买的妇女罪限定在阻碍解救被"收买"的妇女,不包括被"拐卖"中的妇女。对于被"拐卖"中的妇女,聚众阻碍解救的,应当认定为拐卖妇女罪。

二、例题

甲以出卖为目的,将乙女拐骗至外地后关押于一地下室,并曾强奸乙女。甲在寻找买主的过程中因形迹可疑被他人告发。国家机关工作人员前往解救乙女时,甲的朋友丙却聚众阻碍国家机关工作人员的解救行为。对本案应如何处理?(2002年真题,多选)

A. 对甲的行为以拐卖妇女罪论处

B. 由于甲尚未出卖乙女,对拐卖妇女罪应认定为犯罪未遂

C. 对丙以聚众阻碍解救被收买的妇女罪论处

D. 对丙应以拐卖妇女罪的共犯论处

[释疑] (1) 行为人"拐"的行为完成,拐卖妇女罪即为既遂,不以实际卖出或者获利为必要。

(2) 拐卖妇女犯罪过程中奸淫被拐卖妇女的,是法定的情节加重犯,不单独成立强奸罪,仍以拐卖一罪定罪处罚。

(3) 丙对"拐卖"中的妇女聚众阻碍解救,应当认定为是甲拐卖妇女罪的共犯。

从立法意图上讲,收买被拐卖的妇女是一种较轻的犯罪,在中国很多落后地区人们法制意识淡薄,认为花钱买的,似乎就有正当根据,不违反法律。因而也就频繁发生公然聚众阻碍解救的事情。这种对收买者帮助的行为,性质较轻。相反,对拐卖者帮助的行为,性质就不同了。实际上就是拐卖妇女、儿童罪的共犯。理论上,在他人拐卖妇女既遂后提供帮助的,不影响成

立共犯。因为拐卖妇女罪是继续犯,既遂以后犯罪行为可能还在继续之中,在他人犯罪行为继续时提供帮助的,属于“事中”的帮助而不是“事后”的帮助,可以构成共犯。换言之,在继续犯的场合,认定甲犯罪既遂与认定丙构成共犯并不冲突。(答案:AD)

考点 11　诬告陷害罪的认定

一、精讲

1. 诬告陷害罪的要件是:(1) 捏造“犯罪”事实;(2) 意图使他人受刑事处罚而向司法机关告发。

2. 诬告陷害罪与诽谤罪的区别:诬告陷害罪主观要件必须是意图使他人受刑事追究,客观上必须有捏造“犯罪事实”作虚假告发的行为;诽谤罪则无此要求,但要求情节严重。

二、例题

1. 关于诬告陷害罪的认定,下列哪一选项是正确的(不考虑情节)?(2017 年真题,单选)

A. 意图使他人受刑事追究,向司法机关诬告他人介绍卖淫的,不仅触犯诬告陷害罪,而且触犯侮辱罪

B. 法官明知被告人系被诬告,仍判决被告人有罪的,法官不仅触犯徇私枉法罪,而且触犯诬告陷害罪

C. 诬告陷害罪虽是侵犯公民人身权利的犯罪,但诬告企业犯逃税罪的,也能追究其诬告陷害罪的刑事责任

D. 15 周岁的人不对盗窃负刑事责任,故诬告 15 周岁的人犯盗窃罪的,不能追究行为人诬告陷害罪的刑事责任

[释疑]　A 项错,诬告一般是捏造他人的犯罪事实向司法机关告发,侮辱则是公然贬损他人人格。诬告行为一般不构成侮辱罪和诽谤罪。B 项错,诬告须有告发行为。C 项对,单位犯罪一般实行双罚制,相关责任人也可能被追诉。D 项错,15 周岁的人虽不对盗窃罪负刑事责任,但若诬告其盗窃,仍可能导致刑事调查程序的启动,这种情形也属于“意图使他人受到错误的刑事追究”。(答案:C)

2. 下列哪种情形构成诬告陷害罪?(2007 年真题,单选)

A. 甲为了得到提拔,便捏造同事曹某包养情人并匿名举报,使曹某失去晋升机会

B. 乙捏造“文某明知王某是实施恐怖活动的人而向其提供资金”的事实,并向公安部门举报

C. 丙捏造同事贾某受贿 10 万元的事实,并写成 500 份传单在县城的大街小巷张贴

D. 丁匿名举报单位领导王某贪污救灾款 50 万元。事后查明,王某只贪污了救灾款 5 000 元

[释疑]　(1) A 项中,甲捏造的是“包养情人”事实,不属于犯罪事实,不符合捏造“犯罪”事实的要件。

(2) C 项中,丙没有“告发”行为,故也不能证实其有意图使他人受刑事处分的目的。

(3) D 项中,丁的行为属于检举失实。因为丁检举王某贪污事出有因,也有一定的根据,只是数额出入较大而已。丁明显没有诬告陷害的故意和行为。(答案:B)

考点12 刑讯逼供罪的认定与转化

一、精讲

1. 刑讯逼供罪的主体是司法工作人员。

2. 司法工作人员对犯罪嫌疑人、被告人实行刑讯逼供或者使用暴力逼取证人证言,致人伤残、死亡的,依照故意伤害罪、故意杀人罪定罪从重处罚。

3. 刑讯逼供罪与暴力取证罪的区别在于对象不同,前者是犯罪嫌疑人、被告人,后者是证人。

二、例题

关于刑讯逼供罪的认定,下列哪些选项是错误的?(2012年真题,多选)

A. 甲系机关保卫处长,采用多日不让小偷睡觉的方式,迫其承认偷盗事实。甲构成刑讯逼供罪

B. 乙系教师,受聘为法院人民陪审员,因庭审时被告人刘某气焰嚣张,乙气愤不过,一拳致其轻伤。乙不构成刑讯逼供罪

C. 丙系检察官,为逼取口供殴打犯罪嫌疑人郭某,致其重伤。对丙应以刑讯逼供罪论处

D. 丁系警察,讯问时佯装要实施酷刑,犯罪嫌疑人因害怕承认犯罪事实。丁构成刑讯逼供罪

[释疑] 第247条规定:司法工作人员对犯罪嫌疑人、被告人实行刑讯逼供或者使用暴力逼取证人证言的,处3年以下有期徒刑或者拘役。致人伤残、死亡的,依照本法第234条(故意伤害罪)、第232条(故意杀人罪)的规定定罪从重处罚。A项"保卫处长"不符合"司法工作人员"主体条件。B项行为性质不是刑讯逼供,是简单的故意伤害行为。C项刑讯致人伤残以伤害论。D项刑讯是实际的折磨摧残,声称"动刑"尚不足以认定为刑讯逼供。(答案:ACD)

考点13 强迫劳动罪、雇用童工从事危重劳动罪

一、精讲

1. 强迫劳动罪是指以暴力、威胁或者限制人身自由的方法强迫他人劳动,包含"以限制人身自由的方法"强迫劳动的内容,与非法拘禁罪存在法条竞合关系,故尽管也有侵犯人身自由的行为,不需要另定非法拘禁罪[《刑法修正案(八)》]。

2. 明知他人实施强迫劳动的行为,为其招募、运送人员或者有其他协助强迫他人劳动行为的,以强迫劳动罪定罪处罚[《刑法修正案(八)》]。

3. 根据第244条之一的规定,有雇用童工从事危重劳动行为,造成事故,又构成其他犯罪的,依照数罪并罚的规定处罚。

二、例题

关于侵犯人身权利罪的论述,下列哪一选项是错误的?(2012年真题,单选)

A. 强行与卖淫幼女发生性关系,事后给幼女500元的,构成强奸罪

B. 使用暴力强迫单位职工以外的其他人员在采石场劳动的，构成强迫劳动罪

C. 雇用16周岁未成年人从事高空、井下作业的，构成雇用童工从事危重劳动罪

D. 收留流浪儿童后，因儿童不听话将其出卖的，构成拐卖儿童罪

［释疑］　A项对幼女妇女实施暴力强奸当然构成强奸罪，是否给钱、是否在卖淫嫖娼过程中，被害人是否有卖淫污点，不影响强奸罪成立。B项第244条规定“以暴力、威胁或者限制人身自由的方法强迫他人劳动的……”“他人”含任何人，不限于职工。C项不符合第244条之一雇用“未满16周岁”人的对象条件。D项有出卖儿童行为即构成第240条拐卖儿童罪，不问儿童来源。（答案：C）

三、提示与预测

《刑法修正案（八）》将强迫职工劳动罪修改为强迫劳动罪，新的立法修订和解释往往容易成为考点。

考点14　绑架罪的认定

一、精讲

1. 绑架罪具有劫持人质勒索财物或其他非法利益的意图，包括两方面的目的：一是勒索财物；二是勒索财物以外的非法利益。通常认为，扣住人质为既遂，不以勒索到财物为必要。

2. 行为特征是劫持、扣押人质，以加害人质相威胁或者以释放人质为条件，向第三人勒索财物或者其他非法利益。以勒索财物为目的而偷盗不满1周岁的婴儿和偷盗不满6周岁的幼儿的行为，也视为绑架行为。绑架人质向“第三人”勒索，是绑架的特征之一，也是绑架罪与抢劫罪区别的要点。采取“绑架”的方式勒索，是绑架罪与敲诈勒索罪区别的要点。

3. 绑架罪的加重犯：① 杀害人质，是指故意杀害人质，包括：绑架人质后将人质杀害，隐瞒人质被害真相继续向第三人勒索；因为其勒索的不法要求没有满足而“撕票”（杀害人质）；勒索到赎金后为了灭口而杀害人质。杀害人质未遂的，也认为具备“杀害人质”的加重条件。② 故意伤害被绑架人，致人重伤、死亡。《刑法修正案（九）》将以往的“绝对死刑”修正为“无期徒刑或死刑”。

4. 已满16周岁的人应当对绑架行为负刑事责任。已满14周岁不满16周岁的人对绑架行为不负刑事责任，但是，如果在实施或者参与绑架犯罪的活动中，又故意杀害或重伤人质的，应当对其故意杀人、故意伤害（致人重伤）的行为负刑事责任。

二、例题

1. 甲为勒索财物，打算绑架富商之子吴某（5岁）。甲欺骗乙、丙说：“富商欠我100万元不还，你们帮我扣押其子，成功后给你们每人10万元。”乙、丙将吴某扣押，但甲无法联系上富商，未能进行勒索。三天后，甲让乙、丙将吴某释放。吴某一人在回家路上溺水身亡。关于本案，下列哪一选项是正确的？（2016年真题，单选）

A. 甲、乙、丙构成绑架罪的共同犯罪，但对乙、丙只能适用非法拘禁罪的法定刑

B. 甲未能实施勒索行为，属绑架未遂；甲主动让乙、丙放人，属绑架中止

C. 吴某的死亡结果应归责于甲的行为，甲成立绑架致人死亡的结果加重犯

D. 不管甲是绑架未遂、绑架中止还是绑架既遂,乙、丙均成立犯罪既遂

[**释疑**] D项,乙、丙为索债而绑架人质,不成立绑架罪,而是成立非法拘禁罪,只要将被拘禁人扣押,即为犯罪既遂。

A项错,因为乙、丙为索债而绑架人质,不成立绑架罪。B项错,甲成立绑架罪,第239条第3款规定,以勒索财物为目的偷盗婴幼儿的,以绑架罪定罪处罚。绑架罪是侵犯人身权利罪,故实际扣押住人质为既遂。C项错在"甲成立绑架致人死亡的结果加重犯",根据《刑法修正案(九)》修正,犯绑架罪,"杀害被绑架人的,或者故意伤害被绑架人,致人重伤、死亡的,处无期徒刑或者死刑,并处没收财产"。本案致吴某死亡的情形不符合。(答案:D)

2. 甲男(15周岁)与乙女(16周岁)因缺钱,共同绑架富商之子丙,成功索得50万元赎金。甲担心丙将来可能认出他们,提议杀丙,乙同意。乙给甲一根绳子,甲用绳子勒死丙。关于本案的分析,下列哪一选项是错误的?(2014年真题,单选)

A. 甲、乙均触犯故意杀人罪,因而对故意杀人罪成立共同犯罪

B. 甲、乙均触犯故意杀人罪,对甲以故意杀人罪论处,但对乙应以绑架罪论处

C. 丙系死于甲之手,乙未杀害丙,故对乙虽以绑架罪定罪,但对乙不能适用"杀害被绑架人"的规定

D. 对甲以故意杀人罪论处,对乙以绑架罪论处,与二人成立故意杀人罪的共同犯罪并不矛盾

[**释疑**] 本案正解:乙绑架罪适用"杀害被绑架人"规定处罚(第239条),甲故意杀人罪。(1)甲乙共同实行绑架时,乙在现场同意并提供绳子,与甲杀害丙具有共同故意和行为,根据共同正犯"部分实行全部责任"原理,应共同承担杀害被绑架人的责任,C项错。(2)甲乙符合故意杀人罪共同犯罪的条件(部分犯罪共同说),A、D项没错。(3)甲因未达绑架罪16岁的刑责年龄,故不适用绑架罪,应以故意杀人罪论处,B项没错。(答案:C)

3. 为谋财绑架他人的,在下列哪一种情形下不应当判处死刑?(2009年真题,单选)

A. 甲绑架并伤害被绑架人致其残疾的

B. 乙杀死人质后隐瞒事实真相向人质亲友勒索赎金10万元的

C. 丙绑架人质后害怕罪行败露杀人灭口的

D. 丁控制人质时因捆绑太紧过失致被害人死亡的

[**释疑**] 第239条绑架罪规定,绑架致使被绑架人死亡或者杀害被绑架人的,处死刑。(答案:A)

考点15 绑架罪与抢劫罪的区别

一、精讲

抢劫往往是当场使用暴力强取被害人控制、占有的财物。绑架罪往往是扣押人质向人质的亲友(第三人)勒索财物,财物往往不在人质(直接被害人,即第二人)控制支配之下,而是在第三人的控制之下。注意以下两种情形:

1. 行为人虽然使用了绑架的方式,但只是当场直接向被害人(第二人)索取、逼取他本人控制的财物的,不是绑架罪,构成抢劫罪。

2. 行为人虽然扣押人质,并通过人质向第三人索要财物,如果第三人对于绑架并不知情

而交付财物的,不成立绑架罪,构成抢劫罪。

二、例题

1. 甲持刀将乙逼入山中,让乙通知其母送钱赎人。乙担心其母心脏病发作,遂谎称开车撞人,需付5万元治疗费,其母信以为真。关于甲的行为性质,下列哪一选项是正确的?(2010年真题,单选)

A. 非法拘禁罪　　B. 绑架罪　　C. 抢劫罪　　D. 诈骗罪

[**释疑**]　甲劫持乙并让乙通知其母"送钱赎人",自始就有为勒索财物而绑架的意图并实施了勒索(送钱赎人)的行为,成立绑架罪。乙没有向第三人(乙母)转达甲"送钱赎人"的话,而是改为需医疗费,不影响甲具有绑架人质向第三人勒索赎金的绑架性质。(答案:B)

2. 甲使用暴力将乙扣押在某废弃的建筑物内,强行从乙身上搜出现金3000元和一张只有少量金额的信用卡,甲逼迫乙向该信用卡中打入人民币10万元。乙便给其妻子打电话,谎称自己开车撞伤他人,让其立即向自己的信用卡打入10万元救治伤员并赔偿。乙妻信以为真,便向乙的信用卡中打入10万元,被甲取走,甲在得款后将乙释放。对甲的行为应当按照下列哪一选项定罪?(2006年真题,单选)

A. 非法拘禁罪　　B. 绑架罪

C. 抢劫罪　　D. 抢劫罪和绑架罪

[**释疑**]　本案虽然出现了第三人乙妻并交付财物,但是乙妻对于绑架毫不知情,如果成立绑架罪,必须存在受到勒索的第三人,没有这个受到勒索的第三人,不成立绑架罪,实际上还是一个向乙当场实施暴力、当场取财的过程,只不过取财借助了乙妻的行为,定抢劫罪。(答案:C)

考点 16　强制猥亵、侮辱罪与侮辱罪的区别

一、精讲

1. 二者区别的要点在于目的不同:强制猥亵、侮辱罪的目的是满足性刺激或因为蔑视社会公德而无端猥亵他人或者侮辱妇女、伤害公众的情感;而侮辱罪的目的是为了损害他人(包括妇女)的人格、尊严,并且通常是事出有因。

2.《刑法修正案(九)》将强制猥亵的对象扩大到"他人",意味着男性也可作为强制猥亵的对象。

二、例题

关于侮辱罪与诽谤罪的论述,下列哪一选项是正确的?(2013年真题,单选)

A. 为寻求刺激在车站扒光妇女衣服,引起他人围观的,触犯强制猥亵、侮辱妇女罪,未触犯侮辱罪

B. 为报复妇女,在大街上边打妇女边骂"狐狸精",情节严重的,应以侮辱罪论处,不以诽谤罪论处

C. 捏造他人强奸妇女的犯罪事实,向公安局和媒体告发,意图使他人受刑事追究,情节严重的,触犯诬告陷害罪,未触犯诽谤罪

D. 侮辱罪、诽谤罪属于亲告罪,未经当事人告诉,一律不得追究被告人的刑事责任

[**释疑**] B 项对,“谩骂”符合言辞侮辱特点;诽谤罪特点是“捏造 + 传播”,即“造谣中伤”,以虚构的内容(信息)损坏他人名誉。当众打骂属于典型的侮辱行为而非诽谤行为。A 项错,强制猥亵侮辱妇女罪属于“性侮辱”,是侮辱的特殊形式之一,当然触犯侮辱罪,只是因法条竞合而认定为强制猥亵侮辱妇女罪而已。C 项错,诬告陷害他人同时毁损他人名誉的,可能同时触犯诽谤罪,想象竞合犯。D 项错,第 246 条第 2 款规定:“告诉的才处理,但是严重危害社会秩序和国家利益的除外。”注意:五个亲告罪中,只有侵占罪是绝对的“不告不理”,其他四个都有亲告的“除外”规定。(答案:B)

考点 17 非法拘禁罪,绑架罪,拐卖妇女、儿童罪,抢劫罪,敲诈勒索罪之间的区分以及涉及的一罪数罪问题

例题

赵某拖欠张某和郭某 6 000 多元的打工报酬一直不付。张某与郭某商定后,将赵某 15 岁的女儿甲骗到外地扣留,以迫使赵某支付报酬。在此期间(共 21 天),张、郭多次打电话让赵某支付报酬,但赵某仍以种种理由拒不支付。张、郭遂决定将甲卖给他人。在张某外出寻找买主期间,郭某奸淫了甲。张某找到了买主陈某后,张、郭二人以 6 000 元将甲卖给了陈某。陈某欲与甲结为夫妇,遭到甲的拒绝。陈某为防甲逃走,便将甲反锁在房间里一月余。陈某后来觉得甲年纪小、太可怜,便放甲返回家乡。陈某找到张某要求退回 6 000 元钱。张某拒绝退还,陈某便于深夜将张某的一辆价值 4 000 元的摩托车骑走。(2003 年真题,分析)

问题:请根据上述案情,分析张某、郭某、陈某的刑事责任。

[**参考答案**]

1. 张某构成非法拘禁罪、拐卖妇女罪(1 分)。

2. 郭某构成非法拘禁罪、拐卖妇女罪(1 分)。

3. 张某和郭某是非法拘禁罪、拐卖妇女罪的共同犯罪人(1 分),二人均应按非法拘禁罪和拐卖妇女罪数罪并罚(1 分)。

4. 郭某和张某拐卖妇女罪应适用不同的法定刑(1 分),其中张某按拐卖妇女罪的基础法定刑量刑,郭某奸淫被拐卖的妇女,法定刑升格(1 分)。

5. 陈某构成收买被拐卖的妇女罪、非法拘禁罪和盗窃罪(1 分),应当数罪并罚(1 分)。

6. 陈某所犯的收买被拐卖的妇女罪,由于他中途自愿将被害人放回家,属于犯罪中止,可以不追究该罪的刑事责任(1 分)。

[**释疑**]

本题要点:

(1) 张、郭为索债而将甲扣留,属于非法拘禁罪,而不是绑架罪。因为刑法明文规定,为索债而扣押人质的以非法拘禁罪论处。

(2) 张、郭将甲出卖,构成拐卖妇女罪。

(3) 期间郭奸淫甲,具有强奸性质。但是法律特别规定,在拐卖妇女过程中奸淫被拐妇女的是加重情形,在 10 年以上的幅度内处罚,故不数罪并罚。这属于法定的数罪不需并罚的特殊情况。

(4) 共犯的责任问题。在非法拘禁和拐卖问题上,张和郭是共犯,共同承担责任。但关键是张对郭的奸淫行为是否负刑事责任?在共同犯罪中,如果其他共同犯罪人实施了共同故意以外的犯罪行为的,不知情、未参与的共犯人不负刑事责任。在共犯理论中,这种结论通常使用"过限行为"来解说。即张、郭二人有共同拘禁和拐卖的行为,但是在犯该两罪的过程中,张单独实施了强奸行为,超出了共同故意范围,由实施者单独承担刑事责任,其他人对于这"过限部分"不负刑事责任。从犯罪的基本原理讲,任何犯罪人只对自己有犯意或过错的行为负刑事责任(主观罪过责任原则),如果没有犯意或过错,不负刑事责任。

(5) 陈收买甲,构成收买被拐卖的妇女罪。将甲反锁一月余,又构成非法拘禁罪,根据第241条第3款的规定:收买被拐卖的妇女、儿童,非法剥夺、限制其人身自由的,依照数罪并罚的规定处罚。

(6) 陈将张的摩托车骑走,属于盗窃行为,构成盗窃罪。陈、张之间为买卖甲存在的纠葛不影响成立盗窃罪。

考点 18　因事实婚姻关系而引发的刑法上的效果

一、精讲

事实婚姻关系并无民法上的效力,但在刑法上却可能具有和登记婚姻关系相同的效果,如构成重婚罪、虐待罪、强奸罪等。

二、例题

甲与乙(女)2012年开始同居,生有一子丙。甲、乙虽未办理结婚登记,但以夫妻名义自居,周围群众公认二人是夫妻。对甲的行为,下列哪些分析是正确的?(2015年真题,多选)

A. 甲长期虐待乙的,构成虐待罪

B. 甲伤害丙(致丙轻伤)时,乙不阻止的,乙构成不作为的故意伤害罪

C. 甲如与丁(女)领取结婚证后,不再与乙同居,也不抚养丙的,可能构成遗弃罪

D. 甲如与丁领取结婚证后,不再与乙同居,某日采用暴力强行与乙性交的,构成强奸罪

[释疑]　甲与乙形成事实婚姻关系,虽在民法上无法律效力,但在刑法上却可以产生相应的法律后果。A项,事实婚姻的双方可认定为"共同生活的家庭成员",一方对另一方长期虐待的,可构成虐待罪。B项,乙作为丙的生母,对其负有保护责任,在丙受侵害时能阻止而不阻止的,构成不作为的故意伤害罪。C项,甲即使解除与乙的事实婚姻关系,但作为生父,仍对丙负有扶养义务,若拒绝扶养,可能构成遗弃罪。D项,甲与乙已解除事实婚姻关系,双方并无同居的权利和义务,甲强行与乙性交的,构成强奸罪。(答案:ABCD)

考点 19　侵犯公民个人信息罪

一、精讲

违反国家有关规定,向他人出售或提供公民个人信息,情节严重的行为;

窃取或者以其他方法非法获取公民个人信息的行为;

违反国家有关规定,将在履行职责或者提供服务过程中获得的公民个人信息,出售或提供给他人的,从重处罚。

单位犯罪的,双罚。

二、例题

下列哪些行为构成侵犯公民个人信息罪(不考虑情节)?(2017年真题,多选)

A. 甲长期用高倍望远镜偷窥邻居的日常生活

B. 乙将单位数据库中病人的姓名、血型、DNA等资料,卖给某生物制药公司

C. 丙将捡到的几本通讯簿在网上卖给他人,通讯簿被他人用于电信诈骗犯罪

D. 丁将收藏的多封50年代的信封(上有收件人姓名、单位或住址等信息)高价转让他人

[释疑] A项错,公民个人信息主要是身份信息及其他相关信息,偷窥日常生活不属于侵犯公民个人信息。B、C项对,病人的姓名、血型、DNA等资料以及通讯簿都属于公民个人信息。D项错,50年代的信封上的收件人姓名、单位或住址等信息因年代较远,变化极大,不属于公民个人信息。(答案:BC)

考点20 虐待被监护、看护人罪

对未成年人、老年人、患病的人、残疾人等负有监护、看护职责的人虐待被监护、看护的人,情节恶劣的行为。

单位亦可构成,双罚;

有本罪行为,同时构成其他犯罪的,依照处罚较重的规定定罪处罚(想象竞合)。

第五章 侵犯财产罪

考点1 抢劫罪的认定及罪数问题

一、精讲

1. 行为人为劫取财物而预谋故意杀人,或者在劫取财物过程中,为制服被害人反抗而故意杀人的,以抢劫罪定罪处罚。杀伤是抢劫暴力的组成部分。

2. 起初为了实施其他犯罪如故意杀人、故意伤害、强奸等,在其犯罪过程中"临时起意",当场又抢取了被害人财物的,另外成立抢劫罪,数罪并罚。若被害人已经死亡、昏迷等,行为人"临时起意"取走被害人财物的,或者趁被害人不注意暗中又窃取其财物的,另外成立盗窃罪,数罪并罚。

3. 绑架人质并当场抢取人质随身携带财物的,在绑架和抢劫两罪中择一重罪处罚,不数罪并罚。

4. 行为人实施抢劫后,为灭口而故意杀人的,以抢劫罪和故意杀人罪定罪,实行数罪并罚。

二、例题

1. 关于抢劫罪的认定,下列哪些选项是正确的?(2017年真题,多选)

A. 甲欲进王某家盗窃,正撬门时,路人李某经过。甲误以为李某是王某,会阻止自己盗窃,将李某打昏,再从王某家窃走财物。甲不构成抢劫既遂

B. 乙潜入周某家盗窃,正欲离开时,周某回家,进屋将乙堵在卧室内。乙掏出凶器对周某进行恐吓,迫使周某让其携带财物离开。乙构成入户抢劫

C. 丙窃取刘某汽车时被发现,驾刘某的汽车逃跑,刘某乘出租车追赶。途遇路人陈某过马路,丙也未减速,将陈某撞成重伤。丙构成抢劫致人重伤

D. 丁抢夺张某财物后逃跑,为阻止张某追赶,出于杀害故意向张某开枪射击。子弹未击中张某,但击中路人汪某,致其死亡。丁构成抢劫致人死亡

[释疑]　A 项对,对无关的第三者实施暴力取得财物的,不宜认定为抢劫罪,甲构成盗窃罪与故意伤害罪,数罪并罚。B 项对,转化型抢劫发生在户内,也成立入户抢劫。C 项错,抢劫致人重伤(死亡)的加重结果须由基本行为(抢劫)所直接引起,本案中的重伤结果是逃跑行为引起的,故不成立结果加重犯。D 项对,抢劫致死的结果加重犯也适用于转化型抢劫,另外,根据法定符合说,打击错误对犯罪故意及犯罪形态没有影响。(答案:ABD)

2. 贾某在路边将马某打倒在地,劫取其财物。离开时贾某为报复马某之前的反抗,往其胸口轻踢了一脚,不料造成马某心脏骤停死亡。设定贾某对马某的死亡具有过失,下列哪一分析是正确的?(2016 年真题,单选)

A. 贾某踢马某一脚,是抢劫行为的延续,构成抢劫致人死亡

B. 贾某踢马某一脚,成立事后抢劫,构成抢劫致人死亡

C. 贾某构成抢劫罪的基本犯,应与过失致人死亡罪数罪并罚

D. 贾某构成抢劫罪的基本犯与故意伤害(致死)罪的想象竞合犯

[释疑]　贾某在抢劫既遂后,为泄愤而踢被害人一脚,该行为不具有抢劫性质,独立于先前的抢劫行为。该轻踢一脚不具有故意伤害性质,故仅成立过失致人死亡。抢劫与轻踢一脚是两个意思支配下的两个行为犯两个不同种罪,数罪并罚。C 项正确,则 A、B、D 项错。(答案:C)

3. 甲长期以赌博所得为主要生活来源。某日,甲在抢劫赌徒乙的赌资得逞后,为防止乙日后报案,将其杀死。对甲的处理,下列哪一选项是正确的?(2009 年真题,单选)

A. 应以故意杀人罪、抢劫罪并罚

B. 应以抢劫罪从重处罚

C. 应以赌博罪、抢劫罪并罚

D. 应以赌博罪、抢劫罪、故意杀人罪并罚

[释疑]　以赌博所得为主要生活来源,成立赌博罪。抢劫赌资照样可成立抢劫罪,根据 2001 年《关于抢劫过程中故意杀人案件如何定罪问题的批复》,行为人实施抢劫后,为灭口而故意杀人的,以抢劫罪和故意杀人罪,实行数罪并罚,不属于抢劫的结果加重犯。(答案:D)

4. 甲持西瓜刀冲入某银行储蓄所,将刀架在储蓄所保安乙的脖子上,喝令储蓄所职员丙交出现金 1 万元。见丙故意拖延时间,甲便在乙的脖子上划了一刀。刚取出 5 万元现金的储户丁看见乙血流不止,于心不忍,就拿出 1 万元扔给甲,甲得款后迅速逃离。对甲的犯罪行为,下列哪一选项是正确的?(2008 年真题,单选)

A. 抢劫罪(未遂)　B. 抢劫罪(既遂)　C. 绑架罪　D. 敲诈勒索罪

[释疑]　对 A 施加暴力胁迫在场 B 交付财物,是抢劫罪,即抢劫暴力取财不以直接施加

于财物占有者为必要。(答案:B)

5. 张某出于报复动机将赵某打成重伤,发现赵某丧失知觉后,临时起意拿走了赵某的钱包,钱包里有1万元现金,张某将其占为己有。关于张某取财行为的定性,下列哪一选项是正确的?(2007年真题,单选)

A. 构成抢劫罪　　B. 构成抢夺罪　　C. 构成盗窃罪　　D. 构成侵占罪

[**释疑**] 一罪与数罪的认定:

(1) 起因于伤害,独立成立故意伤害罪。

(2) "临时起意"取被害人财物的,"取财"行为独立成罪,分两种情况:① 被害人"丧失知觉后"取财的,是盗窃罪;② 被害人"没有丧失知觉"当面取财的,是抢劫罪。

(3) 数罪并罚。本题中只问"取财行为"的性质,应是盗窃。(答案:C)

6. 甲、乙为劫取财物将在河边散步的丙杀死,当场取得丙随身携带的现金2000余元。甲、乙随后从丙携带的名片上得知丙是某公司总经理。两人经谋划后,按名片上的电话给丙的妻子丁打电话,声称丙已被绑架,丁必须于次日中午12点将10万元现金放在某处,否则杀害丙。丁立即报警,甲、乙被抓获。关于本案的处理,下列哪一种说法是正确的?(2005年真题,单选)

A. 抢劫罪和绑架罪并罚

B. 以故意杀人罪、盗窃罪和绑架罪并罚

C. 以抢劫罪和敲诈勒索罪并罚

D. 以故意杀人罪、侵占罪和敲诈勒索罪并罚

[**释疑**] (1) 甲、乙杀害丙取其财物的行为成立抢劫罪。据此,排除B、D项。

(2) 虚构绑架丙的事实威胁丁迫使其交付财物,符合敲诈勒索罪的特征。两罪各自独立,应数罪并罚。

(3) 甲、乙没有绑架的故意和行为,简单排除A项;据此也可排除B项。(答案:C)

7. 下列哪些行为应认定为抢劫罪一罪?(2005年真题,多选)

A. 甲将仇人杀死后,取走其身上的5000元现金

B. 甲持刀拦路行抢,故意将受害人杀死后取走其财物

C. 甲在抢劫过程中,为压制被害人的反抗,故意将被害人杀死,取走其财物

D. 甲实行抢劫后,为防止受害人报案,将其杀死

[**释疑**] 抢劫罪一罪的认定。B、C项属于抢劫罪一罪(结果加重犯),D项属于抢劫罪和故意杀人罪二罪。A项的情形,属于犯故意杀人罪之后又起意取走死者财物,另外成立盗窃罪。(答案:BC)

考点2 抢劫违禁品的性质及罪数认定

一、精讲

1. 抢劫他人非法持有的毒品等违禁品,他人持有违禁品的非法性不妨害抢劫罪的成立。

2. 抢劫毒品等违禁品后,其贩卖等"处分"行为又构成其他罪的,应当以抢劫罪和贩卖毒品罪等数罪并罚。

3. 抢劫毒品等违禁品后,仅仅是"持有"行为,属于其抢劫行为的当然结果行为被吸收,不

另成立非法持有毒品罪等。

二、例题

陈某向王某声称要购买80克海洛因，王某便从外地购买了80克海洛因。到达约定交货地点后，陈某掏出仿真手枪威胁王某，从王某手中夺取了80克海洛因。此后半年内，因没有找到买主，陈某一直持有80克海洛因。半年后，陈某将80克海洛因送给其毒瘾很大的朋友刘某，刘某因过量吸食海洛因而死亡。关于本案，下列哪一选项是错误的？（2007年真题，单选）

A. 王某虽然是陈某抢劫的被害人，但其行为仍成立贩卖毒品罪

B. 陈某持仿真手枪取得毒品的行为构成抢劫罪，但不属于持枪抢劫

C. 陈某抢劫毒品后持有该毒品的行为，被抢劫罪吸收，不另成立非法持有毒品罪

D. 陈某将毒品送给刘某导致其过量吸食进而死亡的行为，成立过失致人死亡罪

［释疑］　（1）D项，陈某将毒品送给有吸食毒品经验的正常人，并无反常之处。受赠人如何吸食、是否会因吸食过量而死亡？应由受赠人自己负责。将受赠人因吸食过量而死亡归咎于赠送毒品人，显然违背常理。

（2）本题陈某的行为构成抢劫罪（但不属于“持枪”抢劫）。陈某抢劫毒品后持有该毒品的行为，被抢劫罪吸收，不另成立非法持有毒品罪。故不选C项。

（3）持枪抢劫属于抢劫的加重犯（法定最低刑为10年以上），该“持枪抢劫”是指持“真枪”抢劫，故不选B项。

（4）A项，王某为贩卖而购买、出卖成立贩卖毒品罪，遭到他人抢劫不妨害王某成立贩卖毒品罪。（答案：D）

考点3　抢劫“欠条”的性质

例题

甲欠乙10万元久不归还，乙反复催讨。某日，甲持凶器闯入乙家，殴打乙致其重伤，迫乙交出10万元欠条并在已备好的还款收条上签字。关于甲的行为性质，下列哪一选项是正确的？（2010年真题，单选）

A. 故意伤害罪　　B. 抢劫罪

C. 非法侵入住宅罪　　D. 抢夺罪

［释疑］　甲（债务人）从乙（债权人）处抢取甲所打“欠条”和乙所打“还款收条”，是抢劫罪。属于入户抢劫和抢劫中致人重伤（加重犯）。（答案：B）

考点4　“转化”抢劫罪和数罪的认定

一、精讲

第269条规定：“犯盗窃、诈骗、抢夺罪，为窝藏赃物、抗拒抓捕或者毁灭罪证而当场使用暴力或者以暴力相威胁的，依照本法第二百六十三条的规定定罪处罚。”其要点是：

（1）有盗窃、诈骗、抢夺罪中的行为即可转化，不需要犯罪既遂。

（2）在盗窃、抢夺、诈骗过程中转化为抢劫罪的，必须是“当场”使用暴力或以暴力相

威胁。

(3) 暴力程度需带有相当程度的对抗性暴力,不包括挣扎、挣脱、摆脱的行为,否则不认为是转化的抢劫。

二、例题

1. 李某乘正在遛狗的老妇人王某不备,抢下王某装有4 000元现金的手包就跑。王某让名贵的宠物狗追咬李某。李某见状在距王某50米处转身将狗踢死后逃离。王某眼见一切,因激愤致心脏病发作而亡。关于本案,下列哪一选项是正确的?(2015年真题,单选)

A. 李某将狗踢死,属事后抢劫中的暴力行为

B. 李某将狗踢死,属对王某以暴力相威胁

C. 李某的行为满足事后抢劫的当场性要件

D. 对李某的行为应整体上评价为抢劫罪

[**释疑**]　A项,事后抢劫中的暴力行为或胁迫行为需针对自然人实施(但不一定是之前的财产犯罪的行为对象)。B项,李某将狗踢死并非针对王某的威胁。C项,“当场”应作扩张解释,包括行为现场和追捕场所。D项,虽具备当场性,但不符合转化为抢劫的其他条件。(答案:C)

2.《刑法》第269条对转化型抢劫作出了规定,下列哪些选项不能适用该规定?(2008年真题,多选)

A. 甲入室盗窃,被主人李某发现并追赶,甲进入李某厨房,拿出菜刀护在自己胸前,对李某说:“你千万别过来,我胆子很小。”然后,翻窗逃跑

B. 乙抢夺王某的财物,王某让狼狗追赶乙。乙为脱身,打死了狼狗

C. 丙骗取他人财物后,刚准备离开现场,骗局就被识破。被害人追赶丙。走投无路的丙从身上摸出短刀,扎在自己手臂上,并对被害人说:“你们再追,我就死在你们面前。”被害人见丙鲜血直流,一下愣住了。丙迅速逃离现场

D. 丁在一网吧里盗窃财物并往外逃跑时,被管理人员顾某发现。丁为阻止顾某的追赶,提起网吧门边的开水壶,将开水泼在顾某身上,然后逃离现场

[**释疑**]　(1) D项,暴力程度足以“转化”为抢劫。

(2) B项,肯定不能认定转化型抢劫,因为狼狗的追赶难言是“抓捕”,况且即使是贼,畏惧狼狗追咬而打死狼狗,含避险成分,肯定不能适用“转化”抢劫的规定。

(3) 根据官方参考答案,A、C项不适用转化抢劫,依出题人的意思大概A、C项的暴力威胁程度不足以转化为抢劫。(答案:ABC)

3. 根据犯罪构成理论,并结合刑法分则的规定,下列哪些说法是正确的?(2003年真题,多选)

A. 甲某晚潜入胡某家中盗窃贵重物品时,被主人发现。甲夺门而逃,胡某也没有再追赶。甲就躲在胡某家墙根处的草垛里睡了一晚,第二天早上村长高某路过时,发现甲行踪诡秘,就对其盘问。甲以为高某发现了自己昨晚的盗窃行为,就对高某进行殴打,致其重伤。甲构成盗窃罪、故意伤害罪,应数罪并罚

B. 乙在大街上见赵某一边行走一边打手机,即起歹意,从背后用力将其手机抢走。但因用力过猛,致使赵某绊倒摔成重伤。乙同时构成抢夺罪、过失致人重伤罪,但不应数罪并罚

C. 丙深夜入室盗窃，被主人李某发现后追赶。当丙跨上李某家院墙，正准备往外跳时，李某抓住丙的脚，试图拉住他。但丙顺势踹了李某一脚，然后逃离现场。丙构成抢劫罪

D. 丁骑摩托车在大街上见妇女田某提着一个精致皮包在行走，即起歹意，从背后用力拉皮包带，试图将皮包抢走。田某顿时警觉，拽住皮包带不放。丁见此情景，突然对摩托车加速，并用力猛拉皮包带，田某当即被摔成重伤。丁构成抢劫罪而不构成抢夺罪

[**释疑**]　本题是围绕着转化抢劫罪的认定和处罚设计的。

(1) A项中甲伤害高某与盗窃无关，故既不转化为抢劫罪也不是牵连犯，应当按照盗窃罪和故意伤害罪数罪并罚。

(2) B项中乙抢到财物过失致人重伤，属于一行为同时触犯数罪的想象竞合犯，根据司法解释择一重罪处罚。既不转化抢劫也不实行数罪并罚。

(3) C项中涉及何为暴力反抗的把握。在盗窃过程中为抗拒抓捕而当场使用暴力的，以抢劫论。问题是丙在墙头"顺势踹了李某一脚"这一行为，能否属于暴力拒捕，足以转化为抢劫罪？把握这种具体分寸需要一定的生活和司法经验。鉴于抢劫是一种严重犯罪，处罚严厉，故这样轻微的"抗拒"行为不足以改变行为的性质，不能转化为抢劫罪。这也可以说是实质标准，转化抢劫罪需要"相当严重的暴力"或"相当明显的暴力威胁"。为摆脱抓捕而挣扎、"合理冲撞"行为不能认为是足以使行为性质转化的暴力。

(4) D项中丁在抢夺过程中所使用的暴力相当严重，故"丁构成抢劫罪而不是构成抢夺罪"。(答案：ABD)

考点 5　法律拟制规定与注意规定的不同

一、精讲

法律拟制规定是指把某种本来不属于该条之罪的行为特别规定以该罪论处，若没有此特别规定则不能以该罪论处。例如第269条规定，犯盗窃、诈骗、抢夺罪，为窝藏赃物、抗拒抓捕或者毁灭罪证而当场使用暴力或者以暴力相威胁的，依照抢劫罪定罪处罚；第267条第2款规定，对于携带凶器抢夺的，以抢劫罪定罪处罚。对于法律拟制，如果没有法律的明文规定，不能如此认定。

注意规定是指某种行为本来就属于该条之犯罪，只是为了提醒注意而作出规定。第198条第4款规定，保险事故的鉴定人、证明人、财产评估人故意提供虚假的证明文件，为他人实施保险诈骗提供条件的，以保险诈骗罪的共犯论处。对于注意规定，即使没有法律的明文规定，也是如此认定。

二、例题

关于《刑法》分则条文的理解，下列哪些选项是错误的？(2011年真题，多选)

A. 即使没有《刑法》第269条的规定，对于犯盗窃罪，为毁灭罪证而当场使用暴力的行为，也要认定为抢劫罪

B. 即使没有《刑法》第267条第2款的规定，对于携带凶器抢夺的行为也应认定为抢劫罪

C. 即使没有《刑法》第196条第3款的规定，对于盗窃信用卡并在ATM机取款的行为，也能认定为盗窃罪

D. 即使没有《刑法》第198条第4款的规定,对于保险事故的鉴定人故意提供虚假的证明文件为他人实施保险诈骗提供条件的,也应当认定为保险诈骗罪的共犯

[**释疑**] A、B项是拟制规定,C、D项为注意规定。(答案:AB)

考点6 抢劫罪的加重犯

一、精讲

抢劫罪的加重犯共有8种情形,要熟记于心:

(1) 入户抢劫。注意三个问题:①"户"的范围,其特征表现为供他人家庭生活和与外界相对隔离两个方面。一般情况下,集体宿舍、旅店宾馆、临时搭建工棚等不应认定为"户"。②入户目的的非法性,进入他人住所须以实施抢劫等犯罪为目的。③暴力或者暴力胁迫行为必须发生在户内。

(2) 在公共交通工具上抢劫的。注意:①限定于"正在运营中的交通工具";②排除"小型出租车"。

(3) 抢劫银行或者其他金融机构的。注意:①指的是抢劫银行或者其他金融机构的经营资金、有价证券和客户的资金等;②抢劫正在使用中的银行或者其他金融机构的运钞车的,视为"抢劫银行或者其他金融机构";③排除金融机构的普通办公用品、交通工具、职员的私人用品。

(4) 多次抢劫或者抢劫数额巨大的。"多次抢劫"是指抢劫3次以上。对于行为人基于一个犯意实施犯罪的,如在同一地点同时对在场的多人实施抢劫的;或基于同一犯意在同一地点实施连续抢劫犯罪的,如在同一地点连续对途经此地的多人进行抢劫的;或在一次犯罪中对一栋居民楼房中的几户居民连续实施入户抢劫的,一般应认定为一次犯罪。

(5) 抢劫致人重伤、死亡的。此处的致人重伤、死亡既包括故意也包括过失。致人死亡包括:①行为人为劫取财物而预谋故意杀人的;②在劫取财物过程中,为制服被害人反抗而故意杀人的。③在劫取财物过程中,过失致人死亡的。

但下列情形应当认定构成故意杀人罪或构成数罪:①行为人实施抢劫后,为灭口而故意杀人的,以抢劫罪和故意杀人罪定罪,实行数罪并罚。②行为人具有故意杀人的目的(而不是抢劫的故意),在杀害被害人之后,"见财起意",顺手牵羊,拿走被害人身上财物的,或者为了掩盖、销毁罪迹,而拿走被害人财物的,一般认定为故意杀人罪。拿走被害人财物的行为,数额较大的,构成盗窃罪。③"谋财害命",属于基于贪财动机而实施的故意杀人行为,应当认定为故意杀人罪。例如为了争夺遗产而杀害其他继承人的、为了赖掉债务而杀害债权人的、为了骗取保险金而杀害被保险人的,等等。

(6) 冒充军警人员抢劫的。不论是否"真警察",即使真警察也可适用本加重情节。

(7) 持枪抢劫的。注意这里指的是真枪,不包括持"假枪"抢劫。持假枪抢劫可以构成抢劫罪,但是只有持真枪抢劫才能属于加重的抢劫。

(8) 抢劫军用物资或者抢险、救灾、救济物资的。

二、例题

1. 甲深夜进入小超市,持枪胁迫正在椅子上睡觉的店员乙交出现金,乙说"钱在收款机

里,只有购买商品才能打开收款机”。甲掏出100元钱给乙说“给你,随便买什么”。乙打开收款机,交出所有现金,甲一把抓跑。事实上,乙给甲的现金只有88元,甲“亏了”12元。关于本案,下列哪一说法是正确的?(2013年真题,单选)

A. 甲进入的虽是小超市,但乙已在椅子上睡觉,甲属于入户抢劫

B. 只要持枪抢劫,即使分文未取,也构成抢劫既遂

C. 对于持枪抢劫,不需要区分既遂与未遂,直接依照分则条文规定的法定刑量刑即可

D. 甲虽“亏了”12元,未能获利,但不属于因意志以外的原因未得逞,构成抢劫罪既遂

[释疑] D项对,抢劫罪既遂标准是抢取了他人占有物,甲的行为符合。A项错,营业场所营业时不是“户”。B、C项错,“持枪抢劫”虽然属于法定的“加重犯”,但其既遂标准同样为“抢得财物”。若没有抢取财物的同样是加重犯的未遂(中止、预备)。(答案:D)

2. 甲、乙等人佯装乘客登上长途车。甲用枪控制司机,令司机将车开到偏僻路段;乙等人用刀控制乘客,命乘客交出随身财物。一乘客反抗,被乙捅成重伤。财物到手下车时,甲打死司机。关于本案,下列哪些选项是正确的?(2012年真题,多选)

A. 甲等人劫持汽车,构成劫持汽车罪

B. 甲等人构成抢劫罪,属于在公共交通工具上抢劫

C. 乙重伤乘客,无需以故意伤害罪另行追究刑事责任

D. 甲开枪打死司机,需以故意杀人罪另行追究刑事责任

[释疑] A项以枪控制大客车司机驾驶,使司机在惊恐状态下驾驶汽车至偏僻路段使乘客处在危险之中,有公共危险性,成立第122条之劫持汽车罪。B项劫取乘客财物另成立抢劫罪,是在公共交通工具上抢劫加重犯[第263条第(2)项]。C项抢劫暴力致人重伤,结果加重犯[第263条第(5)项]。D项抢劫后杀人,另成立故意杀人罪。甲成立劫持汽车罪、抢劫罪、故意杀人罪,三罪并罚。(答案:ABCD)

3. 下列哪些情形可以成立抢劫致人死亡?(2009年真题,多选)

A. 甲冬日深夜抢劫王某财物,为压制王某的反抗将其刺成重伤并取财后离去。3小时后,王某被冻死

B. 乙抢劫妇女高某财物,路人曾某上前制止,乙用自制火药枪将曾某打死

C. 丙和贺某共同抢劫严某财物,严某边呼救边激烈反抗。丙拔刀刺向严某,严某躲闪,丙将同伙贺某刺死

D. 丁盗窃邱某家财物准备驾车离开时被邱某发现,邱某站在车前阻止丁离开,丁开车将邱某撞死后逃跑

[释疑] (1) A项,甲为压制王某反抗将其刺成重伤,3小时后王某被冻死,死亡结果与甲抢劫行为具有因果关系,甲属于抢劫致人死亡。

(2) B项,乙在抢劫过程中,为了排除妨碍,致第三人死亡,也属于抢劫致人死亡。

(3) C项,丙为了压制严某的反抗而刺杀他,只是因为被害人的躲闪而刺死了同伙,属于打击错误,不影响丙抢劫致人死亡的认定。

(4) D项,丁盗窃后离开现场被阻止,开车撞人,构成转化型抢劫,属于抢劫致人死亡的情形。(答案:ABCD)

考点7 抢劫信用卡又使用的处罚

一、精讲

抢劫信用卡又使用的,只需按一个抢劫罪定罪处罚。抢劫信用卡后使用、消费的,其实际使用、消费的数额为抢劫数额;抢劫信用卡后未实际使用、消费的,不计数额,根据情节轻重量刑。参见最高人民法院《关于审理抢劫、抢夺刑事案件适用法律若干问题的意见》。

二、例题

甲、乙、丙共谋犯罪。某日,3人拦截了丁,对丁使用暴力,然后强行抢走丁的钱包,但钱包内只有少量现金,并有一张银行借记卡。于是甲将丁的借记卡抢走,乙、丙逼迫丁说出密码。丁说出密码后,3人带着丁去附近的自动取款机上取钱。取钱时发现密码不对,3人又对丁进行殴打,丁为避免遭受更严重的伤害,说出了正确的密码,3人取出现金5000元。对甲、乙、丙行为的定性,下列哪些选项是错误的?(2006年真题,多选)

A. 抢劫(未遂)罪与信用卡诈骗罪　　B. 抢劫(未遂)罪与盗窃罪

C. 抢劫(未遂)罪与敲诈勒索罪　　D. 抢劫(既遂)罪与盗窃罪

[释疑] 抢取少量现金和实际取出5000元,应属于抢劫罪既遂。(答案:ABCD)

考点8 以暴力、胁迫以外的其他方法实施的抢劫罪

一、精讲

除了暴力、胁迫取财以外,抢劫罪比较常用的其他方法有:(1) 用酒把被害人灌醉。(2) 用药物麻醉。

二、例题

甲、乙、丙、丁共谋诱骗黄某参赌。4人先约黄某到酒店吃饭,甲借机将安眠药放入黄某酒中,想在打牌时趁黄某不清醒时合伙赢黄某的钱。但因甲投放的药品剂量偏大,饭后刚开牌局,黄某就沉沉睡去,4人趁机将黄某的钱包掏空后离去。上述4人的行为构成何罪?(2009年真题,单选)

A. 赌博罪　　B. 抢劫罪　　C. 盗窃罪　　D. 诈骗罪

[释疑] 用麻醉方法当场取财的,定抢劫罪。(答案:B)

三、提示和预测

抢劫罪除了以上常用的其他方法,在考试中经常涉及的还有将被害人反锁在屋子里,使被害人丧失了反抗能力进行取财,也成立抢劫罪。

考点9 盗窃罪的认定

一、精讲

1. 盗窃的特点:(1) 违背他人意志;(2) 非法取得他人占有的财物;(3) 暴力没有达到抢

劫、抢夺的程度。

2. 盗窃的对象是他人占有的财物,包括电力、煤气、天然气等。不仅包括他人合法占有的物品,也包括他人非法占有的物品以及违禁品。盗窃违禁品,按盗窃罪处理的,不计数额,根据情节轻重量刑。

3. 盗窃未遂,情节严重,如以数额巨大的财物或者国家珍贵文物等为盗窃目标的,应当定罪处罚。

4. 盗窃罪的定罪起点:(1) 盗窃公私财物,数额较大的;(2) 多次盗窃的;(3) 入户盗窃的;(4) 携带凶器盗窃、扒窃的[《刑法修正案(八)》]。

二、例题

1. 某小区五楼刘某家的抽油烟机发生故障,王某与李某上门检测后,决定拆下搬回维修站修理。刘某同意。王某与李某搬运抽油烟机至四楼时,王某发现其中藏有一包金饰,遂暗自将之塞入衣兜。(事实一)

王某与李某将抽油烟机搬走后,刘某想起自己此前曾将金饰藏于其中,追赶前来,见王某神情可疑,便要其返还金饰。王某为洗清嫌疑,乘乱将金饰转交李某,李某心领神会,接过金饰藏于裤兜中。刘某确定王某身上没有金饰后,转身再找李某索要。李某突然一拳击倒刘某,致其倒地重伤。李某与王某随即逃走。(事实二)

后王某建议李某将金饰出售,得款二人平分,李某同意。李某明知金饰价值1万元,却向亲戚郭某谎称金饰为朋友委托其出售的限量版,售价5万元。郭某信以为真,花5万元买下金饰。拿到钱后,李某心生贪念,对王某称金饰仅卖得1万元,分给王某5000元。(事实三)

请回答第86—88题。(2017年真题,不定选)

(86) 关于事实一的分析,下列选项正确的是:

A. 王某从抽油烟机中窃走金饰,破除刘某对金饰的占有,构成盗窃罪

B. 王某未经李某同意,窃取李某与其共同占有的金饰,应构成盗窃罪

C. 刘某客观上已将抽油烟机及机内金饰交给王某代为保管,王某取走金饰的行为构成侵占罪

D. 刘某将金饰遗忘在抽油烟机内,王某将其据为己有,是非法侵占他人遗忘物,构成侵占罪

[**释疑**]　A项对,C、D项错,刘某将金饰放置在抽油烟机内,即使其事后忘记,也由其占有该金饰,不能认为该金饰为遗忘物或代管物。王某以平和方式排除了刘某对金饰的占有,构成盗窃罪而非侵占罪。B项错,李某并未取得对金饰的占有。(答案:A)

(87) 关于事实二的分析,下列选项正确的是:

A. 李某接过金饰,协助王某拒不返还他人财物,构成侵占罪的帮助犯

B. 李某帮助王某转移犯罪所得的金饰,构成掩饰、隐瞒犯罪所得罪

C. 李某为窝藏赃物将刘某打伤,属事后抢劫,构成抢劫(致人重伤)罪

D. 王某利用李某打伤刘某的行为顺利逃走,也属事后抢劫,构成抢劫罪

[**释疑**]　A项错,B项对,王某构成盗窃罪,所以李某不可能构成侵占罪的帮助犯;李某与王某事先无通谋而帮助其转移犯罪所得,构成掩饰、隐瞒犯罪所得罪。C、D项错,事后抢劫的前行为应当是盗窃、抢夺、诈骗犯罪,李某不可能构成事后抢劫,其暴力行为可能构成故意伤

害罪;王某只是单纯地利用李某打伤刘某的行为而逃走,不属于当场使用暴力,也不成立事后抢劫。(答案:B)

(88) 关于事实三的分析,下列选项正确的是:

A. 李某对郭某进行欺骗,导致郭某以高价购买赃物,构成诈骗罪

B. 李某明知金饰是犯罪所得而出售,构成掩饰、隐瞒犯罪所得罪

C. 李某欺骗王某放弃对剩余2万元销赃款的返还请求,构成诈骗罪

D. 李某虽将金饰卖得5万元,但王某所犯财产犯罪的数额为1万元

[**释疑**] A项对,B项错,李某明知金饰价值1万元,却谎称金饰为朋友委托其出售的限量版,售价5万元,属于虚构事实,应成立诈骗罪。C项错,D项对,李某欺骗王某的行为虽有欺骗因素,但王某并无处分意识和处分行为,因而并不符合诈骗罪的行为构造;王某仅对自己的盗窃犯罪承担刑事责任,数额以被盗物品的实际价格计算。(答案:AD)

2. 下列哪些行为构成盗窃罪(不考虑数额)?(2016年真题,多选)

A. 酒店服务员甲在帮客人拎包时,将包中的手机放入自己的口袋据为己有

B. 客人在小饭馆吃饭时,将手机放在收银台边上充电,请服务员乙帮忙照看。乙假意答应,却将手机据为己有

C. 旅客将行李放在托运柜台旁,到相距20余米的另一柜台问事时,机场清洁工丙将该行李拿走据为己有

D. 顾客购物时将车钥匙遗忘在收银台,收银员问是谁的,丁谎称是自己的,然后持该钥匙将顾客的车开走

[**释疑**] A、B、C项违背客人意志窃取客人占有的财物,属于盗窃。要点:A、B、C三场合均认为财物在被害人(客人、旅客)占有下。既不是委托保管物,也不是遗失遗忘物。D项被窃取对象是汽车,汽车仍在车主占有下。钥匙遗失、遗忘,不等于汽车遗失、遗忘,取得车钥匙不等于取得汽车的占有。(答案:ABCD)

3. 甲的下列哪些行为属于盗窃(不考虑数额)?(2014年真题,多选)

A. 某大学的学生进食堂吃饭时习惯于用手机、钱包等物占座后,再去购买饭菜。甲将学生乙用于占座的钱包拿走

B. 乙进入面馆,将手机放在大厅6号桌的空位上,表示占座,然后到靠近窗户的地方看看有没有更合适的座位。在7号桌吃面的甲将手机拿走

C. 乙将手提箱忘在出租车的后备箱。后甲搭乘该出租车时,将自己的手提箱也放进后备箱,并在下车时将乙的手提箱一并拿走

D. 乙全家外出打工,委托邻居甲照看房屋。有人来村里购树,甲将乙家山头上的树谎称为自家的树,卖给购树人,得款3万元

[**释疑**] 盗窃要点是:违背他人意志(或未经同意)以平和方式拿走“他人占有物”。A、B项,占座的钱包、手机是他人占有物。C项,乙的手提箱对乙而言是遗忘物(脱离占有物),但因出租车属于车主的支配控制领域,对出租车主而言是其占有物(无论车主主观上是否有占有意识)。D项,乙并未将自家家山头上的树委托给甲照看,故仍为乙占有,甲利用购树人不知情砍伐并拿走乙占有的树,属于盗窃(间接正犯)。对购树人同时构成诈骗罪(3万元),属于想象竞合犯。(答案:ABCD)

4. 甲潜入他人房间欲盗窃,忽见床上坐起一老妪,哀求其不要拿她的东西。甲不理睬而

继续翻找,拿走一条银项链(价值400元)。关于本案的分析,下列哪些选项是正确的?(2013年真题,多选)

A. 甲并未采取足以压制老妪反抗的方法取得财物,不构成抢劫罪

B. 如认为区分盗窃罪与抢夺罪的关键在于是秘密取得财物还是公然取得财物,则甲的行为属于抢夺行为;如甲作案时携带了凶器,则对甲应以抢劫罪论处

C. 如采取B选项的观点,因甲作案时未携带凶器,也未秘密窃取财物,又不符合抢夺罪"数额较大"的要件,无法以侵犯财产罪追究甲的刑事责任

D. 如认为盗窃行为并不限于秘密窃取,则甲的行为属于入户盗窃,可按盗窃罪追究甲的刑事责任

[释疑]　盗窃抢劫区分题。B项对,携带凶器抢夺以抢劫论。C项对,但只是以B项对为基础从逻辑上讲对。其实抢夺结论荒谬:甲要么抢劫罪要么无罪。不如D项,D项的盗窃结论合理:甲要么是入户盗窃,要么是携带凶器入户盗窃。(答案:ABCD)

5. 关于盗窃罪的理解,下列哪一选项是正确的?(2011年真题,单选)

A. 扒窃成立盗窃罪的,以携带凶器为前提

B. 扒窃仅限于窃取他人衣服口袋内体积较小的财物

C. 扒窃时无论窃取数额大小,即使窃得一张白纸,也成立盗窃罪既遂

D. 入户盗窃成立盗窃罪的,既不要求数额较大,也不要求多次盗窃

[释疑]　(1) A项,扒窃不以携带凶器为前提。

(2) B项,扒窃通常指秘密窃取的对象为被害人贴身放置的财物,并不以窃取财物的体积大小为标准,B项错误。

(3) C项错误,D项正确。(答案:D)

6. 下列哪些行为属于盗窃?(2010年真题,多选)

A. 甲穿过铁丝网从高尔夫球场内"拾得"大量高尔夫球

B. 甲在夜间翻入公园内,从公园水池中"捞得"旅客投掷的大量硬币

C. 甲在宾馆房间"拾得"前一顾客遗忘的笔记本电脑一台

D. 甲从一辆没有关好门的小轿车内"拿走"他人公文包

[释疑]　盗窃与侵占区别要点:是否"他人占有物"。A项球场内的球,B项公园水池中的硬币,C项宾馆房间其他顾客遗忘的电脑,D项小轿车内的公文包,都是"他人占有物",故都是盗窃。(答案:ABCD)

7. 甲潜入乙的住宅盗窃,将乙的皮箱(内有现金3万元)扔到院墙外,准备一会儿翻墙出去再捡。偶尔经过此处的丙发现皮箱无人看管,遂将其拿走,据为己有。15分钟后,甲来到院墙外,发现皮箱已无踪影。对于甲、丙行为的定性,下列哪一选项是正确的?(2008年真题,单选)

A. 甲成立盗窃罪(既遂),丙无罪

B. 甲成立盗窃罪(未遂),丙成立盗窃罪(既遂)

C. 甲成立盗窃罪(既遂),丙成立侵占罪

D. 甲成立盗窃罪(未遂),丙成立侵占罪

[释疑]　盗窃既遂有"失控说"与"控制说"之争,就本案而言,财物已经出了院墙,到了被害人失控的程度,这一般也意味着犯罪人控制。另外,既然事实上已经使被害人蒙受损失,

从被害人财产占有权益(保护客体)已经受害的角度,符合既遂的实质特征。丙的行为,是侵占还是盗窃,取决于主观有没有占有他人脱离占有之物的意思和客观上有没有占有他人脱离占有之物的行为。皮箱被盗出了乙的宅院,对乙属于失控之物;对甲也是暂时不在控制范围内,故不能认定丙有窃取他人占有之物的意思和行为,认定为盗窃罪失之严苛。(答案:C)

8. 关于盗窃罪的认定,下列结论哪些是正确的?(2005 年真题,多选)

A. 甲因饮酒过量醉卧街头。乙向围观群众声称甲系其好友,将甲扶于无人之处,掏走甲身上 1 000 余元离去。乙的行为构成盗窃罪

B. 甲与乙在火车上相识,下车后同到一饭馆就餐。乙殷勤劝酒,将甲灌醉,掏走甲身上 1 000 余元离去。乙的行为构成盗窃罪

C. 甲去一餐馆吃晚饭,时值该餐馆打烊,服务员已下班离去,只有老板乙在清账理财。在甲再三要求之下,乙无奈亲自下厨准备饭菜。甲趁机将厨房门反锁,致乙欲出不能,只能从递菜窗口眼看着甲打开柜台抽屉拿走 1 000 余元离去。甲的行为构成盗窃罪

D. 甲在街头出售报纸时发现乙与一摊主因买东西发生纠纷,其携带的箱子(内有贵重物品)放在身旁的地上,便提起该箱子悄悄溜走。乙发现后紧追不舍。为摆脱乙的追赶,甲将手中剩余的几张报纸卷成一团扔向乙,击中乙脸,乙受惊吓几乎滑倒。随之又追,终于抓住甲。甲的行为构成盗窃罪

[释疑] (1) A 项的情形属于盗窃,应无疑问。

(2) B 项的情形属于抢劫罪的其他方法,是指对被害人以灌醉酒或者药物麻醉等方法,使被害人丧失反抗能力,无法反抗,据此 B、C 项的情形属抢劫。

(3) D 项的情形,尚未达到"抗拒抓捕"的严重程度,故不能转化为抢劫罪,仍属盗窃。(答案:AD)

9. 甲到乙的办公室送文件,乙不在。甲看见乙办公桌下的地上有一活期存折(该存折未设密码),便将存折捡走。乙回办公室后找不着存折,但看见桌上的文件,便找到甲问是否看见其存折,甲说没看到。甲下班后去银行将该存折中的 5 000 元取走。甲的行为构成:(2005 年真题,单选)

A. 侵占罪　　　　B. 盗窃罪

C. 诈骗罪　　　　D. 金融凭证诈骗罪

[释疑] 本案的难点在于:

(1) 甲的行为是否构成侵占罪?侵占的特点是将自己已经合法持有或经他人允许而持有如委托保管之他人财物予以侵吞。本案不属于这种情形。或者将他人遗忘物予以侵吞,本案也不属于这样的情形。他人在自己办公室、住宅中的财物,通常不能认为是遗忘、遗失物,因为财物仍在特定的区域中被主人所占有、控制。故本案仍然属于将他人控制的财物违背他人意志窃取的盗窃行为。

(2) 是否构成诈骗罪?通常认为盗窃金融凭证后加以冒用的,具有诈骗性质,但这属于盗窃与诈骗的牵连犯(原因行为与结果行为的牵连),择一重罪处断,一般以盗窃行为为重,故以盗窃罪论处。

(3) 是否构成金融凭证诈骗罪?不能。第 194 条第 2 款规定,金融凭证诈骗罪是"使用伪造、变造的委托收款凭证、汇款凭证、银行存单等其他银行结算凭证"进行诈骗的行为。如果该金融凭证是真实的而不是"伪造的、变造的",不可能成立金融凭证诈骗罪。(答案:B)

本案提示我们，金融凭证也属于盗窃的对象，故窃取存折照样能成立盗窃罪。最高人民法院《关于审理盗窃案件具体应用法律若干问题的解释》第3条之(二)规定："盗窃有价支付凭证、有价证券、有价票证，按下列方法计算……"既然在审理盗窃案的司法解释中专门规定有价支付凭证、有价证券、有价票证的计算问题，可见，在司法实务中，盗窃存折等金融凭证通常是按照盗窃罪处罚的。

考点 10　非法占有目的的认定

一、精讲

侵犯财产罪以行为人对财物具有非法占有目的为必要，非法占有目的有两要素：(1) 排除权利人占有的意思；(2) 有自己利用的意思。虽然排除权利人占有的意思，但如果自始至终没有自己利用的意思，不成立财产犯罪，至于如何利用，不影响财产犯罪的成立。

二、例题

下列哪些选项的行为人具有非法占有目的？(2011 年真题，多选)

A. 男性基于癖好入户窃取女士内衣

B. 为了燃柴取暖而窃取他人木质家具

C. 骗取他人钢材后作为废品卖给废品回收公司

D. 杀人后为避免公安机关识别被害人身份，将被害人钱包等物丢弃

[**释疑**]　行为人对财物有占有、利用的意思，至于是基于癖好而占有还是为了取暖、为了赢利，不影响非法占有目的的认定。但如 D 项，拿被害人的钱包自始就没有占有利用的意图，不定财产犯罪，可以考虑其他犯罪。(答案：ABC)

考点 11　诈骗罪的认定

一、精讲

1. 诈骗罪的特点："骗取交付"，即欺骗他人"交付"财物。(1) 欺骗，包括虚构事实或隐瞒真相等方式使他人发生误解；(2) 因欺骗获得"交付"，被害人仿佛自愿将财物转移给骗子支配、处分。不限于被害人"本人"交付，被害方其他人交付也可，故诉讼欺诈一类的"三角欺诈"也成立诈骗。

2. 诈骗罪与其他诈骗罪名的法条竞合。还规定了一些特殊的诈骗罪。如在金融诈骗罪一节中规定了 8 个特殊的诈骗罪：集资诈骗罪、贷款诈骗罪、票据诈骗罪、金融凭证诈骗罪、信用证诈骗罪、信用卡诈骗罪、有价证券诈骗罪、保险诈骗罪。另外还有：合同诈骗罪、骗取出口退税罪以及招摇撞骗罪和冒充军人招摇撞骗罪。一共 12 个特殊的诈骗罪。它们与诈骗罪之间是法条竞合关系。根据法条竞合特别规定优先适用的原理，符合特别条款的诈骗罪，应当按特别条款定罪处罚，排除一般诈骗条款的适用。在此，应将诈骗理解为一类犯罪，整体掌握。

3.《刑法修正案(九)》取消了集资诈骗罪的死刑，此后"诈骗无死罪"。

此外，在贪污罪、职务侵占罪中，往往也含有利用职务上便利骗取公共财产或公司财产的方式，与诈骗罪在使用欺骗手段上有交叉关系。

4. 诈骗罪(广义的诈骗,包含合同诈骗罪、金融诈骗罪等)“以非法占有为目的”,属于“目的犯”。刑法对诈骗类犯罪目的的规定方式有两种:(1) 在法条中明示“以非法占有为目”,如第192条对集资诈骗罪、第193条对贷款诈骗罪的规定等,这种情形也被称为“法定目的犯”。(2) 在法条中没有明示,如第266条对诈骗罪的规定,这种情形也被称为“非法定目的犯”。不论法条是否明示,诈骗类犯罪均属于“目的犯”。与此相似,盗窃、抢夺、抢劫、敲诈勒索、侵占、贪污、职务侵占等,也属于“以非法占有为目的”的目的犯。

5. “非法占有型”诈骗与“经营型”欺诈的区别。诈骗罪(广义的诈骗,包含合同诈骗罪、金融诈骗罪等)“以非法占有为目的”,属于非法占有型欺诈。另外,许多犯罪尤其是经济犯罪具有欺诈性,如非法经营罪、生产销售伪劣商品的犯罪(8个)、虚假广告罪、假冒注册商标罪、假冒专利罪、侵犯著作权罪等,这些犯罪的欺诈往往“以营利为目的”,属于营利型欺诈或经营型欺诈。非法占有型诈骗与营利型欺诈区别要点是有无交易的内容和形式。营利型欺诈一般在工商活动中发生,具有合理的交易内容和形式,像俗语说的“挂羊头卖狗肉”,虽有欺诈,但有内容(狗肉)、有持续的经营形式(肉铺)。而非法占有型诈骗,特点类似于俗语说的“空手套白狼”,没有交易内容和形式。

6. 诈骗罪的特殊情形:(1) 以虚假、冒用的身份证件办理入网手续并使用移动电话,造成电信资费损失数额较大的,依照第266条的规定,以诈骗罪定罪处罚;(2) 使用伪造、变造、盗窃的武装部队车辆号牌,骗取养路费、通行费等各种规费,数额较大的,以诈骗罪定罪处罚。

二、例题

1. 关于诈骗罪的认定,下列哪一选项是正确的(不考虑数额)?(2016年真题,单选)

A. 甲利用信息网络,诱骗他人点击虚假链接,通过预先植入的木马程序取得他人财物。即使他人不知点击链接会转移财产,甲也成立诈骗罪

B. 乙虚构可供交易的商品,欺骗他人点击付款链接,取得他人财物的,由于他人知道自己付款,故乙触犯诈骗罪

C. 丙将钱某门前停放的摩托车谎称是自己的,卖给孙某,让其骑走。丙就钱某的摩托车成立诈骗罪

D. 丁侵入银行计算机信息系统,将刘某存折中的5万元存款转入自己的账户。对丁应以诈骗罪论处

[**释疑**] B项,被害人“知道自己付款”(有处分财物的意思和行为),即行为人通过欺骗被害人处分财产而取得占有,是骗取。A项,被害人“不知点击链接会转移财产”,行为人非因被害人处分而取得占有,是窃取而非骗取。C项,丙就钱某的摩托车而言,是盗窃摩托车的间接正犯;但就谎称他人摩托车是自己的并卖给孙某的行为,成立诈骗罪。D项,丁是窃取。(答案:B)

2. 下列哪些行为触犯诈骗罪(不考虑数额)?(2015年真题,多选)

A. 甲对李某家的保姆说:“李某现在使用的手提电脑是我的,你还给我吧。”保姆信以为真,将电脑交给甲

B. 甲对持有外币的乙说:“你手上拿的是假币,得扔掉,否则要坐牢。”乙将外币扔掉,甲乘机将外币捡走

C. 甲为灾民募捐,一般人捐款几百元。富商经过募捐地点时,甲称:“不少人都捐一、二万

元,您多捐点吧。”富商信以为真,捐款2万元

D. 乙窃取摩托车,准备骑走。甲觉其可疑,装成摩托车主人的样子说:“你想把我的车骑走啊?”乙弃车逃走,甲将摩托车据为己有

[释疑]　关于A项,保姆是财产处分人,李某是被害人,在三角诈骗中,被害人和财产处分人不一致并不影响诈骗罪的认定。因此,A项当选。关于B项,乙因甲的欺骗行为陷入错误认识,乙虽然未将财物直接交付给甲,但是乙扔掉的假币完全处于甲的控制范围。因此,B项当选。关于C项富商并未陷入错误认识,其捐献2万元系真实意思表示,甲的行为不构成犯罪。因此,C项不选。关于D项,甲虚构事实,隐瞒真相,乙陷入错误认识交付财物,尽管乙并非财物所有人,但其转移占有的行为同样属于交付行为,甲构成诈骗罪。因此,D项当选。

3. 关于诈骗罪的理解和认定,下列哪些选项是错误的?(2013年真题,多选)

A. 甲曾借给好友乙1万元。乙还款时未要回借条。一年后,甲故意拿借条要乙还款。乙明知但碍于情面,又给甲1万元。甲虽获得1万元,但不能认定为诈骗既遂

B. 甲发现乙出国后其房屋无人居住,便伪造房产证,将该房租给丙住了一年,收取租金2万元。甲的行为构成诈骗罪

C. 甲请客(餐费1万元)后,发现未带钱,便向餐厅经理谎称送走客人后再付款。经理信以为真,甲趁机逃走。不管怎样理解处分意识,对甲的行为都应以诈骗罪论处

D. 乙花2万元向甲购买假币,后发现是一堆白纸。由于购买假币的行为是违法的,乙不是诈骗罪的受害人,甲不成立诈骗罪

[释疑]　A项没错,乙不是基于误解而交付1万元给甲,与甲的欺骗没有因果关系。B项错,对被害人乙是盗窃罪。因违背乙的意志非法占有乙财产利益。C项错,若严格理解被害人处分(财产性利益的)意识,则不是诈骗罪而是盗窃罪。严格理解处分意识,只有当行为人说明自己离去之后还会回来、被害人认识到行为人将离去并同意其离去,才认为有处分占有(允许行为人离去)的意思,成立诈骗。D项错,乙的过错不影响甲诈骗罪成立。(答案:BCD)

4. (实施了危险驾驶行为的)丁离开现场后,找到无业人员王某,要其假冒飙车者去公安机关投案。王某虽无替丁顶罪的意思,但仍要丁给其5万元酬劳,否则不答应丁的要求,丁只好付钱。王某第二天用该款购买100克海洛因藏在家中,用于自己吸食。5天后,丁被司法机关抓获。(事实六)(2013年,不定选)

关于事实六的定性,下列选项错误的是:

A. 王某乘人之危索要财物,构成敲诈勒索罪

B. 丁基于不法原因给付5万元,故王某不构成诈骗罪

C. 王某购买毒品的数量大,为对方贩卖毒品起到了帮助作用,构成贩卖毒品罪的共犯

D. 王某将毒品藏在家中的行为,不构成窝藏毒品罪

[释疑]　A项错,敲诈勒索罪是以恐吓方式使他人基于恐惧而交付财物,王某的行为显然不是敲诈勒索。B项错,不法原因给付并不影响诈骗罪的成立,王某隐瞒了自己不去顶替的意思,欺骗乙交付5万元,构成诈骗罪。C项错,丁不知情,缺乏帮助故意不成立共犯。D项对,王某构成非法持有毒品罪。窝藏毒品罪是指为走私、贩卖、运输、制造毒品的犯罪分子而窝藏。(答案:ABC)

5. 甲将一只壶的壶底落款“民國叁年”磨去,放在自己的古玩店里出卖。某日,钱某看到这只壶,误以为是明代文物。甲见钱某询问,谎称此壶确为明代古董,钱某信以为真,按明代文

物交款买走。又一日,顾客李某看上一幅标价很高的赝品,以为名家亲笔,但又心存怀疑。甲遂拿出虚假证据,证明该画为名家亲笔。李某以高价买走赝品。请回答第(1)—(2)题。(2011年真题,不定选)

(1)关于甲对钱某是否成立诈骗罪,下列选项错误的是:

A. 甲的行为完全符合诈骗罪的犯罪构成,成立诈骗罪

B. 钱某自己有过错,甲不成立诈骗罪

C. 钱某已误以为是明代古董,甲没有诈骗钱某

D. 古玩投资有风险,古玩买卖无诈骗,甲不成立诈骗罪

[释疑] 甲成立诈骗罪,B、C、D项自然都错。甲将"民國叁年"磨去,使钱某陷入错误,而后进一步欺骗使钱某陷入错误,付出明代文物价格,蒙受财产损失,是诈骗罪。D项,古玩行内确有古玩买卖无诈骗罪的说法,且有人频频在电视等传媒宣扬这种观念。自法律而言,这种说法不成立。(答案:BCD)

(2)关于甲对李某是否成立诈骗罪,下列选项正确的是:

A. 甲的行为完全符合诈骗罪的犯罪构成,成立诈骗罪

B. 标价高不是诈骗行为,虚假证据证明该画为名家亲笔则是诈骗行为

C. 李某已有认识错误,甲强化其认识错误的行为不是诈骗行为

D. 甲拿出虚假证据的行为与结果之间没有因果关系,甲仅成立诈骗未遂

[释疑] 西方司法掌握诈骗的尺度略宽于我国,其认定诈骗的标准很简单:如果A说了真相,B便不会给A钱财;A说了假话让B信以为真,给了A钱财蒙受了损失,A诈骗了B的钱财。(答案:AB)

6. 甲在某银行的存折上有4万元存款。某日,甲将存款全部取出,但由于银行职员乙工作失误,未将存折底卡销毁。半年后,甲又去该银行办理存储业务,乙对甲说:"你的4万元存款已到期。"甲听后,灵机一动,对乙谎称存折丢失。乙为甲办理了挂失手续,甲取走4万元。甲的行为构成何罪?(2008年真题,单选)

A. 侵占罪

B. 盗窃罪(间接正犯)

C. 诈骗罪

D. 金融凭证诈骗罪

[释疑] 利用对方的错误,骗取对方交付财物,应是诈骗罪。A项,侵占是侵吞他人脱离占有之物;B项,盗窃需违背他人意志非法取得他人占有财物,均与本题不合。D项,金融凭证诈骗罪需使用伪造、作废等金融凭证的特定方式诈骗,也与本题不合。(答案:C)

7. 关于诈骗罪,下列哪些选项是正确的?(2007年真题,多选)

A. 收藏家甲受托为江某的藏品进行鉴定,甲明知该藏品价值100万元,但故意贬其价值后以1万元收买。甲的行为构成诈骗罪

B. 文物贩子乙收购一些赝品,冒充文物低价卖给洪某。乙的行为构成诈骗罪

C. 店主丙在柜台内陈列了两块标价5万元的玉石,韩某讲价后以3万元购得其中一块,周某讲价后以3000元购买了另一块。丙对韩某构成诈骗罪

D. 画家丁临摹了著名画家范某的油画并署上范某的名章,通过画廊以5万元出售给田某,丁非法获利3万元。丁的行为构成诈骗罪

[释疑] (1)C项,在玉石一类的商品交易中,因价格无常且商家奸诈、虚报价格是众所周知的常识,故买家一般也有所预期、戒备。这种经营中"价格欺诈"行为,一般属于经营性欺

诈,不属于非法占有型的诈骗罪。

(2) D 项,根据第 217 条的规定(侵犯著作权罪):“以营利为目的,有下列侵犯著作权情形之一,违法所得数额较大或者有其他严重情节的,处……(四) 制作、出售假冒他人署名的美术作品的。”据此,D 项中丁的行为属于“制作、出售假冒他人署名的美术作品的”侵犯著作权的行为。(答案:AB)

8. 关于侵犯财产罪及相关犯罪,下列哪一选项是正确的?(2007 年真题,单选)

A. 甲用假币到电器商场购买手机,甲的行为构成诈骗罪

B. 乙受王某之托将价值 5 万元的手表送给 10 公里外的朱某,乙在路上让许某捆绑自己,伪造了抢劫现场,将表据为己有。报案后,乙向警方说自己被抢。乙的行为构成侵占罪

C. 丙假冒某部委名义,以组织某高层论坛为名发布广告、寄送材料,要求参会人员每人先邮寄会务费 1 万元。丙收款 50 万元后潜逃。丙的行为构成虚假广告罪

D. 丁为孩子升学,买了一辆假冒某名牌的摩托车送给教育局长何某。丁的行为构成诈骗罪

[释疑] (1) A 项中甲是使用假币行为(使用假币罪)。

(2) B 项中乙的行为构成侵占罪,伪造了抢劫现场不过是遮掩侵占保管物的手段。

(3) C 项属于诈骗罪或合同诈骗罪,因为已经具有非法占有的目的,虚假广告不过是诈骗的手段而已。

(4) D 项,摩托车不论真假,都不是局长何某所有或应得之物,不存在对他人财产权的侵犯,不可能成立诈骗罪。双方的行为性质仍属于贿赂,真假只以贿赂数额计算。(答案:B)

考点 12　盗窃罪与诈骗罪的区别

一、精讲

盗窃与诈骗都属非暴力犯罪,容易混淆,二者区别的关键是:是否通过“被害人交付”而获取财物。盗窃是违背他人意志获取财物的控制,而诈骗是通过被害人交付获取他人财物。被害方因被欺骗而自愿交付财物给罪犯占有的(脱离被害方控制的),被害方对财物失控是知情、愿意的,属于诈骗。如果是违背他人意志(和平)取得他人财物,被害人对财物失控是不知情或不愿意的,均不是诈骗,通常是盗窃。

二、例题

1. 郑某冒充银行客服发送短信,称张某手机银行即将失效,需重新验证。张某信以为真,按短信提示输入银行卡号、密码等信息后,又将收到的编号为 135423 的“验证码”输入手机页面。后张某发现,其实是将 135 423 元汇入了郑某账户。关于本案的分析,下列哪一选项是正确的?(2017 年真题,单选)

A. 郑某将张某作为工具加以利用,实现转移张某财产的目的,应以盗窃罪论处

B. 郑某虚构事实,对张某实施欺骗并导致张某处分财产,应以诈骗罪论处

C. 郑某骗取张某的银行卡号、密码等个人信息,应以侵犯公民个人信息罪论处

D. 郑某利用电信网络,为实施诈骗而发布信息,应以非法利用信息网络罪论处

[释疑] A 项对,B 项错,张某虽被欺骗,但并无处分意思与处分行为,故不成立诈骗罪;

张某是被郑某作为工具加以利用以实现转移其财产的目的,郑某是盗窃罪的间接正犯。C项错,侵犯公民个人信息罪是指出售、提供、窃取或其他非法获取公民个人信息,情节严重的行为,郑某虽有非法获取行为,但没达到情节严重的程度。D项错,非法利用信息网络行为,同时构成其他犯罪的,依照处罚较重的规定定罪处罚。郑某实际上是利用信息网络、计算机实施盗窃行为,应以盗窃罪定罪处罚。(答案:A)

2. 乙女在路上被铁丝绊倒,受伤不能动,手中钱包(内有现金5000元)摔出七八米外。路过的甲捡起钱包时,乙大喊"我的钱包不要拿",甲说"你不要喊,我拿给你",乙信以为真没有再喊。甲捡起钱包后立即逃走。关于本案,下列哪一选项是正确的?(2016年真题,单选)

A. 甲以其他方法抢劫他人财物,成立抢劫罪

B. 甲以欺骗方法使乙信以为真,成立诈骗罪

C. 甲将乙的遗忘物据为己有,成立侵占罪

D. 只能在盗窃罪或者抢夺罪中,择一定性甲的行为

[**释疑**] 违背他人意志夺取他人占有物,没有达到抢劫程度的,是盗窃或抢夺(若强调盗窃的秘密性,则认定为抢夺;若采取平和窃取的立场,则认定为盗窃罪)。D项正确,则A、B、C项错。A项错,因为没有暴力、威胁行为。B项错,因为违背意志夺取占有,是窃取夺取不是骗取。C项错,因为该钱包仍认为在乙女占有下,不是遗忘物。(答案:B)

3. 欣某在高某的金店选购了一条项链,高某趁欣某接电话之际,将为其以礼品包装的项链调换成款式相同的劣等品(两条项链差价约3000元)。欣某回家后很快发现项链被"调包",即返回该店要求退还,高某以发票与实物不符为由拒不退换。关于高某的行为,下列哪些说法是错误的?(2009年真题,多选)

A. 构成盗窃罪　　B. 构成诈骗罪

C. 构成侵占罪　　D. 不构成犯罪,属民事纠纷

[**释疑**] 暗中掉包,偷换顾客购买的商品,构成盗窃罪。(答案:BCD)

4. 甲系某股份制电力公司所属某供电所抄表组抄表员。在一次抄表时,甲与某金属加工厂承包人乙合谋少记载该加工厂用电量,并将电表上的数字回拨,使加工厂少交3万元电费。事后甲从乙处索取好处费1万元。关于甲的行为触犯的罪名,下列哪些选项是正确的?(2008年缓考真题,多选)

A. 贪污罪　　B. 非国家工作人员受贿罪

C. 盗窃罪　　D. 诈骗罪

[**释疑**] 甲是单位工作人员,利用职务便利收受贿赂,构成非国家工作人员受贿罪。乙用电不交、少交电费,是盗窃性质,甲利用职务便利提供帮助,是其盗窃共犯。因有甲、乙事先的"合谋",无人被欺骗,不是诈骗罪。因甲不是国家工作人员,不可能成立贪污罪。值得注意,本题中没有给出最具干扰性的职务侵占罪选项,大概是担心引起争议。(答案:BC)

5. 下列哪种说法是正确的?(2006年真题,单选)

A. 甲潜入乙家,搬走乙家1台价值2000元的彩电,走到门口,被乙5岁的女儿丙看到。丙问甲为什么搬我家的彩电,乙谎称是其父亲让他来搬的。丙信以为真,让甲将彩电搬走。甲的行为属于诈骗

B. 甲在柜台假装购买金项链,让售货员乙拿出3条挑选,甲看后表示对3条金项链均不满意,让乙再拿两条。甲趁乙弯腰取金项链时,将柜台上的1条金项链装入口袋。乙拿出两条

金项链让甲看,甲看后表示不满意,将金项链归还给乙。乙看少了 1 条,便隔着柜台一把抓住甲的手不让其走,甲猛地甩开乙的手逃走。甲的行为属于抢夺

C. 甲在柜台购买两条中华香烟,在售货员乙拿给甲两条中华香烟后,甲又让乙再拿 1 瓶五粮液酒。趁乙转身时,甲用事先准备好的两条假中华香烟与柜台上的中华香烟对调。等乙拿出五粮液酒后,甲将烟酒又看了看,以烟酒有假为由没有买。甲的行为属于盗窃

D. 甲与乙进行私下外汇交易。乙给甲 1 万美元,甲在清点时趁乙不注意,抽出 10 张 100 元面值的美元,以 10 张 10 元面值的美元顶替。清点完成后,甲将总面额 8.3 万元的假人民币交给乙,被乙识破。乙要回 1 万美元,经清点仍是 100 张,拿回家后才发现美元被调换。甲的行为属于诈骗。

[释疑]　A、B、C、D 项都是盗窃,故 C 项是正确选项。

(1) C、D 项都是"暗中调包"的情形,是盗窃。

(2) A 项是在盗窃中使用谎言、骗术遮掩罪行,不改变盗窃性质,此外,对年幼没有处理事务能力的人欺骗获取财物的,是窃取而非骗取。

(3) B 项涉及盗窃与抢夺的区别,甲在盗窃基本完成的情况下,用力脱身的行为,也不改变盗窃的性质。甲取得财物控制,既没有公然性也没有夺取性,不是抢夺。(答案:C)

考点 13　诉讼欺诈问题

一、精讲

所谓"诉讼欺诈",属于诈骗罪认定问题。诉讼欺诈与一般的诈骗有所不同,典型的诈骗,欺骗行为一般是针对被害人的,被害人因被骗误解而自愿向行为人交付财物。在诉讼欺诈的场合,受骗的是法官,被害人既没有误解(否则就不会对簿公堂),也不是自愿交付财物,而是被迫的。对于诉讼欺诈是否应该认定为诈骗罪,存在争议。命题者认为构成诈骗罪(国外通例),但司法解释持否定态度。

《刑法修正案(九)》增加虚假诉讼罪:以捏造的事实提起民事诉讼,妨害司法秩序或者严重侵害他人合法权益的行为。单位可构成。有本罪行为,非法占有他人财产或逃避合法债务,又构成其他犯罪(诈骗等)的,依照处罚较重的规定定罪从重处罚(想象竞合,注意两个"重")。司法工作人员利用职权,与他人共同实施本罪行为的,从重处罚;同时构成其他犯罪的,依照处罚较重的规定定罪从重处罚。(想象竞合,注意两个"重")

二、例题

甲向法院提起诉讼,要求乙偿还借款 12 万元,并向法院提供了盖有乙的印章、指纹的借据及附件,后法院判决乙向甲偿还"借款"12 万元。经乙申诉后查明,上述借据及附件均系甲伪造,乙根本没有向甲借款。甲的行为属于什么性质?(2002 年真题,单选)

A. 民事欺诈,不成立犯罪　　　B. 诈骗罪

C. 合同诈骗罪　　　D. 票据诈骗罪

[释疑]　焦点是:A、B 项之间的选择。B 项更合适。对 C、D 两项可以根据它们与诈骗的关系简单排除考虑。(答案:B)

考点14 侵占罪的认定以及与盗窃罪、诈骗罪的区分

一、精讲

1. 侵占罪是侵吞本人合法持有的他人财物,包括保管物、遗忘物、埋藏物;盗窃、诈骗罪是对他人持有之物进行侵犯,通过窃取、骗取转为自己持有。

2. 侵占罪的犯罪意思发生在持有之后,见财起意,侵吞自己持有的他人财物;盗窃、诈骗罪的犯罪意思和行为只能发生在持有他人财物之前,通过窃取、骗取从而取得持有。

二、例题

1. 下列哪一行为成立侵占罪?(2017年真题,单选)

A. 张某欲向县长钱某行贿,委托甲代为将5万元贿赂款转交钱某。甲假意答应,拿到钱后据为己有

B. 乙将自己的房屋出售给赵某,虽收取房款却未进行所有权转移登记,后又将房屋出售给李某

C. 丙发现洪灾灾区的居民已全部转移,遂进入居民房屋,取走居民来不及带走的贵重财物

D. 丁分期付款购买汽车,约定车款付清前汽车由丁使用,所有权归卖方。丁在车款付清前将车另售他人

[释疑] A项错,甲隐瞒欲占有行贿款的意图,欺骗张某作出处分行为,构成诈骗罪。若甲开始并无此意图,取得行贿款后产生不法占有意思,则可构成侵占罪。B项错,"一房两卖"属于诈骗行为,构成诈骗罪(或合同诈骗罪)。C项错,居民来不及带走的贵重财物仍由原物主占有,丙将其据为己有的行为构成盗窃罪。注意:盗窃与侵占的区别关键在于财物由谁占有。D项对,丁分期付款买车,付清车款前虽未取得所有权,但有合法占有权,视为"代为保管他人财物"。丁将代管物据为己有,成立侵占罪。注意:丁将该车冒充自己的汽车卖与他人,可以成立诈骗罪。(答案:D)

2. 乙全家外出数月,邻居甲主动帮乙照看房屋。某日,甲谎称乙家门口的一对石狮为自家所有,将石狮卖给外地人,得款1万元据为己有。关于甲的行为定性,下列哪一选项是错误的?(2015年真题,单选)

A. 甲同时触犯侵占罪与诈骗罪

B. 如认为购买者无财产损失,则甲仅触犯盗窃罪

C. 如认为购买者有财产损失,则甲同时触犯盗窃罪与诈骗罪

D. 不管购买者是否存在财产损失,甲都触犯盗窃罪

[释疑] A项,乙并未委托甲看管石狮,故甲将其处分,构成盗窃而非侵占。B、C、D三项,诈骗罪的成立要求被害人遭受财产损失。(答案:A)

3. 菜贩刘某将蔬菜装入袋中,放在居民小区路旁长条桌上,写明"每袋20元,请将钱放在铁盒内"。然后,刘某去3公里外的市场卖菜。小区理发店的店员经常好奇地出来看看是否有人偷菜。甲数次公开拿走蔬菜时假装往铁盒里放钱。关于甲的行为定性(不考虑数额),下列哪一选项是正确的?(2015年真题,单选)

A. 甲乘人不备,公然拿走刘某所有的蔬菜,构成抢夺罪

B. 蔬菜为经常出来查看的店员占有,甲构成盗窃罪

C. 甲假装放钱而实际未放钱,属诈骗行为,构成诈骗罪

D. 刘某虽距现场3公里,但仍占有蔬菜,甲构成盗窃罪

［释疑］　A项,抢夺至少需以“对物暴力”夺取财物。B项,店员仅出于好奇而查看,并未占有蔬菜。C项,甲无欺诈行为,也无人因受欺诈而处分(交付)财物。D项,依社会观念,刘某仍占有蔬菜(观念上的占有)。甲以平和方式窃取他人占有之物,构成盗窃罪。(答案:D)

4. 乙(16周岁)进城打工,用人单位要求乙提供银行卡号以便发放工资。乙忘带身份证,借用老乡甲的身份证以甲的名义办理了银行卡。乙将银行卡号提供给用人单位后,请甲保管银行卡。数月后,甲持该卡到银行柜台办理密码挂失,取出1万余元现金,拒不退还。甲的行为构成下列哪一犯罪?(2014年真题,单选)

A. 信用卡诈骗罪　　B. 诈骗罪

C. 盗窃罪(间接正犯)　　D. 侵占罪

［释疑］　(1)甲是持卡人,合法占有卡中存款。乙将钱存于甲的卡中,属委托保管。甲将该款侵吞,拒不退还,是侵占罪。(2)不选A、B、C项理由:A项,无第196条规定之使用伪造、骗办信用卡、冒用他人信用卡等信用卡诈骗行为。B项,甲未以欺骗方式使乙将钱款存入自己卡中;甲虽欺骗银行改了密码,但那不是骗取财物的行为。C项,甲使用自己信用卡和密码取款,不违法,不成立盗窃。(答案:D)

5. 乙驾车带甲去海边游玩。到达后,乙欲游泳。甲骗乙说:“我在车里休息,把车钥匙给我。”趁乙游泳,甲将该车开往外地卖给他人。甲构成何罪?(2013年真题,单选)

A. 侵占罪　　B. 盗窃罪

C. 诈骗罪　　D. 盗窃罪与诈骗罪的竞合

［释疑］　盗窃与诈骗、侵占的区别题。A项错,因乙并未将车交给乙保管的意思与行为,故不可能构成侵占。C项错,并非含有欺骗因素的就是诈骗,因诈骗需有受骗后的“处分”行为,本案并无处分行为。D项错,不构成诈骗罪,也就谈不上竞合。B项对,甲违背乙意志以平和方式将车开走,是平和方式的窃取。注意:司考对盗窃的认定已基本由“秘密窃取说”过渡到“平和窃取说”。(答案:B)

6. (受丙委托向他人行贿15万元为甲开脱,但遭到他人拒绝的)丁告知丙事情办不成,但仅退还丙5万元,其余10万元用于自己炒股。在甲被定罪判刑后,无论丙如何要求,丁均拒绝退还余款10万元。丙向法院自诉丁犯有侵占罪。(事实五)

就事实五,有人认为丁构成侵占罪,有人认为丁不构成侵占罪。你赞成哪一观点?具体理由是什么?(2013年真题,案例分析)

答案:(1)构成。理由:① 丁将代为保管的他人财物非法占为己有,数额较大,拒不退还,完全符合侵占罪的犯罪构成。② 无论丙对10万元是否具有返还请求权,10万元都不属于丁的财物,故该财物属于“他人财物”。③ 虽然民法不保护非法的委托关系,但刑法的目的不是确认财产的所有权,而是打击侵犯财产的犯罪行为,如果不处罚侵占代为保管的非法财物的行为,将可能使大批侵占赃款、赃物的行为无罪化,这并不合适。

(2)不构成。理由:① 10万元为贿赂款,丙没有返还请求权,该财物已经不属于丙,故丁没有侵占“他人的财物”。② 该财产在丁的实际控制下,不能认为其已经属于国家财产,故该财产不属于代为保管的“他人财物”。据此,不能认为丁虽未侵占丙的财物但侵占了国家财

产。③ 如认定为侵占罪,会得出民法上丙没有返还请求权,但刑法上认为其有返还请求权的结论,刑法和民法对相同问题会得出不同结论,法秩序的统一性会受到破坏。

7. 不计数额,下列哪一选项构成侵占罪?(2012 年真题,单选)

A. 甲是个体干洗店老板,洗衣时发现衣袋内有钱,将钱藏匿

B. 乙受公司委托外出收取货款,隐匿收取的部分货款

C. 丙下飞机时发现乘客钱包掉在座位底下,捡起钱包离去

D. 丁是宾馆前台服务员,客人将礼品存于前台让朋友自取。丁见久无人取,私吞礼品

[**释疑**]　A 项中送洗衣店衣服衣兜内的钱,对主人而言明显是脱离占有的遗忘物,对甲而言合法持有之后非法侵吞。B 项将因职务关系受托保管单位货款侵吞,构成职务侵占罪。C 项是“捡”(遗忘物)还是“偷”(他人占有物)?关键看该钱包是否脱离占有?官方答案不是 C 项,出题方认为仍是他人控制之物。其他人占有物认定尺度偏宽、遗忘物认定尺度过严。D 项该礼品不是脱离占有(遗忘)物,不是侵占罪。两种可能:其一,如果丁对该礼品有经管职责,是职务侵占罪;其二,如果丁没有经管职责,应是盗窃罪。(答案:A)

8. 关于侵占罪的认定(不考虑数额),下列哪些选项是错误的?(2011 年真题,多选)

A. 甲将他人停放在车棚内未上锁的自行车骑走卖掉。甲行为构成侵占罪

B. 乙下车取自己行李时将后备箱内乘客遗忘的行李箱一并拿走变卖。乙行为构成侵占罪

C. 丙在某大学食堂将学生用于占座的手机拿走卖掉。丙行为成立侵占罪

D. 丁受托为外出邻居看房,将邻居锁在柜里的手提电脑拿走变卖。丁行为成立侵占罪

[**释疑**]　A、B、C、D 项的财物都是他人占有物,而非脱离占有的遗失物,未经许可非法取得,是盗窃性质。(答案:ABCD)

9. 某地突发百年未遇的冰雪灾害,乙离开自己的住宅躲避自然灾害。两天后,大雪压垮了乙的房屋,家中财物散落一地。灾后最先返回的邻居甲路过乙家时,将乙垮塌房屋中的两万元现金拿走。关于甲行为的定性,下列哪一选项是正确的?(2008 年真题,单选)

A. 构成盗窃罪

B. 构成侵占罪

C. 构成抢夺罪

D. 仅成立民法上的不当得利,不构成犯罪

[**释疑**]　乙垮塌房屋中的财物仍是乙占有之物,未经主人乙的同意非法取得的,是盗窃不是侵占。(答案:A)

10. 甲与乙一起乘火车旅行。火车在某车站仅停 2 分钟,但甲欺骗乙说:“本站停车 12 分钟。”乙信以为真,下车购物。乙刚下车,火车便开走了。甲立即将乙的财物转移至另一车厢,然后在下一站下车携物潜逃。甲的行为构成何罪?(2008 年缓考真题,单选)

A. 诈骗罪　　　B. 侵占罪　　　C. 盗窃罪　　　D. 故意毁坏财物罪

[**释疑**]　甲以欺骗方法使乙脱离对自己财物的占有,而后窃取,是盗窃。甲欺骗乙脱离财物的占有之时就有非法占有乙财物的意图,排除侵占。(答案:C)

11. 甲在 8 楼阳台上浇花时,不慎将金镯子(价值 3 万元)甩到了楼下。甲立即让儿子在楼上盯着,自己跑下楼去捡镯子。路过此处的乙看见地面上有一只金镯子,以为是谁不慎遗失的,在甲到来之前捡起镯子迅速逃离现场。甲经多方询问后找到乙,但乙否认捡到金镯子。乙

的行为构成何罪?(2008 年缓考真题,单选)

A. 盗窃罪　　B. 侵占罪　　C. 抢夺罪　　D. 不构成犯罪

[释疑] 乙捡拾地上的金镯子,至多是侵占遗失物的行为。金镯子虽然没有脱离被害人控制,但乙并不知情,以为是遗失物而捡取,没有窃取他人占有之物的意思。(答案:B)

12. 甲路过某自行车修理店,见有一辆名牌电动自行车(价值1万元)停在门口,欲据为己有。甲见店内货架上无自行车锁便谎称要购买,催促店主去50米之外的库房拿货。店主临走时对甲说:"我去拿锁,你帮我看一下店。"店主离店后,甲骑走电动自行车。甲的行为构成何罪?(2007 年真题,单选)

A. 诈骗罪　　B. 盗窃罪　　C. 侵占罪　　D. 职务侵占罪

[释疑] (1) 因为不是"骗取交付",故排除A项。

(2) 因为没有利用职务上的便利,排除D项。

(3) 甲侵犯他人财物的故意产生于持有财物之前,排除C项。B项为正解。(答案:B)

13. 甲将汽车停在自家楼下,忘记拔车钥匙,匆匆上楼取文件,被恰好路过的乙发现。乙发动汽车刚要挂挡开动时,甲正好下楼,将乙抓获。关于乙的行为,下列哪一选项是正确的?(2007 年真题,单选)

A. 构成侵占罪既遂　　B. 构成侵占罪未遂

C. 构成盗窃罪既遂　　D. 构成盗窃罪未遂

[释疑] (1) 侵占罪的认定。他人停放的汽车、自行车之类的交通工具,无论是否上锁,都不能认为是遗忘物。故可简单排除A、B项。

(2) 本题难在盗窃罪既遂、未遂的判断。判断标准主要有(犯罪人)"控制说"与(被害人或管理人)"失控说"。采取哪一说通常对判断结论影响不大,因为犯罪人控制之时就是被害人失控之际;反之,被害人失控之际就是犯罪人控制之时。关键在于个案中的盗窃行为进展到何种程度可判断为"控制"或"失控"?学者或司法人员等专业人士把握的分寸也会存在差异,实难一概而论。盗窃汽车这类"大件"物品,需要离开停放的场所才认为控制或失控。另外,就本题而言,被害人"匆匆"而去又匆匆而回,对其停放汽车的控制性较强,在其停放汽车处当场将窃贼拿下,认定为未遂较为合理。本题的情形何种程度算是(罪犯)控制或(被害人)失控达到既遂的程度?是驶离停放场所,自停放场所望去已经超出了视线范围。(答案:D)

考点 15 敲诈勒索罪的认定

一、精讲

敲诈勒索罪的特点是:行为人采用威胁或要挟的方法勒索他人财物。敲诈勒索要求数额较大或者多次敲诈勒索的才构成犯罪,"数额较大"一般为3000 元以上。

二、例题

1. 甲预谋拍摄乙与卖淫女的裸照,迫使乙交付财物。一日,甲请乙吃饭,叫卖淫女丙相陪。饭后,甲将乙、丙送上车。乙、丙刚到乙宅,乙便被老板电话叫走,丙亦离开。半小时后,甲持相机闯入乙宅发现无人,遂拿走了乙的3万元现金。关于甲的行为性质,下列哪一选项是正确的?(2011 年真题,单选)

A. 抢劫未遂与盗窃既遂

B. 抢劫既遂与盗窃既遂的想象竞合

C. 敲诈勒索预备与盗窃既遂

D. 敲诈勒索未遂与盗窃既遂的想象竞合

[**释疑**] 不存在对人的暴力取财,排除抢劫罪;敲诈勒索罪的“着手”应是开始“威胁索财”的行为,本案没有进展到这样的程度,故为预备犯,C项是正选。(答案:C)

2. 关于敲诈勒索罪的判断,下列哪些选项是正确的?(2007年真题,多选)

A. 甲将王某杀害后,又以王某被绑架为由,向其亲属索要钱财。甲除构成故意杀人罪外,还构成敲诈勒索罪与诈骗罪的想象竞合犯

B. 饭店老板乙以可乐兑水冒充洋酒销售,向实际消费数十元的李某索要数千元。李某不从,乙召集店员对其进行殴打,致其被迫将钱交给乙。乙的行为构成抢劫罪而非敲诈勒索罪

C. 职员丙被公司辞退,要求公司支付10万元补偿费,否则会将所掌握的公司商业秘密出卖给其他公司使用。丙的行为构成敲诈勒索罪

D. 丁为谋取不正当利益送给国家工作人员刘某10万元。获取不正当利益后,丁以告发相要挟,要求刘某返还10万元。刘某担心被告发,便还给丁10万元。对丁的行为应以行贿罪与敲诈勒索罪实行并罚

[**释疑**] (1) A项中甲杀害王某,单独成立故意杀人罪;而后又谎称绑架王某勒索财物,认定为想象竞合犯大体是可以的。不过一般认为,虚构恐吓他人的事实勒索他人是敲诈勒索的题中应有之义,从来都是按照敲诈勒索罪定罪处罚的,从想象竞合犯角度考虑很少见。

(2) B项中的类型通常属于敲诈勒索,但是若当场使用暴力严重并当场取财的,应认定为抢劫罪。

(3) C项中丙以泄露公司商业秘密相要挟,索要“赔偿”,大体可认为是敲诈勒索。但是若公司本应支付丙补偿费而不支付,存在纠纷就不好说了。维权中的过激行为,因双方存在争议,一般不宜按照犯罪处理。

(4) D项中丁成立行贿罪没有问题,难在是否成立敲诈勒索罪。因为丁行贿10万元属于不法给付,没有请求权,故不属于索债问题。以告发他人相威胁非法索要财物,可成立敲诈勒索罪。(答案:ABCD)

3. 下列哪种行为构成敲诈勒索罪?(2006年真题,单选)

A. 甲到乙的餐馆吃饭,在食物中发现一只苍蝇,遂以向消费者协会投诉为由进行威胁,索要精神损失费3000元。乙迫于无奈付给甲3000元

B. 甲到乙的餐馆吃饭,偷偷在食物中投放一只事先准备好的苍蝇,然后以砸烂桌椅进行威胁,索要精神损失费3000元。乙迫于无奈付给甲3000元

C. 甲捡到乙的手机及身份证等财物后,给乙打电话,索要3000元,并称若不付钱就不还手机及身份证等物。乙迫于无奈付给甲3000元现金赎回手机及身份证等财物

D. 甲妻与乙通奸,甲获知后十分生气,将乙暴打一顿,乙主动写下一张赔偿精神损失费2万元的欠条。事后,甲持乙的欠条向其索要2万元,并称若乙不从,就向法院起诉乙

[**释疑**] (1) A项,是消费者“维权”行为,不认为是犯罪。因为事出有因,“事实上”食物中有苍蝇,向消协投诉,方法并无不当。

(2) 同理,D项中,甲“向法院起诉乙”,方法并无不当,不成立敲诈勒索罪。甲得到的“欠

条”不是勒索来的。甲暴打乙,是报复乙通奸,没有勒索财物的意思。

(3) C项,捡到他人遗失物后,索要钱财交换的行为,通常不认为是敲诈勒索。若乙不答应交换,甲拒不交出,是侵占性质;若将其毁弃,是故意毁损财物性质,若价值达到1万元(数额较大),可成立侵占罪或故意毁损财物罪。(答案:B)

考点16　拒不支付劳动报酬罪

一、精讲

1. 以转移财产、逃匿等方法逃避支付劳动者的劳动报酬或者有能力支付而不支付劳动者的劳动报酬,数额较大,经政府有关部门责令支付仍不支付的,构成本罪。

2. 如果尚未造成严重后果,在提起公诉前支付劳动者的劳动报酬,并依法承担相应赔偿责任的,可以减轻或者免除处罚。

二、例题

老板甲春节前转移资产,拒不支付农民工工资。劳动部门下达责令支付通知书后,甲故意失踪。公安机关接到报警后,立即抽调警力,迅速将甲抓获。在侦查期间,甲主动支付了所欠工资。起诉后,法院根据《刑法修正案(八)》拒不支付劳动报酬罪认定甲的行为,甲表示认罪。关于此案,下列哪一说法是错误的?(2012年真题,单选)

A.《刑法修正案(八)》增设拒不支付劳动报酬罪,体现了立法服务大局、保护民生的理念

B. 公安机关积极破案解决社会问题,发挥了保障民生的作用

C. 依据《刑法修正案(八)》对欠薪案的审理,体现了惩教并举,引导公民守法、社会向善的作用

D. 甲已支付所欠工资,可不再追究甲的刑事责任,以利于实现良好的社会效果

[释疑]　第276条规定之一:“以转移财产、逃匿等方法逃避支付劳动者的劳动报酬或者有能力支付而不支付劳动者的劳动报酬,数额较大,经政府有关部门责令支付仍不支付的,处……有前两款行为,尚未造成严重后果,在提起公诉前支付劳动者的劳动报酬,并依法承担相应赔偿责任的,可以减轻或者免除处罚。”

甲的行为符合第276条第1款规定要件已构成拒不支付劳动报酬罪,即使支付所欠工资,依据第2款规定只是“可以减轻或者免除处罚”,D项“错误”。

另,新立法惩治恶意欠薪当然能体现A项服务大局、保护民生。对欠薪案件,司法机关积极破案、处理当然具有保障民生、法制教育的作用。A、B、C项表述正确。(答案:D)

考点17　诈骗罪与敲诈勒索罪的区分

一、精讲

诈骗罪与敲诈勒索罪的共同点是:都是获得了被害人的“交付”。不同点是:诈骗是欺骗他人,使他人陷入错误从而自愿地处分(交付)财物;而敲诈勒索是威胁、要挟他人,使他人恐惧而“被迫”交付财物。敲诈勒索不仅侵犯财产还威胁他人意志,危害性大于诈骗。区分二者时应特别注意:

(1) 如果行为人虚构事实恐吓他人,迫使他人交付财物的,是敲诈勒索和诈骗罪的想象竞合犯,择一重罪即以敲诈勒索定罪处罚。

(2) 如果行为人预言或告知他人将面临灾祸,谎称自己能帮助消除灾祸的,应成立诈骗罪。虽然此时被害人可能心生恐惧,但灾祸毕竟不是来源于说话人,而是对灾祸的恐惧。被害人交付财物不是因为对说话人的恐惧,而是对说话人帮助消除灾祸的酬谢。

二、例题

乙与丙因某事发生口角,甲知此事后,找到乙,谎称自己受丙所托带口信给乙,如果乙不拿出 2000 元给丙,丙将派人来打乙。乙害怕被打,就托甲将 2000 元带给丙。甲将钱占为己有。对甲的行为应当如何处理?(2005 年真题,单选)

A. 按诈骗罪处理　　B. 按敲诈勒索罪处理

C. 按侵占罪处理　　D. 按抢劫罪处理

[释疑] 谎称他人将遭"灾祸",并谎称本人能帮忙"消灾",属于虚构骗局取财,成立诈骗罪。本案甲声称丙将会对被害人乙施加暴力(乙有灾祸),并谎称受托斡旋(消灾),具有这个特点,成立诈骗罪。

诈骗罪的特点是虚构骗局使他人误解从而作出错误的财产处分,本案符合这一特征。难点在于:本案甲声称丙将会对被害人乙施加暴力,具有一定的恐吓性,有敲诈勒索嫌疑。为何不能定敲诈勒索罪?因为,甲并非以本人将要施加暴力相威胁,而是声称第三人丙将要施加暴力,是否施加暴力并非由甲能决定。故尚属于虚构骗局取财,成立诈骗罪。假如甲以本人或以本人指使他人(比如丙)对乙进行威胁,自当成立敲诈勒索罪。(答案:A)

考点 18 以非法占有的目的窃取他人合法占有之本人财物,成立盗窃罪

一、精讲

对于窃取在他人合法占有之下的本人所有财物,能够成立盗窃罪。但是,对于窃取在他人不法占有之下的本人所有财物,能否构成盗窃罪则存在争议。根据财产犯罪的客体(法益)是"所有权说",认为不构成犯罪;根据财产犯罪的客体(法益)是"占有权说",认为构成犯罪。我国比较通行的做法是:

(1) 不具有非法侵犯他人财产的目的而取回本人所有被他人非法占有的财物的,通常不认为是犯罪。

(2) 窃取他人非法占有的违禁品的,如毒品、淫秽物品等,可以构成盗窃罪。

二、例题

李某花 5000 元购得摩托车一辆,半年后,其友王某提出借用摩托车,李同意。王某借用数周不还,李某碍于情面,一直未讨还。某晚,李某乘王某家无人,将摩托车推回。次日,王某将摩托车丢失之事告诉李某,并提出用 4000 元予以赔偿。李某故意隐瞒真情,称:"你要赔就赔吧。"王某于是给付李某摩托车款 4000 元。后李某恐事情败露,又将摩托车偷偷卖给丁某,获得款项 3500 元。李某的行为构成何罪?(2003 年真题,单选)

A. 盗窃罪　　B. 诈骗罪

C. 销售赃物罪　　　　　　　　　　　D. 盗窃罪和诈骗罪的牵连犯

[释疑] 须注意:(1) 本人窃取在他人合法占用下的本人所有的财物,一定要慎重审查行为人有没有非法占有的目的。如果没有非法占有的目的,不成立盗窃罪。比如甲为了催促法院尽快结案而将自己在法院扣押之下的汽车偷走。但是甲在偷走被扣汽车之后,立即告知法官,因为有证据表明确实不具有非法占有财物的目的,不构成盗窃罪。但是不排除可以构成其他罪,如妨害法院扣押、查封罪。最近的判例对这类情形尽量避免定盗窃罪,例如甲因为违章,汽车被交警队扣押,甲因为急于用车,于当晚将车从扣押处偷回。在接受违章处理后,拿着有关手续即回家。从未提及交警队"索要"被扣车辆的事。没有证据证明甲具有非法占有的目的,不成立盗窃罪。一辆汽车动辄价值数万、数十万元,处刑在10年以上,可以想见,未来司法实务将会尽量避免把这类情形以盗窃罪定罪处罚。按照妨害司法查封扣押罪定罪处罚较合情理。在盗窃他人财物的场合,通常推定具有非法占有的目的。在盗窃本人所有财物的场合,则相反,不足以证明具有非法占有目的的,不成立盗窃罪。

(2) 本人合法所有的财物若在他人"非法占有"下,本人窃取的,排除成立盗窃罪,因为本人从他人非法占有下恢复自己合法权益,足以对抗他人的非法占有。(答案:A)

考点19 盗窃的特殊形式

一、精讲

1. 盗窃信用卡并使用的,以盗窃罪定罪处罚。其盗窃数额应当根据行为人盗窃信用卡后使用的数额认定。

2. 以牟利为目的,盗接他人通信线路、复制他人电信号码。明知是盗接、复制的电信设备、设施而使用的,以盗窃罪定罪处罚。

3. 盗窃增值税专用发票或者可以用于骗取出口退税、抵扣税款的其他发票的,以盗窃罪定罪处罚。

4. 将电信卡非法充值后使用,造成电信资费损失数额较大的,以盗窃罪定罪处罚。

5. 盗用他人公共信息网络上网账号、密码上网,造成他人电信资费损失数额较大的,以盗窃罪定罪处罚。

二、例题

1. 甲在某证券交易大厅偷窥获得在该营业部开户的乙的资金账号及交易密码后,通过电话委托等方式在乙的资金账号上高吃低抛某一只股票,同时通过自己在证券交易部的资金账号低吃高抛同一只股票,造成乙损失30万元,甲从中获利20万元。对甲应当如何处理?(2005年真题,单选)

A. 属于法无明文规定的情形,不以犯罪论处

B. 以盗窃罪论处

C. 以故意毁坏财物罪论处

D. 以操纵证券价格罪论处

[释疑] 特殊情形的盗窃罪的认定。

(1) 违背他人意志从他人控制下非法取得并占有他人数额较大财物的,通常可认定为盗

窃罪。本案情形虽然特殊,但其本质上仍具备盗窃罪的特征。

(2) 不选C项,因为不符合甲的目的,甲以非法占有为目的,故属于非法占有型的侵犯财产罪,而C项罪是以毁损为目的的。

(3) 不选D项,因为甲的行为明显不符合D项罪的特征。D项罪的要领是通过特定的方式,恶意操作股票,扰乱证券市场的价格(第182条)。(答案:B)

2. 王某利用计算机知识获取某公司上网账号和密码后,以每3个月100元的价格出售上网账号和密码,从中获利5000元,给该公司造成4万元的损失。对此,下列哪个说法是正确的?(2002年真题,单选)

A. 王某的行为构成盗窃罪,盗窃数额为5000元

B. 王某的行为构成诈骗罪,诈骗数额为5000元

C. 王某的行为构成盗窃罪,盗窃数额为4万元

D. 王某的行为构成诈骗罪,诈骗数额为4万元

[释疑] (1) 根据《关于审理扰乱电信市场管理秩序案件具体应用法律若干问题的解释》第8条规定:"盗用他人公共信息网络上网账号、密码上网,造成他人电信资费损失数额较大的,依照刑法第二百六十四条的规定,以盗窃罪定罪处罚。"本案事实接近盗窃。

(2) 犯罪数额计算问题。对本案的犯罪数额可理解为:获利5000元是销赃数额;造成损失4万元,是赃物的实际价值。按照我国的司法习惯,盗窃金额通常以财物的实际价额为准而不是以销赃额为准。这还涉及一个基本立场的问题,就是认为盗窃罪的客体是什么,如果认为是他人的财产权利,盗窃犯罪的危害程度当然以受害人遭受财产损失的数额为准,而不是以犯罪人实际获利的数额为准。故认为犯罪金额应按4万元计算,也是符合刑法基本原理的。(答案:C)

考点20 实施抢夺、盗窃、诈骗等侵犯财产罪后对持有赃物的使用、处分行为的认定、处罚

一、精讲

法律对侵犯财产犯罪的处罚已经考虑或包含了罪犯本人对赃物的使用处分行为,故实施抢夺、盗窃、诈骗等侵犯财产罪后,罪犯对赃物的持有、使用、处分,包括赠与、毁弃的,一般不另外单独评价,属于"事后不可罚"的行为。

二、例题

1. 甲、乙经共谋后,到丙的住所对其实施了强奸,事后,甲趁丙不注意之机,将丙的钱包拿走。第二天,甲发现丙的钱包里有一张已经中了5万元的彩票,即兑了奖。就甲拿走被害人钱包和私自兑奖的行为而言,下列哪些选项是正确的?(2008年缓考真题,多选)

A. 甲和乙成立盗窃罪的共同犯罪

B. 甲单独对自己的行为承担刑事责任

C. 甲的行为构成盗窃罪

D. 甲的行为构成盗窃罪和诈骗罪,应实行数罪并罚

[释疑] 乙与甲在盗窃上没有共同性,不是共犯;强奸妇女,偷拿被害妇女的财物,是盗

窃罪。若当面恃仗武力或借用强奸暴力公然取财的,是抢劫。《关于审理抢劫、抢夺刑事案件适用法律若干问题的意见》第8条规定:“行为人实施伤害、强奸等犯罪行为,在被害人未失去知觉,利用被害人不能反抗、不敢反抗的处境,临时起意劫取他人财物的,应以此前所实施的具体犯罪与抢劫罪实行数罪并罚;在被害人失去知觉或者没有发觉的情形下,以及实施故意杀人犯罪行为之后,临时起意拿走他人财物的,应以此前所实施的具体犯罪与盗窃罪实行数罪并罚。”可见“甲拿走被害人钱包”是盗窃罪,而后“私自兑奖的行为”是盗窃的后续(销赃、兑现赃物价值)行为,不另定他罪。(答案:BC)

2. 甲晚上潜入一古寺,将寺内古墓室中有珍贵文物编号的金佛的头用钢锯锯下,销赃后获赃款10万元。对甲应以什么罪追究刑事责任?(2004年真题,单选)

A. 故意损毁文物罪　　　　B. 倒卖文物罪

C. 盗窃罪　　　　D. 盗掘古文化遗址、古墓葬罪

[**释疑**]　(1)盗窃罪与盗掘古文化遗址、古墓葬罪的区别:对象不同。“寺内古墓室中有珍贵文物编号的金佛”属于“已发掘”的文物,不属于“古文化遗址、古墓葬”。因为“对象”不符,故不构成盗掘古文化遗址、古墓葬罪,排除D项。

(2)盗窃对象包含文物,故甲主行为的性质应认定为盗窃罪。损毁文物(锯下金佛头)的行为属于甲盗窃的手段行为,销赃(金佛头)行为属于盗窃罪“事后不可罚”的行为,故“对甲应以什么罪追究刑事责任”的正解是“C项盗窃罪”。

(3)A项具有一定的干扰作用,因为受单选限制,有人可能会认为A项与C项不能兼得,转而选看起来能包容A项的D项。(答案:C)

3. 陈某在街上趁刘某不备,将其手机(价值2 500元)夺走。随后陈某反复使用该手机拨打国际长途电话,致使刘某损失话费5 200元。一周后,陈某将该手机丢弃在某邮局门口,引起保安人员的怀疑,经询问案发。下列有关此案的说法中,哪些是不正确的?(2002年真题,多选)

A. 对陈某的行为以抢夺罪从重处罚即可

B. 对陈某的行为以盗窃罪从重处罚即可

C. 对陈某的行为以抢夺罪与盗窃罪实行数罪并罚

D. 对陈某的行为以抢夺罪与故意毁坏财物罪实行数罪并罚

[**释疑**]　本题的要点是:

(1)陈某构成抢夺罪,他在夺取手机后,又有将手机丢弃的行为,属于对抢夺罪赃物的处理行为,既不影响抢夺罪的成立,也不另行构成毁坏财物罪。这种行为通常称“事后不可罚”的行为。因为在处罚陈某抢夺行为时就已经将处分该抢夺赃物的行为包含在内了,没有另行重复评价的必要。

(2)陈某在抢夺手机之后,又使用(实际是盗用他人电话号码)该手机,造成刘某损失5 200元话费,可以认定为构成盗窃罪。①这与普通的使用、处分赃物行为不同,额外又造成了他人经济损失,不宜作为事后不可罚的行为对待。因为抢夺很难涵盖这种行为。②盗用他人电话致使他人损失话费,具有盗窃的性质。定盗窃罪是可以的。基于上述理由,认为只有C项是正确的,其他选项是不正确的。(答案:ABD)

4. 甲为获利于某日晚向乙家的羊圈内(共有29只羊)投放毒药,待羊中毒后将羊运走,并将羊肉出售给他人。甲的行为构成哪些犯罪?(2002年真题,多选)

A. 盗窃罪　　B. 投放危险物质罪

C. 故意毁坏财物罪　　D. 生产、销售有毒、有害食品罪

[释疑] (1)甲构成盗窃罪。不单独成立投放危险物质罪和故意毁坏财物罪。甲为偷羊使用投毒的方法,产生(羊死)毁坏财物的结果,是盗窃中手段触犯其他罪名,其中因为投毒行为不足以危害公共安全,不触犯投放危险物质罪,仅仅触犯毁坏财物罪。按照行为的主要特征和竞合的原理,仅构成盗窃罪。

(2)处分赃物(死羊)的行为,通常处分自己盗窃的赃物被包含在盗窃行为之内,不单独构成犯罪。但是鉴于:①出售毒羊,又触犯生产、销售有毒、有害食品罪;②实务上有数罪并罚的先例;③本题是多项选择题。故认为又构成生产、销售有毒、有害食品罪。(答案:AD)

考点21 盗窃罪相关罪数问题的特殊掌握

一、精讲

1. 择一重罪处断

(1)盗窃广播电视设施、公用电信设施,盗窃电力设备,易燃易爆设备,军事通信设备等,价值数额较大且危害公共安全,同时构成盗窃罪和有关危害公共安全罪的,属于想象竞合犯择一重罪处罚。

(2)使用破坏方式盗窃、破坏和窃取的财物均达到数额较大,同时构成盗窃罪和故意毁损财物罪,择一重罪处罚。

2. 数罪并罚

(1)为实施其他犯罪盗窃机动车辆作为犯罪工具使用的,以盗窃罪和所实施的其他犯罪实行数罪并罚。

(2)盗窃后,为掩盖盗窃罪行或者报复等,故意破坏公私财物构成犯罪的,应当以盗窃罪和构成的其他罪实行数罪并罚。

3. 含有盗窃手段的犯罪(法条竞合)

盗窃国家秘密的(非法获取国家秘密罪);盗窃枪支、弹药、爆炸物的;窃取国有档案的(窃取国有档案罪);盗窃国家机关公文、证件、印章的;盗窃武装部队公文、证件、印章的、为境外盗窃国家秘密的(为境外窃取国家秘密情报罪);盗掘古文化遗址、古墓葬的(盗掘古文化遗址、古墓葬罪);盗窃他人技术成果、商业秘密(侵犯商业秘密罪);利用职务上的便利监守自盗的(职务侵占罪或贪污罪)等。按照有关法条处理,不认定为盗窃罪。这些均属于法条竞合关系。

二、例题

1. 2010年某日,甲到乙家,发现乙家徒四壁。见桌上一块玉坠,断定是不值钱的仿制品,甲便顺手拿走。后甲对丙谎称玉坠乃秦代文物,值5万元,丙以3万元买下。经鉴定乃清代玉坠,市值5000元。关于本案的分析,下列哪一选项是错误的?(2013年真题,单选)

A. 甲断定玉坠为不值钱的仿制品具有一定根据,对"数额较大"没有认识,缺乏盗窃犯罪故意,不构成盗窃罪

B. 甲将所盗玉坠卖给丙,具有可罚性,不属于不可罚的事后行为

C. 不应追究甲盗窃玉坠的刑事责任,但应追究甲诈骗丙的刑事责任

D. 甲诈骗丙的诈骗数额为5万元,其中3万元既遂,2万元未遂

[**释疑**]　A项对,在《刑法修正案(八)》于2011年5月1日生效前,入户盗窃需以窃取"数额较大财物",为客观与主观要件;B项对,甲欺骗丙财物,侵害了新的法益,故该行为独立可罚;A、B项对,当然C项对。D项对,甲开价5万,以3万"成交",以实际骗取的3万作为定罪金额,不存在3万既遂、2万未遂的说法,一个具体的犯罪行为,只能有一种犯罪形态。虽然A、B、C项难度极高,但D项错得离谱,故不应丢分。(答案:D)

2. 甲与余某有一面之交,知其孤身一人。某日凌晨,甲携匕首到余家盗窃,物色一段时间后,未发现可盗财物。此时,熟睡中的余某偶然大动作翻身,且口中念念有词。甲怕被余某认出,用匕首刺死余某,仓皇逃离。(事实一)(2013年真题,案例分析)

就事实一,对甲的行为应当如何定性?理由是什么?

答案:甲携带凶器盗窃、入户盗窃,应当成立盗窃罪。如暴力行为不是作为压制财物占有人反抗的手段而使用的,只能视情况单独定罪。在盗窃过程中,为窝藏赃物、抗拒抓捕、毁灭罪证而使用暴力的,才能定抢劫罪。甲并非出于上述目的,因而不应认定为抢劫罪。在本案中,被害人并未发现罪犯的盗窃行为,并未反抗;甲也未在杀害被害人后再取得财物,故对甲的行为应以盗窃罪和故意杀人罪并罚,不能对甲定抢劫罪。

3. 关于盗窃行为的定性,下列哪些选项是正确的?(2008年真题,多选)

A. 盗窃伪造的货币的行为,不成立盗窃罪

B. 盗窃伪造的国家机关印章的行为,不成立盗窃国家机关印章罪

C. 盗窃伪造的信用卡并使用的行为,不适用《刑法》第196条关于"盗窃信用卡并使用"的规定

D. 盗窃企业违规制造的枪支的行为,不成立盗窃枪支罪

[**释疑**]　A项,伪造的货币也属于他人占有的财物,可成为盗窃罪对象。另外,盗窃他人不法占有的违禁品如毒品、淫秽物品等,可成立盗窃罪已成通说,依此类推也可认为A项错。同理,他人违规制造、非法持有的枪支也不应当阻却成立盗窃枪支罪,D项错。多选题排除A、D项,只剩下B、C两项,应为正确的答案了。B项的要点是:盗窃国家机关印章罪的对象不包括"伪造的国家机关印章";C项的要点是:第196条"盗窃信用卡并使用"的规定之"信用卡"限于"真卡",不包括"假卡"。注意,B、C项不适用"某规定"定罪处罚,不等于该行为不是犯罪。对B项不排除定盗窃罪;对C项似乎可根据第196条第1款第(1)项"使用伪造的信用卡",以信用卡诈骗罪定罪处罚。(答案:BC)

4. 下列哪些说法是错误的?(2006年真题,多选)

A. 甲盗窃乙的存折后,假冒乙的名义从银行取出存折中的5万元存款。甲的行为构成盗窃罪与诈骗罪

B. 甲盗窃了乙的200克海洛因,因本人不吸毒,就将海洛因转卖给丙。甲的行为构成盗窃罪和贩卖毒品罪

C. 甲盗窃了博物馆的一件国家珍贵文物,以20万元的价格转卖给乙。甲的行为构成盗窃罪和倒卖文物罪

D. 甲盗窃了乙的一块名表,以2万元的价格转卖给丙,甲的行为构成盗窃罪和销售赃物罪

[释疑] (1) A项,应当以盗窃罪定罪处罚,其后的冒用他人存折的诈骗行为属于盗窃的牵连行为或后续行为,不独立定罪处罚。

(2) D项,盗窃犯将本人窃取的赃物销售的,属于所谓"事后不可罚"的行为,不另定销售赃物罪,只以盗窃一罪定罪处罚。

(3) B项,应当以盗窃罪和贩卖毒品罪数罪并罚,另参考《关于审理抢劫、抢夺刑事案件适用法律若干问题的意见》第7条第1款规定:"……抢劫违禁品后又以违禁品实施其他犯罪的,应以抢劫罪与具体实施的其他犯罪实行数罪并罚。"

(4) 参考答案中没选C项,大概认为盗窃珍贵文物销赃的,不是事后不可罚行为,另成立倒卖文物罪,应数罪并罚。对这种情况参照抢劫违禁品如毒品又出售毒品的情形掌握,数罪并罚。(答案:AD)

考点22 盗窃罪与贪污罪、职务侵占罪的区分

一、精讲

盗窃与贪污、职务侵占罪的区别,要点是是否利用了职务上的便利。其中的难点是行为人利用在单位工作的一些方便条件,如熟悉内情、出入方便,窃取他人管理的公共财物的,一般认为不属于利用职务上的便利,应定盗窃罪。

二、例题

1. 公司保安甲在休假期内,以"第二天晚上要去医院看望病人"为由,欺骗保安乙,成功和乙换岗。当晚,甲将其看管的公司仓库内价值5万元的财物运走变卖。甲的行为构成下列哪一犯罪?(2014年真题,单选)

A. 盗窃罪　　B. 诈骗罪　　C. 职务侵占罪　　D. 侵占罪

[释疑] 甲利用其"看管"公司仓库财物的职务便利,窃取其因职务"看管的单位财物",是职务侵占罪。甲与乙换班(影响考生判断的干扰因素)不影响利用职务便利的认定。(答案:C)

2. 甲系私营速递公司卸货员,主要任务是将公司收取的货物从汽车上卸下,再按送达地重新装车。某晚,甲乘公司监督人员上厕所之机,将客户托运的一台价值1万元的摄像机夹带出公司大院,藏在门外沟渠里,并伪造被盗现场。关于甲的行为,下列哪一选项是正确的?(2009年真题,单选)

A. 诈骗罪　　B. 职务侵占罪　　C. 盗窃罪　　D. 侵占罪

[释疑] 本题难点在于甲是否利用了职务便利?职务侵占罪的"利用职务便利"包括:经营、管理、经手。更进一步,是否利用了"经手"便利?通常,此"经手"含有窃取之时财物不属他人经管或不在他人监管之下。就此案而言,窃取发生在他人密切监管之下,故不属于利用经手便利的窃取,应是盗窃。(答案:C)

3. 在某公司招聘司机时,甲用假身份证应聘并被录用。甲在按照公司安排独自一人将价值7万元的货物从北京运往山东途中,在天津将该货物变卖后潜逃,得款2万元。甲的行为构成何罪?(2008年缓考真题,单选)

A. 盗窃罪　　B. 诈骗罪　　C. 职务侵占罪　　D. 侵占罪

[释疑]　职务侵占罪与侵占罪、盗窃罪的区别。甲是单位工作人员，利用职务便利侵占本人经管的单位财物，是职务侵占。利用了职务便利，排除侵占和盗窃。甲用欺骗手段应聘不等于直接骗取财物，不是诈骗罪。（答案：C）

4. 李某系A市建设银行某储蓄所记账员。2002年3月20日下午下班后，李某发现本所出纳员陈某将2万元营业款遗忘在办公桌抽屉内（未锁）。当日下班后，李某趁所内无人之机，返回所内将该2万元取出，用报纸包好后藏到自己办公桌下面的垃圾袋内，并用纸箱遮住垃圾袋。次日上午案发，赃款被他人找出。对此，下列哪一说法是正确的？（2002年真题，单选）

A. 李某的行为属于贪污既遂　　B. 李某的行为属于贪污未遂

C. 李某的行为属于盗窃既遂　　D. 李某的行为属于盗窃未遂

[释疑]　本题李某并未利用自己职务上的便利，成立盗窃罪没有问题。对于盗窃罪既遂、未遂的认定问题，一般采取控制说或失控说。当然，控制失控也还有一个具体掌握界限的问题。而这种具体界限，与其说是理论的，还不如说是经验的、习惯的。在经验上，对小件物品一般以拿在手中、放进口袋为既遂。尤其是像现金这样的种类物，行为人已经将其隐藏到自己办公桌下的垃圾袋里，显然实际取得控制，被害人也已经失去控制，应当认为盗窃既遂。（答案：C）

三、提示与预测

1. 窃取是盗窃与抢夺等犯罪区别的要点。

2. 与其他罪的界限等，参见最高人民法院《关于审理盗窃案件具体应用法律若干问题的解释》，此解释非常重要。

考点23　抢夺罪的认定

一、精讲

1. 抢夺罪的特点是“公然夺取”数额较大的公私财物，注意，并不要求一定要乘人不备。认定“公然夺取”应当相对于盗窃和抢劫来把握。抢夺与盗窃不同，采取“公然夺取”方式侵犯他人财物，超出了“和平窃取”的范围；抢夺与抢劫不同，其暴力性和对被害人的压制尚未达到抢劫的程度。

2. 携带凶器抢夺的，转化为抢劫罪。

3. 实施抢夺行为之后，为抗拒抓捕、窝藏赃物或者毁灭罪证而当场使用暴力或者以暴力相威胁的，转化为抢劫罪。

4. 驾车抢夺以抢劫论处（《关于办理抢夺刑事案件适用法律若干问题的解释》第6条）：

驾驶机动车、非机动车夺取他人财物，具有下列情形之一的，应当以抢劫罪定罪处罚：

（一）夺取他人财物时因被害人不放手而强行夺取的；

（二）驾驶车辆逼挤、撞击或者强行逼倒他人夺取财物的；

（三）明知会致人伤亡仍然强行夺取并放任造成财物持有人轻伤以上后果的。

二、例题

1. 关于抢夺罪，下列哪些判断是错误的？（2010年真题，多选）

A. 甲驾驶汽车抢夺乙的提包,汽车能致人死亡属于凶器。甲的行为应认定为携带凶器抢夺罪

B. 甲与乙女因琐事相互厮打时,乙的耳环(价值8000元)掉在地上。甲假装摔倒在地迅速将耳环握在手中,乙见甲摔倒便离开了现场。甲的行为成立抢夺罪

C. 甲骑着摩托车抢夺乙的背包,乙使劲抓住背包带,甲见状便加速行驶,乙被拖行十多米后松手。甲的行为属于情节特别严重的抢夺罪

D. 甲明知行人乙的提包中装有毒品而抢夺,毒品虽然是违禁品,但也是财物。甲的行为成立抢夺罪

[释疑] (1) A项,飞车抢夺通常仍是抢夺。

(2) B项,厮打与取得耳环无关,不是抢劫。没有夺取行为,不是抢夺。抢劫、抢夺之外的方式违背他人意志夺取他人占有物,是窃取。

(3) C项,飞车抢夺强拉硬拽,足以使他人不能反抗而取得其财物,是抢劫。(答案:ABC)

2. 甲驾驶摩托车至某广场,趁途经该广场的乙不备,猛拽其携带的手提包,乙紧紧抓住手提包不放,甲即猛踩油门,将乙拖行数米并甩开,夺其手提包后扬长而去。经查,手提包共有钱物价值人民币5000元,乙亦因被甲强拉硬拽而致手腕脱臼。对甲的行为应以何罪处罚?(2008年缓考真题,单选)

A. 抢夺罪

B. 抢劫罪

C. 抢夺罪与抢劫罪实行并罚

D. 抢夺罪与抢劫罪的牵连犯从一重罪处断

[释疑] 最高人民法院《关于审理抢劫、抢夺刑事案件适用法律若干问题的意见》规定:“驾驶车辆”夺取他人财物的,一般以抢夺罪从重处罚。驾驶车辆强抢财物时,因被害人不放手而采取强拉硬拽方法劫取财物的,定抢劫罪。(答案:B)

3. 下列哪些说法是错误的?(2006年真题,多选)

A. 甲将乙价值2万元的戒指扔入海中,由于戒指本身没有被毁坏,甲的行为不构成故意毁坏财物罪

B. 甲见乙迎面走来,担心自己的手提包被乙夺走,便紧抓手提包。乙见甲紧抓手提包,猜想包中有贵重物品,在与甲擦肩而过时,当面用力夺走甲的手提包。由于乙并非乘人不备而夺取财物,所以不构成抢夺罪

C. 甲将一张作废的IC卡插入银行的自动取款机试探,碰巧自动取款机显示能够取出现金,于是甲取出5000元。甲将IC卡冒充借记卡的欺骗行为在本案中起到了主要作用,因而构成诈骗罪

D. 甲系汽车检修厂职工,发现自己将要检修的一辆公交车为仇人乙驾驶,便在检修时破坏了刹车装置,然后交付使用。乙驾驶该车时,因刹车失灵,导致与其他车辆相撞,造成3人死亡,1人重伤。由于甲不是对正在使用中的交通工具实施破坏手段,所以不构成破坏交通工具罪

[释疑] (1) A项,使物品灭失,也属于一种毁坏财物的行为。

(2) B项,公然夺取,且暴力尚未达到抢劫程度的,可以构成抢夺罪。

(3) C项,应属于信用卡诈骗罪,无论如何不应认定为诈骗罪。

(4) D项,甲故意破坏汽车刹车装置、制造事故隐患,且实际造成重大事故,构成破坏交通工具罪。检修后交付使用,应理解为“正在使用中”。(答案:ABCD)

考点24 故意毁坏财物罪与其他财产犯罪的区分

一、精讲

抢劫、抢夺、盗窃这些财产犯罪要有对财物占有、利用的意思,如果自始就意图毁弃,没有占有、利用的意思,应定故意毁坏财物罪。

二、例题

甲对乙使用暴力,欲将其打残。乙慌忙掏出手机准备报警,甲一把夺过手机装进裤袋并将乙打成重伤。甲在离开现场5公里后,把乙价值7000元的手机扔进水沟。甲的行为构成何罪?(2009年真题,单选)

A. 故意伤害罪、盗窃罪　　B. 故意伤害罪、抢劫罪

C. 故意伤害罪、抢夺罪　　D. 故意伤害罪、故意毁坏财物罪

[释疑]　甲成立故意伤害罪无疑,但拿走价值7000元的手机丢进水沟,说明自始没有占有、利用财物的意思,定故意毁坏财物罪,D项正确。(答案:D)

考点25 抢劫罪、盗窃罪、绑架罪、抢夺罪、敲诈勒索罪、诈骗罪、侵占罪之间的区分以及伴生的一罪数罪问题是案例题的主要考点

例题

1. 乙购物后,将购物小票随手扔在超市门口。甲捡到小票,立即拦住乙说:“你怎么把我购买的东西拿走?”乙莫名其妙,甲便向乙出示小票,两人发生争执。适逢交警丙路过,乙请丙判断是非,丙让乙将商品还给甲,有口难辩的乙只好照办。关于本案的分析(不考虑数额),下列哪一选项是错误的?(2014年真题,单选)

A. 如认为交警丙没有处分权限,则甲的行为不成立诈骗罪

B. 如认为盗窃必须表现为秘密窃取,则甲的行为不成立盗窃罪

C. 如认为抢夺必须表现为乘人不备公然夺取,则甲的行为不成立抢夺罪

D. 甲虽未实施恐吓行为,但如乙心生恐惧而交出商品的,甲的行为构成敲诈勒索罪

[释疑]　(1) 未恐吓,不成立敲诈勒索罪,D项错。被害人主观有恐惧感不等于行为人有恐吓行为。另需注意,即使有恐吓行为,若未能使被害人产生恐惧感,则为敲诈勒索未遂(无论是否交付财物)。(2) A、B、C三项没错的理由:A项,本题考查是否成立“三角诈骗”,即被骗处分财物者(交警)与蒙受财产损失者(乙)不是同一人。“三角诈骗”的前提是被骗处分者有处分权限,欺骗无处分权限者使其处分财物(交付行为人)的,不是三角诈骗而是盗窃的间接正犯。B项,本案甲取得乙财物事实上不具有“秘密性”,若盗窃罪以“秘密”为要件则甲确实不能成立盗窃罪。C项,本案甲取得乙财物事实上没有“趁人不备”,C项推理没错。本题曾刊载于张明楷编的《刑事疑案演习》(二)第256页。该案情与本题有细微差异即:该案中要乙将商品交出者是“警察”而非“交警”。小小差异使得本题中被骗处分者(交警)是否有处分

权更存疑义。该案评析者的结论是警察有处分权,故构成诈骗罪(三角诈骗)。学说上关于“警察”有无处分权有争议,认为有的,定诈骗罪(三角诈骗);认为没有的,定盗窃罪(间接正犯)。本题避开此争议,只是假设“若认为”交警丙无处分权,则甲不成立诈骗罪。这种假设符合三角诈骗定义,不会有错。(答案:D)

提示:本题意在说明:若盗窃以“秘密窃取”为要件、抢夺以“乘人不备”为要件,这样“人为”添加多余的要件限制,遇到本案处理起来会很囧,难以定罪。若认为“交警”丙无处分权,则丙让乙把东西给甲定不了诈骗罪。甲的行为无恐吓不能定敲诈勒索罪、无秘密性不能定盗窃罪,未乘人不备不能定抢夺罪。但本案甲非法占有乙财产的行为显然应定罪。怎么办?其意在说明还是不要添加“秘密性”“乘人不备”之类无法律根据的限制为好。

2. 案情:陈某因没有收入来源,以虚假身份证明骗领了一张信用卡,使用该卡从商场购物十余次,金额达3万余元,从未还款。(事实一)

陈某为求职,要求制作假证的李某为其定制一份本科文凭。双方因价格发生争执,陈某恼羞成怒,长时间勒住李某脖子,致其窒息身亡。(事实二)

陈某将李某尸体拖入树林,准备逃跑时忽然想到李某身有财物,遂拿走李某手机、现金等物,价值1万余元。(事实三)

陈某在手机中查到李某丈夫赵某手机号,以李某被绑架为名,发短信要求赵某交20万元“安全费”。由于赵某及时报案,陈某未得逞。(事实四)

陈某逃至外地。几日后,走投无路向公安机关投案,如实交代了上述事实二与事实四。(事实五)

陈某在检察机关审查起诉阶段,将自己担任警察期间查办犯罪活动时掌握的刘某抢劫财物的犯罪线索告诉检察人员,经查证属实。(事实六)

问与答:(2011年真题,案例分析)

(1) 对事实一应如何定罪?为什么?

答:应认定为信用卡诈骗罪。因为以虚假身份证明骗领信用卡触犯了妨害信用卡管理罪,使用以虚假的身份证明骗领的信用卡,数额较大,构成信用卡诈骗罪,二者具有手段行为与目的行为的牵连关系,从一重罪论处,应认定为信用卡诈骗罪。

(2) 对事实二应如何定罪?为什么?

答:应认定为故意杀人罪。因为长时间勒住被害人的脖子,不仅表明其行为是杀人行为,而且表明行为人具有杀人故意。

(3) 对事实三,可能存在哪几种处理意见(包括结论与基本理由)?

答:主要存在两种处理意见:其一,认为死者仍然占有其财物,事实三成立盗窃罪;其二,认为死者不可占有其财物,事实三成立侵占罪。

(4) 对事实四应如何定罪?为什么?

答:成立敲诈勒索罪(未遂)与诈骗罪(未遂)的竞合。因为陈某的行为同时符合两罪的犯罪构成,属于想象竞合。陈某对赵某实行威胁,意图索取财物未果,构成敲诈勒索罪(未遂);陈某隐瞒李某死亡的事实,意图骗取财物未果,构成诈骗罪(未遂)。由于只有一个行为,故从一重罪论处。

(5) 事实五是否成立自首?为什么?

答:对故意杀人罪与敲诈勒索罪或诈骗罪成立自首。因为走投无路而投案的,属于自动投案，不影响自首的成立。

(6) 事实六是否构成立功？为什么？

答：不构成立功。陈某提供的犯罪线索虽属实，但是其以前在查办犯罪活动中掌握的，故不构成立功。

3. 案情：被告人赵某与被害人钱某曾合伙做生意（双方没有债权债务关系）。2009 年 5 月23 日，赵某通过技术手段，将钱某银行存折上的 9 万元存款划转到自己的账户上（没有取出现金）。钱某向银行查询知道真相后，让赵某还给自己 9 万元。

同年 6 月 26 日，赵某将钱某约至某大桥西侧泵房后，二人发生争执。赵某顿生杀意，突然勒钱某的颈部、捂钱某的口鼻，致钱某昏迷。赵某以为钱某已死亡，便将钱某“尸体”缚重扔入河中。

6 月 28 日凌晨，赵某将恐吓信置于钱某家门口，谎称钱某被绑架，让钱某之妻孙某（某国有企业出纳）拿 20 万元到某大桥赎人，如报警将杀死钱某。孙某不敢报警，但手中只有 3 万元，于是在上班之前从本单位保险柜拿出 17 万元，急忙将 20 万元送至某大桥处。赵某蒙面接收 20 万元后，声称 2 小时后孙某即可见到丈夫。

28 日下午，钱某的尸体被人发现（经鉴定，钱某系溺水死亡）。赵某觉得罪行迟早会败露，于 29 日向公安机关投案，如实交代了上述全部犯罪事实，并将勒索的 20 万元交给公安人员（公安人员将 20 万元退还孙某，孙某于 8 月 3 日将 17 万元还给公司）。公安人员李某听了赵某的交代后随口说了一句“你罪行不轻啊”，赵某担心被判死刑，逃跑至外地。在被通缉的过程中，赵某身患重病无钱治疗，向当地公安机关投案，再次如实交代了自己的全部罪行。（2010 年真题，案例分析）

问题：

(1) 赵某将钱某的 9 万元存款划转到自己账户的行为，是什么性质？为什么？

(2) 赵某致钱某死亡的事实，在刑法理论上称为什么？刑法理论对这种情况有哪几种处理意见？你认为应当如何处理？为什么？

(3) 赵某向孙某索要 20 万元的行为是什么性质？为什么？

(4) 赵某的行为是否成立自首？为什么？

(5) 孙某从公司拿出 17 万元的行为是否成立犯罪？为什么？

[**参考答案**]

(1) 赵某将钱某的 9 万元存款划转到自己账户的行为，成立盗窃罪。在我国，存款属于盗窃罪的对象，赵某的行为完全符合盗窃罪的构成要件，而且是盗窃既遂。

(2) 赵某致钱某死亡的行为，在刑法理论上称为事前的故意。刑法理论对这种情况有以下处理意见：① 第一行为即勒颈部、捂口鼻的行为成立故意杀人未遂，第二行为即将钱某“尸体”缚重扔入河中的行为成立过失致人死亡罪。② 如果在实施第二行为时对死亡有间接故意（或未必的故意），则成立一个故意杀人既遂；否则成立故意杀人未遂与过失致人死亡罪。③ 将两个行为视为一个行为，将支配行为的故意视为概括的故意，认定为一个故意杀人既遂。④ 将两个行为视为一体，作为对因果关系的认识错误来处理，只要存在相当的因果关系，就认定为一个故意杀人既遂。应当认为，第一行为与结果之间的因果关系并未中断，而且客观发生的结果与行为人意欲发生的结果完全一致，故应肯定赵某的行为成立故意杀人既遂。

(3) 赵某向孙某勒索 20 万元的行为是敲诈勒索罪与诈骗罪的想象竞合犯。一方面，赵某实施了胁迫行为,孙某产生了恐惧心理,并交付了财物。故赵某的行为触犯了敲诈勒索罪;另一方面,钱某已经死亡,赵某的行为具有欺骗性质,孙某产生了认识错误;如果孙某知道真相就不会受骗,不会将20万元交付给赵某。故赵某的行为也触犯了诈骗罪。但是,由于只有一个行为,故成立想象竞合犯,从一重罪论处。

(4) 赵某的行为成立自首。虽然相关司法解释规定,"犯罪嫌疑人自动投案后又逃跑的,不能认定为自首",但这是针对后来不再投案自首而言。在本案中,虽然可以根据司法解释否认赵某的前一次投案成立自首,但不能否认后一次自动投案与如实交代成立自首。

(5) 孙某的行为虽然属于挪用公款,但不成立挪用公款罪。因为孙某虽然将公款挪用给个人使用,但并没有超过3个月。

4. 案情:甲和乙均缺钱。乙得知甲的情妇丙家是信用社代办点,配有保险柜,认为肯定有钱,便提议去丙家借钱,并说:"如果她不借,也许我们可以偷或者抢她的钱。"甲说:"别瞎整!"乙未再吭声。某晚,甲、乙一起开车前往丙家。乙在车上等,甲进屋向丙借钱,丙说:"家里没钱。"甲在丙家吃饭过夜。乙见甲长时间不出来,只好开车回家。甲一觉醒来,见丙已睡着,便起身试图打开保险柜。丙惊醒大声斥责甲,说道:"快住手,不然我报警了!"甲恼怒之下将丙打死,藏尸地窖。

甲不知密码打不开保险柜,翻箱倒柜只找到了丙的一张储蓄卡及身份证。甲回家后想到乙会开保险柜,即套问乙开柜方法,但未提及杀丙一事。甲将丙的储蓄卡和身份证交乙保管,声称系从丙处所借。两天后甲又到丙家,按照乙的方法打开保险柜,发现柜内并无钱款。乙未与甲商量,通过丙的身份证号码试出储蓄卡密码,到商场刷卡购买了一件价值两万元的皮衣。

案发后,公安机关认为甲有犯罪嫌疑,即对其实施拘传。甲在派出所乘民警应对突发事件无人看管之机逃跑。半年后,得知甲行踪的乙告知甲,公安机关正在对甲进行网上通缉,甲于是到派出所交代了自己的罪行。

问题:请根据有关规定,对上述案件中甲、乙的各种行为和相关事实、情节进行分析,分别提出处理意见,并简要说明理由。(2009年真题,案例分析)

[参考答案]

(1) 关于甲的行为定性。甲在着手盗窃丙的保险柜过程中,因罪行败露而实施杀害丙的行为,甲的犯罪目的是取得财物,根据第269条的规定,其杀人行为属于盗窃过程中为"抗拒抓捕"而对被害人使用暴力,应当成立抢劫罪。根据第263条的规定,甲的行为属于抢劫致人死亡,成立抢劫罪的结果加重犯,应适用升格的法定刑。

甲的杀人、抢劫行为,都与乙无关,甲、乙之间没有共同故意和共同行为,根据第25条的规定,不成立共犯;甲将丙的储蓄卡和身份证给乙,不构成盗窃罪的教唆犯。甲两天后回到丙家,打开保险柜试图窃取丙的钱财的行为,属于抢劫罪中取财行为的一部分,不单独构成盗窃罪。

根据最高人民法院《关于处理自首和立功具体应用法律若干问题的解释》第1条的规定,只有在案发后没有受到讯问、未被采取强制措施,自动投案如实供述自己的罪行的,才能成立自首。本案中,甲被公安机关采取强制措施后逃跑再归案的,即便如实供述也不能成立自首。

(2) 关于乙的行为定性。乙事先的提议甲并未接受,当时没有达成合意,二人没有共同犯罪故意。甲的抢劫行为属于临时起意,系单独犯罪,不能认为乙的行为构成教唆犯。乙不成立教唆犯,当然就不能对乙的行为适用第29条第2款。在甲实施抢劫行为之时,乙已经离开现场,与甲之间没有共犯关系,乙没有帮助故意,也缺乏帮助行为,不成立帮助犯。

甲套问乙打开保险柜的方法,将丙的储蓄卡、身份证交乙保管时,均未告知乙实情,乙缺乏传授犯罪方法罪,掩饰、隐瞒犯罪所得、犯罪所得收益罪的故意。乙去商场购物的行为,根据第196条的规定,属于冒用他人信用卡,构成信用卡诈骗罪。

5. 案情:甲在2003年10月15日见路边一辆面包车没有上锁,即将车开走,前往A市。行驶途中,行人乙拦车要求搭乘,甲同意。甲见乙提包内有巨额现金,遂起意图财。行驶到某偏僻处时,甲谎称发生故障,请乙下车帮助推车。乙将手提包放在面包车座位上,然后下车。甲乘机发动面包车欲逃。乙察觉出甲的意图后,紧抓住车门不放,被面包车拖行10余米。甲见乙仍不松手并跟着车跑,便加速行驶,使乙摔倒在地,造成重伤。乙报警后,公安机关根据汽车号牌将甲查获。

讯问过程中,虽有乙的指认并查获赃物,但甲拒不交代。侦查人员丙、丁对此十分气愤,对甲进行殴打,造成甲轻伤。在这种情况下,甲供述了以上犯罪事实,同时还交代了其在B市所犯的以下罪行:2003年6月的一天,甲于某小学放学之际,在校门前拦截了一名一年级男生,将其骗走,随即带该男生到某个体商店,向商店老板购买价值5 000余元的高档烟酒。在交款时,甲声称未带够钱,将男生留在商店,回去拿钱交款后再将男生带走。商店老板以为男生是甲的儿子便同意了。甲携带烟酒逃之夭夭。公安机关查明,甲身边确有若干与甲骗来的烟酒名称相同的烟酒,但未能查找到商店老板和男生。

本案移送检察机关审查起诉后,甲称其认罪口供均系侦查人员丙、丁对他刑讯逼供所致,推翻了以前所有的有罪供述。经检察人员调查核实,确认了侦查人员丙、丁对甲刑讯逼供的事实。(2006年真题,分析)

问题:请根据我国刑法和刑事诉讼法的有关规定,对上述案例中甲、丙、丁的各种行为及相关事实分别进行分析,并提出处理意见。

[**参考答案**]

(1) 甲开走他人面包车的行为构成盗窃罪,即使面包车没有锁,但根据社会的一般观念,该车属于他人占有的财物,而非遗忘物。

(2) 甲对乙的行为构成抢劫罪,甲虽然开始打算实施抢夺,但在乙抓住车门不放时,甲加速行驶的行为已经属于暴力行为,因而不是转化型抢劫,而应直接认定为抢劫罪,而且属于抢劫罪的结果加重犯。

(3) 甲对男生的行为构成拐骗儿童罪而不构成拐卖儿童罪。表面上看甲以儿童换取了商品,但这种行为并非属于出卖儿童,商店老板也没有收买儿童的意思。

(4) 甲对商店老板的行为构成诈骗罪。

(5) 丙、丁对甲的行为构成刑讯逼供罪。

(6) 根据最高人民法院、最高人民检察院、公安部等《关于办理刑事案件排除非法证据若干问题的规定》,虽然甲翻供,但对于甲盗窃面包车、抢劫乙的巨额财物的犯罪行为仍可认定,但拐骗儿童罪、诈骗罪只有口供,没有其他证据证明,因而不能成立。

(7) 因拐骗儿童罪、诈骗罪不能认定,甲的特别自首也不成立。

第六章 妨害社会管理秩序罪

考点 1 妨害公务罪的认定

一、精讲

1. 妨害公务罪的行为方式:(1) 以暴力、威胁方法阻碍国家机关工作人员依法执行职务的;(2) 以暴力、威胁方法阻碍全国人民代表大会和地方各级人民代表大会代表依法执行代表职务的;(3) 在自然灾害和突发事件中,以暴力、威胁方法阻碍红十字会工作人员依法履行职责的;(4) 故意阻碍国家安全机关、公安机关依法执行国家安全工作任务,未使用暴力、威胁方法,造成严重后果的。注意:本罪手段一般限于使用暴力、威胁的方法,但是在"执行国家安全工作任务"的场合,没有使用暴力、威胁的也构成本罪,但以造成严重后果为要件。

2. 与其他具有妨害公务性质的犯罪竞合:刑法中其他具有妨害公务性质的犯罪,如抗税罪,聚众冲击国家机关罪,煽动暴力抗拒法律实施罪,聚众扰乱公共场所秩序、交通秩序罪,聚众扰乱社会秩序罪,扰乱法庭秩序罪,劫夺被押解人员罪等,也具有妨害公务的性质,依照有关罪名定罪处罚。

3. 妨害公务罪与故意伤害罪、故意杀人罪的想象竞合处理:行为人使用暴力阻碍执行职务,仅仅造成轻伤结果的,通常还是以妨害公务罪一罪处罚;如果使用暴力阻碍执行职务,造成重伤以上的结果,属想象竞合犯,从一重罪处断,即以故意伤害罪(重伤)或故意杀人罪论处。

4. 犯有某种罪行比如走私罪,在公务人员前来查处时又以暴力抗拒查处构成妨害公务罪的,一般应数罪并罚。比如行为人暴力抗拒缉私(走私)构成妨害公务罪的,以走私罪和妨害公务罪数罪并罚。但是法律特别规定:走私、制造、贩卖、运输毒品暴力抗拒缉毒的,组织、运送他人偷越国(边)境过程中抗拒稽查的,通常作为加重情节,不实行数罪并罚。

5. 聚众阻碍解救被收买的妇女、儿童的,对首要分子以聚众阻碍解救被收买的妇女、儿童罪定罪处罚,对首要分子以外的使用暴力阻碍的参与者,以本罪定罪处罚,不适用共犯规定。

二、例题

甲欠乙10万元久拖不还,乙向法院起诉并胜诉后,甲在履行期限内仍不归还。于是,乙向法院申请强制执行。当法院的执行人员持强制执行裁定书到甲家执行时,甲率领家人手持棍棒在门口守候,并将试图进入室内的执行人员打成重伤。甲的行为构成何罪?(2008年真题,单选)

A. 拒不执行判决、裁定罪　　B. 聚众扰乱社会秩序罪

C. 妨害公务罪　　D. 故意伤害罪

[释疑] 甲的行为同时触犯拒不执行判决、裁定罪,妨害公务罪,故意伤害罪,属于想象竞合犯,择一重罪故意伤害罪定罪处罚。(答案:D)

考点 2 招摇撞骗罪的认定

一、精讲

本罪特点：(1) “冒充国家机关工作人员”招摇撞骗。(2) 不限于骗取财物。

此两点是本罪与诈骗罪区别的要点。若“冒充国家机关工作人员”诈骗数额较大财物，则同时触犯诈骗罪和招摇撞骗罪，通说认为是法条竞合。在诈骗财物“数额巨大”的场合，第266条诈骗罪的一般规定重于第279条招摇撞骗罪的特别规定，对此是否应当把法条竞合特别规定优先适用的规则进行到底存在诸多纷争。通说是，招摇撞骗“数额特别巨大”的场合，应择重适用以诈骗罪论处。冒充军人招摇撞骗罪也存在此问题，可一并掌握。

二、例题

甲潜入某公安交通管理局会计室盗窃，未能打开保险柜，却意外发现在该局工作的乙的警官证，随即将该证件拿走。随后，甲到偏僻路段，先后向9个驾车超速行驶的司机出示警官证，共收取罚款900元。对于本案，下列哪些选项是正确的？(2008年缓考真题，多选)

A. 甲潜入会计室盗窃的行为，成立盗窃未遂

B. 甲收取罚款的行为，构成敲诈勒索罪

C. 甲收取罚款的行为，构成招摇撞骗罪

D. 甲收取罚款的行为，构成诈骗罪

[**释疑**] 冒充警察罚款，通常定招摇撞骗罪。另外，因为只罚款“900元”，没有达到诈骗和敲诈的数额较大标准(3000元)，故排除B、D项。(答案：AC)

考点 3 寻衅滋事罪的认定

一、精讲

1. 行为方式：(1) 随意殴打他人，情节恶劣的；(2) 追逐、拦截、辱骂、恐吓他人，情节恶劣的；(3) 强拿硬要或者任意损毁、占用公私财物，情节严重的；(4) 在公共场所起哄闹事，造成公共场所秩序严重混乱的。纠集他人多次实施上述四种行为，严重破坏社会秩序的，加重处罚。

2. 因随意殴打他人构成寻衅滋事罪与伤害罪的区别：要点是动机不同。前者往往是无端寻衅，打人取乐、发泄或者显示威风，故侵害的对象往往不是特定的人；后者往往是产生于一定的事由或恩怨，故对象一般是特定事情的关系人。因寻衅滋事致人轻伤的，仍构成寻衅滋事罪，致人重伤、死亡的，则应以伤害、杀人罪论处。

3. 寻衅滋事、强拿硬要或者占用公私财物与抢劫罪的区别。要点是：前者往往是在大庭广众之下，以强凌弱，占便宜或耍威风，不顾忌被害人、群众知悉或告发，也不在意财物的价值；后者则以非法占有财物为目的，洗劫被害人有价值或者所有的财物，并且尽量避免被害人辨认或者他人知悉。

4. 寻衅滋事、追逐、拦截、辱骂他人与强制猥亵、侮辱妇女罪的区别。要点是：前者的行为对象虽然也包括妇女，但其行为方式中不包括使用暴力、胁迫的手段对妇女进行猥亵、侮辱。

追逐、拦截妇女并强制猥亵、侮辱的,应以强制猥亵、侮辱妇女罪论处。

5. 在公共场所寻衅滋事起哄闹事的行为与聚众扰乱社会秩序罪,聚众扰乱公共场所秩序、交通秩序罪的区别。主要区别在于动机和起因不同:前者是基于寻求刺激的动机,无端生事;后者往往是为了满足某种个人的要求,事出有因,企图用聚众闹事的方式向有关单位施加压力,获取一定的利益。

6. 司法解释对未成年人的规定:已满14周岁不满16周岁的人使用轻微暴力或者威胁,强行索要其他未成年人随身携带的生活、学习用品或者钱财数量不大,且未造成被害人轻微伤以上或者不敢正常到校学习、生活等危害后果的,不认为是犯罪。已满16周岁不满18周岁的人具有前款规定情形的,一般也不认为是犯罪。如甲17周岁,多次伙同其他青少年在学校附近拦截上学的中学生,搜取共十余人的零花钱、学习用品等财物,总共价值五六百元,一般不认为是犯罪。

二、例题

甲在公园游玩时遇见仇人胡某,顿生杀死胡某的念头,便欺骗随行的朋友乙、丙说:"我们追逐胡某,让他出洋相。"三人捡起木棒追逐胡某,致公园秩序严重混乱。将胡某追到公园后门偏僻处后,乙、丙因故离开。随后甲追上胡某,用木棒重击其头部,致其死亡。关于本案,下列哪些选项是正确的?(2015年真题,多选)

A. 甲触犯故意杀人罪与寻衅滋事罪

B. 乙、丙的追逐行为是否构成寻衅滋事罪,与该行为能否产生救助胡某的义务是不同的问题

C. 乙、丙的追逐行为使胡某处于孤立无援的境地,但无法预见甲会杀害胡某,不成立过失致人死亡罪

D. 乙、丙属寻衅滋事致人死亡,应从重处罚

[**释疑**] A项,甲先后实施了(致公园秩序严重混乱的)寻衅滋事和故意杀人行为,分别触犯寻衅滋事罪与故意杀人罪。但需注意,这种情况属于想象竞合,应择一重罪(故意杀人罪)处断。B项,即使乙、丙的行为构成寻衅滋事罪,但该行为也不是胡某被甲杀害这一结果的先行行为。C、D项,乙、丙只有让胡某"出洋相"的故意,不可能预见到甲有杀人故意,因而对胡某的死亡结果既无故意也无过失,因而对该结果不承担刑事责任。(答案:ABC)

考点4 黑社会性质组织犯罪的认定

一、精讲

1. "黑社会性质的组织"应当同时具备以下特征:(1) 形成较稳定的犯罪组织,人数较多,有明确的组织者、领导者,骨干成员基本固定;(2) 有组织地通过违法犯罪活动或者其他手段获取经济利益,具有一定的经济实力,以支持该组织的活动;(3) 以暴力、威胁或者其他手段,有组织地多次进行违法犯罪活动,为非作恶,欺压、残害群众;(4) 通过实施违法犯罪活动,或者利用国家工作人员的包庇或者纵容,称霸一方,在一定区域或者行业内,形成非法控制或者重大影响,严重破坏经济、社会生活秩序。

其要点可简单概括为:(1) 组织性;(2) 攫取经济利益;(3) 残害群众;(4) 控制性。取得

控制性方式,指有官员庇护或有犯罪活动,二者有其一即可。

2. 组织、领导和参加黑社会性质组织,同时又有杀人、绑架、放火等其他犯罪行为的,以组织、领导和参加黑社会性质组织罪与其他犯罪,数罪并罚。

二、例题

关于黑社会性质组织犯罪的认定问题,下列说法哪些是正确的?(2003 年真题,多选)

A. 黑社会性质组织是犯罪集团,具有犯罪集团的一般属性

B. 黑社会性质组织所从事的危害行为,既包括犯罪行为,又包括违法行为

C. 组织、领导、参加黑社会性质组织罪,既包括组织、领导、参加黑社会性质组织的行为,又包括在该黑社会性质组织统一策划、指挥下从事的其他犯罪行为

D. 具有国家工作人员的非法保护,是认定黑社会性质组织的必要条件

[释疑] 本题的难点在于:

(1) C 项,从标准答案看,C 项的考点是数罪并罚问题,根据第 294 条第 4 款的规定:犯组织、领导、参加黑社会性质组织罪,“又有其他犯罪行为的,依照数罪并罚的规定处罚”。故从数罪并罚的角度看,行为人既犯有黑社会性质组织罪并且因为该组织的活动又构成“其他罪”,如敲诈勒索、故意杀人罪等的,应当以黑社会性质组织罪和“其他罪”数罪并罚。故认为黑社会性质组织罪不能包容(包含)该组织“统一策划、指挥下从事的其他犯罪行为”。如果知道了出题人的意图,这个问题不难解答。问题是题意不甚明了,难以揣摩。构成黑社会性质组织罪必须具备“有组织地进行违法犯罪活动”的要件,而这些“违法犯罪活动”中当然包含“该黑社会性质组织统一策划、指挥下从事的其他犯罪行为”。故从构成要件角度看,应当包含该组织指挥、策划的其他罪行,不能认为 C 项命题错误;从首要分子承担责任的角度看,C 项命题也不能算错。另外,从黑社会性质组织犯罪构成要件和首要分子责任角度看,C 项命题与 B 项命题没有本质差别,在标准答案中一个算错一个算对,显然自相矛盾。产生矛盾的原因在于出题人制定标准答案时对 B 项和 C 项考虑的角度不同。对相近的命题从不同角度作出不同结论,从出题技术上讲,显然存在题意不明的问题。

(2) D 项,涉及一个理论、实务曾经激烈争论的问题:就是黑社会性质组织罪“称霸一方”的特征是否需要加上利用“国家工作人员的非法保护”限定,也就是是否需要加上利用“保护伞”的限定。在当初的最高人民法院的司法解释中确认利用“保护伞”是要件,在后来的立法解释中把利用“保护伞”和“通过实施违法犯罪活动”作为“称霸一方”的选择要件,也就是说,“通过实施违法犯罪活动”称霸一方,或者利用“保护伞”称霸一方,二者具备其一,就认为具备“称霸一方”的条件。参见全国人大常委会《关于〈中华人民共和国刑法〉第二百九十四条第一款的解释》(2002 年 4 月 28 日)第(4)项。(答案:AB)

考点 5 计算机犯罪与互联网犯罪

一、精讲

1. 本罪要点:以“技术操作”方式对计算机“软件”系统实施破坏,致使系统崩溃、网站瘫痪、数据丢失等,造成严重后果。

2. 本罪与故意毁坏财物罪的区别。如果使用物理方法对硬件破坏,不构成本罪,可以构

成其他的破坏型犯罪,如故意毁坏财物罪等。

3. 本罪与非法侵入计算机信息系统罪的区别。非法侵入计算机信息系统罪的对象限于国家重点保护的计算机信息系统,即:① 国家事务;② 国防建设;③ 尖端科学技术领域的计算机信息系统。只要有非法侵入的行为,即具备本罪的客观要件,一旦进入,即构成非法侵入计算机信息系统罪的既遂。而破坏计算机信息系统罪,需要后果严重。

4. 想象竞合犯。非法侵入或破坏计算机信息系统,同时又构成其他罪的,如非法获取国家秘密罪、破坏军事通信罪、破坏公用电信设施罪等,择一重罪处罚。

5. 利用计算机实施金融诈骗、盗窃、贪污、挪用公款、窃取国家秘密或者其他犯罪的,以其他罪名定罪处罚。

6.《刑法修正案(九)》增加规定:单位亦可成为计算机犯罪的主体。

7. 拒不履行信息网络安全管理义务罪:网络服务提供者不履行法律、行政法规规定的信息网络安全管理义务,经监管部门责令采取改正措施而拒不改正,有下列情形之一的行为:① 致使违法信息大量传播的;② 致使用户信息泄露,造成严重后果的;③ 致使刑事案件证据灭失,情节严重的;④ 有其他严重情节的。

8. 非法利用信息网络罪:利用信息网络实施下列行为之一,情节严重的:① 设立用于实施诈骗、传授犯罪方法、制作或者销售违禁物品、管制物品等违法犯罪活动的网站、通讯群组的;② 发布有关制作或者销售毒品、枪支、淫秽物品等违禁物品、管制物品或者其他违法犯罪信息的;③ 为实施诈骗等违法犯罪活动发布信息的。

9. 帮助信息网络犯罪活动罪:明知他人利用信息网络实施犯罪,为其犯罪提供互联网接入、服务器托管、网络存储、通讯传输等技术支持,或者提供广告推广、支付结算等帮助,情节严重的行为。

《刑法修正案(九)》新增上述犯罪都有以下规定:单位犯罪,双罚。有本罪行为,同时构成其他犯罪的,依照处罚较重的规定定罪处罚(想象竞合)。

二、例题

1. 根据有关司法解释,关于利用互联网实施的犯罪行为,下列哪些说法是正确的?(2017年真题,多选)

A. 在网络上建立赌博网站的,属于开设赌场

B. 通过网络传播淫秽视频的,属于传播淫秽物品

C. 在网络上传播电子盗版书的,属于复制发行他人文字作品

D. 盗用他人网络账号、密码上网,造成他人电信资费损失的,属于盗窃他人财物

[**释疑**] 根据司法解释,A、B、C、D四项都对。特别注意C项,在网络上传播电子盗版书,公众即可下载阅读,这是一种新型的特殊的“复制发行”行为。(答案:ABCD)

2. 下列哪些情形应以破坏计算机信息系统罪论处?(2005年真题,多选)

A. 甲采用密码破解手段,非法进入国家尖端科学技术领域的计算机信息系统,窃取国家机密

B. 乙因与单位领导存在矛盾,即擅自对单位在计算机中存储的数据和应用程序进行修改操作,给单位的生产经营管理造成严重的混乱

C. 丙通过破解密码的手段,进入某银行计算机信息系统,为其朋友的银行卡增加存款额

10 万元

D. 丁为了显示自己在计算机技术方面的本事,设计出一种计算机病毒,并通过互联网进行传播,影响计算机系统正常运行,造成严重后果

[释疑]　(1) A 项中甲侵入计算机信息系统窃取国家秘密,构成第 285 条之非法侵入计算机信息系统罪和第 282 条之非法获取国家秘密罪,属于牵连犯,择一重罪即非法获取国家秘密罪论处。

(2) B、D 项,成立第 286 条破坏计算机信息系统罪。

(3) C 项,属于利用计算机进行盗窃的犯罪,以盗窃罪论处。至于向谁的银行卡中存钱,不影响盗窃罪的成立。(答案:BD)

三、提示与预测

《刑法修正案(七)》在第 285 条中增加两款,作为第 285 条第 2 款和第 3 款,相应新增罪名为非法获取计算机信息系统数据、非法控制计算机信息系统罪,提供侵入、非法控制计算机信息系统程序、工具罪。

考点 6　伪证罪的认定

一、精讲

1. 伪证罪主体限于刑事诉讼中的证人、鉴定人、记录人、翻译人。本罪发生的时空条件也是特定的,即仅限于刑事诉讼活动中。行为人所作的虚假证明、鉴定、记录、翻译是与案件有重要关系的情节。行为人主观上具有陷害他人或者隐匿罪证包庇罪犯的特定目的。

2. 罪与非罪的界限。如果证人如实地根据自己的经验、记忆作出了陈述,即使事后被证明与案件的客观事实真相不一致,也不能以其证明的内容虚假为由认定有罪。如果鉴定人、记录人、翻译人不是有意作伪证,而是由于水平不高或工作疏忽,而提供了不科学或者不符合实际的鉴定结论、记录、翻译的,不构成犯罪。此外刑事被告人、犯罪嫌疑人就与自己有利害关系的情节作虚假陈述的,不构成犯罪。

3. 伪证罪与诬告陷害罪的界限。本罪的主体是四种特定的人员,而诬告陷害罪的主体是一般主体;本罪只是在与案件有重要关系的个别情节上提供伪证,而诬告陷害是捏造整个犯罪事实;本罪的发现发生在刑事诉讼过程之中,而诬告陷害罪的行为则是在立案侦查之前实行的,并且是引起立案侦查的原因。

4. 伪证罪与辩护人、诉讼代理人伪造证据罪的界限:主体不同,在刑事诉讼中,辩护人伪造证据或诉讼代理人帮助当事人伪造证据的,是辩护人、诉讼代理人伪造证据罪,不定伪证罪。

二、例题

下列哪一种行为可以构成伪证罪?(2004 年真题,单选)

A. 在民事诉讼中,证人作伪证的

B. 在刑事诉讼中,辩护人伪造证据的

C. 在刑事诉讼中,证人故意作虚假证明意图陷害他人的

D. 在刑事诉讼中,诉讼代理人帮助当事人伪造证据的

［释疑］ 略。(答案:C)

考点 7 妨害作证罪的认定

一、精讲

1. 妨害作证罪发生的时空条件,既可以在刑事诉讼活动中,也可以在民事诉讼、行政诉讼活动中。

2. 本罪与伪证罪,辩护人、诉讼代理人毁灭证据、伪造证据、妨害作证罪的区别:(1) 时空不同:伪证罪,辩护人、诉讼代理人妨害作证罪限定在"刑事"诉讼中;而妨害作证罪没有在"刑事"诉讼中的限制。(2) 主体不同:伪证罪主体是特殊主体,即证人、鉴定人、翻译人、记录人;辩护人、诉讼代理人妨害作证罪也是特殊主体,即辩护人、诉讼代理人;而妨害作证罪是一般主体。

3. 妨害作证罪与帮助伪造证据罪的区别:行为方式不同。妨害作证罪通过妨害证人(人证)作证的方式妨害司法,包括阻止证人作证或指使他人作伪证;帮助伪造证据罪是通过妨害"物证"的方式妨害司法,包括伪造或毁灭物证。

4. 司法工作人员构成妨害作证罪,帮助毁灭、伪造证据罪的,从重处罚。

二、例题

1. 甲的下列哪些行为成立帮助毁灭证据罪(不考虑情节)?(2014 真题,多选)

A. 甲、乙共同盗窃了丙的财物。为防止公安人员提取指纹,甲在丙报案前擦掉了两人留在现场的指纹

B. 甲、乙是好友。乙的重大贪污罪行被丙发现。甲是丙的上司,为防止丙作证,将丙派往境外工作

C. 甲得知乙放火致人死亡后未清理现场痕迹,便劝说乙回到现场毁灭证据

D. 甲经过犯罪嫌疑人乙的同意,毁灭了对乙有利的无罪证据

［释疑］ (1) A 项当事人毁灭自己的犯罪证据的,不成立帮助毁灭证据罪,理由有二:① 刑法第 307 条第 2 款规定"帮助当事人毁灭、伪造证据……"之规定,就有排除当事人本人的意思。② 法理上讲,当事人毁灭于己不利的刑事证据,出于自我保护本能缺乏期待可能、不必深究。换言之,国家要求当事人保留于己不利的犯罪证据,太过分[见张明楷:《刑法学》(第 4 版),第 958 页]。(2) B 项,甲将证人派往境外工作不属于"毁灭证据"。(3) C 项,教唆当事人毁灭证据,是帮助毁灭证据罪四种实行行为之一。另三种为①行为人单独,②与当事人共同毁灭证据,以及③为当事人毁灭证据制造便利条件[见张明楷:《刑法学》(第 4 版),第 960 页]。(4) D 项,"经当事人同意"不是帮助毁灭证据罪的要件,也不是阻却违法性的事由,故是否经当事人同意,不影响犯罪成立。帮助当事人毁灭证据罪之证据,包括对当事人不利证据和有利证据。因此实施帮助毁灭证据行为,是否经当事人同意、是否对当事人有利,不影响成立帮助毁灭证据罪。(答案:CD)

2. (实施了危险驾驶行为的)丁离开现场后,找到无业人员王某,要其假冒飙车者去公安机关投案。(事实五)(2013 年真题,不定选)

关于事实五的定性,下列选项错误的是:

A. 丁指使王某作伪证,构成妨害作证罪的教唆犯

B. 丁构成包庇罪的教唆犯

C. 丁的教唆行为属于教唆未遂,应以未遂犯追究刑事责任

D. 对丁的妨害作证行为与包庇行为应从一重罪处罚

[**释疑**] 当事人唆使他人替自己作伪证包庇,没有期待可能性(自我保护的本能),该唆使行为不构成犯罪,A、B、C、D 项错。另“妨害作证罪的教唆犯”的说法本身也错误。(答案:ABCD)

3. 律师王某在代理一起民事诉讼案件时,编造了一份对自己代理的一方当事人有利的虚假证言,指使证人李某背熟以后向法庭陈述,致使本该败诉的己方当事人因此而胜诉。王某的行为构成何罪?(2003 年真题,单选)

A. 伪证罪　　　　B. 诉讼代理人妨害作证罪

C. 妨害作证罪　　　　D. 帮助伪造证据罪

[**释疑**] (1) 因为是民事诉讼,可简单排除 A、B 选项。

(2) 本题中,律师王某表面上有伪造虚假证词的行为,但并不是以物证形式呈堂证明案情的,而是以人证(证人证言)形式呈堂证明案情的,属于指使他人作伪证的情况,故应定妨害作证罪。

(3) 如果行为人为防止证人作证而杀人灭口,属于想象竞合犯,择一重罪按故意杀人罪定罪处罚。如果行为人先实施暴力行为阻止证人作证不成,继而将其杀害的,有两犯意、两行为,属于牵连犯或吸收犯,择一重罪即故意杀人罪定罪处罚。如果帮助他人毁灭证据而毁坏数量较大财产的(如该证据价值巨大的场合)属于想象竞合犯,择一重罪处罚。如果该证据为行为人所有,或者为当事人所有并经当事人同意(被害人承诺)而毁坏的,可排除构成故意毁坏财物罪,但不影响成立帮助毁灭证据罪。(答案:C)

考点 8　辩护人、诉讼代理人毁灭证据、伪造证据、妨害作证罪的认定

一、精讲

1. 本罪的主体仅限于刑事辩护人与刑事诉讼代理人(但并非仅为律师,非律师的辩护人、诉讼代理人也可构成本罪)。

2. 本罪的行为方式:(1) 毁灭、伪造证据;(2) 帮助当事人毁灭、伪造证据(包括直接帮助当事人自己实施毁灭、伪造证据,也包括间接帮助当事人毁灭、伪造证据);(3) 威胁、引诱证人作伪证。

3. 与教唆犯的界限。“指使他人作伪证”,尽管具有“教唆”行为的特点,但是,对此种特定教唆法律已经专门规定为一种犯罪,不适用教唆犯的规定。

4. 本罪是因“人”而设的犯罪,主体限于“刑事诉讼中的辩护人、诉讼代理人”,其行为与妨害作证罪,帮助毁灭、伪造证据罪存在重叠,应注意区分。

二、例题

王某担任辩护人时,编造了一份隐匿罪证的虚假证言,交给被告人陈小二的父亲陈某,让其劝说证人李某背熟后向法庭陈述,并给李某 5 000 元好处费。陈某照此办理。李某收受 5 000 元后,向法庭作了伪证,致使陈小二被无罪释放。后陈某给陈小二 10 万美元,让其逃往

国外。关于本案,下列哪些选项是错误的?(2007年真题,多选)

A. 王某的行为构成辩护人妨害作证罪

B. 陈某劝说李某作伪证的行为构成妨害作证罪的教唆犯

C. 李某构成辩护人妨害作证罪的帮助犯

D. 陈某让陈小二逃往国外的行为构成脱逃罪的共犯

[释疑] (1) A项中王某构成辩护人妨害作证罪。

(2) B项中陈某指使他人作伪证构成妨害作证罪。参见第307条第1款(妨害作证罪)规定:"以暴力、威胁、贿买等方法阻止证人作证或者指使他人作伪证的,处……"

(3) C项中李某是证人身份,向法庭作伪证应为伪证罪。

(4) D项,陈某给钱让陈小二逃往国外的行为有可能是偷越国边境罪的教唆犯或窝藏罪,不可能是脱逃罪。因为脱逃罪主体限于依法被关押的人,而陈小二不处于被关押状态,不可能成立脱逃罪。(答案:BCD)

考点9 脱逃罪的认定

一、精讲

1. 脱逃罪的主体是依法被关押的罪犯、被告人或犯罪嫌疑人。

2. 破坏监管秩序罪与脱逃罪的界限。主体范围不同,前罪限于被关押的"罪犯";而后罪还包括被关押的被告人、犯罪嫌疑人(即未决犯)。

二、例题

对下列哪些行为不应当认定为脱逃罪?(2006年真题,多选)

A. 犯罪嫌疑人在从甲地押解到乙地的途中,乘押解人员不备,偷偷溜走

B. 被判处管制的犯罪分子未经执行机关批准到外地经商,直至管制期满未归

C. 被判处有期徒刑的犯罪分子组织多人有计划地从羁押场所秘密逃跑

D. 被判处无期徒刑的8名犯罪分子采取暴动方法逃离羁押场所

[释疑] (1) A项中的情形构成脱逃罪,因为脱逃既包括从羁押场所逃逸也包括从押解途中逃逸。

(2) B项的情形不应当认定为脱逃罪,因为第316条规定,脱逃的主体是依法"被关押"的罪犯、被告人、犯罪嫌疑人。被判处管制的犯罪分子,只是被限制人身自由,不属于"被关押"的罪犯。

(3) C项构成第317条第1款之组织越狱罪。

(4) D项构成第317条第2款之暴动越狱罪。(答案:BCD)

考点10 窝藏罪与共犯的区别

一、精讲

在犯罪分子犯罪后,明知其犯罪,仍为其逃匿提供帮助的,定窝藏罪。如果在犯罪过程中,加入到犯罪中来,提供帮助的,以共犯论处。

二、例题

1. 甲杀人后将凶器忘在现场,打电话告诉乙真相,请乙帮助扔掉凶器。乙随即把凶器藏在自家地窖里。数月后,甲生活无着落准备投案自首时,乙向甲汇款2万元,使其继续在外生活。关于本案,下列哪一选项是正确的?(2015年真题,单选)

A. 乙藏匿凶器的行为不属毁灭证据,不成立帮助毁灭证据罪

B. 乙向甲汇款2万元不属帮助甲逃匿,不成立窝藏罪

C. 乙的行为既不成立帮助毁灭证据罪,也不成立窝藏罪

D. 甲虽唆使乙毁灭证据,但不能认定为帮助毁灭证据罪的教唆犯

[释疑]　A项,"毁灭"的规范意义是"毁弃",既包括物理性的破坏,也包括藏匿、抛弃等使得他人不能对毁弃物行使占有、使用权的行为。B项,所有帮助犯罪人逃匿的行为,都是窝藏行为。D项,犯罪人毁灭自己罪证的行为,因缺乏期待可能性(人皆有自保本能)并不构成犯罪,故刑法并未规定"毁灭证据罪"。在并无正犯的情况下,只能将唆使他人毁灭证据的行为解释为心理帮助行为,直接构成已经被正犯化的帮助毁灭证据罪。(答案:D)

2. 甲在经过某偏僻路口时,发现其好友乙抢劫了丙的财物,且由于乙先前的暴力行为,导致丙流血过多,陷入昏迷状态。甲赶忙对乙说:"你惹麻烦了,快找个地方躲躲,走得越远越好。"甲还将自己远房亲戚的姓名、住址提供给乙,并给乙3000元。乙于是坐火车投奔甲的亲戚。甲、乙分别离开现场,3小时后,丙死亡。甲的行为构成何罪?(2008年缓考真题,单选)

A. 抢劫罪　　B. 故意杀人罪　　C. 过失致人死亡罪　　D. 窝藏罪

[释疑]　甲在乙犯罪后帮助其逃匿,成立窝藏罪。甲是在乙抢劫丙的行为实施完毕后才参与进去的,且甲与乙没有事先通谋,甲不成立抢劫罪共犯。甲对丙濒死没有救助义务,也不成立故意杀人罪或过失致人死亡罪。(答案:D)

考点 11　包庇罪的认定

一、精讲

1. 以包庇罪论处的只有两种情形:(1)作假证明包庇。(2)特别规定:旅馆业、文化娱乐业、出租汽车业等单位的人员,在公安机关查处卖淫嫖娼活动时,为违法犯罪分子通风报信,情节严重的,依照第310条的规定定罪处罚,即按包庇罪定罪处罚。其他具有包庇动机或包庇性质的,均以其他罪定罪,如包庇黑社会性质组织罪、包庇毒品犯罪分子罪等。

2. 包庇罪与伪证罪的区别要点:行为主体不同,伪证罪限于证人、鉴定人、记录人、翻译人。故特定的主体在刑事诉讼中作伪证以包庇犯罪分子的,是伪证罪;其他人在刑事诉讼之前或之中提供假证明包庇犯罪分子的,是包庇罪。此外,包庇行为可以在刑事诉讼过程中实施,也可以在此之前实施;而伪证罪只能在刑事诉讼过程中实施。

二、例题

1. 甲杀丙后潜逃。为干扰侦查,甲打电话让乙将一把未留有指纹的斧头粘上丙的鲜血放到现场。乙照办后报案称,自己看到"凶手"杀害了丙,并描述了与甲相貌特征完全不同的"凶手"情况,导致公安机关长期未将甲列为嫌疑人。关于本案,下列哪一选项是错误的?(2016

年真题,单选)

A. 乙将未留有指纹的斧头放到现场,成立帮助伪造证据罪

B. 对乙伪造证据的行为,甲不负刑事责任

C. 乙捏造事实诬告陷害他人,成立诬告陷害罪

D. 乙向公安机关虚假描述"凶手"的相貌特征,成立包庇罪

[释疑] C项错误最明显,因为乙的行为与诬告陷害完全不搭界。A项没错,因为乙"将未留有指纹的斧头放到现场"成立帮助伪造证据罪。B项没错,因为帮助伪造证据罪不包含犯罪人本人伪造证据掩盖自己罪行的行为。D项没错,属于"作假证明"包庇。(答案:C)

2. 甲路过偏僻路段,看到其友乙强奸丙的犯罪事实。甲的下列哪一行为构成包庇罪?(2012年真题,单选)

A. 用手机向乙通报公安机关抓捕乙的消息

B. 对侦查人员的询问沉默不语

C. 对侦查人员声称乙、丙系恋人,因乙另有新欢遭丙报案诬陷

D. 经法院通知,无正当理由,拒绝出庭作证

[释疑] A项帮助逃匿的窝藏行为。B项知情不举,不涉及国家安全的不为罪。C项作假证明包庇,典型包庇行为。D项拒绝作证目前没有这种犯罪类型,不为罪。(答案:C)

3. 下列哪些行为构成包庇罪?(2009年真题,多选)

A. 甲帮助强奸罪犯毁灭证据

B. 乙(乘车人)在交通肇事后指使肇事人逃逸,致使被害人因得不到救助而死亡

C. 丙明知实施杀人、放火犯罪行为是恐怖组织所为,而作假证明予以包庇

D. 丁系歌舞厅老板,在公安机关查处卖淫嫖娼违法行为时,为违法者通风报信,情节严重

[释疑] (1) A项,帮助当事人毁灭、伪造证据的,构成第307条第2款帮助毁灭、伪造证据罪。

(2) B项,应以交通肇事罪共犯论。《关于审理交通肇事刑事案件具体应用法律若干问题的解释》第5条第2款规定:交通肇事后,单位主管人员、机动车辆所有人、承包人或者乘车人指使肇事人逃逸,致使被害人因得不到救助而死亡的,以交通肇事罪的共犯论处。

(3) C项,根据第310条的规定,作假证明包庇定包庇罪,正确。

(4) D项,根据第362条的规定,按包庇罪定罪处罚,正确。(答案:CD)

考点12 帮助、毁灭证据罪,掩饰、隐瞒犯罪所得罪和共犯的认定

一、精讲

1. 如果是事前承诺帮助、毁灭证据,掩饰、隐瞒犯罪所得的,成立共犯,对帮助、毁灭证据,掩饰、隐瞒犯罪所得不单独定罪。例如甲和乙商量,由甲去偷车,乙帮其销售,乙欣然应允,事发之后,甲、乙构成盗窃罪的共犯。

2. 如果是事后提供帮助,毁灭证据,掩饰、隐瞒犯罪所得的,不成立共犯,依行为单独定帮助、毁灭证据罪,掩饰、隐瞒犯罪所得罪。

二、例题

1.《刑法》第310条第1款规定了窝藏、包庇罪,第2款规定:"犯前款罪,事前通谋的,以

共同犯罪论处。"《刑法》第312条规定了掩饰、隐瞒犯罪所得罪,但没有规定"事前通谋的,以共同犯罪论处。"关于上述规定,下列哪一说法是正确的?(2017年真题,单选)

A. 若事前通谋之罪的法定刑低于窝藏、包庇罪的法定刑,即使事前通谋的,也应以窝藏、包庇罪论处

B. 即使《刑法》第310条没有第2款的规定,对于事前通谋事后窝藏、包庇的,也应以共同犯罪论处

C. 因缺乏明文规定,事前通谋事后掩饰、隐瞒犯罪所得的,不能以共同犯罪论处

D. 事前通谋事后掩饰、隐瞒犯罪所得的,属于想象竞合,应从一重罪处罚

[**释疑**] "事前通谋以共犯论"属于注意规定,即使没有该条款,对此类行为也应按上游犯罪的共同犯罪论处,故C项错,B项对。后续的行为属于不可罚的事后行为,不再单独定罪,故A、D项错。(答案:B)

2. 下列哪一选项的行为应以掩饰、隐瞒犯罪所得罪论处?(2011年真题,单选)

A. 甲用受贿所得1000万元购买了一处别墅

B. 乙明知是他人用于抢劫的汽车而更改车身颜色

C. 丙与抢劫犯事前通谋后代为销售抢劫财物

D. 丁明知是他人盗窃的汽车而为其提供伪造的机动车来历凭证

[**释疑**] (1) A项,犯罪人本人使用受贿款,是不可罚的事后行为,还是受贿罪问题。

(2) B项,乙成立帮助劫匪准备抢劫犯罪工具的共犯。

(3) B、C项,事先通谋承担事后帮助隐匿犯罪所得,以共犯论。

(4) D项,根据2007年最高人民法院、最高人民检察院《关于办理与盗窃、抢劫、诈骗、抢夺机动车相关刑事案件具体应用法律若干问题的解释》明确规定:明知是盗窃、抢劫、诈骗、抢夺的机动车,提供或者出售机动车来历凭证、整车合格证、号牌以及有关机动车的其他证明和凭证的,以掩饰、隐瞒犯罪所得、犯罪所得收益罪定罪。D项正确。(答案:D)

3. 甲抢劫出租车,将被害司机尸体藏入后备箱后打电话给堂兄乙,请其帮忙。乙帮助甲把尸体埋掉,并把被害司机的证件、衣物等烧掉。两天后,甲把抢来的出租车送给乙。乙的行为构成何罪?(2009年真题,多选)

A. 抢劫罪　　B. 包庇罪

C. 掩饰、隐瞒犯罪所得罪　　D. 帮助毁灭证据罪

[**释疑**] 乙不构成甲抢劫罪的共犯,甲是在抢劫行为完成之后,即抢劫过程全部结束之后打电话给乙请其帮忙,并没有抢劫罪的事前同谋或者事中帮助,而是事后帮助其毁灭证据,窝藏赃物。(答案:CD)

考点13 拒不执行判决裁定罪的认定

精讲

1. 本罪的犯罪对象是人民法院依法作出的具有执行内容并已经发生法律效力的判决或裁定。犯罪主体为特殊主体,即对法院的裁判负有履行义务的人。

2. 构成本罪,客观方面必须具备以下三点:(1) 拒不执行的是人民法院已经生效的判决、裁定;(2) 行为人必须有能力执行而拒不执行;(3) 拒不执行判决、裁定的行为情节严重。

3. 若行为人以暴力方式拒不执行法院生效的判决、裁定,造成执行人员重伤、死亡的(即暴力致人重伤或致死),应依照第234条第2款故意伤害罪、第232条故意杀人罪论处。

4. 单位犯罪,双罚。[刑法修正案(九)]

考点14　打击报复证人罪与妨害作证罪的区别

一、精讲

打击报复证人罪与妨害作证罪的区别:因为证人作证(已经作证)而对其打击报复的,是打击报复证人罪;而在证人作证之前阻碍证人作证或指使作伪证的,是妨碍作证罪。二者的区别在于:

(1) 时间不同:妨害作证发生在证人作证之前;而打击报复证人在作证之后。

(2) 动机不同;前者是出于打击报复作证的证人;后者是意图阻止证人出面作证或指使作伪证。

二、例题

某法院开庭审理一起民事案件,参加旁听的原告之夫李某认为证人王某的证言不实,便当场大声指责,受到法庭警告。李某不听劝阻,大喊"给我打",在场旁听的十多个原告方的亲属一拥而上,对王某拳打脚踢,法庭秩序顿时大乱。审判长予以制止,李某一伙又对审判长和审判员进行围攻、殴打,审判长只好匆匆宣布休庭。李某的上述行为触犯了什么罪名?(2004年真题,不定选)

A. 打击报复证人罪　　　　B. 聚众冲击国家机关罪

C. 扰乱法庭秩序罪　　　　D. 妨害作证罪

[释疑]　(1) 本题在作证之后,对证人打击报复的,定打击报复证人罪。排除D项。

(2) 至于B项与C项,在于场合不同。法庭秩序是一种特殊的国家机关工作(庭审)秩序,符合这一特殊情形的,定扰乱法庭秩序罪。如果因为对判决、裁定不满,而聚众冲击法院办公场所的,仍应当认定为聚众冲击国家机关罪。(答案:AC)

三、提示与预测

对"李某的上述行为触犯了什么罪名"之提问中"触犯"的回答。

(1) "触犯"何罪与"构成"何罪的差别。"触犯"一词通常用于想象竞合犯,如一行为同时在表面上"触犯"数罪名的是想象竞合犯,想象竞合犯是实际的一罪,故虽然"触犯数罪名",仍然认为是"一罪"。而"构成"则是指数行为具备数犯罪构成、成立数罪,是"实际"的数罪而不是"想象"的数罪。就本题而言,李某等众人在法庭上对证人大打出手,只能算一个故意、一个行为,但触犯了数罪名,属于想象竞合犯,是实际的一罪。但因为"触犯数罪名"并非实际"构成数罪",故尽管是一行为一罪,按照"触犯"的意义和要求,尽管不是实际构成数罪,但A项和C项都选是正解。假如本题问李某等人的行为"构成何罪"?或"以何罪定罪处罚",或"以何罪论处"?则只能从四项中选择一项,或者选能够完整涵盖行为情况(案件事实)的C项"扰乱法庭秩序罪",或者选处罚较重的A项"打击报复证人罪"。

(2) "构成何罪"与"以何罪定罪处罚"。从官方制定的参考答案看,二者大体在同一意义上使用。当然最明确的还是“以何罪定罪处罚”。

考点 15　盗掘古文化遗址、古墓葬，并盗窃珍贵文物的，构成盗掘古文化遗址、古墓葬罪一罪

一、精讲

1. 盗掘古文化遗址、古墓葬，并盗窃珍贵文物或者造成珍贵文物严重破坏的，构成盗掘古文化遗址、古墓葬罪一罪，加重处罚。

2. 盗掘古文化遗址、古墓葬后，为了毁灭罪证等原因故意毁坏盗掘古文化遗址、古墓葬中的珍贵文物的，以本罪与故意损毁文物罪数罪并罚。

二、例题

甲盗掘国家重点保护的古墓葬，窃取大量珍贵文物，并将部分文物偷偷运往境外出售牟利。司法机关发现后，甲为毁灭罪证将剩余珍贵文物损毁。关于本案，下列哪些选项是错误的？(2010 年真题，多选)

A. 运往境外出售与损毁文物，属于不可罚的事后行为，对甲应以盗掘古墓葬罪、盗窃罪论处

B. 损毁文物是为自己毁灭证据的行为，不成立犯罪，对甲应以盗掘古墓葬罪、盗窃罪、走私文物罪论处

C. 盗窃文物是盗掘古墓葬罪的法定刑升格条件，对甲应以盗掘古墓葬罪、走私文物罪、故意损毁文物罪论处

D. 盗掘古墓葬罪的成立不以盗窃文物为前提，对甲应以盗掘古墓葬罪、盗窃罪、走私文物罪、故意损毁文物罪论处

[释疑]　本案正确结论是 C 项。第 328 条第 1 款第(4)项规定：“盗掘古文化遗址、古墓葬，并盗窃珍贵文物或者造成珍贵文物严重破坏的”(处 10 年以上……)。据此“窃取大量珍贵文物”是第 328 条第 1 款第(4)项的加重犯。另外，第 328 条之罪当然包含盗掘中窃取墓葬中文物的行为，故 A、B、D 项中“……盗窃罪……论处”有错。甲盗掘“之后”(事后)，“将部分文物偷偷运往境外”，是走私文物(第 151 条第 2 款)，“将剩余珍贵文物损毁”，是故意毁损文物(第 324 条)。均超出第 328 条(盗掘罪)包容的范围，故应当数罪并罚。(答案：ABD)

考点 16　非法行医罪、非法进行节育手术罪、医疗事故罪的认定和区分

一、精讲

1. 非法行医罪、非法进行节育手术罪。这两罪共有的主要特点是：(1) 其主体是未取得医生执业资格的人；(2) 故意犯罪；(3) 情节严重的才构成本罪。二罪的联系是：非法进行节育手术罪实际上是非法行医罪的特殊类型。

2. 医疗事故罪与非法行医罪、非法进行节育手术罪的区别：(1) 主体不同。医疗事故罪的主体有医生执业资格；而后者主体没有医生执业资格。(2) 罪过形式不同。医疗事故罪是

过失犯罪,以造成就诊人死亡、伤残的严重结果为要件;后者构成故意罪,不以造成严重后果为要件。严重损害就诊人健康或者造成就诊人死亡的,构成结果加重犯。

3. 医疗事故罪与过失致人死亡罪是法条竞合关系。

二、例题

1. 医生甲退休后,擅自为人看病 2 年多。某日,甲为乙治疗,需注射青霉素。乙自述以前曾注射过青霉素,甲便未做皮试就给乙注射青霉素,乙因青霉素过敏而死亡。关于本案,下列哪一选项是正确的?(2013 年真题,单选)

A. 以非法行医罪的结果加重犯论处　　B. 以非法行医罪的基本犯论处

C. 以过失致人死亡罪论处　　D. 以医疗事故罪论处

[释疑] 第 336 条规定,未取得医生执业资格的人非法行医,情节严重的,处 3 年以下有期徒刑、拘役或者管制……造成就诊人死亡的,处 10 年以上有期徒刑,并处罚金。故"情节严重"为基本犯,"致死"为加重犯,A 项对,B 项错。非法行医致人死亡,也属于"过失致人死亡",但法条竞合时,特别法条优先,故 C 项错。特别注意:"论处""构成"与"触犯"不同,"论处""构成"属于最终定罪结论,"触犯"不是最终定罪结论。医疗事故罪的主体为"医务人员",已退休者已不再属于"医务人员",故 D 项错。另外,"未取得医生执业资格"应解释为"案发时不具有医生执业资格",故即使曾经取得资格,但退休后就应认定为"未取得资格"。(答案:A)

2. 甲系某医院外科医师,应邀在朋友乙的私人诊所兼职期间,擅自为多人进行了节育复通手术。对甲的行为应当如何定性?(2005 年真题,单选)

A. 构成非法行医罪　　B. 构成非法进行节育手术罪

C. 构成医疗事故罪　　D. 不构成犯罪

[释疑] (1) 甲系某医院外科医师,显系有医生执业资格的人,不符合 A 罪和 B 罪的主体要件,不可能成立 A 罪和 B 罪。

(2) 第 335 条规定之医疗事故罪,是过失犯罪,以"造成就诊人死亡或者严重损害就诊人身体健康"的结果为要件,甲没有造成特定的结果,也不成立 C 罪。

(3) D 项是正选。甲的行为是违反医政管理的行政违法行为。(答案:D)

三、提示与预测

非法行医罪与医疗事故罪是考试重点,注意它们之间的界限。构成非法行医罪应具有"行医"的形式,即使用"医术"之名为他人诊疗疾病,如果没有使用医术的名义,不成立本罪,如乡间神汉巫婆采用跳大仙、念咒语、驱鬼神等迷信方式为他人"治病",不是非法行医,如果以此骗人钱财的,可构成诈骗罪。一般应具有"常业性",即以非法行医为业或以此为生活主要来源,如开办诊所或游走江湖非法行医,若缺乏常业性,不成立本罪,如村民甲以种地为业,有时利用祖传的治疗肝炎的偏方为周围群众看病,收取少量谢金和礼物,不构成非法行医罪。再如某医院护士,偶然受朋友之托私自为他人做人工流产手术,因无手术经验,导致受害人大出血死亡的,因不具有常业性行医的特征,不构成非法行医罪,也不构成非法进行节育手术罪。因为不在正常的医疗活动中,缺乏业务性质,不宜定医疗事故罪,构成过失致人死亡罪。

考点 17　盗伐林木罪的认定与盗窃罪的界限

一、精讲

1. 盗伐林木罪的对象必须具有两个特征：其一是“活树”，不是木头；其二是“成片树林”之活树，不包括“零星”树木。因为客体(保护法益)为自然资源、环境。

2. 盗窃他人已经伐倒的树木的，以及偷砍他人房前屋后、自留地种植的零星树木，数额较大的，以盗窃罪定罪处罚。

二、例题

1. 关于盗伐林木罪，下列哪一选项是正确的？(2017 年真题，单选)

A. 甲盗伐本村村民张某院落外面的零星树木，如果盗伐数量较大，构成盗伐林木罪

B. 乙在林区盗伐珍贵林木，数量较大，如同时触犯其他法条构成其他犯罪，应数罪并罚

C. 丙将邻县国有林区的珍贵树木移植到自己承包的林地精心养护使之成活的，不属于盗伐林木

D. 丁在林区偷扒数量不多的具有药用价值的树皮，致使数量较大的林木枯死的，构成盗伐林木罪

[**释疑**]　A 项错，根据司法解释，此类行为尚未对林木资源构成破坏，仅侵犯财产权，成立盗窃罪。B 项错，一行为触犯数罪名，想象竞合，择一重罪处断。C 项错，将国有林木据为己有，破坏林木资源，构成盗伐林木罪。D 项对，最高人民法院《关于审理破坏森林资源刑事案件具体应用法律若干问题的解释》第 15 条规定：“非法实施采种、采脂、挖笋、掘根、剥树皮等行为，牟取经济利益数额较大的，依照刑法第二百六十四条的规定，以盗窃罪定罪处罚。同时构成其他犯罪的，依照处罚较重的规定定罪处罚。”丁的行为构成盗窃罪，但同时致使数量较大的林木枯死，又构成盗伐林木罪，择一重处。(答案：D)

2. 甲公司竖立的广告牌被路边树枝遮挡，甲公司在未取得采伐许可的情况下，将遮挡广告牌的部分树枝砍掉，所砍树枝共计 6 立方米。关于本案，下列哪一选项是正确的？(2013 年真题，单选)

A. 盗伐林木包括砍伐树枝，甲公司的行为成立盗伐林木罪

B. 盗伐林木罪是行为犯，不以破坏林木资源为要件，甲公司的行为成立盗伐林木罪

C. 甲公司不以非法占有为目的，只成立滥伐林木罪

D. 不能以盗伐林木罪判处甲公司罚金

[**释疑**]　A 项错，林木是指树干部分，“树枝”不属于“林木”。故甲公司不成立盗伐林木罪，A 项错，D 项对。B 项错，盗伐林木罪以破坏林木资源为要件。C 项错，盗伐林木罪是无许可证砍伐他人林木破坏林木资源的犯罪，不以非法占有目的为要件。(答案：D)

3. 李某多次尾随盗伐林木人员，将其砍倒尚未运走的林木偷偷运走，销赃获利数千元。此外，他还盗伐了他人自留地、责任田等地边田坎种植的零星树木 5 个多立方米。对李某的上述行为应当如何定罪处罚？(2003 年真题，单选)

A. 以盗伐林木罪定罪处罚

B. 以盗窃罪定罪处罚

C. 以盗伐林木罪和盗窃罪定罪，实行数罪并罚

D. 以盗伐林木罪、盗窃罪和销售赃物罪定罪,实行数罪并罚

[释疑] 略。(答案:B)

考点18 毒品犯罪的认定

一、精讲

贩卖毒品,包括:① 出售毒品;② 为出售而购买毒品;③ 居间介绍买卖毒品的,以贩卖毒品论处。贩卖毒品罪不需要以牟利为目的,但如果仅为供本人吸食而购买的,不构成贩卖毒品罪,达到一定数量的,构成非法持有毒品罪。

二、例题

1. 关于毒品犯罪,下列哪些选项是正确的?(2017年真题,多选)

A. 甲容留未成年人吸食、注射毒品,构成容留他人吸毒罪

B. 乙随身携带藏有毒品的行李入关,被现场查获,构成走私毒品罪既遂

C. 丙乘广州至北京的火车运输毒品,快到武汉时被查获,构成运输毒品罪既遂

D. 丁以牟利为目的容留刘某吸食毒品并向其出卖毒品,构成容留他人吸毒罪和贩卖毒品罪,应数罪并罚

[释疑] A项对,未成年人也可以是容留吸毒的对象。B项对,根据司法解释,在海关监管现场被查获的,也是走私毒品罪既遂。C项对,运输毒品罪针对的是“运输”行为,只要行为人实施了运输行为即可认定为犯罪既遂,而不要求到达目的地。D项对,分别实施了两个行为,且无牵连、竞合等关系,应数罪并罚。(答案:ABCD)

2. 关于毒品犯罪,下列哪些选项是正确的?(2016年真题,多选)

A. 甲无牟利目的,为江某代购仅用于吸食的毒品,达到非法持有毒品罪的数量标准。对甲应以非法持有毒品罪定罪

B. 乙为蒋某代购仅用于吸食的毒品,在交通费等必要开销之外收取了若干“劳务费”。对乙应以贩卖毒品罪论处

C. 丙与曾某互不知情,受雇于同一雇主,各自运输海洛因500克。丙将海洛因从一地运往另一地后,按雇主吩咐交给曾某,曾某再运往第三地。丙应对运输1 000克海洛因负责

D. 丁盗窃他人200克毒品后,将该毒品出卖。对丁应以盗窃罪和贩卖毒品罪实行数罪并罚

[释疑] A、B项正确,代购毒品,不牟利的不成立贩卖毒品罪。持有数量较大的(海洛因、甲基苯丙胺)10克以上,成立非法持有毒品罪。为牟利而代购毒品的成立贩卖毒品罪。D项正确,根据司法解释,盗窃毒品的成立盗窃罪,而后将所盗窃毒品卖出的,成立贩卖毒品罪,数罪并罚。因为盗窃毒品侵犯财产法益,销售毒品侵犯麻醉药品精神药品管理秩序,产生数个危害。这不同于盗窃财物后销赃的行为。C项错,因为“丙与曾某互不知情”,主观上没有共同犯罪的故意,客观上也没有起到相互帮助的作用,不成立共犯,仅对自己贩运的部分负责。参见《全国法院毒品犯罪审判工作座谈会纪要》(法[2015]129号)。(答案:ABD)

3. 关于毒品犯罪,下列哪些选项是正确的?(2010年真题,多选)

A. 明知他人实施毒品犯罪而为其居间介绍,代购代卖的,即使没有牟利目的,也成立贩卖毒品罪

B. 为便于隐蔽运输,对毒品掺杂使假的行为,或者为了销售,去除毒品中的非毒品物质的行为,不成立制造毒品罪

C. 甲认为自己管理毒品不安全,将数量较大毒品委托给乙保管时,甲、乙均成立非法持有毒品罪

D. 行为人对同一宗毒品既走私又贩卖的,量刑时不应重复计算毒品数量

[释疑] A项,居间介绍,代购代卖以贩卖毒品共犯论。贩卖毒品罪的主观要素只需对贩卖的明知(故意),不必以牟利为目的。C项,非法持有毒品罪,不以本人实际占有为必要,也不以本人"所有"为必要。本人拥有而交他人保管或为他人保管,都是非法持有。(答案:ABCD)

4. 甲、乙均为吸毒人员,且关系密切。乙因买不到毒品,多次让甲将自己吸食的毒品转让几克给乙,甲每次均以购买价转让毒品给乙,未从中牟利。关于本案,下列哪些选项是错误的?(2008年真题,多选)

A. 贩卖毒品罪必须以营利为目的,故甲的行为不成立贩卖毒品罪

B. 贩卖毒品罪以获利为要件,故甲的行为不成立贩卖毒品罪

C. 甲属于无偿转让毒品,不属于贩卖毒品,故不成立贩卖毒品罪

D. 甲只是帮助乙吸食毒品,《刑法》没有将吸食毒品规定为犯罪,故甲不成立犯罪

[释疑] (1) A、B项,贩卖毒品的要点是"出售"行为,包括"以出售为目的的购买"行为,不以具有营利目的、实际获利为必要。

(2) C项,"购买价转让"不属于"无偿转让"。

(3) D项,犯罪行为的"对向行为"是否为刑法上的犯罪,对该犯罪行为的性质没有影响。而且不少场合犯罪行为的对向行为没有被规定为犯罪,如贩卖淫秽物品罪的对向行为购买自用行为。(答案:ABCD)

5. 甲、乙通过丙向丁购买毒品,甲购买的目的是为自己吸食,乙购买的目的是为贩卖,丙则通过介绍毒品买卖,从丁处获得一定的好处费。对于本案,下列哪些选项是正确的?(2006年真题,多选)

A. 甲的行为构成贩卖毒品罪　　B. 乙的行为构成贩卖毒品罪

C. 丙的行为构成贩卖毒品罪　　D. 丁的行为构成贩卖毒品罪

[释疑] (1) A项,甲购买毒品仅仅供自己吸食的,不构成贩卖毒品罪,数量较大的,以非法持有毒品罪论处。

(2) B项,乙为贩卖而购买,构成贩卖毒品罪。

(3) C项,居间介绍买卖毒品的以贩卖毒品共犯论,故丙的行为构成贩卖毒品罪。

(4) D项,丁出售毒品,当然成立贩卖毒品罪。(答案:BCD)

考点19 窝藏、转移、隐瞒毒品、毒赃罪与非法持有毒品罪的区分

一、精讲

区别的要点在于能否查明毒品来源。如果能够证明是为其他毒品犯罪分子保管的毒品,属于窝藏毒品性质;如果不能说明或不能证明毒品来源的,属于非法持有。

二、例题

毒贩甲得知公安机关近来要开展"严打"斗争,遂将尚未卖掉的50多克海洛因和贩毒所

得赃款 8 万多元拿到家住偏远农村的亲戚乙处隐藏。公安机关得到消息后找乙调查此事,乙矢口否认。乙当晚将上述毒品、赃款带到后山山洞隐藏时被跟踪而至的公安人员当场抓获。乙的上述行为应当以何罪论处?(2005 年真题,单选)

A. 非法持有毒品罪　　B. 掩饰隐瞒犯罪所得罪

C. 窝藏、转移、隐瞒毒品、毒赃罪　　D. 包庇毒品犯罪分子罪

[释疑]　(1) 本题能够查明毒品来源是为其他毒品犯罪分子保管的、持有、转移的,是 C 项,排除 A 项。

(2) B 项与 C 项之间是法条竞合关系,C 项属于较为特别规定,选 C 项。

(3) C 项与 D 项的区别在于行为对象不同,C 项是对毒品毒赃(物)的窝藏、转移、隐瞒行为;D 项是对毒品犯罪分子(人)的包庇。乙矢口否认帮甲隐藏毒品毒赃,首先属于其隐瞒自己窝藏、转移、隐瞒毒品、毒赃罪行,无须另行认定为包庇毒品犯罪分子罪。(答案:C)

考点 20　走私、贩卖、运输、制造毒品罪的处罚

一、精讲

1. 走私、贩卖、运输、制造毒品,无论数量多少,都应当追究刑事责任,予以刑事处罚。非法持有毒品罪有定罪的数量标准。

2. 在走私、贩卖、运输、制造毒品罪过程中,使用暴力抗拒检查、拘留、逮捕的,作为法定加重情节,而不成立妨害公务罪。但不可依此类推到走私罪上面。在走私犯罪过程中使用暴力抗拒检查、拘留、逮捕,情节严重的,另外成立妨害公务罪,数罪并罚。

3. 单位可构成走私、贩卖、运输、制造毒品罪,对单位判处罚金,并对其直接负责的主管人员和其他直接责任人员,依照规定处罚。

二、例题

关于毒品犯罪的论述,下列哪些选项是错误的?(2012 年真题,多选)

A. 非法买卖制毒物品的,无论数量多少,都应追究刑事责任

B. 缉毒警察掩护、包庇走私毒品的犯罪分子的,构成放纵走私罪

C. 强行给他人注射毒品,使人形成毒瘾的,应以故意伤害罪论处

D. 窝藏毒品犯罪所得的财物的,属于窝藏毒赃罪与掩饰、隐瞒犯罪所得罪的法条竞合,应以窝藏毒赃罪定罪处刑

[释疑]　A 项只有第 347 条明文规定:"走私、贩卖、运输、制造毒品,无论数量多少,都应当追究刑事责任",以示特别从严惩治。第 347 条以外对其他毒品犯罪无此规定。B 项应为第 349 条包庇毒品犯罪分子罪。该条第 2 款规定"缉毒人员或者其他国家机关工作人员掩护、包庇走私、贩卖、运输、制造毒品的犯罪分子的"从重处罚。C 项应为第 353 条第 2 款强迫吸食毒品罪,D 项为第 349 条窝藏毒赃罪。(答案:ABC)

考点 21　非法持有毒品罪的认定

一、精讲

1. 本罪以持有毒品"数量较大"为要件:(1) 鸦片 200 克以上;(2) 海洛因或者甲基苯丙

胺10克以上;(3) 其他毒品数量较大的。毒品的数量以查证属实的数量计算,不以纯度折算。

2. 罪数问题。因实施其他毒品犯罪而持有毒品的,按所实施的毒品犯罪定罪处罚。非法持有毒品罪实际上是一个对证据要求最低的毒品犯罪。对于有证据证明因犯其他毒品罪而持有毒品的,应当优先适用其他罪名定罪,并排斥适用非法持有毒品罪。尤其是因为贩卖而持有毒品的,只要有证据证实,应当认定为贩卖毒品罪。在司法实践中,往往在行为人贩卖时将其抓获,并当场查获一定数量的毒品,然后又从行为人家中或其他地点起获大量毒品。如果罪犯没有合理的解释,通常认定为为贩卖而持有,一并作为贩卖毒品罪的数量,以贩卖毒品一罪处罚。而不要把在贩卖现场查获的毒品作为贩卖的毒品,在家中等处起获的毒品作为非法持有的毒品,分别计算,分别以贩卖毒品罪、非法持有毒品罪定罪,数罪并罚。

3. 吸毒者在购买、运输、存储毒品过程中被抓获,如果没有证据证明实施了其他毒品犯罪行为的,一般不应定罪处罚。但查获的毒品数量大的,应当以非法持有毒品罪定罪处罚;毒品数量未超过构成犯罪的最低数量标准的,不定罪处罚。

4. 托购、代购毒品问题。行为人不是以营利为目的,为他人代买仅用于吸食的毒品,毒品数量达到非法持有毒品罪数量最低标准的,托购者、代购者均构成非法持有毒品罪。

二、例题

关于非法持有毒品罪,下列哪一选项是正确的?(2011年真题,单选)

A. 非法持有毒品的,无论数量多少都应当追究刑事责任

B. 持有毒品不限于本人持有,包括通过他人持有

C. 持有毒品者而非所有者时,必须知道谁是所有者

D. 因贩卖而持有毒品的,应当实行数罪并罚

[**释疑**]　(1) A项,非法持有毒品罪有数量要求,构成本罪所持有的鸦片要200克以上,海洛因或者甲基苯丙胺要10克以上。A项错误。

(2) B项正确,持有既包括本人亲自控制、占有自己所有或他人所有的毒品,也包括本人拥有而由他人保管、占有的毒品。

(3) C项错误,不需明知所有者。

(4) D项,贩卖毒品的犯罪分子对毒品的持有,认为是贩卖毒品的当然结果,被贩卖毒品罪吸收,仅定贩卖毒品罪。(答案:B)

考点22　有关非法种植毒品原植物罪的问题

一、精讲

根据第351条的规定,非法种植罂粟、大麻等毒品原植物的,一律强制铲除。有下列情形之一的,处5年以下有期徒刑、拘役或者管制,并处罚金:(1) 种植罂粟500株以上不满3 000株或者其他毒品原植物数量较大的;(2) 经公安机关处理后又种植的;(3) 抗拒铲除的。

非法种植罂粟3 000株以上或者其他毒品原植物数量大的,处5年以上有期徒刑,并处罚金或者没收财产。

非法种植罂粟或者其他毒品原植物,在收获前自动铲除的,可以免除处罚。

二、例题

关于非法种植毒品原植物罪,下列说法错误的是:(2000年真题,不定选)

A. 非法种植罂粟300株以上的行为构成非法种植毒品原植物罪

B. 非法种植罂粟或者其他毒品原植物,在收获前自动铲除的,可以不追究刑事责任

C. 非法种植罂粟而抗拒铲除的,成立非法种植毒品原植物罪

D. 国家工作人员非法种植罂粟或者其他毒品原植物的,属法定的从重处罚情况

[释疑] 答题要领是熟悉法条。

(1) A项的数量不够法定的标准。

(2) B项中"可以不追究刑事责任"的说法与法条中"可以免除处罚"的规定,多少有点不一致。不追究刑事责任是既不定罪也不处罚,而免除处罚是追究刑事责任定罪但不予处罚,略有不同。

(3) C项至少在字面上完全符合法律规定。实际上可能有例外情况,如自家花园里种两棵观赏,抗拒铲除的。

(4) D项于法无据。尤其是对罪犯不利的命题,必须有明确的法律根据。(答案:ABD)

考点23 引诱、教唆、欺骗他人吸毒罪,强迫他人吸毒罪的认定

一、精讲

1. 引诱、教唆、欺骗他人吸毒罪,对"他人"的年龄没有限制。

2. 引诱、教唆、欺骗或者强迫未成年人吸食、注射毒品的,从重处罚。

二、例题

关于引诱、教唆、欺骗他人吸毒罪与强迫他人吸毒罪,下列说法正确的是:(2000年真题,不定选)

A. 引诱、教唆、欺骗他人吸毒罪中的"他人",仅限于已满14周岁的人

B. 非法在牛奶中加入毒品而提供给婴儿饮用的,不成立引诱、教唆、欺骗他人吸毒罪,而成立强迫他人吸毒罪

C. 国家工作人员利用职权强迫他人吸毒的,属于法定的从重处罚情节

D. 强迫未成年人吸毒的,属于法定的从重处罚情节

[释疑] (1) A项错误明显。

(2) 对C项内容,没有明文规定。

(3) 对D项内容,有明文规定。

(4) 关于B项,只能依据学理上的一般解释,因为婴幼儿没有起码的辨认、选择能力,对其不存在引诱、欺骗问题,将毒品掺在食品中给其食用,比照偷盗婴幼儿、奸淫幼女,以绑架、强奸论处的一般理解,认定为强迫吸食。不过,如果是将毒品偷偷掺在食品中供成人食用,通常认为属于引诱。(答案:BD)

考点24　组织、强迫卖淫罪罪数问题

精讲

《刑法修正案(九)》之前,组织或强迫卖淫的,有五种加重处罚情形:(1) 组织他人卖淫,情节严重的;(2) 强迫不满14周岁的幼女卖淫的;(3) 强迫多人卖淫或者多次强迫他人卖淫的;(4) 强奸后迫使其卖淫的;(5) 造成被强迫卖淫的人重伤、死亡或者其他严重后果的。不需要数罪并罚。但《刑法修正案(九)》对此作了重要调整:(1) 删除加重处罚的情形;(2) 组织、强迫未成年人卖淫的,从重处罚;(3) 犯组织、强迫卖淫罪,并有杀害、伤害、强奸、绑架等犯罪行为的,数罪并罚(不再是按一罪加重处罚)。(4) 删除此二罪的死刑规定。

考点25　组织卖淫罪的认定

一、精讲

1. 组织卖淫罪是指以招募、雇用、纠集、强迫、引诱、容留等手段,控制多人从事卖淫的行为。应掌握以下要点:(1) 多人,是指3人以上,主要是女人,也包括男人。(2) 既包括组织卖淫人员向异性卖淫,也包括向同性卖淫。

2. 一罪与数罪。在组织卖淫的犯罪活动中,同时对被组织卖淫的人有强迫、引诱、容留、介绍卖淫行为的,应当作为组织卖淫罪的量刑情节考虑,不实行数罪并罚。但是,如果这些行为是对被组织者以外的人实施的,仍应分别定罪,实行数罪并罚。

3. 组织卖淫罪的特殊性。组织卖淫罪虽有"组织"一词,但与共同犯罪制度中的"组织"、领导犯罪集团的"组织"一词意义不同。(1) 被组织的卖淫人员从事的卖淫活动本身不是犯罪,卖淫人员也不是共同犯罪人,故组织卖淫的组织者不是她们的"首要分子";(2) 组织者与协助组织者通常具有共犯关系,但是刑法已经将协助组织卖淫罪独立出来,不按共同犯罪关系定罪处罚。故对组织卖淫者和协助者,不适用共犯一般制度定罪处罚,也就不把组织者认为是协助组织者的首要分子。

二、例题

徐某1990年曾因投机倒把罪被判处5年有期徒刑,服刑期间经过减刑,于1994年11月刑满释放。1998年,徐某在某市开设一娱乐城,自任总经理,为谋利,非法提供色情服务。为了对付公安机关的查处和管理卖淫妇女,徐某要求统一保管卖淫妇女的身份证,对卖淫妇女实行集体吃住、统一收费、定期体检和发避孕工具的措施。徐某聘用李某负责保安,聘用赵某协助管理卖淫妇女。营业初期,有陆某等6名妇女卖淫,陆某又将1名刚满13周岁的女孩林某引诱来卖淫。一次,出租汽车司机罗某得知公安机关晚上要检查娱乐场所,便给徐某报信,使娱乐城躲过了公安机关的查处。后公安机关经过严密侦查,于1998年6月查封了娱乐城,在对卖淫妇女和嫖娼人员的查处中,发现经常在娱乐城嫖娼的陈某患有严重的性病。据陈某交代,他在一个月前被查出患有性病,但认为每次使用安全套,不会传染他人,因此一边治疗,一边经常嫖娼,听说娱乐城有一个十三四岁的女孩林某,曾嫖宿过这个女孩。幼女林某也指认,曾与陈某嫖宿过。根据以上事实,请回答下列问题:(1999年真题,不定选)

(1) 对徐某应以什么罪定罪量刑?

A. 强迫妇女卖淫罪　　B. 组织卖淫罪

C. 引诱、容留卖淫罪　　D. 非法经营罪

[释疑] 略。(答案:B)

(2) 徐某具有哪些法定从重处罚情节?

A. 教唆不满18周岁的人犯罪　　B. 累犯

C. 该娱乐城的主要负责人　　D. 首要分子

[释疑] (1) 徐某因故意犯罪被判5年有期徒刑,刑满释放后5年以内又犯应当判处有期徒刑以上的故意罪,构成累犯,应当从重。

(2) 分则条文规定法定从重的情节。根据第361条规定,旅馆业、饮食服务业、文化娱乐业、出租汽车业等单位的主要负责人,利用本单位的条件,组织、强迫、引诱、容留、介绍他人卖淫的,从重处罚。

(3) 虽然不能排除徐某有引诱幼女卖淫的行为,但幼女卖淫行为本身不是犯罪,故即使有引诱幼女卖淫行为,也不构成教唆,不存在教唆不满18岁的人犯罪的问题。

(4) 关于D项首要分子的问题。现行中的共犯制度,对主犯和集团犯罪的首要分子,是通过让他们对共同犯罪或集团犯罪的全部罪行承担刑事责任的方式来体现从重。不是一般性地把首要分子作为法定从重处罚的情节。在分则中,也未见对组织卖淫罪首要分子从重处罚的特别规定,故认为D项错误。(答案:BC)

考点26 协助组织卖淫罪是独立罪名,不以组织卖淫罪的共犯论处

一、精讲

1. 协助组织卖淫也可包含相关行为,如引诱、容留、介绍卖淫的行为,限制甚至剥夺卖淫人员人身自由的行为等,不必数罪并罚。

2. 协助是指对组织卖淫者提供帮助,协助组织卖淫罪实际上是从组织卖淫的共同犯罪中独立出来的一个罪名,刑法将这种协助行为规定为独立的罪名并配置独立法定刑。故对于协助组织卖淫的行为应单独定罪,而不以组织卖淫罪的共犯论处。

二、例题

(题干见考点25的例题)李某和赵某行为构成何罪?(1999年真题,不定选)

A. 组织卖淫罪　　B. 协助组织卖淫罪

C. 引诱、容留卖淫罪　　D. 强迫卖淫罪

[释疑] 略。(答案:B)

考点27 引诱幼女卖淫罪是独立罪名

一、精讲

本罪与引诱卖淫罪是不同种罪,犯罪对象须为不满14周岁的幼女。

二、例题

(题干见考点25的例题)陆某的行为构成何罪?(1999年真题,不定选)

A. 协助组织卖淫罪　　B. 介绍卖淫罪

C. 引诱幼女卖淫罪　　D. 组织卖淫罪

[**释疑**]　其实只要知道引诱幼女卖淫是刑法上的一个独立罪名,即可正确回答本题。

引诱幼女卖淫罪与引诱卖淫罪是不同种罪,故若被告人既有引诱幼女卖淫行为又有引诱卖淫行为的,应当成立数罪并罚。(答案:C)

考点28　引诱、容留、介绍卖淫罪的认定

一、精讲

1. 引诱、容留、介绍卖淫罪是一个选择性罪名,行为人有任一项行为的,均可单独构成完整一罪,如容留他人卖淫罪。如果行为人同时构成两个以上的行为的,不数罪并罚,以相应的罪名定罪处罚,如容留、介绍卖淫罪。我国学说和司法对选择一罪的处理方式类似于同种数罪,不数罪并罚。

2. 引诱幼女卖淫罪与容留幼女卖淫罪,二者不属于选择罪名,故通常实行并罚。但是如果引诱与容留卖淫为同一幼女,可认为是结果行为的牵连,不数罪并罚。如甲引诱幼女乙卖淫同时为乙卖淫提供场所(容留卖淫)的,择一重罪以引诱幼女卖淫罪一罪处罚。

3. 引诱幼女卖淫的,构成第359条第2款规定之引诱幼女卖淫罪。

4. 引诱卖淫罪与引诱幼女卖淫罪是不同种罪,如果被告人既有引诱幼女卖淫行为又有引诱卖淫行为的,数罪并罚。

二、例题

对《刑法》关于组织、强迫、引诱、容留、介绍卖淫罪的规定,下列解释正确的是:(2004年真题,不定选)

A. 引诱、容留、介绍卖淫罪,包括引诱、容留、介绍男性向同性恋者卖淫

B. 引诱成年人甲卖淫,容留成年人乙卖淫的,成立引诱、容留卖淫罪,不实行并罚

C. 引诱幼女甲卖淫,容留幼女乙卖淫的,成立引诱幼女卖淫罪与容留卖淫罪,实行并罚

D. 引诱幼女向他人卖淫后又嫖宿该幼女的,以引诱幼女卖淫罪论处,从重处罚

[**释疑**]　略。(答案:ABC)

考点29　有关淫秽物品的犯罪

一、精讲

1. 制作、复制、出版、贩卖、传播淫秽物品牟利罪是目的犯,“以牟利为目的”。

2. 为他人提供书号出版淫秽书刊罪是过失犯,即在不知他人用于出版淫秽书刊的情况下为他人提供书号。主体是特殊主体,通常是新闻出版部门的管理人员或单位。如果明知他人用于出版淫秽书刊而故意提供书号的,应当以出版淫秽物品牟利罪的共犯论处。

3. 传播淫秽物品罪,是故意犯,但不是目的犯,即不"以牟利为目的"为要件。本罪与传播淫秽物品牟利罪区别的要点是有没有"以牟利为目的"。

4. 以上各罪主体均包括单位,并实行双罚制。

二、例题

1. 关于利用互联网传播淫秽物品牟利的犯罪,可以由哪些主体构成?(2010年真题,多选)

A. 网站建立者　　B. 网站直接管理者

C. 电信业务经营者　　D. 互联网信息服务提供者

[**释疑**] 2010年1月《关于办理利用互联网、移动通讯终端、声讯台制作、复制、出版、贩卖、传播淫秽电子信息刑事案件具体应用法律若干问题的解释(二)》第6条规定,电信业务经营者(C)、互联网信息服务提供者(D)明知是淫秽网站(A、B),为其……的,以传播淫秽物品牟利罪定罪处罚……C、D项是"淫秽网站"建立、管理者(A、B项)的共犯。(答案:ABCD)

2. 雷某为购买正式书号用于出版淫秽录像带,找某音像出版社负责人任某帮忙。雷向任谎称自己想制作商业宣传片,需要一个书号,并提出付给出版社1万元"书号费"。任某同意,但要求雷给自己2万元好处费,雷某声称盈利后会考虑。任某随后指示有关部门立即办理。雷某拿到该书号出版了淫秽录像带,发行数量极大、影响极坏。雷牟利后给任某2万元好处费,任某收下。关于本案,下列哪些说法是错误的?(2004年真题,多选)

A. 雷某与任某的行为构成为他人提供书号出版淫秽书刊罪的共犯

B. 雷某的行为构成传播淫秽物品罪,任某的行为构成为他人提供书号出版淫秽书刊罪

C. 雷某的行为构成出版淫秽物品牟利罪,任某的行为构成出版淫秽物品牟利罪的共犯

D. 雷某与任某的行为构成非法经营罪的共犯

[**释疑**] (1) 雷某构成出版淫秽物品牟利罪(第363条)和行贿罪;

(2) 任某构成为他人提供书号出版淫秽书刊罪(第363条第2款)和受贿罪,二人不是共同犯罪。

假如明知他人用于出版淫秽书刊而提供书号的,构成出版淫秽物品牟利罪的共犯,但从案情看,任某被雷某蒙骗,明显不具有这种明知。据此,A、B、C、D四项说法都是错误的。另外,雷某有对单位行贿罪的行为,但数额只有1万元,未达到立案标准(10万元)。(答案:ABCD)

考点30 有关编造、故意传播虚假恐怖信息及其他虚假信息的犯罪[刑法修正案(九)]

一、精讲

1. 包括编造、故意传播两种行为,以"严重扰乱社会秩序"为成立要素。编造、传播内容包括虚假恐怖信息和其他虚假信息。

2. 编造、故意传播虚假信息罪:编造虚假的险情、疫情、灾情、警情,在信息网络或其他媒体上传播,或明知是上述虚假信息,故意在信息网络或其他媒体上传播,严重扰乱社会秩序的行为。[《刑法修正案(九)》新增]

3. 此类行为并未对公共安全构成具体危险,与实施真正的恐怖犯罪活动有所不同,意在造成社会心理恐慌,故不能成立危害公共安全犯罪。

二、例题

1. 甲给机场打电话谎称“3 架飞机上有炸弹”，机场立即紧急疏散乘客，对飞机进行地毯式安检，3 小时后才恢复正常航班秩序。关于本案，下列哪一选项是正确的？（2013 年真题，单选）

A. 为维护社会稳定，无论甲的行为是否严重扰乱社会秩序，都应追究甲的刑事责任

B. 为防范危害航空安全行为的发生，保护人民群众，应以危害公共安全相关犯罪判处甲死刑

C. 从事实和法律出发，甲的行为符合编造、故意传播虚假恐怖信息罪的犯罪构成，应追究其刑事责任

D. 对于散布虚假信息，危及航空安全，造成国内国际重大影响的案件，可突破司法程序规定，以高效办案取信社会

[释疑]　A 项，第 291 条规定之一编造、传播虚假恐怖信息罪以“严重扰乱社会秩序的”为要件，否则为治安违法行为。《治安管理处罚法》第 25 条规定，散布谣言，谎报险情、疫情、警情或者以其他方法故意扰乱公共秩序的，处 5 日以上 10 日以下拘留。B 项错，没有真实公共危险，仅成立 C 项第 291 条之罪或第 25 条之违法行为。D 项违反罪刑法定原则。（答案：C）

考点 31　聚众斗殴罪

一、精讲

1. 本罪的处罚范围：首要分子和积极参加者，一般参加者不在刑罚处罚之列。

2. 本罪有转化犯的规定，即“致人重伤、死亡的，以故意伤害、故意杀人定罪处罚”。

二、例题

甲、乙两村因水源发生纠纷。甲村 20 名村民手持铁锹等农具，在两村交界处强行修建引水设施。乙村 18 名村民随即赶到，手持木棍、铁锹等与甲村村民互相谩骂、互扔石块，甲村 3 人被砸成重伤。因警察及时疏导，两村村民才逐渐散去。关于本案，下列哪些选项是正确的？（2013 年真题，多选）

A. 村民为争水源而斗殴，符合聚众斗殴罪的主观要件

B. 不分一般参加斗殴还是积极参加斗殴，甲、乙两村村民均触犯聚众斗殴罪

C. 因警察及时疏导，两村未发生持械斗殴，属于聚众斗殴未遂

D. 对扔石块将甲村 3 人砸成重伤的乙村村民，应以故意伤害罪论处

[释疑]　聚众斗殴罪题。A 项对，聚众斗殴罪主观要件是故意罪，明知聚众斗殴即可，对动机、目的没有特别限定。第 292 条规定：聚众斗殴的，对首要分子和其他积极参加的，处三年以下有期徒刑、拘役或者管制；有下列情形之一的，对首要分子和其他积极参加的，处三年以上十年以下有期徒刑：……（四）持械聚众斗殴的。聚众斗殴，致人重伤、死亡的，依照本法第 234 条（伤害）、第 232 条（杀人）的规定定罪处罚。据此，B、C 项错，D 项对。（答案：AD）

考点32 涉及身份证件的犯罪[《刑法修正案(九)》]

伪造、变造、买卖身份证件罪:伪造、变造、买卖居民身份证、护照、社会保障卡、驾驶证等依法可以用于证明身份的证件的行为。

使用虚假身份证件、盗用身份证件罪:在依照国家规定应当提供身份证明的活动中,使用伪造、变造的或者盗用他人的居民身份证、护照、社会保障卡、驾驶证等依法可以用于证明身份的证件,情节严重的行为。若同时构成其他犯罪的,依照处罚较重的规定定罪处罚(想象竞合)。

考点33 涉及考试作弊的犯罪[《刑法修正案(九)》]

一、精讲

组织考试作弊罪:在法律规定的国家考试中,组织作弊的行为。为他人实施本罪提供作弊器材或其他帮助的,同罚。

非法出售、提供试题、答案罪:为实施考试作弊行为,向他人非法出售或提供法律规定的国家考试的试题、答案的行为。

代替考试罪:代替他人或让他人代替自己参加法律规定的国家考试的行为(双方皆入罪)。

二、例题

2016年4月,甲利用乙提供的作弊器材,安排大学生丙在地方公务员考试中代替自己参加考试。但丙考试成绩不佳,甲未能进入复试。关于本案,下列哪些选项是正确的?(2016年真题,多选)

A. 甲组织他人考试作弊,应以组织考试作弊罪论处

B. 乙为他人考试作弊提供作弊器材,应按组织考试作弊罪论处

C. 丙考试成绩虽不佳,仍构成代替考试罪

D. 甲让丙代替自己参加考试,构成代替考试罪

[释疑] C、D项正确,第284条(代替考试罪)之一规定:"代替他人或者让他人代替自己参加第一款规定的考试的,处拘役或者管制,并处或者单处罚金。"代替考试罪包括甲、丙的行为。从法条上看,替考成绩如何不影响犯罪成立。

A、B项错,因为甲、乙行为明显不符合组织考试作弊的要件。(答案:CD)

考点34 扰乱社会秩序的犯罪[《刑法修正案(九)》]

1. 聚众扰乱社会秩序罪:聚众扰乱社会秩序,情节严重,致使工作、生产、营业和教学、科研、医疗无法进行,造成严重损失的行为。

2. 扰乱国家机关工作秩序罪:多次扰乱国家机关工作秩序,经行政处罚后仍不改正,造成严重后果的行为。

3. 组织、资助非法聚集罪:多次组织、资助他人非法聚集,扰乱社会秩序,情节严重的行为。

考点35　盗窃、侮辱、故意毁坏尸体、尸骨、骨灰罪[《刑法修正案(九)》]

行为类型增加了侮辱、故意毁坏两种；对象增加了尸骨、骨灰。

考点36　涉及案件信息的犯罪[《刑法修正案(九)》]

泄露不应公开的案件信息罪：司法工作人员、辩护人、诉讼代理人或者其他诉讼参与人，泄露依法不公开审理的案件中不应当公开的信息，造成信息公开传播或者其他严重后果的行为。有本罪行为，泄露国家秘密的，依故意泄露国家秘密罪定罪处罚。

披露、报道不应公开的案件信息罪：公开披露、报道第1款规定的案件信息，情节严重的行为。单位犯罪，双罚。

考点37　扰乱法庭秩序罪[《刑法修正案(九)》]

有下列扰乱法庭秩序情形之一的行为：(1) 聚众哄闹、冲击法庭的；(2) 殴打司法工作人员或者诉讼参与人的；(3) 侮辱、诽谤、威胁司法工作人员或者诉讼参与人，不听法庭制止，严重扰乱法庭秩序的；(4) 有毁坏法庭设施，抢夺、损毁诉讼文书、证据等扰乱法庭秩序行为，情节严重的。

考点38　拒绝提供间谍犯罪、恐怖主义犯罪、极端主义犯罪证据罪[《刑法修正案(九)》]

明知他人有间谍犯罪或恐怖主义、极端主义犯罪行为，在司法机关向其调查有关情况、收集有关证据时，拒绝提供，情节严重的行为。

考点39　非法生产、买卖、运输制毒物品、走私制毒物品罪[《刑法修正案(九)》]

违反国家规定，非法生产、买卖、运输醋酸酐、乙醚、三氯甲烷或者其他用于制造毒品的原料、配剂，或者携带上述物品进出境，情节较重的行为。明知他人制造毒品而为其生产、买卖、运输前款规定的物品的，以制造毒品罪的共犯论处。

第七章　危害国防利益罪

考点　破坏军事通信、军事设施罪与其他罪的竞合

一、精讲

1. 破坏军事通信、军事设施罪与破坏广播电视设施、公用电信设施罪发生法条竞合。根据特殊规定优先适用的原理，应当按破坏军事设施、军事通信罪定罪处罚。

2. 破坏军事通信、军事设施罪与盗窃罪发生想象竞合，根据从一重罪处罚的原理，应当以破坏军事设施、军事通信罪定罪处罚。

二、例题

村民张某,为了筹集结婚费用,动起了盗窃国防通信线路的念头,先后 3 次用钢丝钳等工具,偷剪该线路电缆 2000 余米,价值 2 万元,销赃后得赃款 3000 元,致使该线路中断通信 3 个多小时。张某的行为构成何罪?(1999 年真题,单选)

A. 盗窃罪　　B. 破坏公用通信设备罪

C. 破坏军事通信罪　　D. 故意毁坏财物罪

[释疑] (1) 张某犯盗窃罪同时触犯破坏通信设备方面的犯罪,属于典型的一行为触犯数罪名的想象竞合犯,应从一重罪处罚。

(2) 张某盗割军事通信电缆,在破坏通信这点上触犯到两个罪:破坏军事通信罪和破坏公用电信设施罪。根据特殊规定优先适用的原理,按破坏军事设施罪定罪处罚。(答案:C)

三、提示与预测

注意对 2007 年 6 月最高人民法院《关于审理危害军事通信刑事案件具体应用法律若干问题的解释》的考查。

第八章 贪污贿赂罪

考点 1 贪污罪的认定

一、精讲

1. 贪污罪与职务侵占罪的区别,关键是犯罪主体不同:贪污罪主体是国家工作人员;职务侵占罪的主体是公司企业职员。

2. 贪污罪的主体包括:

(1) 国家机关中从事公务的人员。

(2) 国有公司、企业、事业单位、人民团体(以下简称"国有单位")中从事公务的人员。"国有单位"指国有"全资"单位。国有控股公司、企业,不属于本条所称的国有单位。

(3) 国有单位委派到非国有单位中从事公务的人员,只要他们在其中从事公务,不论被委派前是否具有国家工作人员的身份,都以国家工作人员论。

(4) 其他依照法律从事公务的人员。所谓"从事公务",是指在国有单位中或被委派到非国有单位中从事履行组织、领导、监督、管理等职责。根据全国人大常委会的立法解释,村民委员会等村基层组织人员协助人民政府从事下列行政管理工作时,属于第 93 条第 2 款规定的"其他依照法律从事公务的人员":① 救灾、抢险、防汛、优抚、移民、救济款物的管理和发放;② 社会捐助公益事业款物的管理和发放;③ 土地的经营、管理和宅基地的管理;④ 土地征用补偿费用的管理和发放;⑤ 代征、代缴税款;⑥ 有关计划生育、户籍、征兵工作;⑦ 协助人民政府从事的其他行政管理工作。

贪污罪主体除包括上述国家工作人员之外,还包括"受委托从事公务的人员",他们主要是因承包、租赁、临时聘用等授权管理、经营国有财产的人员。

3.《刑法修正案(九)》将贪污、受贿罪的量刑标准由原来“绝对数额”的单一标准修改为“相对数额+其他情节”的复合标准。

4. 犯贪污、受贿罪,在提起公诉前如实供述自己罪行、真诚悔罪、积极退赃,避免、减少损害结果的发生,贪污、受贿数额较大或有其他较重情节的,可以从轻、减轻或者免处罚;贪污、受贿数额(特别)巨大或有其他(特别)严重情节的,可以从轻处罚。

5. 终身监禁制度:犯贪污、受贿罪被判处死刑缓期执行的,法院根据犯罪情节等情况可以同时决定在其死刑缓期执行二年期满依法减为无期徒刑后,终身监禁,不得减刑、假释。

二、例题

1. 某地政府为村民发放扶贫补贴,由各村村委会主任审核本村申请材料并分发补贴款。某村村委会主任王某、会计刘某以及村民陈某合谋伪造申请材料,企图每人套取5万元补贴款。王某任期届满,周某继任村委会主任后,政府才将补贴款拨到村委会。周某在分发补贴款时,发现了王某、刘某和陈某的企图,便只发给三人各3万元,将剩余6万元据为己有。三人心知肚明,但不敢声张。(事实一)

后周某又想私自非法获取土地征收款,欲找县国土局局长张某帮忙,遂送给县工商局局长李某10万元,托其找张某说情。李某与张某不熟,送5万元给县财政局局长胡某,让胡某找张某。胡某找到张某后,张某碍于情面,违心答应,但并未付诸行动。(事实二)

周某为感谢胡某,从村委会账户取款20万元购买玉器,并指使会计刘某将账做平。周某将玉器送给胡某时,被胡某拒绝。周某只好将玉器退还商家,将退款20万元返还至村委会账户,并让刘某再次平账。(事实三)

请回答第89—91题。(2017年真题,不定选)

(89) 关于事实一的分析,下列选项正确的是:

A. 王某拿到补贴款时已经离任,不能认定其构成贪污罪

B. 刘某参与伪造申请材料,构成贪污罪,贪污数额为3万元

C. 陈某虽为普通村民,但参与他人贪污行为,构成贪污罪

D. 周某擅自侵吞补贴款,构成贪污罪,贪污数额为6万元

[**释疑**]　A项错,虽然王某是离任时拿到贪污款,但贪污的实行行为发生在其履行公务活动期间,并且此时已经平账了,只是结果发生在其离任时,当然成立贪污罪。B项错,王某、刘某、陈某是贪污罪的共犯,故三人均需要对共同的贪污数额15万元负责,而非以其实际实际分得的款项认定贪污数额。C项对,陈某虽无贪污罪主体资格,但可以与有资格者构成共犯。D项错,周某不是国家工作人员,其侵吞的款项属于村委会的集体财产,故构成职务侵占罪。(答案:C)

(90) 关于事实二的分析,下列选项正确的是:

A. 周某为达非法目的,向国家工作人员行贿,构成行贿罪

B. 李某请托胡某帮忙,并送给胡某5万元,构成行贿罪

C. 李某未利用自身职务行为为周某谋利,但构成受贿罪既遂

D. 胡某收受李某财物进行斡旋,但未成功,构成受贿罪未遂

[**释疑**]　A、C项对,周某为达非法目的,向李某请托并送钱,李某利用其职务形成的便利条件,通过他人的行为为周某谋取非法利益,成立受贿罪(斡旋受贿)既遂,周某构成行贿罪。

B项对,李某是为了替周某谋取不正当利益,送给胡某5万元,构成行贿罪。D项错,受贿既遂标准是收取贿赂款物而非把请托事项办理成功。(答案:ABC)

(91) 关于事实三的分析,下列选项正确的是:

A. 周某挪用村委会20万元购买玉器行贿,属挪用公款进行非法活动,构成挪用公款罪

B. 周某使用村委会20万元购买玉器,属贪污行为,但后又将20万元还回,构成犯罪中止

C. 刘某第一次帮周某将账面做平,属于帮周某成功实施犯罪行为,与周某构成共同犯罪

D. 刘某第二次帮周某将账面做平,属于作假证明掩护周某的犯罪行为,构成包庇罪

[**释疑**]　A项错,周某的行为属于贪污而非挪用公款。挪用公款罪与贪污罪的最大区别在于行为人主观上是否具有"非法占有目的",而认定是否具有该目的的一个重要标志就是:贪污采取"平账"方式,挪用公款采取"挂账"方式。B项错,贪污后又将贪污款项返回的,是犯罪既遂后的悔罪表现,但不成立犯罪中止(既遂之后无中止)。C项对,刘某明知周某贪污公款却帮其平账,是贪污罪的共犯(帮助犯)。D项错,刘某第二次平账的行为不是包庇行为,因包庇是指作假证明包庇,即向司法机关提供虚假的证明材料,为犯罪分子掩盖罪行或者开脱、减轻罪责。(答案:C)

2. 国有甲公司领导王某与私企乙公司签订采购合同,以10万元的价格向乙公司采购一批设备。后王某发现,丙公司销售的相同设备仅为6万元。王某虽有权取消合同,但却与乙公司老总刘某商议,由王某花6万元从丙公司购置设备交给乙公司,再由乙公司以10万元的价格卖给甲公司。经王某签字批准,甲公司将10万元货款支付给乙公司后,刘某再将10万元返给王某。刘某为方便以后参与甲公司采购业务,完全照办。关于本案的分析,下列哪一选项是正确的?(2017年真题,单选)

A. 王某利用职务上的便利套取公款,构成贪污罪,贪污数额为10万元

B. 王某利用与乙公司签订合同的机会谋取私利,应以职务侵占罪论处

C. 刘某为谋取不正当利益,事后将货款交给王某,刘某行为构成贪污罪

D. 刘某协助王某骗取公款,但因其并非国家工作人员,故构成诈骗罪

[**释疑**]　A项错,甲公司损失4万元,故王某的贪污数额为4万元,即贪污金额应扣除王某支付的6万元。B项错,王某是国有公司领导,属于国家工作人员,是贪污罪而非职务侵占罪的主体。C项对D项错,刘某实际上是帮助王某骗取(贪污方式之一)公共财产,成立贪污罪的帮助犯。(答案:C)

3. 甲是A公司(国有房地产公司)领导,因私人事务欠蔡某600万元。蔡某让甲还钱,甲提议以A公司在售的商品房偿还债务,蔡某同意。甲遂将公司一套价值600万元的商品房过户给蔡某,并在公司财务账目上记下自己欠公司600万元。三个月后,甲将账作平,至案发时亦未归还欠款。(事实一)

A公司有工程项目招标。为让和自己关系好的私营公司老板程某中标,甲刻意安排另外两家公司与程某一起参与竞标。甲让这两家公司和程某分别制作工程预算和标书,但各方约定,若这两家公司中标,就将工程转包给程某。程某最终在A公司预算范围内以最优报价中标。为感谢甲,程某花5000元购买仿制古董赠与甲。甲以为是价值20万元的真品,欣然接受。(事实二)

甲曾因公务为A公司垫付各种费用5万元,但由于票据超期,无法报销。为挽回损失,甲指使知情的程某虚构与A公司的劳务合同并虚开发票。甲在合同上加盖公司公章后,找公司

财务套取“劳务费”5 万元。(事实三)

请回答(89)—(91)题。(2016 年真题,不定选)

(89) 关于事实一的分析,下列选项正确的是:

A. 甲将商品房过户给蔡某的行为构成贪污罪

B. 甲将商品房过户给蔡某的行为构成挪用公款罪

C. 甲虚假平账,不再归还 600 万元,构成贪污罪

D. 甲侵占公司 600 万元,应与挪用公款罪数罪并罚

[释疑] C 项正确,甲利用职务便利将公司房产一套过户给他人归还个人借款,且已经“平账”,客观上侵占了公共财产、实现了非法占有目的,构成贪污罪。

A 项错,因为甲将房款在公司财务账目上记下自己欠公司 600 万元,不足以证明具有非法占有目的、实现非法占有。B 项错,挪用公款罪对象是“公款”,不包括“公物”(房产)。D 项错,甲仅有侵占公司房产的一个行为,仅成立贪污罪一罪。(答案:C)

(90) 关于事实二的分析,下列选项正确的是:

A. 程某虽与其他公司串通参与投标,但不构成串通投标罪

B. 甲安排程某与他人串通投标,构成串通投标罪的教唆犯

C. 程某以行贿的意思向甲赠送仿制古董,构成行贿罪既遂

D. 甲以受贿的意思收下程某的仿制古董,构成受贿罪既遂

[释疑] A 项正确,第 223 条【串通投标罪】规定:“投标人相互串通投标报价,损害招标人或者其他投标人利益,情节严重的,处三年以下有期徒刑或者拘役,并处或者单处罚金。投标人与招标人串通投标,损害国家、集体、公民的合法利益的,依照前款的规定处罚。”

根据第 223 条,串通投标罪要求投标人相互串通投标报价。投标人没有串通投标报价,仅仅是约定由其中一人得标,若其他人中标的,将标的转让,通常不损害招标人或其他投标人利益,不是串通投标罪[参见张明楷:《刑法学》(下册),第 832 页]。根据案情,三家公司分别制作标书,没有串通价格,程某最终在 A 公司预算范围内以最优报价中标,似乎没有损害招标人利益,如果另两家公司中标,转让给程某公司,似乎也没有损害其他投标人利益。不符合“损害招标人或者其他投标人利益”的要件。

B 项错,按照 223 条第 2 款规定,投标人与招标人串通投标,直接适用该款以串通投标罪定罪处罚,不适用教唆犯规定。另第 2 款之罪也以“损害国家、集体、公民的合法利益”为要件,甲之行为似乎不具备这一要件。理由同上。C 项错,行贿数额较大(3 万元以上)才构成犯罪。D 项错,受贿数额较大(3 万元以上)才构成犯罪。司法实务上严格按照贿赂物的实际价值定罪,实际价值不到数额较大的,绝对不定罪贿赂罪。理论上,甲某似乎可成立受贿罪未遂。(答案:A)

(91) 关于事实三的分析,下列选项错误的是:

A. 甲以非法手段骗取国有公司的财产,构成诈骗罪

B. 甲具有非法占有公共财物的目的,构成贪污罪

C. 程某协助甲对公司财务人员进行欺骗,构成诈骗罪与贪污罪的想象竞合犯

D. 程某并非国家工作人员,但帮助国家工作人员贪污,构成贪污罪的帮助犯

[释疑] 无论是诈骗还是贪污,都是非法占有财物,实质上侵犯了他人或公司财产。本案甲某确实为公司垫付了 5 万元,本该由公司支付给甲。甲以假发票做账,套取自己为公司垫

付款,是取得自己应得的有财产,没有侵犯公司财产。其非法性不在取得财产而在做假账,违反公司财务管理制度的行为。甲作为正犯不成立犯罪,程某帮助行为当然不构成犯罪。另外,利用职务便利骗取公共财产,一般认为是法条竞合犯。程某并非国家工作人员,如果本人侵占公司财产必须达到6万元才构成犯罪,本案中帮助他人贪污5万元,不应当认定为犯罪[参见张明楷:刑法学(第五版)(下册),第1186页]。(答案:ABCD)

4. 国有A公司总经理甲发现A公司将从B公司购进的货物转手卖给某公司时,A公司即可赚取300万元。甲便让其妻乙注册成立C公司,并利用其特殊身份,让B公司与A公司解除合同后,再将货物卖给C公司。C公司由此获得300万元利润。关于甲的行为定性,下列哪一选项是正确的?(2013年真题,单选)

A. 贪污罪　　B. 为亲友非法牟利罪

C. 诈骗罪　　D. 非法经营同类营业罪

[**释疑**] A项对,甲乙夫妻财产共有。甲利用职务便利将本单位应得收益300万由乙占有等于是本人侵吞本单位财产,是贪污。排除适用B、C、D项。第166条(为亲友非法牟利罪)规定:"国有公司、企业、事业单位的工作人员,利用职务便利,有下列情形之一……(一)将本单位的盈利业务交由自己的亲友进行经营的……"第165条(非法经营同类营业罪)规定:"国有公司、企业的董事、经理利用职务便利,自己经营或者为他人经营与其所任职公司、企业同类的营业,获取非法利益,数额巨大的,处三年以下……"(答案:A)

5. 关于贪污罪的认定,下列哪些选项是正确的?(2011年真题,多选)

A. 国有公司中从事公务的甲,利用职务便利将本单位收受的回扣据为己有,数额较大。甲的行为构成贪污罪

B. 土地管理部门的工作人员乙,为农民多报青苗数,使其从房地产开发商处多领取20万元补偿款,自己分得10万元。乙的行为构成贪污罪

C. 村民委员会主任丙,在协助政府管理土地征用补偿费时,利用职务便利将其中数额较大款项据为己有。丙的行为构成贪污罪

D. 国有保险公司工作人员丁,利用职务便利编造未发生的保险事故进行虚假理赔,将骗取的5万元保险金据为己有。丁的行为构成贪污罪

[**释疑**] (1)A项,单位收受的回扣虽然不合法,但属于公共财物,是贪污罪对象。

(2)B项,没有利用职务便利,侵占财产不属于本单位的,成立诈骗罪。利用职务便利"贪污"(本人经管、本单位的)公共财产,是贪污。

(3)C项,根据第93条的规定,村民委员会等基层组织人员协助人民政府从事土地、管理工作时,以国家工作人员论,利用职务便利,将经手财物据为己有的,定贪污罪。

(4)D项,第183条第2款规定,国有保险公司工作人员和国有保险公司委派到非国有保险公司从事公务的人员利用职务上的便利,故意编造未曾发生的保险事故进行虚假理赔,骗取保险金归自己所有的,依照贪污罪定罪处罚。(答案:ACD)

6. 下列哪些行为应以职务侵占罪论处?(2008年真题,多选)

A. 甲系某村民小组的组长,利用职务上的便利,将村民小组集体财产非法据为己有,数额达到5万元

B. 乙为村委会主任,利用协助乡政府管理和发放救灾款物之机,将5万元救灾款非法据为己有

C. 丙是某国有控股公司部门经理，利用职务上的便利，将本单位的5万元公款非法据为己有

D. 丁与某私营企业的部门经理李某内外勾结，利用李某职务上的便利，共同将该单位的5万元资金非法据为己有

[**释疑**]　(1) A、C、D项中的甲、丙、丁，均不属于国家工作人员，利用职务便利侵吞单位财产的，是职务侵占罪；其中C项，"国有控股公司"在刑法上属于非国有单位，其工作人员除国企和政府委派的，均不是国家工作人员。

(2) B项，村委会等基层组织的工作人员，协助政府从事行政管理事务的，属于国家工作人员。(答案：ACD)

7. 某国有公司出纳甲意图非法占有本人保管的公共财物，但不使用自己手中的钥匙和所知道的密码，而是使用铁棍将自己保管的保险柜打开并取走现金3万元。之后，甲伪造作案现场，声称失窃。关于本案，下列哪一选项是正确的？(2008年真题，单选)

A. 甲虽然是国家工作人员，但没有利用职务上的便利，故应认定为盗窃罪

B. 甲虽然没有利用职务上的便利，但也不属于将他人占有的财物转移为自己占有，故应认定为侵占罪

C. 甲将自己基于职务保管的财物据为己有，应成立贪污罪

D. 甲实际上是通过欺骗手段获得财物的，应认定为诈骗罪

[**释疑**]　对本人基于职务保管的财物窃取，通常认定为贪污罪。属于利用职务便利窃取公共财产(第382条)。(答案：C)

8. 下列哪些行为应当以贪污罪论处？(2008年缓考真题，多选)

A. 国家工作人员甲在国内公务活动中收受礼物，依照国家规定应当交公而不交公，数额较大

B. 乙受国家机关的委托经营某小型国有企业，利用职务上的便利，将该国有企业的资产转移到个人名下

C. 国家工作人员丙利用职务上的便利，挪用公款数额巨大不能退还

D. 国家工作人员丁利用职务之便，将依法扣押的陈某私人所有的汽车据为己有

[**释疑**]　(1) A项，第394条规定："国家工作人员在国内公务活动或者对外交往中接受礼物，依照国家规定应当交公而不交公，数额较大的，依照本法第三百八十二条、第三百八十三条的规定定罪处罚。"

(2) B项，第382条第2款规定："受国家机关……委托管理、经营国有财产的人员，利用职务上的便利，侵吞、窃取、骗取或者以其他手段非法占有国有财物的，以贪污论。"

(3) C项，第384条第1款规定："……挪用公款数额巨大不退还的，处十年以上有期徒刑或者无期徒刑。"是挪用公款的结果加重犯。

(4) D项，第91条第2款规定："在国家机关、国有公司、企业、集体企业和人民团体管理、使用或者运输中的私人财产，以公共财产论。"(答案：ABD)

考点 2　受贿罪"为他人谋利"的理解

一、精讲

受贿有两种基本形式：

(1) 利用职务之便,索取他人财物,即通常所说的“索贿”。

(2) 利用职务之便,非法收受他人财物,即在行贿人主动行贿的情况下,行为人非法收受他人财物的情况。非法收受他人财物的,必须同时具备“为他人谋取利益”的条件,才能构成受贿罪。但是为他人谋取的利益是否正当,为他人谋取的利益是否实现,不影响受贿罪的成立。至于“为他人谋取利益”的时间是在非法收受他人财物的同时还是之前或之后,不影响受贿罪的成立。是否具备“为他人谋取利益”的要件,关键看有无具体的请托事项。为他人谋取利益包括承诺、实施和实现三个阶段,只要具备其中一项,就认为具有为他人谋利的条件。“承诺”的认定,通常只要明知他人有具体请托事项而收受财物的,就认为承诺为他人谋利。

二、例题

某甲在国家机关任职,某乙有求于他的职务行为,给某甲送上5万元的好处费。某甲答应给某乙办事,但因故未办成。某乙见事未办成,要求某甲退回好处费,某甲拒不退还,并威胁某乙如果再来要钱就告某乙行贿。对某甲的行为应如何定罪?(2000年真题,单选)

A. 受贿罪　　B. 诈骗罪

C. 敲诈勒索罪　　D. 受贿罪与敲诈勒索罪

[**释疑**] 5万元是某乙主动送上的,某甲取得财物不存在欺骗问题,故排除诈骗罪。同样道理,5万元是受贿款,与威胁行为无关。某甲不退还受贿款的问题,是其受贿罪后续行为,不应单独评价、处罚。(答案:A)

考点3 受贿罪的认定

一、精讲

1. 本罪主体为特殊主体。

2. 客观上利用职务上的便利,索取他人财物或非法收受他人财物,为他人谋取利益。“利用职务上的便利”包括三种情况:

(1) 利用本人直接主管、经办某公共事务的职权;

(2) 利用自己分管、主管的下属工作人员的职权;

(3) 利用不属自己分管的下级部门的国家工作人员的职权。

3. 对象是他人财物,也包括财产性利益,如债权的设立、债务的免除以及其他财产性利益,但不包括诸如提升职务、迁移户口、升学就业、提供女色等非财产性利益。

4. 刑法特别规定的以受贿论处的两种情况:

(1) 在经济往来中的受贿罪。根据第385条第2款的规定:“国家工作人员在经济往来中,违反国家规定,收受各种名义的回扣、手续费,归个人所有的,以受贿论处。”

(2) 斡旋受贿以受贿论处。第388条规定:“国家工作人员利用本人职权或者地位形成的便利条件,通过其他国家工作人员职务上的行为,为请托人谋取不正当利益,索取请托人财物或者收受请托人财物的,以受贿论处。”成立(斡旋)受贿不以一方对另一方存在权力“制约”关系为必要,若存在制约关系的,则属于直接利用本人职权受贿,不需适用斡旋受贿的特别规定。

5. 受贿罪与诈骗罪、敲诈勒索罪的区别:主要在于是否利用职务之便。

6. 受贿罪一罪数罪的认定。因为受贿为请托人谋取非法利益的场合,往往会同时构成其他犯罪,例如,因为受贿而挪用公款给他人使用的、滥用职权的,一般要数罪并罚。但是根据第399条第4款的规定,司法工作人员贪赃枉法有徇私枉法或民事、行政枉法裁判行为的,依照处罚较重的规定定罪处罚。

7. "事后受贿"以事先约定为要件,事前无约定不成立受贿罪。

二、例题

1. 关于受贿罪,下列哪些选项是正确的?(2017年真题,多选)

A. 国家工作人员明知其近亲属利用自己的职务行为受贿的,构成受贿罪

B. 国家工作人员虚假承诺利用职务之便为他人谋利,收取他人财物的,构成受贿罪

C. 国家机关工作人员实施渎职犯罪并收受贿赂,同时构成渎职罪和受贿罪的,除《刑法》有特别规定外,以渎职罪和受贿罪数罪并罚

D. 国家工作人员明知他人有请托事项而收受其财物,视为具备"为他人谋取利益"的构成要件,是否已实际为他人谋取利益,不影响受贿的认定

[**释疑**]　A项对,2016年最高人民法院、最高人民检察院《关于办理贪污贿赂刑事案件适用法律若干问题的解释》第16条第2款规定:特定关系人索取、收受他人财物,国家工作人员知道后未退还或者上交的,应当认定国家工作人员具有受贿故意。B项对,要求非法收受他人财物,为他人谋取利益。其中,为他人谋取利益,仅要求承诺即可,承诺包括"虚假承诺"。C项对,受贿后又渎职的,是两个犯罪行为,本应数罪并罚,除非刑法条文针对罪数有特别规定(法律拟制仅择一重处),这些特别规定仅适用于该条犯罪,不可推及于其他条文。D项对,根据司法解释,明知他人有具体请托事项而收受其财物的,视为承诺为他人谋取利益。(答案:ABCD)

2. 关于贿赂犯罪的认定,下列哪些选项是正确的?(2016年真题,多选)

A. 甲是公立高校普通任课教师,在学校委派其招生时,利用职务便利收受考生家长10万元。甲成立受贿罪

B. 乙是国有医院副院长,收受医药代表10万元,承诺为病人开处方时多开相关药品。乙成立非国家工作人员受贿罪

C. 丙是村委会主任,在村集体企业招投标过程中,利用职务收受他人财物10万元,为其谋利。丙成立非国家工作人员受贿罪

D. 丁为国有公司临时工,与本公司办理采购业务的副总经理相勾结,收受10万元回扣归二人所有。丁构成受贿罪

[**释疑**]　A项正确,公立高校招生属于从事公务。B项正确,乙利用医生看病开处方职务便利,不是从事公务。C项正确,村主任村集体企业招标,属于村务而非公务。D项正确,国有公司副总采购,属于国家工作人员从事公务,收受回扣的成立受贿罪。丁是副总的受贿罪共犯,不论他身份如何都是受贿罪共犯。(答案:ABCD)

3. 国家工作人员甲听到有人敲门,开门后有人扔进一个包就跑。甲发现包内有20万元现金,推测是有求于自己职务行为的乙送的。甲打电话问乙时被告知"不要问是谁送的,收下就是了"(事实上是乙安排丙送的),并重复了前几天的请托事项。甲虽不能确定是乙送的,但还是允诺为乙谋取利益。关于本案,下列哪一选项是正确的?(2016年真题,单选)

A. 甲没有主动索取、收受财物,不构成受贿罪

B. 甲没有受贿的直接故意,间接故意不可能构成受贿罪,故甲不构成受贿罪

C. 甲允诺为乙谋取利益与收受20万元现金之间无因果关系,故不构成受贿罪

D. 即使认为甲不构成受贿罪,乙与丙也构成行贿罪

[**释疑**] D项,无论甲是否构成受贿,“乙与丙构成行贿罪”绝对正确。相反其他各项明显错误。A项错,因为构成受贿罪不以索取为必要。B项错,因为受贿罪故意不限于直接故意,包括间接故意。进一步扩展:根据第14条第1款,犯罪故意包括明知且希望(直接故意)和明知且放任(间接故意),普遍适用于分则各罪,没有理由认为某个故意罪不包含间接故意。C项错,因为,首先足以认定甲知道该20万元贿赂是乙所送,其次根据司法解释,明知他人有请托事项而收其财,视为允诺为其谋利,所以具有因果关系。(答案:D)

4. 根据《刑法》规定,国家工作人员利用本人职权或者(1)形成的便利条件,通过其他(2)职务上的行为,为请托人谋取(3),索取请托人财物或者收受请托人财物的,以(4)论处。这在刑法理论上称为(5)。将下列哪一选项内容填充到以上相应位置是正确的?(2015年真题,单选)

A. (1)地位(2)国家机关工作人员(3)利益(4)利用影响力受贿罪(5)间接受贿

B. (1)职务(2)国家工作人员(3)利益(4)受贿罪(5)斡旋受贿

C. (1)职务(2)国家机关工作人员(3)不正当利益(4)利用影响力受贿罪(5)间接受贿

D. (1)地位(2)国家工作人员(3)不正当利益(4)受贿罪(5)斡旋受贿

[**释疑**] 见第388条(斡旋受贿)和第388条之一(利用影响力受贿)。(答案:D)

5. 交警甲和无业人员乙勾结,让乙告知超载司机“只交罚款一半的钱,即可优先通行”;司机交钱后,乙将交钱司机的车号报给甲,由在高速路口执勤的甲放行。二人利用此法共得32万元,乙留下10万元,余款归甲。关于本案的分析,下列哪一选项是错误的?(2014年真题,单选)

A. 甲、乙构成受贿罪共犯　　B. 甲、乙构成贪污罪共犯

C. 甲、乙构成滥用职权罪共犯　　D. 乙的受贿数额是32万元

[**释疑**] (1)贪污罪是利用职务便利侵吞“本单位财物”。甲、乙非法所得32万元不是本单位财物而是司机的财物,甲、乙不是贪污罪共犯,B项错误。(2)甲利用职务便利收受司机财物为其谋利,是受贿罪。乙帮助,是受贿罪共犯,受贿金额按照总额计算。A、D项没错。甲擅自让超载司机只交一般罚款且优先通行,至少造成罚款损失32万元,成立滥用职权罪,乙是其共犯,C项没错。(答案:B)

6. 关于受贿相关犯罪的认定,下列哪些选项是正确的?(2013年真题,多选)

A. 甲知道城建局长张某吸毒,以提供海洛因为条件请其关照工程招标,张某同意。甲中标后,送给张某50克海洛因。张某构成受贿罪

B. 乙系人社局副局长,乙父让乙将不符合社保条件的几名亲戚纳入社保范围后,收受亲戚送来的3万元。乙父构成利用影响力受贿罪

C. 国企退休厂长王某(正处级)利用其影响,让现任厂长帮忙,在本厂推销保险产品后,王某收受保险公司3万元。王某不构成受贿罪

D. 法院院长告知某企业经理赵某“如给法院捐赠500万元办公经费,你们那个案件可以胜诉”。该企业胜诉后,给法院单位账户打入500万元。应认定法院构成单位受贿罪

[**释疑**] A项对,违禁品(如海洛因等)也是“财物”,同样可成为贿赂物。B项对,乙父的行为符合利用影响力受贿罪。C项对,王某的行为是利用影响力受贿罪。D项对,法院构成单

位受贿罪。(答案:ABCD)

7. 国家工作人员甲与民办小学教师乙是夫妻。甲、乙支出明显超过合法收入,差额达300万元。甲、乙拒绝说明财产来源。一审中,甲交代300万元系受贿所得,经查证属实。关于本案,下列哪些选项是正确的?(2012年真题,多选)

A. 甲构成受贿罪　　B. 甲不构成巨额财产来源不明罪

C. 乙不构成巨额财产来源不明罪　　D. 乙构成掩饰、隐瞒犯罪所得罪

[**释疑**] A、B项查明300万来源于受贿罪,以受贿罪论处。同一事实不得重复处罚,故该300万不得再论以巨额财产来源不明罪。C项乙不符合巨额财产来源不明罪的身份,拒绝说明其来源不构成犯罪。D项乙"拒绝说明",不作证、不举报行为不是掩饰、隐瞒犯罪所得罪的行为,不为罪。(答案:ABC)

8. 关于受贿罪的判断,下列哪些选项是错误的?(2007年真题,多选)

A. 公安局副局长甲收受犯罪嫌疑人家属10万元现金,允诺释放犯罪嫌疑人,因为局长不同意而未成。由于甲并没有为他人谋取利益,所以不构成受贿罪

B. 国家机关工作人员乙在退休前利用职务便利为钱某谋取了不正当利益,退休后收受了钱某10万元。尽管乙与钱某事前并无约定,仍应以受贿罪论处

C. 基层法院法官丙受被告人孙某家属之托,请中级法院承办法官李某对孙某减轻处罚,并无减轻情节的孙某因此被减轻处罚。事后,丙收受孙某家属10万元现金。丙不具有制约李某的职权与地位,不成立受贿罪

D. 海关工作人员丁收受10万元贿赂后徇私舞弊,放纵走私,触犯受贿罪和放纵走私罪。由于具有牵连关系,应从一重罪论处

[**释疑**] 关于D项,丁分别构成受贿罪和放纵走私罪,一般应数罪并罚。(答案:ABCD)

三、提示与预测

注意掌握《关于办理受贿刑事案件适用法律若干问题的意见》(2007年7月施行)中的一些要点。

(1) 以下列交易形式收受请托人财物的,视为受贿:① 以明显低于市场的价格向请托人购买房屋、汽车等物品的;② 以明显高于市场的价格向请托人出售房屋、汽车等物品的;③ 以其他交易形式非法收受请托人财物的。受贿数额按照交易时当地市场价格与实际支付价格的差额计算。前款所列市场价格包括商品经营者事先设定的不针对特定人的最低优惠价格。根据商品经营者事先设定的各种优惠交易条件,以优惠价格购买商品的,不属于受贿。

(2) 收受请托人提供的干股的,视为受贿。干股是指未出资而获得的股份。进行了股权转让登记,或相关证据证明股份发生了实际转让的,受贿数额按转让行为时股份价值计算,所分红利按受贿孳息处理。股份未实际转让,以股份分红名义获取利益的,实际获利数额应当认定为受贿数额。

(3) 由请托人出资,"合作"开办公司或进行其他"合作"投资的,视为受贿。受贿数额为请托人给国家工作人员的出资额。以合作开办公司或其他合作投资的名义获取"利润",没有实际出资和参与管理、经营的,视为受贿。

(4) 以委托请托人投资证券、期货或其他委托理财的名义,未实际出资而获取"收益",或虽然实际出资,但获取"收益"明显高于出资应得收益的,视为受贿。受贿数额,前一情形,以

“收益”额计算;后一情形,以“收益”额与出资应得收益额的差额计算。

(5) 通过赌博方式收受请托人财物的,构成受贿。实践中应注意区分贿赂与赌博活动、娱乐活动的界限。具体认定时,主要应当结合以下因素进行判断:① 赌博的背景、场合、时间、次数;② 赌资来源;③ 其他赌博参与者有无事先通谋;④ 输赢钱物的具体情况和金额大小。

(6) 要求或接受请托人以给特定关系人安排工作为名,使特定关系人不实际工作却获取所谓薪酬的,视为受贿。

(7) 授意请托人将有关财物给予特定关系人的,视为受贿。特定关系人与国家工作人员通谋,共同实施前款行为的,对特定关系人以受贿罪的共犯论处。特定关系人以外的其他人与国家工作人员通谋,收受请托人财物后双方共同占有的,以受贿罪的共犯论处。

(8) 收受请托人房屋、汽车等物品,未变更权属登记或借用他人名义办理权属变更登记的,不影响受贿罪的认定。认定以房屋、汽车等物品为对象的受贿,应注意与借用的区分。具体认定时,除双方交代或书面协议之外,主要应当结合以下因素进行判断:① 有无借用的合理事由;② 是否实际使用;③ 借用时间的长短;④ 有无归还的条件;⑤ 有无归还的意思表示及行为。

(9) 国家工作人员受贿后,因自身或与其受贿有关联的人、事被查处,为掩饰犯罪而退还或上交的,不影响认定受贿罪。

(10) 利用职务上的便利为请托人谋取利益之前或之后,约定在其离职后收受请托人财物,并在离职后收受的,以受贿论处。利用职务上的便利为请托人谋取利益,离职前后连续收受请托人财物的,离职前后收受部分均应计入受贿数额。“特定关系人”,是指与国家工作人员有近亲属、情妇(夫)以及其他有共同利益关系的人。

考点4 挪用公款罪的认定

一、精讲

1. 挪用公款罪的主体是“国家工作人员”,参见贪污罪主体。

2. 本罪利用职务之便挪用公款归个人使用包括三种情形:(1) 进行非法活动的;(2) 进行营利活动,数额较大;(3) 其他个人使用数额较大、超过3个月未还。

3. 因挪用公款索取、收受贿赂构成犯罪的,数罪并罚。

4. 挪用公款进行非法活动构成其他犯罪的,数罪并罚。

5. 挪用公款罪共犯的认定:挪用公款给他人使用,使用人与挪用人共谋,指使或参与策划取得挪用款的,以挪用公款罪的共犯定罪处罚。

二、例题

1. 根据《刑法》与司法解释的规定,国家工作人员挪用公款进行营利活动、数额达到1万元或者挪用公款进行非法活动、数额达到5000元的,以挪用公款罪论处。国家工作人员甲利用职务便利挪用公款1.2万元,将8000元用于购买股票,4000元用于赌博,在1个月内归还1.2万元。关于本案的分析,下列哪些选项是错误的?(2014年真题,多选)

A. 对挪用公款的行为,应按用途区分行为的性质与罪数;甲实施了两个挪用行为,对两个行为不能综合评价,甲的行为不成立挪用公款罪

B. 甲虽只实施了一个挪用公款行为,但由于既未达到挪用公款进行营利活动的数额要求,也未达到挪用公款进行非法活动的数额要求,故不构成挪用公款罪

C. 国家工作人员购买股票属于非法活动,故应认定甲属于挪用公款1.2万元进行非法活动,甲的行为成立挪用公款罪

D. 可将赌博行为评价为营利活动,认定甲属于挪用公款1.2万元进行营利活动,故甲的行为成立挪用公款罪

[**释疑**]　(1) D项是本案正确处理结论。分析关键是:甲挪用1.2万元归个人使用是一个挪用行为,比如赵会计挪用1000万到自己账户,500万炒股、400万赌博、100万消费,首先仍被评价为一个挪用1000万行为。怎么使用挪用的公款对行为个数、罪数没有影响。(2) 甲一次"挪用公款1.2万元""归个人使用"是一个行为。"挪归个人使用"具体用途不同,不影响行为个数、仅仅是限制处罚的条件不同,营利或非法活动的定罪不受挪用时间限制,其他个人使用的定罪受超过3个月未还的时间条件限制。据此A项错。(3) 甲挪1.2万元"归个人使用"的具体用途"8000元用于购买股票"是营利活动、4000元赌博是非法活动,定罪都没有"超过3个月未还"的限制,故达到营利活动定罪起点1万元即可定罪。(4) 当然解释,A进行营利活动定罪起点是1万元,B进行非法活动定罪起点是5000元,A营利用途轻于B非法用途。既然挪用1万元以上较轻的A用途即可定罪,那么挪用1万元以上一部或全部较重的B用途更应定罪。根据(3)(4)分析,B项错误。(5) 挪用公款罪之"非法活动"指"行为本身"具有违法犯罪性质的活动,炒股行为本身不违法,不是挪用公款罪个人使用之"违法活动"。(答案:ABC)

特别注意:对于实施了多个挪用行为类型,而每一类型单独来看都未达到定罪标准的,可以将严重类型降格评价(但不可升格评价!),严重程度依次是违法活动 > 营利活动 > 合法的非营利活动。例如某人挪用公款1万元,其中3千元用于买家电,5千元用于买股票,2千元用于赌博,且都在3个月内没有归还,此时,可将后两者(营利活动、非法活动)降格评价为合法的非盈利活动,则该类型的挪用金额一共为1万元,且超过3个月未归还,应认定为构成挪用公款罪。

2. 甲恳求国有公司财务主管乙,从单位挪用10万元供他炒股,并将一块名表送给乙。乙做假账将10万元交与甲,甲表示尽快归还。20日后,乙用个人财产归还单位10万元。关于本案,下列哪一选项是错误的?(2012年真题,单选)

A. 甲、乙勾结私自动用公款,构成挪用公款罪的共犯

B. 乙虽20日后主动归还10万元,甲、乙仍属于挪用公款罪既遂

C. 乙非法收受名表,构成受贿罪

D. 对乙不能以挪用公款罪与受贿罪进行数罪并罚

[**释疑**]　A、B项使用人与挪用人共谋协助取得挪用公款的,成立挪用公款罪共犯(教唆犯)和行贿罪。挪用公款从事营利活动数额较大(3万以上)即构成犯罪既遂,不以超3个月未还为要件。C、D项国家工作人员收受请托人财物为请托人谋利(挪用公款供其使用),构成受贿罪和挪用公款罪,数罪并罚。(答案:D)

3. 甲找到某国有企业出纳乙,称自己公司生意困难,让乙想办法提供点资金,并许诺给乙好处。乙便找机会从公司账户中拿出15万元借给甲。甲从中拿了2万元给乙。之后,甲因违法行为被公安机关逮捕,乙害怕受牵连,携带100万元公款潜逃。关于乙的全部犯罪行为,下

列哪些说法是错误的?(2008年缓考真题,多选)

A. 挪用公款罪与受贿罪,应择一重罪从重处罚

B. 应以挪用资金罪、职务侵占罪论处,实行数罪并罚

C. 应以挪用公款罪、贪污罪论处,实行数罪并罚

D. 应以挪用公款罪、贪污罪、受贿罪论处,实行数罪并罚

[释疑] (1) A项错,因受贿而挪用公款构成数罪的,数罪并罚。

(2) B项错,乙是国企出纳,属于从事公务人员,利用职务便利挪用、侵占单位财产的,不是挪用资金罪、职务侵占罪。

(3) C项错,漏掉了受贿罪。(答案:ABC)

考点5 挪用公款"归个人使用"的情形

一、精讲

挪用公款"归个人使用"的情形包括:(1) 将公款供本人、亲友或其他自然人使用的;(2) 以个人名义将公款供其他单位使用的;(3) 个人决定以单位名义将公款供其他单位使用,谋取个人利益的。

二、例题

1. 下列哪一情形不属于"挪用公款归个人使用"?(2010年真题,单选)

A. 国家工作人员甲,将公款借给其弟炒股

B. 国家机关工作人员甲,以个人名义将公款借给原工作过的国有企业使用

C. 某县工商局长甲,以单位名义将公款借给某公司使用

D. 某国有公司总经理甲,擅自决定以本公司名义将公款借给某国有事业单位使用,以安排其子在该单位就业

[释疑] A项属于将公款供自然人使用;B项属于以个人名义将公款供其他单位使用;D项属于个人决定以单位名义将公款供其他单位使用,谋取个人利益;C项非以"个人决定",并没有"谋取个人利益的",是正选。(答案:C)

2. 下列哪些选项属于"挪用公款归个人使用"?(2006年真题,多选)

A. 以个人名义将公款借给某国有企业使用

B. 以个人名义将公款借给某私营企业使用

C. 个人决定以单位名义将公款借给其他单位使用,谋取个人利益的

D. 以单位名义将公款借给其他自然人使用,未谋取个人利益的

[释疑] 本题考查的是挪用公款罪的立法解释。(答案:ABCD)

考点6 挪用公款罪与挪用资金罪、挪用特定款物罪、贪污罪的区别

一、精讲

1. 挪用公款罪与挪用资金罪

区别的要点在于主体和对象不同:挪用公款罪的主体是国家工作人员(包括国有公司企

业中从事公务的人员）；挪用资金罪的主体是挪用公款罪主体以外的公司企业人员。挪用公款罪的对象是公款；挪用资金罪的对象是公款以外的公司企业资金。

2. 挪用公款罪与挪用特定款物罪

区别要点是目的和用途不同：挪用公款（包含特定款物）归个人使用的，是挪用公款罪；挪用特定款物作他用的（非个人使用的），是挪用特定款物罪。

3. 挪用公款罪与贪污罪

区别要点主要是目的不同：贪污是以非法占有为目的；挪用则以挪归个人使用为目的。在司法实践中，具有以下情形之一的，可以认定具有非法占有的目的，成立贪污罪：

（1）"携带挪用的公款潜逃的"，对其携带挪用的公款部分，以贪污罪定罪处罚。挪用公款后因害怕罪行败露或已经案发而"畏罪潜逃的"，仍是挪用公款性质。

（2）挪用公款后采取虚假发票平账、销毁有关账目等手段，使所挪用的公款难以在单位财务账目上反映出来，且没有归还行为的，应当以贪污罪定罪处罚。

（3）截取单位收入不入账，非法占有，使所占有的公款难以在单位财务账目上反映出来，且没有归还行为的，应当以贪污罪定罪处罚。

（4）有证据证明行为人有能力归还所挪用的公款而拒不归还，并隐瞒挪用的公款去向的，应当以贪污罪定罪处罚。但行为人挪用公款归个人使用，因"客观原因"导致一审宣判前不能退还的，仍然以挪用公款罪定罪处罚。

二、例题

1. 国有公司财务人员甲于2007年6月挪用单位救灾款100万元，供自己购买股票，后股价大跌，甲无力归还该款项。2008年1月，甲挪用单位办公经费70万元为自己购买商品房。两周后，甲采取销毁账目的手段，使挪用的办公经费70万元中的50万元难以在单位财务账上反映出来。甲一直未归还上述所有款项。关于甲的行为定性，下列选项正确的是：（2008年真题，不定项）

A. 甲挪用救灾款的行为，不构成挪用特定款物罪

B. 甲挪用办公经费的行为构成挪用公款罪，挪用数额为70万元

C. 甲挪用办公经费后销毁账目且未归还的行为构成贪污罪，贪污数额为50万元

D. 对于甲应当以挪用公款罪、贪污罪实行并罚

[**释疑**]　（1）A项，挪用救灾等特定款物归个人使用，以挪用公款罪从重处罚。挪用特定款物作其他"非个人使用的"，才可成立挪用特定款物罪。

（2）C项，挪用公款后，做假账使公款在单位账目上不能显示、反映的，表明主观有非法占有该笔公款的目的，客观具备了永远不归还的条件，以贪污罪论处。C项对，则B项错。其中的50万元应算作贪污金额，不能再算作挪用公款的金额。

（3）D项，对于甲应当以挪用公款罪（20万元）、贪污罪（50万元）实行并罚。（答案：ACD）

2. 某事业单位负责人甲决定以单位名义将本单位资金150余万元贷给另一公司，所得高利息归本单位所有。甲虽未牟取个人利益，但最终使本金无法收回。关于该行为的定性，下列哪几种是可以排除的？（2004年真题，多选）

A. 挪用公款罪　　　　B. 挪用资金罪

C. 违法发放贷款罪　　　　D. 高利转贷罪

[释疑] (1) A项,甲个人决定以单位名义将公款供其他单位使用,但缺乏“谋取个人利益”的要件,不成立挪用公款罪。

(2) B项,挪用资金罪也要求是“挪归个人使用”,并且没有扩大到挪给单位使用,故排除挪用公款自然也就排除了挪用资金。

(3) 甲是事业单位负责人,不符合违法发放贷款罪的主体要件“银行或者其他金融机构的工作人员”(第186条),故C项也可排除。

(4) 根据第175条的规定,高利转贷的特征之一是“套取金融机构信贷资金高利转贷他人”,甲的行为不符合高利转贷罪的这一特征,也可排除D项。(答案:ABCD)

考点7 受贿罪既遂的认定

一、精讲

在利用职务上的便利为他人谋取利益的意图支配下收取了财物,就成立受贿罪既遂。行为人受贿后,将收取的贿赂转送他人、捐赠公益事业,甚至返还行贿人的,属于犯罪后对财物的处分行为,不影响受贿罪的成立。行为人收取财物后,没有实际给他人谋到利益的,也不影响受贿罪既遂的成立。

二、例题

1. 国家工作人员甲利用职务上的便利为某单位谋取利益。随后,该单位的经理送给甲一张购物卡,并告知其购物卡的价值为2万元,使用期限为1个月。甲收下购物卡后忘记使用,导致购物卡过期作废,卡内的2万元被退回到原单位。关于甲的行为,下列哪一选项是正确的?(2006年真题,单选)

A. 甲的行为不构成受贿罪　　B. 甲的行为构成受贿(既遂)罪

C. 甲的行为构成受贿(未遂)罪　　D. 甲的行为构成受贿(预备)罪

[释疑] 本案有三点较为特殊之处:

(1) 事后收受财物的,只要表明受财与利用职务上的便利为他人谋利的关联性,即使事后收受财物也不影响受贿罪成立。

(2) 为某“单位”谋取利益,为送财物方谋利,不论是单位还是个人,不影响受贿罪成立。但可能影响对方的行为性质,对方若为单位利益以单位名义行贿,则可能成立“单位行贿罪”而不是“行贿罪”。

(3) 购物卡因过期作废。受贿已经完成,受贿人是否实际享用到受贿财物不影响犯罪成立。因为事后甲即使主动退回购物卡,也属于犯罪既遂后的退赃行为(悔罪表现),不影响行为性质。但应当注意,如果甲不但主动退回购物卡,而且能证明自始(本来)就没有收受的意思的,不构成受贿罪。(答案:B)

2. 甲的女儿2003年参加高考,没有达到某大学录取线。甲委托该高校所在市的教委副主任乙向该大学主管招生的副校长丙打招呼,甲还交付给乙2万元现金,其中1万元用于酬谢乙,另1万元请乙转交给丙。乙向丙打了招呼,并将1万元转交给丙。丙收下1万元,并答应尽量帮忙,但仍然没有录取甲的女儿。1个月后,丙的妻子丁知道此事后,对丙说:“你没有帮人家办事,不能收这1万元,还是退给人家吧。”丙同意后,丁将1万元退给甲。关于本案,下列

哪些说法是错误的？(2004 年真题，多选)

A. 乙的行为成立不当得利与介绍贿赂罪

B. 丙没有利用职务上的便利为他人牟取利益，所以不成立受贿罪

C. 丙在未能为他人牟取利益之后退还了财物，所以不成立受贿罪

D. 丁将 1 万元贿赂退给甲而不移交司法机关，构成帮助毁灭证据罪

[**释疑**]　本题中甲的行为是行贿；乙、丙的行为均构成受贿罪；丁的行为是退赃，主观上没有妨害司法和证据的故意，也没有妨害司法和证据的行为，不构成犯罪。据此 A、B、C、D 项均属“错误说法”。乙利用了本人的教委副主任职权或地位形成的便利条件，通过副校长丙职务上的行为，为请托人甲谋取不正当利益，收受请托人甲的财物，属于第 388 条的以受贿论(斡旋受贿)的情形。丙利用职务上的便利，非法收受他人财物，为他人谋取利益的，是受贿罪。至于是否为行贿人实际谋取了利益，不影响受贿罪的成立，丙承诺为他人谋取利益并收取财物，受贿罪已经既遂，退回贿赂款是犯罪后的表现，既不影响受贿罪的成立，也不是犯罪中止。甲为谋取不正当利益(使不够分数线的女儿上大学)，给予国家工作人员乙、丙以财物，是行贿罪。在主动行贿的场合，是否实际谋到不正当利益不影响行贿罪的成立。(答案：ABCD)

考点 *8* 行贿罪的认定

一、精讲

1. 主观具有“谋取不正当利益的目的”，“不正当利益”是指谋取违反法律、法规、国家政策和国务院各部门规章规定的利益，以及要求国家工作人员或者有关单位提供违反法律、法规、国家政策和国务院各部门规章规定的帮助或方便条件。据此谋取不正当利益包括两方面的内容：(1) 谋取本身违法的利益；(2) 谋取违法的帮助或便利以获取本身不违法的利益。

2. 客观上违反国家规定给予国家工作人员财物，或在经济往来中违反国家规定，给予国家工作人员以各种名义的回扣、手续费的。

3. 成立本罪不以实际谋取不正当利益为必要。但如果因被勒索被迫给予国家工作人员财物且没有实际谋取不正当利益的，不认为是犯罪。

4. 行贿人在被追诉前主动交待行贿行为的，可以从轻或减轻处罚。其中，犯罪较轻的，对侦破重大案件起关键作用的，或者有重大立功表现的，可以减轻或免除处罚。《刑法修正案(九)》与总则中的自首规定存在法条竞合，即主动交代行贿的一个行为，同时涉及刑法的两项规定，属于总则与分则的法条竞合问题，对于法条竞合应当根据特别规定优先适用的原理，适用分则规定，不能适用总则中的自首规定。

二、例题

1. 在甲、乙被起诉后，甲父丙为使甲获得轻判，四处托人，得知丁的表兄刘某是法院刑庭庭长，遂托丁将 15 万元转交刘某。丁给刘某送 15 万元时，遭到刘某坚决拒绝。(事实四)

就事实四，丁是否构成介绍贿赂罪？是否构成行贿罪(共犯)？是否构成利用影响力受贿罪？理由分别是什么？(2013 年真题，案例分析)

答案：① 丁没有在丙和法官刘某之间牵线搭桥，没有促成行贿受贿事实的介绍行为，不构成介绍贿赂罪。② 丁接受丙的委托，帮助丙实施行贿行为，构成行贿罪(未遂)共犯。③丁客

观上并未索取或收受他人财物,主观上并无收受财物的意思,不构成利用影响力受贿罪。

2. 大学生甲为获得公务员面试高分,送给面试官乙(某机关领导)两瓶高档白酒,乙拒绝。次日,甲再次到乙家,偷偷将一块价值1万元的金币放在茶几上离开。乙不知情。保姆以为乙知道此事,将金币放入乙的柜子。对于本案,下列哪一选项是错误的?(2011年真题,单选)

A. 甲的行为成立行贿罪

B. 乙的行为不构成受贿罪

C. 认定甲构成行贿罪与乙不构成受贿罪不矛盾

D. 保姆的行为成立利用影响力受贿罪

[释疑] A、B项正确,甲构成行贿罪,乙不构成受贿罪。C项表述正确,为谋取不正当利益而给予国家工作人员财物的,成立行贿罪。国家工作人员拒绝或举报的,不成立受贿罪,不影响成立行贿罪。故认定甲构成行贿罪与乙不构成受贿罪不矛盾。

对于保姆来说,其没有收受请托人财物,为请托人谋取不正当利益的行为和意思,不成立利用影响力受贿罪。保姆的行为仅是金币从茶几放入柜子,没有超出保姆履行做家务职责范围,不可能成立任何犯罪。D项错误,是正选。(答案:D)

3. 关于贿赂犯罪,下列哪些选项是错误的?(2010年真题,多选)

A. 国家工作人员利用职务便利,为请托人谋取利益并收受其财物而构成受贿罪的,请托人当然构成行贿罪

B. 因被勒索给予国家工作人员以财物的,当然不构成行贿罪

C. 行贿人在被追诉前主动交代行贿行为的,可以从轻或者减轻处罚

D. 某国家机关利用其职权或地位形成的便利条件,通过其他国家机关的职务行为,为请托人谋取利益,索取请托人财物的,构成单位受贿罪

[释疑] 第389条(行贿)规定:"……因被勒索给予国家工作人员以财物,没有获得不正当利益的,不是行贿。"A项,当请托人符合这款时不为罪,但收受者依然可成立受贿罪。B项,需同时具备"没有获得不正当利益的",若获得不正当利益的,仍可成立行贿罪。C项,第390条规定:"……可以减轻处罚或者免除处罚。"D项,第388条之一的利用影响力受贿(斡旋受贿)仅适用于个人不适用于单位。(答案:ABCD)

4. 甲向乙行贿5万元,乙收下后顺手藏于自家沙发垫下,匆忙外出办事。当晚,丙潜入乙家盗走该5万元。事后查明,该现金全部为假币。下列哪些选项是正确的?(2009年真题,多选)

A. 甲用假币行贿,其行为成立行贿罪未遂,是实行终了的未遂

B. 丙的行为没有侵犯任何人的合法财产,不构成盗窃罪

C. 乙虽然收受假币,但其行为仍构成受贿罪

D. 丙的行为侵犯了乙的占有权,构成盗窃罪

[释疑] 侵犯财产罪的对象不仅包括财物也包括违禁品,如毒品、盗版光盘、假币等,丙构成盗窃罪正确,D项正确,B项错误。甲使用假币行贿,仍构成行贿罪,乙也构成受贿罪。行贿罪的既遂以送出财物,对方接受为准。甲构成行贿罪的既遂,A项错误,C项正确。(答案:CD)

5. 下列行为人所谋取的利益,哪些是行贿罪中的"不正当利益"?(2005年真题,多选)

A. 甲向某国有公司负责人米某送2万元,希望能承包该公司正在发包的一项建筑工程

B. 乙向某高校招生人员刘某送2万元,希望刘某在招生时对其已经进入该高校投档线的女儿优先录取

C. 丙向某法院国家赔偿委员会委员高某送2万元,希望高某按照国家赔偿法的规定处理自己的赔偿申请

D. 丁向某医院药剂科长程某送2万元,希望程某在质量、价格相同的条件下优先采购丁所在单位生产的药品

［释疑］　A、B、D项均属于谋取违法的帮助或便利,以获取本身不违法的利益的情形。C项的情形为,既不谋取本身违法的利益,也不谋取违法的帮助或便利。(答案:ABD)

考点 9　行贿罪与单位行贿罪的区分

一、精讲

单位为谋取不正当利益而行贿,或者违反国家规定,给予国家工作人员以回扣、手续费,情节严重的,定单位行贿罪,但如果因行贿取得的违法所得归个人所有的,则以行贿罪论处。

二、例题

何经理为了销售本公司经营的医疗器械,安排公司监事刘某在与某市立医院联系销售业务过程中,按销售金额25%的比例给医院4位正、副院长回扣共计25万余元。本案中,该公司提供回扣的行为构成何罪?(2009年真题,单选)

A. 行贿罪　　B. 对非国家工作人员行贿罪

C. 单位行贿罪　　D. 对单位行贿罪

［释疑］　本题为单位行为,成立单位行贿罪。(答案:C)

考点 10　利用影响力受贿罪

一、精讲

1. 本罪包括两大类型:(1)在职型。国家工作人员的近亲属或其他与该国家工作人员关系密切的人,通过该国家工作人员职务上的行为(直接型),或利用该国家工作人员职权或地位形成的便利条件,通过其他国家工作人员职务上的行为(间接型),为请托人谋取不正当利益,索取请托人财物或收受请托人财物的。(2)离职型。离职的国家工作人员(本人型)或其近亲属以及其他与其关系密切的人(他人型),利用该离职的国家工作人员原职权或地位形成的便利条件实施前项行为的。

2.《刑法修正案(九)》新增"对有影响力的人行贿罪":为谋取不正当利益,向国家工作人员的近亲属或者其他与该国家工作人员关系密切的人,或者向离职的国家工作人员或者其近亲属以及其他与其关系密切的人行贿的行为。单位亦可构成,双罚。

二、例题

1. 乙的孙子丙因涉嫌抢劫被刑拘。乙托甲设法使丙脱罪,并承诺事成后付其10万元。甲与公安局副局长丁早年认识,但多年未见面。甲托丁对丙作无罪处理,丁不同意,甲便以揭

发隐私要挟,丁被迫按甲的要求处理案件。后甲收到乙10万元现金。关于本案,下列哪一选项是错误的?(2013年真题,单选)

A. 对于"关系密切"应根据利用影响力受贿罪的实质进行解释,不能仅从形式上限定为亲朋好友

B. 根据A选项的观点,"关系密切"包括具有制约关系的情形,甲构成利用影响力受贿罪

C. 丁构成徇私枉法罪,甲构成徇私枉法罪的教唆犯

D. 甲的行为同时触犯利用影响力受贿罪与徇私枉法罪,应从一重罪论处

[释疑] 贿赂渎职罪题。A项对,"关系密切"人,包括一切对官员可施加影响力之人,不限于亲友。A项对,则B项也对。C项对,甲威胁乙实施徇私枉法行为,成立教唆犯。D项错,甲的行为构成利用影响力受贿罪和徇私枉法罪二罪,应数罪并罚。(答案:D)

2. 根据《刑法》有关规定,下列哪些说法是正确的?(2009年真题,多选)

A. 甲系某国企总经理之妻,甲让其夫借故辞退企业财务主管,而以好友陈某取而代之,陈某赠甲一辆价值12万元的轿车。甲构成犯罪

B. 乙系已离职的国家工作人员,请接任处长为缺少资质条件的李某办理了公司登记,收取李某10万元。乙构成犯罪

C. 丙系某国家机关官员之子,利用其父管理之便,请其父下属将不合条件的某企业列入政府采购范围,收受该企业5万元。丙构成犯罪

D. 丁系国家工作人员,在主管土地拍卖工作时向一家房地产公司通报了重要情况,使其如愿获得黄金地块。丁退休后,该公司为表示感谢,自作主张送予丁价值5万元的按摩床。丁构成犯罪

[释疑] (1) A、B、C项构成利用影响力受贿罪。

(2) D项,受贿的时间不影响受贿罪的成立,不限于在职期间,但必须事前有约定,没有约定的,不成立受贿罪。(答案:ABC)

考点11 本章不定项及案例分析的主要考点

一、精讲

本章挪用公款罪、挪用资金罪、贪污罪、职务侵占罪、受贿罪、行贿罪、非国家工作人员受贿罪、对非国家工作人员行贿罪之间的区分以及伴生的一罪数罪、共犯问题是不定项与案例分析的主要考点所在。

二、例题

1. 甲送给国有收费站站长吴某3万元,与其约定:甲在高速公路另开出口帮货车司机逃费,吴某想办法让人对此不予查处,所得由二人分成。后甲组织数十人,锯断高速公路一侧隔离栏、填平隔离沟(恢复原状需3万元),形成一条出口。路过的很多货车司机知道经过收费站要收300元,而给甲100元即可绕过收费站继续前行。甲以此方式共得款30万元,但骗吴某仅得20万元,并按此数额分成。请回答以下各题。(2015年真题,不定选)

(1) 关于甲锯断高速公路隔离栏的定性,下列分析正确的是:

A. 任意损毁公私财物,情节严重,应以寻衅滋事罪论处

B. 聚众锯断高速公路隔离栏，成立聚众扰乱交通秩序罪

C. 锯断隔离栏的行为，即使得到吴某的同意，也构成故意毁坏财物罪

D. 锯断隔离栏属破坏交通设施，在危及交通安全时，还触犯破坏交通设施罪

[**释疑**]　A、B项，寻衅滋事罪、聚众扰乱交通秩序罪都是妨害社会管理秩序的犯罪，甲锯断高速公路隔离栏的行为并未扰乱公共秩序，故不构成此二罪。C项，隔离栏是公共财产，吴某并无承诺（同意）他人对其予以破坏的权利，故甲的行为仍构成故意毁坏财物罪。D项，故意毁坏财物罪与破坏交通设施罪的想象竞合。（答案：CD）

（2）关于甲非法获利的定性，下列分析正确的是：（2015年真题，不定选）

A. 擅自经营收费站收费业务，数额巨大，构成非法经营罪

B. 即使收钱时冒充国有收费站工作人员，也不构成招摇撞骗罪

C. 未使收费站工作人员基于认识错误免收司机过路费，不构成诈骗罪

D. 骗吴某仅得20万元的行为，构成隐瞒犯罪所得罪

[**释疑**]　A项，甲的行为并非非法经营，而是与吴某构成贪污罪的共犯。B项，国有收费站工作人员并非“国家机关工作人员”，故该行为并不构成招摇撞骗罪。C项，只有被骗者基于错误认识作出财物处分行为才构成诈骗罪，本案中并无受骗与处分。D项，隐瞒犯罪所得罪是赃物犯罪，属于妨害社会管理秩序的犯罪，其隐瞒对象是社会公众，内部分赃时的“隐瞒”显然不构成隐瞒犯罪所得罪。（答案：BC）

（3）围绕吴某的行为，下列论述正确的是：（2015年真题，不定选）

A. 利用职务上的便利侵吞本应由收费站收取的费用，成立贪污罪

B. 贪污数额为30万元

C. 收取甲3万元，利用职务便利为甲谋利益，成立受贿罪

D. 贪污罪与受贿罪成立牵连犯，应从一重罪处断

[**释疑**]　A、B项，利用职务便利侵吞本应由国有单位收取的费用，成立贪污罪；贪污数额根据其实际所获得的非法所得认定。C项，收取他人财物，利用职务便利为其谋利，成立受贿罪。D项，贪污罪和受贿罪并不成立牵连犯，应数罪并罚。（答案：ABC）

2. 案情：镇长黄某负责某重点工程项目占地前期的拆迁和评估工作。黄某和村民李某勾结，由李某出面向某村租赁可能被占用的荒山20亩植树，以骗取补偿款。但村长不同意出租荒山。黄某打电话给村长施压，并安排李某给村长送去1万元现金后，村长才同意签订租赁合同。李某出资1万元购买小树苗5 000棵，雇人种在荒山上。

副县长赵某带队前来开展拆迁、评估工作的验收。李某给赵某的父亲（原县民政局局长，已退休）送去1万元现金，请其帮忙说话。赵某得知父亲收钱后答应关照李某，令人将邻近山坡的树苗都算到李某名下。

后李某获得补偿款50万元，分给黄某30万元。黄某认为自己应分得40万元，二人发生争执，李某无奈又给黄某10万元。

李某非常恼火，回家与妻子陈某诉说。陈某说：“这种人太贪心，咱可把钱偷回来。”李某深夜到黄家伺机作案，但未能发现机会，便将黄某的汽车玻璃（价值1万元）砸坏。

黄某认定是李某作案，决意报复李某，深夜对其租赁的山坡放火（李某住在山坡上）。

树苗刚起火时，被路过的村民邢某发现。邢某明知法律规定发现火情时，任何人都有报警的义务，但因与李某素有矛盾，便悄然离去。

大火烧毁山坡上的全部树苗,烧伤了李某,并延烧至村民范某家。范某被火势惊醒逃至屋外,想起卧室有5000元现金,即返身取钱,被烧断的房梁砸死。(2012年真题,卷四案例)

问题:

(1) 对村长收受黄某、李某现金1万元一节,应如何定罪?为什么?

答案:村长构成非国家工作人员受贿罪,黄某、李某构成对非国家工作人员行贿罪。出租荒山是村民自治组织事务,不是接受乡镇政府从事公共管理活动,村长此时不具有国家工作人员身份,不构成受贿罪。

(2) 对赵某父亲收受1万元一节,对赵某父亲及赵某应如何定罪?为什么?

答案:赵某父亲与赵某构成受贿罪共犯。赵某父亲不成立利用影响力受贿罪。因为只有在离退休人员利用过去的职务便利收受财物,且与国家工作人员没有共犯关系的场合,才有构成利用影响力受贿罪的余地。

[**释疑**] 受贿共犯与利用影响力受贿罪之区别,要点是办事的国家工作人员“是否知情”收财。官员知道特定关系人收财而利用职务便利为请托人谋利,应当是受贿罪共犯。答案正确。只是题中“案件事实”介绍较简略,考生或许不能正确解读案情而造成误判,或许不知法律要点找不出案件事实关键点。

(3) 对黄某、李某取得补偿款的行为,应如何定性?二人的犯罪数额应如何认定?

答案:伙同他人贪污的,以共犯论。黄某、李某取得补偿款的行为构成贪污罪,二人是贪污罪共犯。因为二人共同利用了黄某的职务便利骗取公共财物。二人要对共同贪污的犯罪数额负责,犯罪数额都是50万元,而不能按照各自最终分得的赃物确定犯罪数额。

(4) 对陈某让李某盗窃及汽车玻璃被砸坏一节,对二人应如何定罪?为什么?

答案:陈某构成盗窃罪的教唆犯,属于教唆未遂。李某构成故意毁坏财物罪。李某虽然接受盗窃教唆,但并未按照陈某的教唆造成危害后果,对汽车玻璃被砸坏这一结果,属于超过共同故意之外的行为,由李某自己负责。

(5) 村民邢某是否构成不作为的放火罪?为什么?

答案:邢某不构成不作为的放火罪。虽然法律明文规定发现火情时,任何人都有报警的义务,但是,报警义务不等于救助义务,同时,仅在行为人创设了危险或具有保护、救助法益的义务时,其他法律、法规规定的义务,才能构成刑法上的不作为的义务来源。本案中火情是黄某造成的,邢某仅是偶然路过,其并未创设火灾的危险,故邢某并无刑法上的作为义务,不构成不作为的放火罪。

(6) 如认定黄某放火与范某被砸死之间存在因果关系,可能有哪些理由?如否定黄某放火与范某被砸死之间存在因果关系,可能有哪些理由?(两问均须作答)

答案:黄某放火与范某死亡之间,介入了被害人范某的行为。

肯定因果关系的大致理由:① 根据条件说,可以认为放火行为和死亡之间具有“无A就无B”的条件关系;② 被害人在当时情况下,来不及精确判断返回住宅取财的危险性;③ 被害人在当时情况下,返回住宅取财符合常理。

否定因果关系的大致理由:① 根据相当因果关系说,放火和被害人死亡之间不具有相当性;② 被告人实施的放火行为并未烧死范某,范某为抢救数额有限的财物返回高度危险的场所,违反常理;③ 被害人是精神正常的成年人,对自己行为的后果非常清楚,故要对自己的选择负责;④ 被害人试图保护的法益价值有限。只有甲对乙的住宅放火,如乙为了抢救婴儿而进入住宅内被烧死的,才能肯定放火行为和死亡后果之间的因果关系。

3. 甲为某国有企业出纳,为竞争公司财务部主任职位欲向公司副总经理乙行贿。甲通过涂改账目等手段从公司提走20万元,委托总经理办公室秘书丙将15万元交给乙,并要丙在转交该款时一定为自己提升一事向乙"美言几句"。乙收下该款。8天后,乙将收受钱款一事报告了公司总经理,并将15万元交到公司纪检部门。

一个月后,甲得知公司委任其他人担任财务部主任,恼羞成怒找到乙说:"还我15万元,我去把公司钱款补上。你还必须付我10万元精神损害赔偿,否则我就将你告到检察院。"乙反复向甲说明钱已上交不能退还,但甲并不相信。数日后,甲携带一桶汽油闯入乙办公室纵火,导致室内空调等财物被烧毁。请回答(1)—(4)题。(2009年真题,不定项)

(1) 关于甲从公司提出公款20万元并将其中一部分行贿给乙的行为,下列选项错误的是:

A. 甲构成贪污罪,数额是20万元;行贿罪与贪污罪之间是牵连关系,不再单独定罪

B. 甲构成贪污罪、行贿罪,数罪并罚,贪污数额是5万元,行贿15万元

C. 甲构成贪污罪、行贿罪,数罪并罚,贪污数额是20万元,行贿15万元

D. 甲对乙说过要"去把公司钱款补上",应当构成挪用公款罪,数额是20万元,再与行贿罪并罚

[释疑] (1) A项,这种情况下不认为有牵连关系,应当数罪并罚,A项错误。

(2) B项错在贪污金额5万元。贪污、挪用后用赃款实施其他犯罪的,不能从犯罪金额中扣除。

(3) D项行为时就足以证明非法占有目的的,是贪污罪,不因为后面归还行为而改变性质。(答案:ABD)

(2) 关于乙的行为,下列选项错误的是:

A. 乙构成受贿罪既遂

B. 乙构成受贿罪中止

C. 乙犯罪以后上交赃物的行为,属于酌定从轻处罚情节

D. 乙不构成犯罪

[释疑] 收财后及时、主动上交的,属于"拒贿",不构成犯罪。究竟多久算"及时"?有弹性,需参酌其他因素,应在决策请托事项之前主动上交。但谋利不成退款的,属于受贿后退赃;听别人规劝或是被查处而退款或上交的,属于"闻风"退赃,不改变受贿性质。(答案:ABC)

(3) 关于丙的行为,下列选项正确的是:

A. 丙构成受贿罪共犯

B. 丙构成介绍贿赂罪

C. 丙构成行贿罪共犯

D. 丙没有实行行为,不构成犯罪

[释疑] 学说对介绍贿赂罪有收缩适用倾向。通常,与行贿人共谋利用其与受贿者的关系,帮行贿者行贿的,定行贿罪共犯。介绍贿赂,指给贿赂双方引荐、撮合,或沟通贿赂信息的行为。(答案:C)

(4) 关于甲得知财务部主任由他人担任后实施的行为,下列选项错误的是:

A. 甲的行为只构成放火罪

B. 甲索要10万元"精神损害赔偿"的行为不构成敲诈勒索罪

C. 甲的行为是敲诈勒索罪与放火罪的想象竞合犯

D. 甲的行为是敲诈勒索罪与放火罪的吸收犯

[**释疑**] (1) B项,以告发他人受贿相威胁,索要钱财,是敲诈勒索。

(2) C项,想象竞合犯是一行为。甲有敲诈、放火二行为,不是想象竞合犯。

(3) D项,吸收犯,一行为是另一行为的必经过程或当然结果。甲的敲诈、放火行为之间没有紧密关联。(答案:ABCD)

4. 徐某系某市国有黄河商贸公司的经理,顾某系该公司的副经理。2005年,黄河商贸公司进行产权制度改革,将国有公司改制为管理层控股的股份有限公司。其中,徐某、顾某及其他15名干部职工分别占40%、30%、30%股份。在改制过程中,国有资产管理部门委托某资产评估所对黄河商贸公司的资产进行评估,资产评估所指派周某具体参与评估。在评估时,徐某与顾某明知在公司的应付款账户中有100万元系上一年度为少交利润而虚设的,经徐某与顾某以及公司其他领导班子成员商量,决定予以隐瞒,转入改制后的公司,按照股份分配给个人。当周某发现了该100万元应付款的问题时,公司领导班子决定以辛苦费的名义,从公司的其他公款中取出1万元送给周某。周某收下该款后,出具了隐瞒该100万元虚假的应付款的评估报告。随后,国有资产管理部门经研究批准了公司的改制方案。在尚未办理产权过户手续时,徐某等人因被举报而案发。(2008年真题,案例分析)

问题:

(1) 徐某与顾某构成贪污罪还是私分国有资产罪?为什么?

(2) 徐某与顾某的犯罪数额如何计算?为什么?

(3) 徐某与顾某的犯罪属于既遂还是未遂?为什么?

(4) 给周某送的1万元是单位行贿还是个人行贿?为什么?

(5) 周某的行为是否以非国家工作人员受贿罪与提供虚假证明文件罪实行数罪并罚?为什么?

(6) 周某是否构成徐某与顾某的共犯?为什么?

[**参考答案**]

(1) 徐某与顾某构成贪污罪,而不构成私分国有资产罪。本案不符合以单位名义集体私分的特征,而是采取隐瞒的方式将公款予以非法占有,符合贪污罪的特征。

(2) 徐某与顾某应对100万元的贪污总数额负责,而不是只对个人所得部分负责;此外,用于行贿的1万元也应计人贪污数额。

(3) 徐某与顾某贪污100万元属于未遂,因为公司产权尚未过户,但贪污1万元属于既遂。

(4) 给周某送的1万元属于个人行贿,因为不是为单位谋取不正当利益。

(5) 周某构成提供虚假证明文件罪,不应与非国家工作人员受贿罪实行并罚。

(6) 周某构成徐某与顾某犯罪的共犯,属于提供虚假证明文件罪与贪污共犯的想象竞合。

第九章　渎　职　罪

考点 1　渎职罪的认定

例题

关于渎职罪,下列哪些选项是正确的?(2017 年真题,多选)

A. 省渔政总队验船师郑某,明知有 8 艘渔船存在套用船号等问题,按规定应注销,却为船主办理船检证书,船主领取国家柴油补贴 640 万元。郑某构成滥用职权罪

B. 刑警曾某办理冯某抢劫案,明知冯某被取保候审后未定期到派出所报到,曾某也未依法传唤冯某或将案件移送起诉或变更强制措施。期间,冯某再次犯罪。曾某构成徇私枉法罪

C. 律师于某担任被告人马某的辩护人,从法院复印马某贪污案的案卷材料,允许马某亲属朱某查阅。朱某随后游说证人,使数名证人向于某出具了虚假证明材料。于某构成故意泄露国家秘密罪

D. 公安局协警闫某,在协助抓捕行动中,向领导黑社会性质组织的李某通风报信,导致李某等主要犯罪分子潜逃。闫某构成帮助犯罪分子逃避处罚罪

[**释疑**]　A 项对,郑某超越权限违法为他人办理证书,属于滥用职权的行为,刑法并未为这种行为作出专门规定,故适用一般条款。(滥用职权罪和玩忽职守罪是渎职罪的两大基本条款。)B 项错,徇私枉法罪共有三种行为类型:明知无罪而追诉,明知有罪而不追诉,故意违背事实与法律做枉法裁判。曾某并未实施这三种行为之一,故不构成徇私枉法罪,但可成立滥用职权罪。C 项错,贪污罪的案卷材料,不属于国家秘密。于某的行为可构成《刑法修正案(九)》增设的泄露不应公开的案件信息罪。D 项对,有查禁犯罪活动职责的国家机关工作人员,向犯罪分子通风报信、提供便利,帮助犯罪分子逃避处罚的,构成帮助犯罪分子逃避处罚罪。(答案:AD)

考点 2　滥用职权罪与玩忽职守罪的区别

一、精讲

滥用职权罪与玩忽职守罪。两罪的共同点是:

(1) 主观方面一般是过失,滥用职权罪主观方面不排除间接故意。

(2) 都是结果犯,以“致使公共财产、国家和人民利益遭受重大损失”为要件。不同点在于渎职方式。“滥用职权”表现为两种类型:① 超越职权,违法决定、处理其无权决定、处理的事项;② 违反规定处理公务,多表现为作为形式。玩忽职守主要表现为以不作为的方式不履行职责或怠于履行职责,多表现为不作为。

二、例题

1. 关于渎职犯罪,下列哪些选项是正确的?(2016 年真题,多选)

A. 县财政局副局长秦某工作时擅离办公室,其他办公室人员操作电炉不当,触电身亡并

引发大火将办公楼烧毁。秦某触犯玩忽职守罪

B. 县卫计局执法监督大队队长武某,未能发现何某在足疗店内非法开诊所行医,该诊所开张三天即造成一患者死亡。武某触犯玩忽职守罪

C. 负责建房审批工作的干部柳某,徇情为拆迁范围内违规修建的房屋补办了建设许可证,房主凭此获得补偿款90万元。柳某触犯滥用职权罪

D. 县长郑某擅自允许未经环境评估的水电工程开工,导致该县水域内濒危野生鱼类全部灭绝。郑某触犯滥用职权罪

[**释疑**] C、D项,符合滥用职权罪的要件。A项错,办公室人员操作电炉不当,与秦某职责无关,失火与秦某离开办公室没有因果关系。B项错,武某的失职行为极其轻微,且患者死亡的结果不能归责于武某,而应归责于何某的非法行医行为。(答案:CD)

2. 朱某系某县民政局副局长,率县福利企业年检小组到同学黄某任厂长的电气厂年检时,明知该厂的材料有虚假、残疾员工未达法定人数,但朱某以该材料为准,使其顺利通过年检。为此,电气厂享受了不应享受的退税优惠政策,获取退税300万元。黄某动用关系,帮朱某升任民政局局长。检察院在调查朱某时发现,朱某有100万元财产明显超过合法收入,但其拒绝说明来源。在审查起诉阶段,朱某交代100万元系在澳门赌场所赢,经查证属实。

请回答以下各题。(2015年真题,不定选)

(1) 关于朱某帮助电气厂通过年检的行为,下列说法正确的是:

A. 其行为与国家损失300万元税收之间,存在因果关系

B. 属滥用职权,构成滥用职权罪

C. 属徇私舞弊,使国家税收遭受损失,同时构成徇私舞弊不征、少征税款罪

D. 事后虽获得了利益(升任局长),但不构成受贿罪

[**释疑**] A项,正是朱某的行为导致国家税收的损失,二者之间存在因果关系。B、C项,徇私舞弊不征、少征税款罪的主体应当是税收人员;朱某的行为属于滥用职权。D项,受贿罪的"贿赂"应当是财物或财产性利益,升职并非"贿赂"。(答案:ABD)

(2) 关于朱某100万元财产的来源,下列分析正确的是:(2015年真题,不定选)

A. 其财产、支出明显超过合法收入,这是巨额财产来源不明罪的实行行为

B. 在审查起诉阶段已说明100万元的来源,故不能以巨额财产来源不明罪提起公诉

C. 在澳门赌博,数额特别巨大,构成赌博罪

D. 作为国家工作人员,在澳门赌博,应依属人管辖原则追究其赌博的刑事责任

[**释疑**] A项,巨额财产来源不明罪的实行行为应当是拒不说明来源的行为。B项,行为人已说明其巨额财产的来源(无论是否合法)且查证属实的,不构成巨额财产来源不明罪。C项,构成赌博罪须"聚众赌博"或"以赌博为业",题中并无内容显示。D项,属人原则针对的是本国公民在本国领域外的犯罪行为,澳门属于我国领域内,故应适用属地原则。(答案:B)

(3) 关于黄某使电气厂获取300万元退税的定性,下列分析错误的是:(2015年真题,不定选)

A. 具有逃税性质,触犯逃税罪

B. 具有诈骗属性,触犯诈骗罪

C. 成立逃税罪与提供虚假证明文件罪,应数罪并罚

D. 属单位犯罪,应对电气厂判处罚金,并对黄某判处相应的刑罚

[释疑]　A、B项，黄某使电气厂获取300万元退税，因该退税并非出口退税，故不能按逃税罪处理。其行为符合诈骗罪的构成要件。C项，提供虚假证明文件罪的主体是“中介组织或其人员”。D项，单位不能构成诈骗罪，按自然人犯罪处理。（答案：ACD）

3. 派出所长陈某在“追逃”专项斗争中，为得到表彰，在网上通缉了7名仅违反《治安管理处罚条例》并且已受过治安处罚的人员。虽然陈某通知本派出所人员不要“抓获”这7名人员，但仍有5名人员被外地公安机关“抓获”后关押。关于陈某行为的性质，下列哪些说法是错误的？（2002年真题，多选）

A. 陈某的行为构成滥用职权罪　　B. 陈某的行为构成玩忽职守罪

C. 陈某的行为构成非法拘禁罪　　D. 陈某的行为不构成犯罪

[释疑]　(1) 本题有些不明确，属于比较复杂的问题。根据检察机关的立案标准，滥用职权案和玩忽职守案需有下列情形之一的（造成以下程度的“结果”）才立案（定罪最低标准）：① 造成死亡1人以上，或重伤2人以上，或轻伤5人以上的；② 造成直接经济损失20万元以上的；③ 造成有关公司、企业等单位停产、严重亏损、破产的；④ 严重损害国家声誉，或造成恶劣社会影响的；⑤ 其他致使公共财产、国家和人民利益遭受重大损失的情形的。对照立案标准，“造成5人在外地被公安关押”的后果是否达到定罪程度有些不明确。

(2) 至于非法拘禁，也不典型，因为：① 甲只是上网作虚假通缉，并未直接实施非法剥夺自由行为；② 主观上对5人被关押的结果只是放任。选C项也很牵强。

(3) 选D项又有点不对劲，是一个模棱两可的问题。A项相对可以成立，不选。故判断（或猜测）可选B、C、D项。

本题甲的情况也不完全符合“徇私枉法罪”的特征。根据最高人民检察院的立案标准，涉嫌对明知是无罪的人，采取伪造、隐匿、毁灭证据或其他隐瞒事实、违背法律的手段，“以追究刑事责任为目的”立案、侦查（含采取强制措施）、起诉、审判的，可以徇私枉法追究刑事责任。但是，甲的行为不合“以追究刑事责任为目的”的主观要件，也定不了徇私枉法罪。（答案：BCD）

考点3　滥用职权罪与刑法另有规定的滥用职权犯罪竞合时，适用特别规定

一、精讲

《刑法》另有规定的特定的滥用职权（徇私舞弊）的犯罪有：第399条之徇私枉法罪、枉法裁判罪；第400条之私放在押人员罪；第401条之徇私舞弊减刑、假释、暂予监外执行罪；第402条之徇私舞弊不移交刑事案件罪；第404条之徇私舞弊不征、少征税款罪；第405条之徇私舞弊发售发票、抵扣税款、出口退税罪，非法提供出口退税罪；第407条之违法发放林木采伐许可证罪；第410条之非法批准征用、占用土地罪，非法低价出让国有土地使用权罪；第411条之放纵走私罪；第412条之商检徇私舞弊罪；第413条之动植物检疫徇私舞弊罪；第414条之放纵制售伪劣商品犯罪行为罪；第415条之办理偷越国（边）境人员出入境证件罪，放行偷越国（边）境人员罪；第416条第2款之阻碍解救被拐卖、绑架妇女儿童罪；第417条之帮助罪犯逃避处罚罪等。

本罪与上列其他具有滥用职权（徇私舞弊）性质的犯罪是一般与特别的关系，行为人的行为同时触犯第397条滥用职权罪和其他有关条款规定的，应择特别规定定罪处罚。

二、例题

1. 丙实施抢劫犯罪后,分管公安工作的副县长甲滥用职权,让侦办此案的警察乙想办法使丙无罪。乙明知丙有罪,但为徇私情,采取毁灭证据的手段使丙未受追诉。关于本案的分析,下列哪些选项是正确的?(2014年真题,多选)

A. 因甲是国家机关工作人员,故甲是滥用职权罪的实行犯

B. 因甲居于领导地位,故甲是徇私枉法罪的间接正犯

C. 因甲实施了两个实行行为,故应实行数罪并罚

D. 乙的行为同时触犯徇私枉法罪与帮助毁灭证据罪、滥用职权罪,但因只有一个行为,应以徇私枉法罪论处

[**释疑**] 滥用职权罪主体是国家机关工作人员,徇私枉法罪主体是司法工作人员,二罪都属于身份犯(见第397条、第399条)。(1) 根据身份犯原理:身份犯之主体身份是构成该罪之实行犯(正犯)所必须具备的身份,据此A项正确。(2) 由该原理派生,没有身份犯主体身份之人不可能成为该身份犯之实行犯(正犯)包括间接正犯。据此B项错。(3) 甲徇私情滥用分管公安工作职权指令下级乙违法办案,是一个滥用职权行为,据此C项错。另依据身份犯原理,甲不是司法工作人员不可能成为徇私枉法罪正犯,不可能实施(滥用职权和徇私枉法)"二个实行行为",据此C项也错。(4) 徇私枉法罪包含毁灭伪造证据等"枉法"行为,乙徇私枉法行为同时有毁灭证据行为,被其徇私枉法罪包容。根据"整体法优于局部法适用"的法条竞合犯原理,适用徇私枉法罪。徇私枉法罪与滥用职权罪是特别与一般的法条竞合关系,故同时触犯滥用职权罪也是法条竞合关系,特别规定优先适用,应定乙徇私枉法罪。(答案:AD)

2. 某中级法院的主审法官甲收受故意杀人案被告人乙的家属现金1万元后,伪造乙防卫过当、自首的证据,欺骗该院审判委员会,导致原本可能被判处死刑的乙,最终仅被判处3年有期徒刑。对甲应当以何罪论处?(2008年缓考真题,单选)

A. 徇私枉法罪　　B. 滥用职权罪　　C. 受贿罪　　D. 伪证罪

[**释疑**] 第399条规定:"司法工作人员徇私枉法、徇情枉法,对明知是无罪的人而使他受追诉、对明知是有罪的人而故意包庇不使他受追诉,或者在刑事审判活动中故意违背事实和法律作枉法裁判的,处…… 司法工作人员收受贿赂,有前三款行为的,同时又构成本法第三百八十五条规定之罪的,依照处罚较重的规定定罪处罚。"成立徇私枉法罪,排斥适用滥用职权罪一般规定,与受贿罪择一重罪处罚。受贿1万元刚刚达到受贿定罪标准,应以徇私枉法罪定罪处罚。(答案:A)

3. 某国税稽查局对某电缆厂的逃税案件进行查处。该厂厂长甲送给国税稽查局局长乙3万元,要求给予关照。乙收钱后,将某电缆厂已涉嫌构成逃税罪的案件仅以罚款了事。次年8月,上级主管部门清理税务违法案件。为避免电缆厂逃税案件移交司法机关处理,乙私自更改数据,隐瞒事实,使该案未移交司法机关。对乙应以何罪论处?(2004年真题,多选)

A. 受贿罪　　B. 滥用职权罪

C. 帮助犯罪分子逃避处罚罪　　D. 徇私舞弊不移交刑事案件罪

[**释疑**] (1) 几种相近渎职罪的区别,乙的行为符合D项徇私舞弊不移交刑事案件罪的特征,排斥一般规定(滥用职权罪)的适用。帮助犯罪分子逃避处罚罪,是指有查禁犯罪活动

职责的国家机关工作人员,向犯罪分子通风报信、提供便利,帮助犯罪分子逃避处罚的行为(第417条)。乙的主体身份和行为特征均不符合该罪的要件。

(2) 数罪并罚问题。本题显然是要求回答处罚的犯罪个数即是否数罪并罚。因为受贿而犯其他渎职罪的一般应数罪并罚,但法律有特别规定的除外,如第399条第4款的规定。本题中的情形属于一般情况,故应当数罪并罚。这一结论是否属于通说存在争议。不过,在关于被告人受贿后徇私舞弊为服刑罪犯减刑假释行为应定一罪还是数罪的研究意见中,最高人民法院刑一庭审判长会议经讨论认为:"应当认定为受贿罪和徇私舞弊减刑、假释罪,实行两罪并罚",理由是:① 具备两构成要件,且不具有牵连关系;② 不违反禁止重复评价原则;③ 与第399条第4款特别规定不矛盾。根据上述司法经验推论,对于因为受贿而犯(《刑法》第九章)渎职罪的如滥用职权、玩忽职守等,还有因为受贿而挪用公款的,通常实行数罪并罚。至于受贿与渎职或挪用的犯罪是否属于牵连关系,并不重要。不一定非要找出什么理论根据来,因为法律和司法实践并非完全遵循理论的。

(3) 根据答题技巧推测。既然是多项选择,至少有两项正解,照此推测,在选A项受贿罪之外,还须从B、C、D三项中选一,故为几种相近渎职罪的区别问题。本题在数罪并罚问题上没有令人为难之处。(答案:AD)

考点4　玩忽职守罪与其他渎职或责任事故性犯罪的区别

一、精讲

1. 《刑法》另有规定的具有玩忽职守性质的渎职犯罪有:第398条之过失泄露国家秘密罪;第400条之失职致使在押人员脱逃罪;第406条之国家机关工作人员签订、履行合同失职罪;第408条之环境监管失职罪;第409条之传染病防治失职罪;第412条之商检失职罪;第413条之动植物检疫失职罪;第414条之放纵制售伪劣商品犯罪行为罪;第416条之不解救被拐卖、绑架妇女、儿童罪;第419条之失职造成珍贵文物损毁、流失罪等。

本罪与上列有关犯罪是一般与特殊的法条竞合关系,故行为人触犯刑法另有规定的特定玩忽职守犯罪的,虽然也触犯了第397条的规定,但依法应以特别的规定定罪处罚。

2. 玩忽职守罪与有关责任事故型犯罪的区别。从广义上讲,本罪以造成重大损失为要件,亦属于一种责任事故型犯罪,与其他事故型犯罪所不同者,在于它是公务型责任事故。故本罪与其他责任事故型犯罪有相似之处,认定时应予注意。这些事故型犯罪主要有第131条之重大飞行事故罪,第132条之铁路运营安全事故罪,第134条之重大责任事故罪,第135条之重大劳动安全事故罪,第136条之危险物品肇事罪,第137条之工程重大安全事故罪,第138条之教育设施重大安全事故罪,第139条之消防责任事故罪,第330条之违反传染病防治规定罪,第331条之传染病菌种、毒种扩散罪,第335条之医疗事故罪等。

本罪与上述事故型犯罪的主要区别是:① 主体不同。本罪主体为国家机关工作人员;而有关事故型犯罪的主体一般为厂矿企业、事业单位的职工或工作人员。② 发生的场合不同。本罪发生于国家机关的公务活动过程中;而有关事故型犯罪,一般发生于生产、作业等业务活动中,以及直接指挥生产、作业或管理生产、作业等业务活动过程中。

二、例题

1. 下列哪一行为应以玩忽职守罪论处?(2012年真题,单选)

A. 法官执行判决时严重不负责任,因未履行法定执行职责,致当事人利益遭受重大损失

B. 检察官讯问犯罪嫌疑人甲,甲要求上厕所,因检察官违规打开械具后未跟随,致甲在厕所翻窗逃跑

C. 值班警察与女友电话聊天时接到杀人报警,又闲聊10分钟后才赶往现场,因延迟出警,致被害人被杀、歹徒逃走

D. 市政府基建负责人因听信朋友介绍,未经审查便与对方签订建楼合同,致被骗300万元

[**释疑**] A项为第399条第3款执行判决、裁定失职罪,B项是失职致使在押人员脱逃罪(第400条第2款),D项是签订履行合同失职被骗罪(第406条)。(答案:C)

2. 下列哪种行为可以构成玩忽职守罪?(2007年真题,单选)

A. 在安全事故发生后,负有报告职责的人员不报或者谎报情况,贻误事故抢救时机,情节严重的

B. 国有公司工作人员严重不负责任,造成国有公司破产,致使国家利益遭受重大损失的

C. 负有环境保护监督管理职责的国家机关工作人员严重不负责任,导致发生重大环境污染事故,造成人身伤亡的严重后果的

D. 负有管理职责的国家机关工作人员发现他人非法从事天然气开采、加工等违法活动而不予查封、取缔,致使国家和人民利益遭受重大损失的

[**释疑**] (1)A项应为不报、谎报安全事故罪。

(2)B项构成国有公司工作人员失职罪(第168条)。

(3)C项构成环境监管失职罪。

(4)D项构成玩忽职守罪,参见最高人民法院、最高人民检察院《关于办理盗窃油气、破坏油气设备等刑事案件具体应用法律若干问题的解释》第7条的规定:"国家机关工作人员滥用职权或者玩忽职守,实施下列行为之一,致使公共财产、国家和人民利益遭受重大损失的,依照刑法第三百九十七条的规定,以滥用职权罪或者玩忽职守罪定罪处罚:……(四)对发现或者经举报查实的未经依法批准、许可擅自从事石油、天然气勘查、开采、加工、经营等违法活动不予查封、取缔的。"据此D项为正选。(答案:D)

三、提示与预测

注意第397条(滥用职权、玩忽职守)处理渎职案的司法解释规定。最高人民检察院《关于渎职侵权犯罪案件立案标准的规定》规定,国家机关工作人员滥用职权、玩忽职守,符合《刑法》第九章所规定的特殊渎职罪构成要件的,按照该特殊规定追究刑事责任;主体不符合《刑法》第九章所规定的特殊渎职罪的主体要件,但符合滥用职权、玩忽职守犯罪构成的,按照第397条的规定以滥用职权罪、玩忽职守罪追究刑事责任。

考点5 徇私枉法罪的认定

一、精讲

1. 本罪的主体为司法工作人员。

2. 根据最高人民检察院《关于渎职侵权犯罪案件立案标准的规定》的规定,徇私枉法罪包

括以下情形:(1) 对明知是没有犯罪事实或其他依法不应当追究刑事责任的人,采取伪造、隐匿、毁灭证据或其他隐瞒事实、违反法律的手段,以追究刑事责任为目的立案、侦查、起诉、审判的;(2) 对明知是有犯罪事实需要追究刑事责任的人,采取伪造、隐匿、毁灭证据或其他隐瞒事实、违反法律的手段,故意包庇使其不受立案、侦查、起诉、审判的;(3) 采取伪造、隐匿、毁灭证据或其他隐瞒事实、违反法律的手段,故意使罪重的人受较轻的追诉,或使罪轻的人受较重的追诉的;(4) 在立案后,采取伪造、隐匿、毁灭证据或其他隐瞒事实、违反法律的手段,应当采取强制措施而不采取强制措施,或虽然采取强制措施,但中断侦查或超过法定期限不采取任何措施,实际放任不管,以及违法撤销、变更强制措施,致使犯罪嫌疑人、被告人实际脱离司法机关侦控的;(5) 在刑事审判活动中故意违背事实和法律,作出枉法判决、裁定,即有罪判无罪、无罪判有罪,或重罪轻判、轻罪重判的;(6) 其他徇私枉法应予追究刑事责任的情形。

3. 司法工作人员徇私枉法同时收受贿赂的,依照处罚较重的规定定罪处罚。

二、例题

1. 刘某以赵某对其犯故意伤害罪,向法院提起刑事附带民事诉讼。因赵某妹妹曾拒绝本案主审法官王某的求爱,故王某在明知证据不足、指控犯罪不能成立的情况下,毁灭赵某无罪证据,认定赵某构成故意伤害罪,并宣告免予刑事处罚。对王某的定罪,下列哪一选项是正确的?(2011 年真题,单选)

A. 徇私枉法罪　　　　B. 滥用职权罪

C. 玩忽职守罪　　　　D. 帮助毁灭证据罪

[**释疑**]　根据《关于渎职侵权犯罪案件立案标准的规定》之(五)徇私枉法案(第 399 条第 1 款)的规定:“涉嫌下列情形之一的,应予立案:1. 对明知是没有犯罪事实或其他依法不应当追究刑事责任的人,采取伪造、隐匿、毁灭证据或者其他隐瞒事实、违反法律的手段,以追究刑事责任为目的立案、侦查、起诉、审判的……”同时排斥 B、C、D 项的适用。(答案:A)

2. 关于徇私枉法罪,下列哪些选项是正确的?(2009 年真题,多选)

A. 甲(警察)与犯罪嫌疑人陈某曾是好友,在对陈某采取监视居住期间,故意对其放任不管,导致陈某逃匿,司法机关无法对其追诉。甲成立徇私枉法罪

B. 乙(法官)为报复被告人赵某对自己的出言不逊,故意在刑事附带民事判决中加大赵某对被害人的赔偿数额,致使赵某多付 10 万元。乙不成立徇私枉法罪

C. 丙(鉴定人)在收取犯罪嫌疑人盛某的钱财后,将被害人的伤情由重伤改为轻伤,导致盛某轻判。丙不成立徇私枉法罪

D. 丁(法官)为打击被告人程某,将对程某不起诉的理由从“证据不足,指控犯罪不能成立”,擅自改为“可以免除刑罚”。丁成立徇私枉法罪

[**释疑**]　(1) 根据最高人民检察院《关于渎职侵权犯罪案件立案标准的规定》,A、D 项正确,B 项乙的行为构成徇私枉法罪。

(2) C 项,证人、鉴定人、记录人、翻译人在刑事诉讼中对与案件有重要关系的情节,故意作虚假证明、记录、翻译、鉴定,意图陷害他人或隐匿罪证的,构成第 305 条伪证罪。C 项正确,不成立徇私枉法罪。(答案:ACD)

第十章 军人违反职责罪

考点 战时自伤罪的认定

一、精讲

战时自伤罪的认定:(1) 战时自伤;(2) 为了逃避军事义务。

二、例题

关于自伤,下列哪一选项是错误的?(2011年真题,单选)

A. 军人在战时自伤身体、逃避军事义务的,成立战时自伤罪

B. 帮助有责任能力成年人自伤的,不成立故意伤害罪

C. 受益人唆使60周岁的被保险人自伤、骗取保险金的,成立故意伤害罪与保险诈骗罪

D. 父母故意不救助自伤的12周岁儿子而致其死亡的,视具体情形成立故意杀人罪或者遗弃罪

[释疑] A项没错,第434条(战时自伤罪)规定:"(军人)战时自伤身体,逃避军事义务的,处……"B项不错,帮助自伤一般无罪,但帮助自杀才有罪。C项,教唆他人自杀,没有强迫、欺骗的,难言有罪,教唆60周岁(有辨认控制能力)人自伤的,不成立故意伤害罪。D项成立犯罪,作为父母对孩子有扶养、救助的义务,有义务救助,也有能力救助,但不救助导致孩子死亡的,成立不作为犯罪。(答案:C)

附 录

2015 年案例分析题(卷四)

案情:高某(男)与钱某(女)在网上相识,后发展为网恋关系,其间,钱某知晓了高某一些隐情,并以开店缺钱为由,骗取了高某20万元现金。

见面后,高某对钱某相貌大失所望,相处不久更感到她性格古怪,便决定断绝关系。但钱某百般纠缠,最后竟以公开隐情相要挟,要求高某给予500万元补偿费。高某假意筹钱,实际打算除掉钱某。

随后,高某找到密友夏某和认识钱某的宗某,共谋将钱某诱骗至湖边小屋,先将其掐昏,然后扔入湖中溺死。事后,高某给夏某、宗某各20万元作为酬劳。

按照事前分工,宗某发微信将钱某诱骗到湖边小屋。但宗某得知钱某到达后害怕出事后被抓,给高某打电话说:"我不想继续参与了。一日网恋十日恩,你也别杀她了。"高某大怒说:"你太不义气啦,算了,别管我了!"宗某又随即打钱某电话,打算让其离开小屋,但钱某手机关机未通。

高某、夏某到达小屋后,高某寻机抱住钱某,夏某掐钱某脖子。待钱某不能挣扎后,二人均误以为钱某已昏迷(实际上已经死亡),便准备给钱某身上绑上石块将其扔入湖中溺死。此时,夏某也突然反悔,对高某说:"算了吧,教训她一下就行了。"高某说:"好吧,没你事了,你走吧!"夏某离开后,高某在钱某身上绑石块时,发现钱某已死亡。为了湮灭证据,高某将钱某尸体扔入湖中。

高某回到小屋时,发现了钱某的LV手提包(价值5万元),包内有5000元现金、身份证和一张储蓄卡,高某将现金据为己有。

三天后,高某将LV提包送给前女友尹某,尹某发现提包不是新的,也没有包装,问:"是偷来的还是骗来的",高某说:"不要问包从哪里来。我这里还有一张储蓄卡和身份证,身份证上的人很像你,你拿着卡和身份证到银行柜台取钱后,钱全部归你。"尹某虽然不知道全部真相,但能猜到包与卡都可能是高某犯罪所得,但由于爱财还是收下了手提包,并冒充钱某从银行柜台取出了该储蓄卡中的2万元。

问题:

请根据《刑法》相关规定与刑法原理分析高某、夏某、宗某和尹某的刑事责任(要求注重说明理由,并可以同时答出不同观点和理由)。

参考答案:

(一) 高某的刑事责任

1. 高某对钱某成立故意杀人罪。是成立故意杀人既遂还是故意杀人未遂与过失致人死亡罪的想象竞合,关键在于如何处理构成要件的提前实现。

答案一:虽然构成要件结果提前发生,但掐脖子本身有致人死亡的紧迫危险,能够认定掐脖子时就已经实施杀人行为,故意存在于着手实行时即可,故高某应对钱某的死亡承担故意杀人既遂的刑事责任。

答案二:高某、夏某掐钱某的脖子时只是想致钱某昏迷,没有认识到掐脖子的行为会导致钱某死亡,亦即缺乏既遂的故意,因而不能对故意杀人既遂负责,只能认定高某的行为是故意杀人未遂与过失致人死亡的想象竞合。

2. 关于拿走钱某的手提包和5 000元现金的行为性质,关键在于如何认定死者的占有。

答案一:高某对钱某的手提包和5 000元现金成立侵占罪,理由是死者并不占有自己生前的财物,故手提包和5 000元现金属于遗忘物。

答案二:高某对钱某的手提包和5 000元现金成立盗窃罪,理由是死者继续占有生前的财物,高某的行为属于将他人占有财产转移给自己占有的盗窃行为,成立盗窃罪。

3. 将钱某的储蓄卡与身份证交给尹某取款2万元的行为性质。

答案一:构成信用卡诈骗罪的教唆犯。因为高某不是盗窃信用卡,而是侵占信用卡,利用拾得的他人信用卡取款的,属于冒用他人信用卡,高某唆使尹某冒用,故属于信用卡诈骗罪的教唆犯。

答案二:构成盗窃罪。因为高某是盗窃信用卡,盗窃信用卡并使用的,不管是自己直接使用还是让第三者使用,均应认定为盗窃罪。

(二) 夏某的刑事责任

1. 夏某参与杀人共谋,掐钱某的脖子,构成故意杀人罪既遂。(或:夏某成立故意杀人未遂与过失致人死亡的想象竞合,理由与高某相同。)

2. 由于发生了钱某死亡结果,夏某的行为是钱某死亡的原因,夏某不可能成立犯罪中止。

(三) 宗某的刑事责任

宗某参与共谋,并将钱某诱骗到湖边小屋,成立故意杀人既遂。宗某虽然后来没有实行行为,但其前行为与钱某死亡之间具有因果性,没有脱离共犯关系;宗某虽然给钱某打过电话,但该中止行为未能有效防止结果发生,不能成立犯罪中止。

(四) 尹某的刑事责任

1. 尹某构成掩饰、隐瞒犯罪所得罪。因为从客观上说,该包属于高某犯罪所得,而且尹某的行为属于掩饰、隐瞒犯罪所得的行为;尹某认识到可能是高某犯罪所得,因而具备明知的条件。

2. 尹某冒充钱某取出2万元的行为性质。

答案一:构成信用卡诈骗罪。因为尹某属于冒用他人信用卡,完全符合信用卡诈骗罪的构成要件。

答案二:构成盗窃罪。尹某虽然没有盗窃储蓄卡,但认识到储蓄卡可能是高某盗窃所得,并且实施使用行为,属于承继的共犯,故应以盗窃罪论处。

2014年不定项选择题(卷二)

(一) 郑某等人多次预谋通过爆炸抢劫银行运钞车。为方便跟踪运钞车,郑某等人于2012年4月6日杀害一车主,将其面包车开走(事实一)。后郑某等人制作了爆炸装置,并多次开面包车跟踪某银行运钞车,了解运钞车到某储蓄所收款的情况。郑某等人摸清运钞车情况后,于同年6月8日将面包车推下山崖(事实二)。同年6月11日,郑某等人将放有爆炸装置的自行车停于储蓄所门前。当运钞车停在该所门前押款人员下车提押款时(当时附近没有行人),郑某遥控引爆爆炸装置,致2人死亡4人重伤(均为运钞人员),运钞车中的230万元人民币被劫走(事实三)。

请回答(86)—(88)。(2014 年真题,不定项选择)

(86) 关于事实一(假定具有非法占有目的),下列选项正确的是:

A. 抢劫致人死亡包括以非法占有为目的故意杀害他人后立即劫取财物的情形

B. 如认为抢劫致人死亡仅限于过失致人死亡,则对事实一只能认定为故意杀人罪与盗窃罪(如否认死者占有,则成立侵占罪),实行并罚

C. 事实一同时触犯故意杀人罪与抢劫罪

D. 事实一虽是为抢劫运钞车服务的,但依然成立独立的犯罪,应适用"抢劫致人死亡"的规定

[释疑] (1) 事实一属于"为了劫财(面包车)而杀人(车主)后取财"的类型,定性抢劫,致人重伤死亡的成立抢劫致人死亡,A 项正确。(2) 事实一中杀害车主行为具有故意杀人罪性质,该杀车主行为同时也是抢劫罪夺取财物(面包车)的暴力方式,成立抢劫罪,C 项正确。另"抢劫致人死亡"包括为取财而预谋杀人的类型,故 C 项与 A 项之间不矛盾。(3) 有非主流观点认为"抢劫致人死亡仅限于过失致人死亡",若据此"非主流观点",事实一只能认定为故意杀人罪和盗窃罪,B 项正确。否则不能完整评价事实一,只定故意杀人罪漏评"取财行为";只定盗窃罪漏评故意杀人行为。另外,若采用"死者占有否认说",则就取财行为而言成立侵占而非盗窃,正确。既然依据"非主流观点"把事实一评价为"故意杀人"和"取财"二个行为,则成立故意杀人罪和盗窃罪(或侵占罪)二罪,数罪并罚正确。(4) 为实施 X 项犯罪而准备工具、制造条件的行为构成 Y 项犯罪的,除 X 罪与 Y 罪存在牵连关系的外,应成立独立犯罪。郑某等为抢劫运钞车(现钞)而抢劫面包车做犯罪工具使用,不是牵连关系,D 项正确。(答案:ABCD)

提示:此题特点有二:第一,对"抢劫致人死亡"有主流和非主流观点,根据不同观点对同一案件有不同处理结论。第二,不同处理结论("抢劫致人死亡"与"故意杀人罪和盗窃罪数罪并罚"),往往凸显观点的利弊优劣。换言之,争论"抢劫致人死亡"是否应包括"故意杀人罪",需要考虑对事实一处理,"抢劫致人死亡"与"故意杀人罪和盗窃罪数罪并罚",哪个结论更合理?更为实质考虑是对案件事实的准确评价和死刑适用。评价为"抢劫致人死亡",突出图财害命的杀人动机,纳入抢劫致人死亡类型考虑死刑适用。评价为故意杀人和盗窃二罪,则纳入故意杀人罪类型考虑死刑适用,取财行为则忽略不计。

(87) 关于事实二的判断,下列选项正确的是:

A. 非法占有目的包括排除意思与利用意思

B. 对抢劫罪中的非法占有目的应与盗窃罪中的非法占有目的作相同理解

C. 郑某等人在利用面包车后毁坏面包车的行为,不影响非法占有目的的认定

D. 郑某等人事后毁坏面包车的行为属于不可罚的事后行为

[释疑] A、B 项对"非法占有目的"的理解正确。C 项,学说上借助"利用意思",把盗窃、诈骗等"取得性"犯罪与故意毁坏财物等"毁损性"犯罪区别开来。这种意义的"利用意思",其作用仅为将纯粹出于毁弃目的而窃取骗取他人财物的行为排除出"取得性"犯罪的范围。事实二将车用于犯罪前的跟踪调查,已具备"利用意思",C 项正确。既然将郑某等人抢劫(或盗窃)面包车行为评价为抢劫罪(或盗窃罪),可包容罪犯郑某等人对取得之财物(面包车)的利用处分毁弃行为,D 项正确。(答案:ABCD)

(88) 关于事实三的判断,下列选项正确的是:

A. 虽然当时附近没有行人,郑某等人的行为仍触犯爆炸罪

B. 触犯爆炸罪与故意杀人罪的行为只有一个,属于想象竞合

C. 爆炸行为亦可成为抢劫罪的手段行为

D. 对事实三应适用“抢劫致人重伤、死亡”的规定

[释疑] (1)爆炸罪的公共危险性,指足以危害不特定或多数人的人身安全。储蓄所门前是公共场所,在此实行爆炸足以危害不特定或多数人的人身安全,且事实上炸死炸伤多人,造成公共危险结果,A项正确。(2)郑某实施了一个爆炸行为致多人死伤,同时符合第232条之故意杀人罪和第115条之爆炸罪“致人重伤、死亡或者使公私财产遭受重大损失的”情形,属想象竞合犯,B项正确。(3)第263条规定“以暴力、胁迫或其他方法抢劫公私财物的”,包括爆炸在内的一切暴力方式,如同包括事实一中故意杀人在内的暴力方式,C项正确。(4)预谋以爆炸致人死伤方式抢劫致人死伤的,属于“抢劫致人重伤死亡”的结果加重犯,D项正确。(答案:ABCD)

提示一:本题常规处理结果是:对郑某等人适用第263条之“(三)抢劫银行或者其他金融机构的;(四)多次抢劫或者抢劫数额巨大的;(五)抢劫致人重伤、死亡的;”,以“一个抢劫罪定罪处罚”。说明如下:

(1)事实一和事实二认定为郑某等人成立抢劫罪“抢劫致人死亡”。(2)事实三认定为郑某等人成立抢劫罪且属于“抢劫金融机构”“抢劫数额巨大”“抢劫致人重伤死亡”。(3)中国司法习惯同种数罪不并罚。可以想见适用死刑可能性极大。

提示二:本题知识点和偏好

(1)第263条(抢劫罪)“以暴力、胁迫或者其他方法抢劫公私财物的……”之抢劫方法的解释,包括杀人、爆炸、持枪……等暴力方法。

(2)“抢劫致人重伤死亡”结果加重犯的解释,包含作为抢劫暴力方法的杀人、爆炸行为致人死伤的结果。

(3)“非法占有目的”的解释,排除意思和利用意思。郑某等人抢车之后用于犯罪前调查,具有利用意思;用后毁弃,具有剥夺车主财物的意思(排除意思)。

(4)一行为、想象竞合犯、事后不可罚行为认定。

(二)甲在强制戒毒所戒毒时,无法抗拒毒瘾,设法逃出戒毒所。甲径直到毒贩陈某家,以赊账方式买了少量毒品过瘾。后甲逃往乡下,告知朋友乙详情,请乙收留。乙让甲住下(事实一)。甲对陈某的毒品动起了歪脑筋,探知陈某将毒品藏在厨房灶膛内。某夜,甲先用毒包子毒死陈某的2条看门狗(价值6000元),然后翻进陈某院墙,从厨房灶膛拿走陈某50克纯冰毒(事实二)。甲拿出40克冰毒,让乙将40克冰毒和80克其他物质混合,冒充120克纯冰毒卖出(事实三)。

请回答(89)—(91)(2014年真题,不定项)。

(89)关于事实一,下列选项正确的是:

A. 甲是依法被关押的人员,其逃出戒毒所的行为构成脱逃罪

B. 甲购买少量毒品是为了自吸,购买毒品的行为不构成犯罪

C. 陈某出卖毒品给甲,虽未收款,仍属于贩卖毒品既遂

D. 乙收留甲的行为构成窝藏罪

[释疑] (1)对甲的行为正确评价是,甲不属于第316条(脱逃罪)“依法被关押的罪犯、被告人、犯罪嫌疑人”,其逃离戒毒所行为不为罪。甲买毒“自吸”也不是犯罪。甲非“犯罪的

人”,乙帮其逃匿不成立犯罪。据此,A、D 项错,B 项对。(2)对陈某行为的评价,赊销也是出售方式之一,贩卖毒品罪既遂不以获利或收到销售款为必要,C 项正确。另据司法经验,以出售为目的而持有(尚未售出)的毒品,也算入贩卖毒品数额,可以推出毒品出手尚未收取毒资的,不影响既遂成立。(答案:BC)

(90) 关于事实二的判断,下列选项正确的是:

A. 甲翻墙入院从厨房取走毒品的行为,属于入户盗窃

B. 甲进入陈某厨房的行为触犯非法侵入住宅罪

C. 甲毒死陈某看门狗的行为是盗窃预备与故意毁坏财物罪的想象竞合

D. 对甲盗窃 50 克冰毒的行为,应以盗窃罪论处,根据盗窃情节轻重量刑

[**释疑**] (1) 毒品也是财物,属于盗窃罪对象;陈某宅院属于“户”和“住宅”。甲入陈某厨房窃取毒品属于入户盗窃,同时触犯非法侵入住宅罪,据此 A、B 项正确。但应注意:入户犯罪通常触犯非法侵入住宅罪,但最终并不认定该罪,一般根据想象竞合犯从一重罪以入户犯罪定罪。(2) 甲毒死狗造成他人财产损失数额较大,构成故意毁坏财物罪。该毒狗行为同时是盗窃的预备行为,属于一行为触犯数罪(盗窃预备·故意毁坏财物罪)的想象竞合犯。C 项正确。(3)《关于办理盗窃刑事案件适用法律若干问题的解释》(2013 年 4 月)第 1 条第 4 款规定:“盗窃毒品等违禁品,应当按照盗窃罪处理的,根据情节轻重量刑。”据此 D 项对。因毒品是违禁品不便作价,故司法解释规定“根据情节轻重量刑”。主要还是根据窃取毒品数量或黑市价值量刑。(答案:ABCD)

(91) 关于事实三的判断,下列选项正确的是:

A. 甲让乙卖出冰毒应定性为甲事后处理所盗赃物,对此不应追究甲的刑事责任

B. 乙将 40 克冰毒掺杂、冒充 120 克纯冰毒卖出的行为,符合诈骗罪的构成要件

C. 甲、乙既成立诈骗罪的共犯,又成立贩卖毒品罪的共犯

D. 乙在冰毒中掺杂使假,不构成制造毒品罪

[**释疑**] (1) 根据司法解释,盗窃毒品后出售的,以盗窃罪和贩卖毒品罪数罪并罚,不认为是“事后不可罚行为”,A 项错。理论上讲,盗窃侵犯法益是财产占有,而贩卖毒品则另危害其他法益,应成立数罪。(2)《全国法院审理毒品犯罪案件工作座谈会纪要》(2008 年)为便于隐蔽运输、销售、使用、欺骗购买者,或为了增重,对毒品掺杂使假,添加或者去除其他非毒品物质,不属于制造毒品的行为。据此 D 项正确。制造毒品行为主要是:① 化学提炼;② 物理混合配制出新(功能)品种。(3) 贩卖的毒品掺杂使假不影响贩卖毒品罪成立。是否成立诈骗罪?按司考对诈骗尺度的掌握,一般认为成立诈骗罪,故 B、C 项正确。(答案:BCD)

提示:司法实务而非司法考试场合对于毒品掺杂使假的,根本不考虑是否成立诈骗罪问题。其一,毒品走私入境时纯度往往几乎达 100%,经多手倒卖、层层掺假到购买吸食者手里,纯度往往不过 10%,司空见惯。其二,毒品数额不折纯计算,掺杂掺假的数量照样算作贩卖的数额处罚。定贩卖毒品总是比诈骗罪重,即使成立诈骗罪也没有定诈骗罪的必要和可能。司考从理论上分析,该行为同时构成贩卖毒品罪和诈骗罪想象竞合犯择一重罪处断。

2014 年案例分析题(卷四)

案情:国有化工厂车间主任甲与副厂长乙(均为国家工作人员)共谋,在车间的某贵重零件仍能使用时,利用职务之便,制造该零件报废、需向五金厂(非国有企业)购买的假象(该零

件价格26万元),以便非法占有货款。甲将实情告知五金厂负责人丙,嘱丙接到订单后,只向化工厂寄出供货单、发票而不需要实际供货,等五金厂收到化工厂的货款后,丙再将26万元货款汇至乙的个人账户。

丙为使五金厂能长期向化工厂供货,便提前将五金厂的26万元现金汇至乙的个人账户。乙随即让事后知情的妻子丁去银行取出26万元现金,并让丁将其中的13万元送给甲。3天后,化工厂会计准备按照乙的指示将26万元汇给五金厂时,因有人举报而未汇出。甲、乙见事情败露,主动向检察院投案,如实交待了上述罪行,并将26万元上交检察院。

此外,甲还向检察院揭发乙的其他犯罪事实:乙利用职务之便,长期以明显高于市场的价格向其远房亲戚戊经营的原料公司采购商品,使化工厂损失近300万元;戊为了使乙长期关照原料公司,让乙的妻子丁未出资却享有原料公司10%的股份(乙、丁均知情),虽未进行股权转让登记,但已分给红利58万元,每次分红都是丁去原料公司领取现金。

问题:

请分析甲、乙、丙、丁、戊的刑事责任(包括犯罪性质、犯罪形态、共同犯罪、数罪并罚与法定量刑情节),须答出相应理由。(2014年真题,案例分析)

参考答案:

甲、乙利用职务上便利实施了贪污行为,虽然客观上获得了26万元,构成贪污罪,但该26万元不是化工厂的财产,没有给化工厂造成实际损失;甲、乙也不可能贪污五金厂的财物,故对甲、乙的贪污行为只能认定为贪污未遂。甲乙犯贪污罪后自首,可以从轻或者减轻处罚。甲揭发了乙为亲友非法牟利罪与受贿罪的犯罪事实,构成立功,可以从轻或者减轻处罚。

乙长期以明显高于市场的价格向其远房亲戚戊经营的原料公司采购商品,使化工厂损失近300万元的行为构成为亲友非法牟利罪。乙以妻子丁的名义在原料公司享有10%的股份分得红利58万元的行为,符合受贿罪的构成要件,成立受贿罪。对于为亲友非法牟利罪与受贿罪以及上述贪污罪,应当实行数罪并罚。

丙将五金厂的26万元挪用出来汇给乙的个人账户,不是为了个人使用,也不是为了谋取个人利益,不能认定为挪用资金罪。但是,丙明知甲、乙二人实施贪污行为,客观上也帮助甲、乙实施了贪污行为,故丙构成贪污罪的共犯(从犯)。

丁将26万元取出的行为,不构成掩饰、隐瞒犯罪所得罪,因为该26万元不是贪污犯罪所得,也不是其他犯罪所得。丁也不成立贪污罪的共犯,因为丁取出26万元时该26万元不是贪污犯罪所得。丁将其中的13万元送给甲,既不是帮助分赃,也不是行贿,因而不成立犯罪。丁对自己名义的干股知情,并领取贿赂款,构成受贿罪的共犯(从犯)。

戊作为回报让乙的妻子丁未出资却享有原料公司10%的股份,虽未进行股权转让登记,但让丁分得红利58万元的行为,是为了谋取不正当利益,构成行贿罪。

2016年案例分析题(卷四)

赵某与钱某原本是好友,赵某受钱某之托,为钱某保管一幅名画(价值800万元)达三年之久。某日,钱某来赵某家取画时,赵某要求钱某支付10万元保管费,钱某不同意。赵某突然起了杀意,为使名画不被钱某取回进而据为己有,用花瓶猛砸钱某的头部,钱某头部受重伤后昏倒,不省人事,赵某以为钱某已经死亡。刚好此时,赵某的朋友孙某来访。赵某向孙某说“我摊上大事了”,要求孙某和自己一起将钱某的尸体埋在野外,孙某同意。

二人一起将钱某抬至汽车的后座,由赵某开车,孙某坐在钱某身边。开车期间,赵某不断地说“真不该一时冲动”“悔之晚矣”。其间,孙某感觉钱某身体动了一下,仔细察看,发现钱某并没有死。但是,孙某未将此事告诉赵某。到野外后,赵某一人挖坑并将钱某埋入地下(致钱某窒息身亡),孙某一直站在旁边没做什么,只是反复催促赵某动作快一点。

一个月后,孙某对赵某说:“你做了一件对不起朋友的事,我也做一件对不起朋友的事。你将那幅名画给我,否则向公安机关揭发你的杀人罪行。”三日后,赵某将一幅赝品(价值8000元)交给孙某。孙某误以为是真品,以600万元的价格卖给李某。李某发现自己购买了赝品,向公安机关告发孙某,导致案发。

问题:

1. 关于赵某杀害钱某以便将名画据为己有这一事实,可能存在哪几种处理意见?各自的理由是什么?

2. 关于赵某以为钱某已经死亡,为毁灭罪证而将钱某活埋导致其窒息死亡这一事实,可能存在哪几种主要处理意见?各自的理由是什么?

3. 孙某对钱某的死亡构成何罪(说明理由)?是成立间接正犯还是成立帮助犯(从犯)?

4. 孙某向赵某索要名画的行为构成何罪(说明理由)?关于法定刑的适用与犯罪形态的认定,可能存在哪几种观点?

5. 孙某将赝品出卖给李某的行为是否构成犯罪?为什么?

参考答案:

1. 关于赵某杀害钱某以便将名画据为己有这一事实,可能存在两种处理意见。其一,认定为侵占罪与故意杀人罪,实行数罪并罚。理由是,赵某已经占有了名画,不可能对名画实施抢劫行为,杀人行为同时使得赵某将名画据为己有,所以,赵某对名画成立(委托物)侵占罪,对钱某的死亡成立故意杀人罪。其二,认定成立抢劫罪一罪。理由是,赵某杀害钱某是为了使名画不被返还,钱某对名画的返还请求权是一种财产性利益,财产性利益可以成为抢劫罪的对象,所以,赵某属于抢劫财产性利益。

2. 赵某以为钱某已经死亡,为毁灭罪证而将钱某活埋导致其窒息死亡,属于事前的故意或概括的故意。对此现象的处理,主要有两种观点:其一,将赵某的前行为认定为故意杀人未遂(或普通抢劫),将后行为认定为过失致人死亡,对二者实行数罪并罚或者按想象竞合处理;理由是,毕竟是因为后行为导致死亡,但行为人对后行为只有过失。其二认为,应认定为故意杀人既遂一罪(或故意的抢劫致人死亡即对死亡持故意一罪);理由是,前行为与死亡结果之间的因果关系并未中断,前行为与后行为具有一体性,故意不需要存在于实行行为的全过程。答出其他有一定道理的观点的,适当给分。

3. 孙某对钱某的死亡构成故意杀人罪。孙某明知钱某没有死亡,却催促赵某动作快一点,显然具有杀人故意,客观上对钱某的死亡也起到了作用。即使认为赵某对钱某成立抢劫致人死亡,但由于钱某不对抢劫负责,也只能认定为故意杀人罪。倘若在前一问题上认为赵某成立故意杀人未遂(或普通抢劫)与过失致人死亡罪,那么,孙某就是利用过失行为实施杀人的间接正犯;倘若在前一问题上认为赵某成立故意杀人既遂(或故意的抢劫人死亡即对死亡持故意),则孙某成立故意杀人罪的帮助犯(从犯)。

4. 孙某索要名画的行为构成敲诈勒索罪。理由:孙某的行为完全符合本罪的构成要件,因为利用合法行为使他人产生恐惧心理的也属于敲诈勒索。一种观点是,对孙某应当按800

万元适用数额特别巨大的法定刑,同时适用未遂犯的规定,并将取得价值8 000元的赝品的事实作为量刑情节,这种观点将数额巨大与特别巨大作为加重构成要件;另一种观点是,对孙某应当按8 000元适用数额较大的法定刑,认定为犯罪既遂,不适用未遂犯的规定,这种观点将数额较大视为单纯的量刑因素或量刑规则。

5. 孙某出卖赝品的行为不构成诈骗罪,因为孙某以为出卖的是名画,不具有诈骗故意。

2017年案例分析题(卷四)

案情:甲生意上亏钱,乙欠下赌债,二人合谋干一件"靠谱"的事情以摆脱困境。甲按分工找到丙,骗丙使其相信钱某欠债不还,丙答应控制钱某的小孩以逼钱某还债,否则不放人。

丙按照甲所给线索将钱某的小孩骗到自己的住处看管起来,电告甲控制了钱某的小孩,甲通知乙行动。乙给钱某打电话:"你的儿子在我们手上,赶快交50万元赎人,否则撕票!"钱某看了一眼身旁的儿子,回了句:"骗子!"便挂断电话,不再理睬。乙感觉异常,将情况告诉甲。甲来到丙处发现这个孩子不是钱某的小孩而是赵某的小孩,但没有告诉丙,只是嘱咐丙看好小孩,并从小孩口中套出其父赵某的电话号码。

甲与乙商定转而勒索赵某的钱财。第二天,小孩哭闹不止要离开,丙恐被人发觉,用手捂住小孩口、鼻,然后用胶带捆绑其双手并将嘴缠住,致其机械性窒息死亡。甲得知后与乙商定放弃勒索赵某财物,由乙和丙处理尸体。乙、丙二人将尸体连夜运至城外掩埋。第三天,乙打电话给赵某,威胁赵某赶快向指定账号打款30万元,不许报警,否则撕票。赵某当即报案,甲、乙、丙三人很快归案。

问题:请分析甲、乙、丙的刑事责任(包括犯罪性质即罪名、犯罪形态、共同犯罪、数罪并罚等),须简述相应理由。

参考答案:

1. 甲、乙构成共同绑架罪。(1) 甲与乙预谋绑架,并利用丙的不知情行为,尽管丙误将赵某的小孩作为钱某的小孩非法拘禁,但是甲、乙借此实施索要钱某财物的行为,是绑架他人为人质,进而勒索第三人的财物,符合绑架罪犯罪构成,构成共同绑架罪。(2) 甲、乙所犯绑架罪属于未遂,可以从轻或者减轻处罚。理由是:虽然侵犯了赵某小孩的人身权利,但是没有造成钱某的担忧,没有侵犯也不可能侵犯到钱某的人身自由与权利,当然也不可能勒索到钱某的财物,所以是绑架罪未遂。

2. 在甲与乙商定放弃犯罪时,乙假意答应甲放弃犯罪,实际上借助于原来的犯罪,对赵某谎称绑架了其小孩,继续实施勒索赵某财物的行为,构成敲诈勒索罪与诈骗罪想象竞合犯,应当从一重罪论处。理由是:因为人质已经不复存在,其行为不仅构成敲诈勒索罪,同时构成诈骗罪。因为乙向赵某发出的是虚假的能够引起赵某恐慌、担忧的信息,同时具有虚假性质和要挟性质,因而构成敲诈勒索与诈骗罪的想象竞合犯,应当从一重罪论处,并与之前所犯绑架罪(未遂),数罪并罚。

3. 丙构成非法拘禁罪和故意杀人罪,应当分别定罪量刑,然后数罪并罚。

(1) ① 丙哄骗小孩离开父母,并实力控制,是出于非法剥夺他人人身自由目的而实行的行为,所以构成非法拘禁罪。② 因为丙没有参加甲、乙绑架预谋,对于甲、乙实施绑架犯罪不知情,所以不能与甲、乙构成共同绑架罪,而是单独构成非法拘禁罪。

丙犯非法拘禁罪,是甲、乙共同实施绑架罪的一部分——绑架他人作为人质,甲、乙对于丙的非法拘禁行为负责。甲、乙、丙在非法拘禁罪范围内构成共同犯罪;甲、乙既构成绑架罪又构成非法拘禁罪,是想象竞合犯,从一重罪论处;丙则因为没有绑架犯罪故意,仅有非法拘禁罪故意,所以只成立非法拘禁罪。

(2) 答案一:丙为控制小孩采取捆绑行为致其死亡,构成故意杀人罪。① 这是一种具有高度危险的侵犯人身权利的行为,可能造成死亡的结果,可以评价为杀人行为,丙主观上对此有明知并持放任的态度,是间接故意杀人,因而构成故意杀人罪。② 甲、乙对于人质的死亡没有故意、过失,没有罪责。具体来说,丙的杀人故意行为超出了非法拘禁之共同犯罪故意范围,应当由丙单独负责,甲乙没有罪过、罪责。

答案二:丙构成过失致人死亡罪。丙应当预见到自己的行为可能造成小孩死亡,但是丙不希望也不容忍小孩死亡,主观上是疏忽大意过失,构成过失致人死亡罪。

按照事前分工,看护小孩属于丙的责任,小孩的安全由丙负责,甲乙二人均不在现场,没有可能保证防止、避免小孩死亡,所以,甲、乙不构成过失致人死亡罪。